21世纪
技术经济学

TECHNICAL ECONOMICS
IN THE 21ST CENTURY

（2015年卷）

李 平 齐建国 主编

社会科学文献出版社
SOCIAL SCIENCES ACADEMIC PRESS (CHINA)

目录 CONTENTS

中国能源消耗产出效率提升路径探析 ················ 陈星星 / 001
 引　言 / 002
 一　文献综述 / 003
 二　模型理论介绍及应用条件 / 008
 三　数据收集及变量选取 / 012
 四　实证结果与分析 / 015
 五　结论及政策建议 / 027

中国气候保护政策回顾、障碍与政策选择 ············ 蒋金荷 / 033
 一　中国当前经济、能源供需概况 / 034
 二　国家层面气候政策 / 036
 三　中国执行气候保护政策的约束和障碍 / 041
 四　中国气候保护政策选择的建议 / 044

河北省实施创新驱动战略的路径选择 ················ 郭瑞东 / 046
 一　创新驱动的河北含义 / 046
 二　影响河北省创新驱动战略的主要阻碍因素 / 048
 三　加快由投资驱动向创新驱动转变的思路 / 050
 四　加快创新驱动的对策建议 / 053

基于价值管理的柔性培训机制研究 ················ 胡志健 徐永其 / 057
    一 基于价值管理的柔性培训内涵分析 / 057
    二 基于价值管理的柔性培训设计 / 058
    三 结论 / 064

基于改进多目标微分进化算法的环境经济调度 ··············· 陈李荃 / 066
    引 言 / 066
    一 清洁调度模型 / 067
    二 改进微分进化算法 / 070
    三 算例分析 / 075
    四 结论 / 079

外部规模经济、差异产品与创新驱动视角下
地板竞争优势重构 ···································· 姜书竹 / 083
    一 关于外部规模经济与差异产品的贸易理论基础 / 084
    二 外部规模经济、差异产品与地板出口竞争优势 / 085
    三 创新驱动视角下地板竞争优势重构的建议 / 088

基于大数据条件下传统产业的创新发展实践 ················· 李 敏 / 092
    一 引言 / 092
    二 大数据带来的思维转变 / 092
    三 大数据对传统产业的创新发展实践 / 094
    四 结论与展望 / 097

重庆社会保障绩效评价体系的构建及实证研究 ············· 李友根 / 099
    一 数据来源与研究方法 / 100
    二 重庆市城乡社会保障绩效水平评价 / 101
    三 重庆市社会保障绩效水平的评价结果 / 105
    四 影响社会保障制度绩效水平的主要因素 / 106
    五 结论与启示 / 110

目　录

企业产出波动、生产率与研发投入 ……………… 李　卓　蒋银娟 / 112
  一　问题提出 / 112
  二　分析框架 / 114
  三　模型框架 / 117
  四　数据处理说明和统计描述 / 123
  五　实证分析结果 / 125
  六　结论与政策建议 / 132

改革红利：中国制度变迁与内生增长研究 ……… 刘志迎　陈侠飞 / 137
  一　引言 / 137
  二　文献综述 / 138
  三　模型与变量 / 140
  四　结论 / 148

基于布莱恩·阿瑟技术思想的技术创新体系的构建 ……… 鲁礼华 / 151
  一　技术的本质——对现有目的的编程：
    技术具有生物属性 / 152
  二　技术的演化及技术创新 / 153
  三　技术创新体系构建 / 154
  四　结论 / 156

畜禽及其产品质量安全的经济学问题
  ……………… 陆昌华　胡肄农　谭业平　臧一天　郁达威 / 157
  一　国外畜禽产品质量安全研究领域的概述 / 158
  二　中国畜禽养殖业管理现状 / 159
  三　企业及农户安全生产管理及贸易问题 / 161
  四　问题与讨论 / 162
  五　建议 / 166

科技风险与科技保险研究综述 ……………… 马绍东　赵宏恩 / 171
  一　引言 / 171

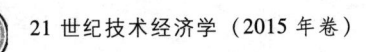

  二 科技风险研究 / 172

  三 科技保险理论研究 / 173

  四 科技保险实证研究 / 177

  五 研究展望 / 178

科技成果转化、技术创新与创新驱动发展的一个范式转换

………………………………………………………… 彭炳忠 / 182

  一 科技成果转化范式及其缺陷 / 182

  二 从科技成果转化范式到技术创新范式的转换机理 / 185

  三 实现科技成果转化范式向技术创新范式的

    转换需要解决的几个关键问题 / 188

北京市新能源汽车发展战略研究 ………………… 王　莉 / 192

  一 引言 / 192

  二 北京市汽车产业发展及其对环境的影响 / 192

  三 北京新能源汽车产业的发展现状及存在的问题 / 196

  四 新能源汽车产业发展战略的国际比较 / 198

  五 国内其他城市的借鉴 / 204

  六 北京新能源汽车发展战略及政策建议 / 205

专利合作网络研究前沿探析与展望 ………… 王黎萤　池仁勇 / 208

  一 引言 / 208

  二 国内外研究文献梳理及研究范畴界定 / 209

  三 专利合作网络的构成、影响因素及演化规律 / 212

  四 专利合作网络对企业成长的影响 / 215

  五 现有研究不足及未来研究展望 / 218

基于水环境复杂系统理论的测度　氮污染负荷来源的方法

………………………………………………………… 王喜峰 / 223

  一 引言 / 223

  二 地下水综合模拟框架（IGESF）开发与验证 / 226

三　结果分析 / 232
　　四　结论 / 237

云南省产业承接中的"技术发展陷阱":基于空间经济学的解释 ⋯⋯⋯⋯⋯⋯⋯⋯⋯⋯⋯⋯⋯⋯⋯⋯⋯⋯⋯⋯ 肖远飞 / 239
　　一　引言 / 239
　　二　云南省产业承接现状 / 241
　　三　云南省产业承接中技术进步效应的理论分析 / 242
　　四　云南省产业承接中技术进步效应实证分析 / 243
　　五　实证结论总结与理论解释 / 249
　　六　政策启示与不足之处 / 253

技术中的信息及技术分析框架 ⋯⋯⋯⋯⋯⋯⋯ 谢友才　江丽娜 / 255
　　一　引言 / 255
　　二　技术概述 / 256
　　三　技术中的信息 / 259
　　四　基于信息的技术分析框架 / 262
　　五　结论与讨论 / 264

中国资本存量测量综述 ⋯⋯⋯⋯⋯⋯⋯⋯⋯⋯ 徐　杰　王宏伟 / 267
　　一　引言 / 267
　　二　投资指标的选择 / 268
　　三　投资价格指数的构造 / 274
　　四　对于相对效率或折旧的处理 / 276
　　五　基期资本存量的确定 / 280
　　六　估算结果的比较 / 284
　　七　结论 / 285

我国"十一五"期间区域技术创新效率的测度及影响因素研究
⋯⋯⋯⋯⋯⋯⋯⋯⋯⋯⋯⋯⋯⋯⋯⋯⋯⋯⋯⋯ 许　敏　张　悦 / 289
　　一　引言及文献 / 290

  二 DEA 方法中的 BCC 模型与 Malmquist 指数 / 291
  三 指标体系的建立与数据来源 / 292
  四 运用 BCC 模型进行技术创新效率的测度 / 293
  五 各省份技术创新效率的影响因素分析 / 299
  六 结论及建议 / 303

RJVs 驱动下中小企业集群网络形成机理研究 …… 闫　帅　武　博 / 306
  一 文献回顾 / 307
  二 RJVs 驱动下中小企业集群网络节点关系研究 / 309
  三 RJVs 驱动中小企业集群网络构建动态博弈分析 / 310
  四 结论和建议 / 314

中国制造业融入全球生产网络创新模式研究
  ——来自台湾计算机产业升级的经验 ………… 姚书杰　蒙　丹 / 317
  一 全球生产网络的被动嵌入与自主构建文献综述 / 317
  二 产品内分工下台湾计算机产业嵌入全球生产网络 / 318
  三 台湾计算机产业自主构建次级全球生产网络 / 320
  四 台湾计算机产业发展对我国产业升级的经验借鉴 / 323

长三角城市群经济力量的空间演化
  ——基于经济重心迁移的贡献度分解法 ……… 叶明确　于　瑶 / 328
  一 引言 / 328
  二 经济重心法和长三角经济重心演变轨迹 / 329
  三 长三角经济重心迁移的贡献度分解 / 331
  四 经济重心迁移中的经济力量对比与空间演化 / 333
  五 结论 / 337

基于 CGE 模型水资源政策对地区经济影响的模拟分析
  ——以浙江省为例 ……………… 张　宁　时宁宁　卢　靖 / 339
  一 引言 / 339
  二 水资源 CGE 模型的理论构建 / 340
  三 水资源 CGE 模型的实证分析 / 345

四　水资源政策情景模拟和仿真分析 / 346
　　五　结论与展望 / 350

国际天然气市场一体化新进展及其对中国的启示
　　　　　　　　　　　　　　　　　　　　　　　张希栋　张　晓 / 354
　　一　引言 / 354
　　二　国际天然气市场特点 / 355
　　三　国际天然气市场一体化面临的机遇与挑战 / 358
　　四　国际天然气市场一体化对中国的启示 / 360

青岛蓝色经济区产业配套率提升对策研究　　　张志耀　李　立 / 364
　　一　产业配套和蓝色经济的内涵 / 365
　　二　蓝色经济区产业配套支撑体系 / 367
　　三　青岛蓝色经济区产业配套现状 / 369
　　四　提升产业配套能力的对策和建议 / 374

论能源法的创新驱动转型
——关于兼顾能源利用与环境保护的思考
　　　　　　　　　　　　　　　　　　　　　　　　　　　赵建军 / 379
　　一　能源法的创新驱动与转型 / 379
　　二　能源法创新驱动转型面临的挑战 / 380
　　三　能源法创新驱动转型的关注点 / 381
　　四　能源法创新驱动转型的体现 / 383
　　五　我国能源法创新驱动转型的"瓶颈" / 386
　　六　如何兼顾能源利用与环境保护 / 387

中国能源消耗产出效率提升路径探析[*]

陈星星[**]

摘　要： 根据超效率 SDEA 模型测算出 1990~2012 年我国 28 个省份的能源消耗产出效率，同时运用 BCC 模型和 DEA-Malmquist 模型分析我国各省份能源消耗产出效率的差异。结果表明，我国单位能耗的 GDP 产出量和能源消耗产出效率较低，1997 年以前，我国各省份能源消耗产出效率的差异较大，1997 年以后各省份能源消耗产出效率的差距在逐渐缩小，东、中、西部地区能源消耗产出效率呈"U"形。我国区域间能源消耗产出效率的差异主要是规模效率的差异，而纯能源消耗产出效率差别并不大，东、中、西部地区纯能源消耗产出效率均出现明显的空间集聚现象。各省份普遍存在能源消耗规模效率递减的特征，绝大部分省份存在资本、劳动力、总能耗方面的冗余。在能源消耗技术效率的变化中，纯技术效率和规模效率的贡献相当，技术效率比技术进步的贡献更大。提升我国能源消耗产出效率需要提高资源大省能源效率，协调三大产业的比例关系；依据能源区域集聚的现象，充分发挥空间溢出效应和示范效应；控制省份能源规模，提高能源效率；培养行业顶尖人才，提高能源技

---

[*] 本文获得 2012 年度中国社会科学院经济政策与模拟重点研究室项目、2013 年度中国社会科学院数量经济与技术经济研究所重点课题（青年项目）的资助。

[**] 陈星星，中国社会科学院数量经济与技术经济研究所，主要从事效率与生产率领域研究。

术进步水平。

关键词： 能源消耗　产出效率　提升路径　效率分解

引　言

中国是资源大国，也是能源消耗大国。长期以来，受到能源消费构成、经济增长方式、地域自然条件、产业结构分工、设备技术水平等多方面的限制，我国的能源消耗产出效率一直处于较低水平。单位能耗GDP是反映能源利用效率的重要指标，反映了一国对能源的消费水平和节能降耗的情况，反映了一国经济活动中对能源的利用程度，也反映了经济结构和能源利用效率的变化。2014年5月，国务院办公厅印发《2014~2015年节能减排低碳发展行动方案》，提出的工作目标是2014~2015年，单位能耗GDP下降3.9%。2015年5月，广东、四川、山东、天津、浙江等省份统计局公布2014年单位能耗GDP下降百分比，均超过了预定目标。可以看出，研究我国能源消耗产出效率的问题，不仅可以研究经济发展对能源的依赖程度，反映现有产业状况、设备技术水平，也可以反映能源消费构成及利用效率、社会节能政策措施所取得的效果。如今，资源环境问题已成为制约中国经济迅速发展的重要因素，中国政府为实现可持续发展，提出"建立资源节约型社会和环境友好型社会"的口号。伴随着中国经济的发展和人民生活水平的提高，中国能源消耗总量不断增加，提高能源消耗产出效率，缩小区域间能源效率差异势在必行。本文正是在对现有能源效率研究的基础上进行拓展，建立能源消耗产出效率的测算模型，同时借助非参数方法，分析我国各省份能源消耗产出效率差异，探索分析中国能源消耗产出效率的提升路径。

本文的结构安排如下：第一部分是文献综述，研究当前中国能源消耗的基本状况，以及国内外关于能源效率的有关文献；第二部分是SDEA模型、BCC模型和DEA-Malmquist模型的理论介绍及各模型的应用条件；第三部分是指标选取及数据描述，给出模型的指标选取依据及数据来源说明；第四部分是实证结果与分析，测度我国能源消耗产出效率，分析我国各省份能源消耗产出效率的差异；第五部分是结论及政策建议。

一 文献综述

能源产业是我国的支柱产业，在能源供给短缺、需求却与日俱增的今天，能源问题显得更加突出。中国能源消耗的现状是什么，能源消耗产出效率及全要素生产率的状况如何，诸多学者对此进行了探讨。从方法上看，目前研究我国能源效率的文献主要采用以下方法。

一是数据包络分析 DEA 法。魏楚、沈满洪（2008）根据 1995~2006 年我国 29 个省份的能源数据，借助 DEA 法测算了我国能源技术效率。结果表明，国有产权改革和产业结构调整可以提高能源效率，人力资本缺乏导致我国能源效率低下，过度的能源资本深化使一些省份未能很好地利用当地的资源禀赋。未来提高能源效率、降低污染排放、加强节能减排可以通过优化能源消费结构、发展清洁能源来实现。魏楚、沈满洪（2007，2008，2009）总结了各种能源效率测算指标，基于数据包络分析法建立 1995~2004 年我国能源效率测算模型，认为提高能源效率是实现可持续发展的关键，我国能源效率由高到低依次为东北老工业基地、东部沿海、中部和西部地区；大多数省份的能源效率先上升、后下降，转折点为 2000 年左右，各省份的能源效率差距逐渐缩小。影响能源效率变化的主要因素有制度变迁、经济结构和技术进步。李国璋、霍宗杰（2009）采用 DEA 法测算了我国各省份、各区域的全要素能源效率，发现我国全要素能源效率由东向西、由南向北递减。我国东部和中部地区能源效率稳态收敛，而西部地区能源效率发散。可以通过保持经济持续发展和降低污染排放来提高我国能源效率。

二是 DEA-Malmquist 指数法。李廉水、周勇（2006）运用 DEA-Malmquist 指数法，将 35 个工业行业的能源效率分解为技术效率和技术进步，将技术效率进一步分解为纯技术效率和规模效率，并给出他们对能源效率的影响程度。结果表明，工业部门能源效率提高的主因是技术效率提高，而科技进步对其贡献较低，但技术效率的作用逐渐减弱，技术进步的作用也在逐渐增强。王群伟、周德群（2008）运用 DEA-Malmquist 指数法测算了 1993~2005 年中国 28 个省份的能源全要素生产率，研究了各要素对能源效率的影响。结果发现，2001 年以后我国全要素能源效率显著下降，区域间能源效率差异显著；能源全要素生产率变动与能源效率变动正相关，能源效率的改善依赖于能源全要素生产率的提高，进一步依赖于能源技术效率的提高，而能源技术进步由于回弹效应，其对能源全要素生产率的贡献低于能源效率。屈小娥（2009a，2009b）运用 DEA-Malmquist 生产率指数模型测算了 1990~2006 年我国 30 个省份技术进步变化、技术效率变化和全要素能源效率变化。发现我国东、中、西部地区能源效率"东高西低"，东部地区全要素能源效率较高，中、西部地区次之。2000 年以前中国省际能源效率显著收敛。技术进步、结构调整、制度变迁和能源价格是提高我国能源效率的主要因素，而第三产业比重的提高促进了全国和东、西部地区的能源效率，阻碍了中部地区的能源效率。

三是超效率分析法。袁晓玲等（2009）运用超效率模型研究了 1995~2006 年我国 28 个省份环境约束下的全要素能源效率，并运用 Tobit 模型分析了我国全要素能源效率的影响因素。研究发现全国和各省份全要素能源效率具有收敛态势，产业结构、产权结构、能源消费结构以及资源禀赋变量对全要素能源效率起到了阻碍作用，能源价格则具有较弱的促进作用。吴琦、武春友（2010）以及武春友、吴琦（2009）运用数据包络分析法和超效率法测算了我国 30 个省份的全要素能源效率，建立了能源效率评价模型。通过综合投入、技术效率和有效产出三个方面的评价给出能源效率的定义。同时以能源产业人数固定资产折旧和能耗总量为投入，以经济产出和环境影响为产出来构建能源效率评价指标体系，指出我国省域能源效率的影响因素和提高途径。师博、沈坤荣（2008）采用超效率模型测算 1995~2005 年我国各省份能源全要素效率，同时分析了影响各省份能源全要素效率的因素。指出我国能源全要素效率从高到低依次为东、中、西部；由于市场分割，资源配置不当和政府过度干预等因素，我国能源资源相对充足的省份如河北、山西和四川的能源全要素效率较低，能源效率损失较大。吴琦、武春友（2010）运用超效率法测算了我国能源效率，发现 1978 年至今我国能源效率波动上行，技术进步和规模效率是影响能源效率的关键因素，行业比重、水电消费占比、天然气消费比重和专利数在不同程度上影响着我国能源效率的提高。马海良等（2011）借助超效率模型和 Malmquist 指数模型测算了 1995~2008 年我国区域的能源效率和能源全要素生产率，分析了各分解因素对能源全要素生产率的影响，并指出能源效率提高的途径。研究发现，长三角和珠三角区域能源效率高于环渤海区域；2007 年的经济危机使我国区域能源效率显著下降，产业转型促进了能源技术进步；能源全要素生产率的提升可以促进能源效率的提高，技术效率和技术进步均可提高能源效率，其中技术效率的作用效果更大。

四是构造随机前沿函数测算能源效率。史丹（2006，2008）基于随机前沿函数构造了 1980~2005 年我国区域能源效率模型，分析了我国区域能源效率差异的影响因素，发现我国能源效率的区域差异与国际能源效率显著不同，我国东南沿海地区的能源效率较高，而能源资源丰富的内陆省份的能源效率较低；"资本—能源"比对能源效率的贡献最高，其次是能源全要素生产率；我国全要素生产率的区域差异，是能源效率差异扩大的原因；东部地区的能源效率具有收敛趋势，中、西部地区能源效率波动变化，因此，应提升中、西部地区资源配置效率，开展区域间能源技术交流来提高我国能源利用效率。

五是运用其他模型测算我国能源效率。谭忠富、张金良（2010）运用空间状态模型和向量误差修正模型测算了 1978~2006 年我国区域能源效率，借助脉冲响应函数和方差分解模型研究了能源效率与技术进步、经济结构、能源消费结构和能源价格等影响因素的动态关系。1978 年以来，经济政策体制改革对我国能源效率影响深远，中国能源效率与其影响因素长期均衡；技术进步对能源效率有显著的正向影响，经济结构和能源消费结构对能源效率的作用不显著；对能源效率的贡献度由高到低依次为：能源价格、经济结构、能源消费结构和技术进步。

从研究内容上看，有研究能源效率定义、指标和影响因素，研究区域能源效率和产业能源效率。

对于研究能源效率定义、指标和影响因素的文献有以下几个方面。蒋金荷（2004）给出能源效率的定义，分析了当前我国能源效率的特征和与先进能源效率国家的差距。指出应加快调整高能耗产业结构，发展第三产业，降低能耗强度，推广能源技术，提高能源效率，控制能耗增长，引导能源向清洁高效的方向发展。魏一鸣、廖华（2010）全面对比分析了各种能源效率的测度指标，如能源宏观效率、实物效率、物理效率、要素利用率、要素配置率、价值效率、经济效率等，探讨了各指标的含义、理论基础、前提假设和适用范围，同时指出现有能源效率测度指标的缺陷。董利（2008）考察了1998~2004年我国30个省份的能源效率变化趋势及能源效率的影响因素，如FDI、三产结构、市场化程度、对外开放、能源消费结构等。研究发现，我国能源效率与经济发展间存在"U"形曲线关系；由于我国政治经济体制的制约，能源效率的转折点基本出现在人均国内生产总值较低的年份上。

对于区域能源效率的研究主要有以下几个方面。徐国泉、刘则渊（2007）通过分析1998~2005年中国八大经济区的全要素能源效率指出，我国东南部沿海省域的能耗效率最高，北部和黄河中游省域次之，而东北、西南和长江中游省域的能耗效率较低，西北省域的全要素能源效率最低。我国省域全要素能源效率呈"U"形趋势，由东南向西北递减，省域能源消耗产出效率由粗放型转向集约型。王兵等（2011）计算了环境约束下我国省域全要素能源效率，发现1998~2007年我国全要素能源效率持续下降，全要素能源效率从高到低依次为东、中、西部地区，其中中部和西部地区降幅较大。提升我国全要素能源效率可以通过降低高能耗产业，平衡区域经济发展来实现。师博、张良悦（2008）指出，我国能源效率区域间存在差异，东部地区能源效率趋同，中部地区逐渐向东部地区收敛，西部地区能源效率发散。我国中部地区能源效率具有 β 收敛的特征，其向东部地区的收敛速度取决于能源效率和经济发展水平的高低。西部地区应通过减少政府干预、加大人力资本投资等方式来实现能源效率向东、中部地区的转移。杨红亮、史丹（2008）对比分析了我国各省份的能源效率差异，结果表明，全要素生产率法可以揭示能源效率的影响因素；如果各省份可以达到能源效率的前沿面，中国大约可以节约30%的能源消耗；我国东部和西部地区的能源效率差异显著，可以通过区域节能合作，能源技术区域流通来缩小区域间能源效率的差异。徐盈之、管建伟（2011）使用超效率模型测算了1991~2008年中国各地区的能源效率，并采用空间计量分析法分析了区域能源效率的空间相关性，同时实证检验了空间能源效率的趋同性，探讨了区域能源效率差异的影响因素。研究发现，我国区域间能源效率呈正相关，能源效率分布空间集聚趋势显著；我国能源效率存在绝对 β 趋同，并且条件 β 趋同现象明显；政府行为、外商直接投资、产业结构和工业水平等因素是造成能源效率地区差异的重要原因。

对于产业能源效率的研究主要有以下几个方面。尹宗成等（2008）根据 1985～2006 年能耗数据，发现可以通过提高 FDI 水平，加大 R&D 投资以及人力资本投入来提高我国能源效率，工业产业的发展对我国能耗效率有明显的阻碍，而 R&D 投资和人力资本投入会阻碍 FDI 的技术外溢效应。齐志新、陈文颖（2006）测算了 1980～2003 年中国宏观能源强度，分析了我国工业部门能源强度下降的原因。研究发现，能源强度下降的决定因素是技术进步，结构调整对能源强度的影响很小；由于技术进步的变化，我国能源强度先下降后上升；对能源强度起决定性作用的是工业行业，其他产业部门的影响较小；工业部门能源强度变化的决定因素也是技术进步，工业内部的结构调整对能源强度的影响很小。李世祥、成金华（2008）运用非参数法构建了不同目标下的能源效率评价模型，测算了我国能源效率，并分析了其影响因素。发现我国能源效率总体偏低，区域间能源效率差异较大，节能减排潜力巨大。由于技术水平所限，我国第二产业和高能耗部门的能源效率都不高，政府应注意产业结构调整和能源技术升级，促进能源技术区域间扩散，完善能源价格机制，提高我国能源效率。

从国外文献来看，Wang 等（2013）认为，提高能源效率和生产率是中国实现可持续发展目标的成本效益方法之一。采用非径向距离函数的方法测算能源效率和能源生产率，将二氧化碳排放量作为非期望产出。结果表明，不同情景下中国全要素能源效率和生产率存在巨大差异。2005～2010 年中国平均全要素能源效率得分为 0.6306，全国全要素能源效率平均每年增加 0.27%。中国能源生产率增长的主要驱动力是能源技术变化而非能源效率变化。Nassen 和 Holmberg（2005）分析了 1970～2000 年瑞典建筑业能源使用和二氧化碳排放的趋势，研究了能源效率的变化情况，发现 20 世纪七八十年代，能源效率显著提高，到 20 世纪 90 年代，能源效率已趋于稳定。能源效率的提升过程是复杂的，需要在成本和收益之间权衡利弊。Yang（2006）研究了印度工业部门的能源政策和资本投资在能源技术效率中的有效性，对比分析了中国和印度在过去25年的能源政策与工业能源效率。通过部分政府决策机构和国家工业发展银行的数据，对现有能源政策进行评价。研究表明，印度现有能源政策和战略需要进一步促进工业部门能源投资效率和能源技术效率的发展和完善。Edigera 和 Camdal（2007）研究了1988～2004年土耳其运输部门的能耗效率，测算了各年加权平均总能效。研究表明，应运用创新技术进步增加土耳其的航空运输能效，提高运输部门效率。Tonna 和 Peretz（2007）指出国家级能源效率计划已有针对性地对所有经济部门采用各种方法来提高能源效率。在未来的20年里，能源效率计划可能会降低20%的能耗。良好的能源效率计划可以克服节能技术障碍，加快市场技术渗透。能源效率计划的收益-成本比例超过3:1，远高于在非能源和宏观经济上的收益率，能源效率投资可以创造大量工作岗位，增加国家税收收入。Dixon（2010）认为，降低美国能源进口成本的最有效的方法是扩大节能和提高能效。2007年《能源独立与安全法》（*EISA*）是最新的强化节能和提高能效的政策，含有近200种新规定以改善节能效率，包括汽车燃油、电器照明、商业住宅、工业建筑、制造业工厂、电力输送和使用的效率和效益。Andrews-Speed（2009）指出，2004年中国政府制订了能源强度扭转计划，提出在2006～2010年减少20%的能源消耗。研究表明，近30年来，在国家提高中国能源效率的背景下，能源产量将在较长时期内持续提高。1980～2001年中国能源强度持续下降，而在2002年这种趋势出现逆转。逆转的原因主要是随着经济结构的转变，中国出现了大量的能源密集型产业，从而使技术创新速度下降。2003年以来，中国已针对主要能源密集型行业采取措施。未来要完成中国能源强度的目标，须减少对产业和社会政策、能源政策的依赖，加强政治决策和公共管理，提高全社会的责任意识。

二　模型理论介绍及应用条件

（一）规模报酬可变下的数据包络分析模型（BBC）模型

Charnes 等（1978）提出了用于衡量决策单元的技术效率和技术进步

相对值的数据包络分析 DEA 方法，即 CCR 模型。假设规模报酬不变，所研究的投入产出单元称为决策单元（DMU）。Banker 等（1984）提出将 CCR 模型扩展成 BCC 模型，即考虑规模报酬可变的情形，BCC 模型的优势在于它可以将技术效率分解为纯技术效率和规模效率。CCR 和 BCC 模型均具有强可处置性，具有效率边界或者无差异曲线的凸性。

假设有 n 个 DMU，每个 DMU 有 s 种输入和 t 种输出，DMU_i 的输入和输出向量分别为 $x_i = (x_{1i}, x_{2i}, \cdots, x_{si})^T$，$y_i = (y_{1i}, y_{2i}, \cdots, y_{ti})^T$，$i = 1, 2, \cdots, n$。设 DMU_i 的输入、输出为 (x_{i_0}, y_{i_0})，这里简记为 (x_0, y_0)，在规模报酬可变的情况下，有凸性约束 $\sum_{i=1}^{n} \eta_i = 1$，则评价 DMU_{i_0} 相对有效性的 BBC 模型为：

$$\min[\theta - \delta(e^T s^- + e^T s^+)]$$
$$s.t. \sum_{i=1}^{n} x_i \lambda_i + s^- = \theta x_0$$
$$\sum_{i=1}^{n} y_i \lambda_i - s^+ = y_0 \qquad (1)$$
$$\sum_{i=1}^{n} \eta_i = 1$$
$$\lambda_i \geq 0, i = 1, 2, \cdots, n, s^+ \geq 0, s^- \geq 0$$

式（1）中，$s^- = (s_{i1}^-, s_{i2}^-, \cdots, s_{is}^-)^T$ 表示相对前沿面最优效率值可以减少的投入，$s^+ = (s_{i1}^+, s_{i2}^+, \cdots, s_{it}^+)^T$ 表示相对前沿面最优效率值可以增加的产出；δ 是非阿基米德无穷小；e 是单位向量，即 $e = (1, \cdots, 1)^T$，θ 为相对效率值；x_0 为第 i_0 个 DMU 的投入，y_0 为第 i_0 个 DMU 的产出，λ_i 为系数。BBC 模型有如下性质：

（1）当 $\theta = 1$，$s^- = 0$，$s^+ = 0$ 时，DMU_{i_0} 为 DEA 有效，则 DMU 位于效率前沿面上，此时的投入与产出是最优的；

（2）当 $\theta = 1$，$s^- \neq 0$，$s^+ \neq 0$ 时，DMU_{i_0} 为弱 DEA 有效，则 DMU 位于效率前沿面上，但存在投入冗余或产出不足；

（3）当 $\theta < 1$ 时，则 DMU_{i_0} 为 DEA 非有效，则 DMU 位于非效率前沿面上，同时存在投入冗余和产出不足。

(二）超效率（SDEA）模型

Zhou 等（2008）指出，由于产出分为合意性产出和非合意性产出，并且非合意性产出的价格难以获得和估计常被忽略或遗漏，因此测度的效率值往往是有偏的。超效率（SDEA）模型的优势在于能够有效区分能源效率值为 1 的 DMU 的效率差异，因而可以对这些 DMU 排序，其基本思想是测度第 i 个 DMU 的效率时，将第 i 个 DMU 排除，用其他所有 DMU 的投入和产出向量的线性组合代替第 i 个 DMU 的投入和产出，而传统的 DEA 模型是将第 i 个 DMU 包括在内的。有效的 DMU 可以在投入同比例增加时而效率值保持不变，其投入增加比例即超效率值。超效率模型的表达式为：

$$\min \theta$$
$$\sum_{\substack{i=1\\i\neq i_0}}^{n} \eta_i x_{ij} + s_j^- = \theta x_{j_0}, j = 1, 2, \cdots, s$$
$$\sum_{\substack{i=1\\i\neq i_0}}^{n} \eta_i y_{ik} + s_k^+ = y_{k_0}, k = 1, 2, \cdots, t \qquad (2)$$
$$\eta_i, s_j^-, s_k^+ \geq 0$$

其中，η_i 为获取有效 DMU，重新构造第 i 个 DMU 的组合比例；s_j^- 和 s_k^+ 为松弛变量，表示相对前沿面可以减少的投入和增加的产出。SDEA 模型有如下性质。

（1）当 $\theta \geq 1$，$s_j^- = s_k^+ = 0$ 时，DMU_{i_0} 为 DEA 有效，其有效前沿面为规模报酬不变，DMU_{i_0} 同时技术有效和规模有效。

（2）当 $\theta < 1$ 或 $s_j^- \neq 0$，$s_k^+ \neq 0$ 时，DMU_{i_0} 为 DEA 非有效，或技术无效，或规模无效。若 $s_j^- = s_k^+ = 0$，则技术有效。令 $G = \theta^{-1} \sum_{\substack{i=1\\i\neq i_0}}^{n} \eta_i$，则当 $G = 1$ 时为规模有效，当 $G < 1$ 时为规模报酬递增，当 $G > 1$ 时为规模报酬递减。

（三）DEA-Malmquist 模型

Malmquist（1953）提出马氏生产率指数法，之后 Caves 等（1982）、

Fare 等（1994）给出 Malmquist 生产率指数的测算原理和方法。假设研究对象的可行域为 $C_t = \{(X_t, Y_t) \in R_+^2\}$，则处于前沿面上的点为技术有效点。用 D_0^t、D_0^{t+1} 分别表示 t 时期和 $t+1$ 时期的产出距离函数；(X_t, Y_t) 和 (X_{t+1}, Y_{t+1}) 分别表示 t 时期和 $t+1$ 时期的投入和产出。由于我国各区域的能源投入相对固定，应建立以产出为导向的生产函数，使在投入一定的情况下，产出最大。t 时期以产出为导向的 DEA-Malmquist 指数为：

$$M_0^t = (X_{t+1}, Y_{t+1}, X_t, Y_t) = D_0^t(X_{t+1}, Y_{t+1})/D_0^t(X_t, Y_t) \tag{3}$$

同样，$t+1$ 时期以产出为导向的 DEA-Malmquist 指数为：

$$M_0^{t+1} = (X_{t+1}, Y_{t+1}, X_t, Y_t) = D_0^{t+1}(X_{t+1}, Y_{t+1})/D_0^{t+1}(X_t, Y_t) \tag{4}$$

为避免时期选择随意性所造成的估计偏差，将 t 时期到 $t+1$ 时期的全要素生产率 Malmquist 指数定义为式（3）和式（4）的几何平均值（Caves 等，1982），即

$$M_0(X_{t+1}, Y_{t+1}, X_t, Y_t) = \left[\frac{D_0^t(X_{t+1}, Y_{t+1})}{D_0^t(X_t, Y_t)} \times \frac{D_0^{t+1}(X_{t+1}, Y_{t+1})}{D_0^{t+1}(X_t, Y_t)}\right]^{\frac{1}{2}} \tag{5}$$

式（5）即为 DEA-Malmquist 指数表达式，当 $M_0(X_{t+1}, Y_{t+1}, X_t, Y_t) > 1$ 时，t 时期到 $t+1$ 时期的全要素生产率递增；当 $M_0(X_{t+1}, Y_{t+1}, X_t, Y_t) < 1$ 时，t 时期到 $t+1$ 时期的全要素生产率递减。在不变规模报酬下，式（5）可以分解为技术效率变化 effch 和技术进步变化 techch；技术效率变化 effch 可以进一步分解为纯技术效率变化 pech 和规模效率变化 sech，如式（6）所示。

$$\begin{aligned} tfpch &= M_0 = (X_{t+1}, Y_{t+1}, X_t, Y_t) \\ &= \frac{D_0^{t+1}(X_{t+1}, Y_{t+1})}{D_0^t(X_t, Y_t)} \times \left[\frac{D_0^t(X_{t+1}, Y_{t+1})}{D_0^{t+1}(X_{t+1}, Y_{t+1})} \times \frac{D_0^t(X_t, Y_t)}{D_0^{t+1}(X_t, Y_t)}\right]^{\frac{1}{2}} \\ &= effch \times techch = pech \times sech \times techch \end{aligned} \tag{6}$$

测算 DEA-Malmquist 指数要计算不同时期下投入和产出的各种距离函数。对 t 时期到 $t+1$ 时期第 i 个省份全要素生产率变化，需要解决如下 4 个 DEA 距离函数的线性规划问题。

$$[D_0^t(X_t,Y_t)]^{-1} = \max_{\varphi,\lambda} \varphi$$
$$\text{s.t.} \quad -\varphi Y_{it} + Y_{t+1}\lambda \geq 0$$
$$X_{it} - X_{t+1}\lambda \geq 0$$
$$\lambda \geq 0$$

$$[D_0^{t+1}(X_{t+1},Y_{t+1})]^{-1} = \max_{\varphi,\lambda} \varphi$$
$$\text{s.t.} \quad -\varphi Y_{i(t+1)} + Y_{t+1}\lambda \geq 0$$
$$X_{i(t+1)} - X_{t+1}\lambda \geq 0$$
$$\lambda \geq 0$$

$$[D_0^t(X_{t+1},Y_{t+1})]^{-1} = \max_{\varphi,\lambda} \varphi$$
$$\text{s.t.} \quad -\varphi Y_{i(t+1)} + Y_t\lambda \geq 0$$
$$X_{i(t+1)} - X_t\lambda \geq 0$$
$$\lambda \geq 0$$

$$[D_0^{t+1}(X_t,Y_t)]^{-1} = \max_{\varphi,\lambda} \varphi$$
$$\text{s.t.} \quad -\varphi Y_{it} + Y_{t+1}\lambda \geq 0$$
$$X_{it} - X_{t+1}\lambda \geq 0$$
$$\lambda \geq 0$$

运用 DEA-Malmquist 指数测算全要素生产率的优势有以下几个方面：第一，可以分析样本的动态跨期信息，因为 DEA-Malmquist 全要素生产率指数测算的是 t 时期到 $t+1$ 时期的效率几何平均值；第二，可以将全要素生产率变化分解为技术效率变化、技术进步变化，技术效率变化又可以进一步分解为纯技术效率变化和规模效率变化，能够直观地了解测算出的全要素生产率的构成；第三，该指数无须先验知道不同要素的价格信息，这为数据搜集过程带来了极大的便利。

三　数据收集及变量选取

本文采用中国 28 个省份年度面板数据[①]，分为东、中、西部三个区域进行研究。其中，东部地区包括北京、天津、河北、辽宁、上海、江苏、浙江、福建、山东、广东 10 个省份；中部地区包括山西、吉林、黑龙江、安徽、江西、河南、湖北、湖南、内蒙古 9 个省份；西部地区包括四川、贵州、云南、陕西、甘肃、青海、宁夏、新疆、广西 9 个省份。样本研究期间为 1990~2012 年，有关数据来自 1990~2012 年《中国统计年鉴》、各省份统计年鉴、大智慧数据库。

建立合理的投入产出指标体系是运用模型合理评估我国各省份能源消耗产出效率的前提。在选取指标时，投入指标应选取人力、财力、能源等投入变量，产出指标应选取期待研究的非合意产出——能源消耗量，并且

---

① 由于数据缺失，海南及西藏未列出；将重庆并入四川，研究对象为 28 个省份。

由于研究能源消耗的投入变量是期望投入得越小越好，产出变量是期望收获得越大越好，因此在投入一定的前提下，选取以产出为导向的 DEA 模型。

（一）投入变量

本文构建的能源消耗产出效率模型选取的投入变量为：实际资本存量（zbcl）、就业人口（jyrk）、总能耗（znh）。其中，实际资本存量是根据总投资、资本形成额和定基 CPI 计算得到的。实际资本存量的测算公式为：$K(t) = \Delta K(t) + (1-\delta)K(t-1)$，$K(t)$ 为当年的实际资本存量，δ 是折旧率，取 5%，实际资本存量的单位为亿元。就业人口用年末从业人员数衡量，单位是万人。总能耗用万吨标准煤衡量。

（二）产出变量

国内外学者在度量能源消耗产出效率时，通常使用物理产出或经济产出。其中，物理产出是指消耗能源后所产出的产品或服务，如单位能耗产品；经济产出是指以市场价格来衡量生产的服务，如单位能耗 GDP。物理产出会因为产品的形式不同而难以度量和核算，缺乏横向比较的基础，在衡量时可能会造成偏差；而经济产出对国家或区域来说，是指国民生产总值，对行业或企业来讲，指工业增加值，可以更方便地进行不同行业间能源消耗的比较。因此，本文产出变量使用经济产出：单位能耗 GDP（egdp），即实际 GDP/总能耗，以 1990 年为基期进行了调整，单位是亿元，其含义是消耗以单位标准煤可以获得的实际 GDP 产出。本文选取的中国能源消耗产出效率投入产出指标数据及原始数据如表 1 所示。

表 1　中国能源消耗产出效率投入产出指标原始数据

区域	省份	单位能耗GDP(egdp)(亿元)	实际资本存量(zbcl)(亿元)	就业人口(jyrk)(万人)	总能耗(znh)(万吨)
东部	北京	0.3924	5821.06	864.57	4718.86
	天津	0.3593	4693.07	482.15	3792.71
	河北	0.2586	9318.63	3458.50	15032.75

续表

区域	省份	单位能耗GDP($egdp$)(亿元)	实际资本存量($zbcl$)(亿元)	就业人口($jyrk$)(万人)	总能耗(znh)(万吨)
东部	辽宁	0.2772	7907.97	2001.93	12739.99
	上海	0.4535	8431.73	800.59	6733.17
	江苏	0.5468	16934.77	3936.48	13440.25
	浙江	0.5652	11696.68	3080.25	8882.19
	福建	0.6303	7722.65	1769.72	4764.17
	山东	0.4283	17518.83	4898.30	17796.12
	广东	0.6002	16757.46	4319.74	13725.00
中部	山西	0.1490	4222.26	1486.33	10226.34
	内蒙古	0.2039	5357.60	1052.44	7508.17
	吉林	0.2930	4042.29	1171.71	5256.63
	黑龙江	0.2788	5076.59	1622.65	7507.37
	安徽	0.4487	5461.51	3392.80	5881.53
	江西	0.4833	3796.22	2056.86	3520.53
	河南	0.3220	10509.93	5288.73	11615.50
	湖北	0.3718	7038.19	2716.35	8548.51
	湖南	0.3547	5502.11	3597.70	7779.69
西部	广西	0.5070	4629.52	2568.67	4004.42
	四川	0.4080	11159.71	5066.47	10454.63
	贵州	0.1562	1883.68	2064.28	5081.93
	云南	0.2996	3677.88	2379.54	4804.88
	陕西	0.3122	3593.55	1827.88	4757.67
	甘肃	0.2079	1890.16	1266.70	3771.60
	青海	0.1684	808.52	250.59	1359.16
	宁夏	0.1190	847.57	277.80	1882.45
	新疆	0.2318	2893.06	723.65	4768.84

图1显示了1990~2012年实际资本存量、就业人口和总能耗及单位能耗GDP。由图1可以看出，整体来看，影响我国能源消耗的投入量实际资本存量、就业人口和总能耗区域间差别较大，东部投入最多，同时能耗也较大；中部投入次之，能耗也次之；西部投入最少，能耗也最小。事实上，我国各省份就业人口的差别并不大，而实际资本存量和总能耗对单位能耗GDP有显著影响，图1中显示，三者几乎呈正相关关系。从各省份来看，单位能耗GDP较高的省份有江苏、浙江、福建、广东、广西5个，

其单位能耗 GDP 均达到 0.5。进一步研究发现，江苏、浙江、广东均属于能源投入高、能耗产出高的"两高"省份；而福建和广西这两个省份的能源消耗产出与投入相背离，即为低投入、高能耗产出省份，因此可以初步判断这两个省份的能耗效率是较高的。此外，从图 1 中还可以看出，尽管江西的单位能耗 GDP 不高，但相比其投入来看，其单位能耗产出效率是较高的；河北的总能耗较高，但单位能耗 GDP 较低，可说明初步判断其能源消耗产出效率较低。

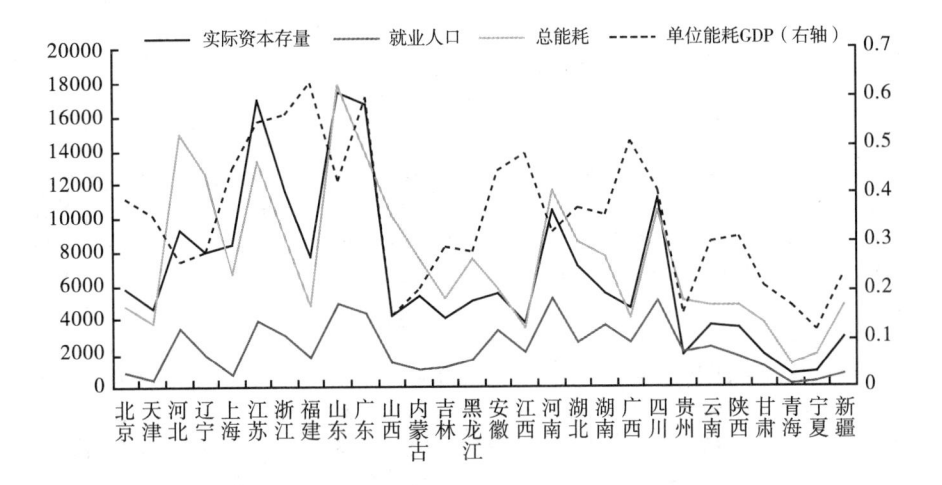

图 1　1990～2012 年各省份实际资本存量、就业人口和总能耗及单位能耗 GDP

注：左轴代表实际资本存量、就业人口和总能耗，单位分别为亿元、万人、万吨标准煤；右轴代表单位能耗 GDP，单位为亿元。

四　实证结果与分析

（一）能源消耗产出效率测度

本文基于超效率（SDEA）模型的中国能源消耗产出效率测度。DEA 模型可以方便地测算出我国各省份能源消耗产出的相对效率，但若其结果中出现若干个效率值为 1 的决策单元，则无法区分这些决策单元哪个更有效。有鉴于此，超效率模型应运而生，下面进一步运用 SDEA 模型，借助 EMS 软件，测算 1990~2012 年中国各省份能源消耗产出效率。我们选取北京、上海、广东 3 个省份以及能源消耗产出大省份山西、内蒙古、四川、陕西和新疆 5 个代表性省份进行分析。1990~2012 年基于 SDEA 模型的中国部分省份能源消耗产出效率如表 2 所示。

表 2　基于 SDEA 模型的中国部分省份能源消耗产出效率（1990~2012 年）

省份 年份	北京	上海	广东	山西	内蒙古	四川	陕西	新疆	东部 平均	中部 平均	西部 平均
1990	2.59	2.56	3.65	9.30	4.76	11.08	4.04	2.79	5.44	6.33	3.64
1991	2.67	2.52	3.27	10.05	5.10	10.67	4.19	2.50	5.24	6.62	3.68
1992	2.56	2.32	3.20	10.13	4.82	9.47	4.08	2.45	5.08	6.48	3.62
1993	2.50	2.14	3.14	9.99	4.70	8.32	3.71	2.57	5.06	6.07	3.50
1994	2.40	2.06	3.44	10.18	4.57	7.49	3.77	2.46	5.04	6.05	3.51
1995	2.24	2.10	4.98	13.09	3.97	14.61	5.02	2.52	5.17	6.49	4.60
1996	2.15	2.05	5.01	9.76	3.88	13.08	5.77	2.75	4.84	5.77	4.59
1997	2.07	1.87	4.74	9.02	4.27	5.83	4.06	2.63	4.43	5.29	3.65
1998	1.88	1.61	4.75	7.60	3.36	5.51	3.43	2.47	3.97	4.74	3.46
1999	1.75	1.61	4.55	7.03	3.94	4.61	2.42	2.25	3.75	4.36	3.16
2000	1.67	1.55	4.57	6.64	3.34	4.44	2.30	2.16	4.17	4.20	3.22
2001	1.61	1.54	4.61	7.16	3.49	4.45	2.98	2.15	3.68	4.15	3.26
2002	1.77	1.59	4.67	7.52	3.48	4.91	3.49	2.18	4.04	4.36	3.58
2003	1.78	1.62	4.97	7.61	3.80	6.62	3.93	2.29	4.22	4.74	4.22
2004	1.84	1.64	5.38	7.29	4.34	7.56	4.12	2.53	4.51	5.42	4.66
2005	1.83	1.75	6.16	7.41	4.71	7.68	4.34	2.66	5.01	5.78	4.65
2006	1.77	1.71	6.14	7.41	4.80	7.56	4.27	2.70	4.95	5.77	4.63
2007	1.91	1.69	6.67	7.55	4.98	7.57	4.23	2.77	5.09	5.81	4.67
2008	1.84	1.68	6.64	7.28	4.99	7.48	4.10	2.77	5.02	5.67	4.56
2009	1.83	1.62	6.58	7.13	4.97	7.23	3.95	2.82	5.01	5.56	4.48
2010	1.85	1.59	6.65	7.22	5.07	7.08	3.95	2.95	5.01	5.59	4.47
2011	1.79	1.51	6.63	7.30	5.35	6.99	3.90	3.31	5.08	5.64	4.55
2012	1.78	1.44	6.42	7.44	5.27	6.62	3.86	3.76	5.00	5.52	4.57

由表 2 可以看出，运用超效率测算我国几个代表性省份的能源消耗产出效率值均大于 1，可以进一步区分这些决策单元的效率差异。在研究的 8 个省份中，能源消耗产出效率最高的是山西和四川，较低的有北京、上海和新疆。从图 2 可以进一步看出，1997 年以前，我国省份间能源消耗

产出效率差异较大，山西和四川的效率变化较大；1997年以后，省份间能源消耗产出效率的差距逐渐缩小，并且趋于稳定。山西是我国的煤炭大省，一直是我国能源供给的主力，也是我国规划的能源重化工基地。山西第二产业是能源消耗的主导行业，同时，高能耗工业是拉动山西经济增长的主要动力，其能耗消费量较多的部门主要有：黑色金属、炼焦、煤炭、化工、建材、有色金属和电力。2000年以来，国家产业政策发生调整，山西的能源结构也发生转变，洗精煤、焦炭、电力、煤制品规模的扩大使得山西能源消耗产出效率处于较高水平。此外，四川是我国矿产资源较为丰富的省份之一，是我国铁矿、煤炭的输出大省。四川的能源消耗依然主要来自第二产业，1996年以来能源消耗产出效率下降的主因是工业化进程的推进造成四川第二产业占比持续上升，能耗水平相对较低的第一、第三产业占比持续下降，产业结构的演变使能源利用的负效应逐渐显现。

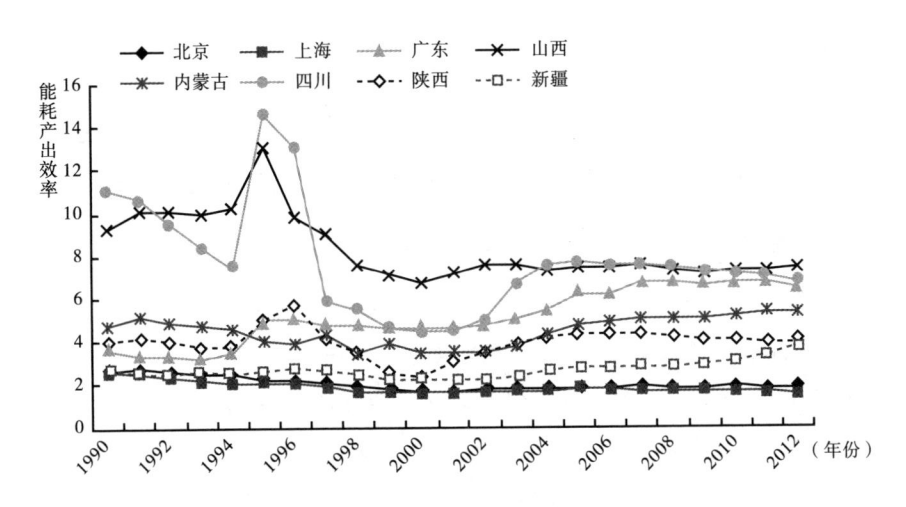

图2 基于SDEA模型的代表性省份能源消耗产出效率

从图3可以看出，1990～2012年我国能源消耗产出效率由高到低依次为中部、东部和西部，东部地区基本上与全国平均水平持平，中部地区高于全国平均水平，西部地区低于全国平均水平。整体来看，我国东、中、西部能源消耗产出效率呈"U"形，大致可以分为三个阶段：第一阶段是1990～1995年，第二阶段是1996～2005年，第三阶段是2006～2012年。从美国、英国等发达国家的工业化过程看，能源强度与经济增长呈倒

"U"形曲线关系，这就是著名的库兹涅茨曲线。库兹涅茨曲线表明，随着经济发展水平的提高，工业化国家能源强度经历先升后降的过程，即在经济发展初期，能源消耗量较低，能源强度较小；随着工业化进程的推进，能源消耗量增加，能耗强度迅速上升；待到工业化后期，经济结构由工业主导向服务业主导转移，能耗强度下降。

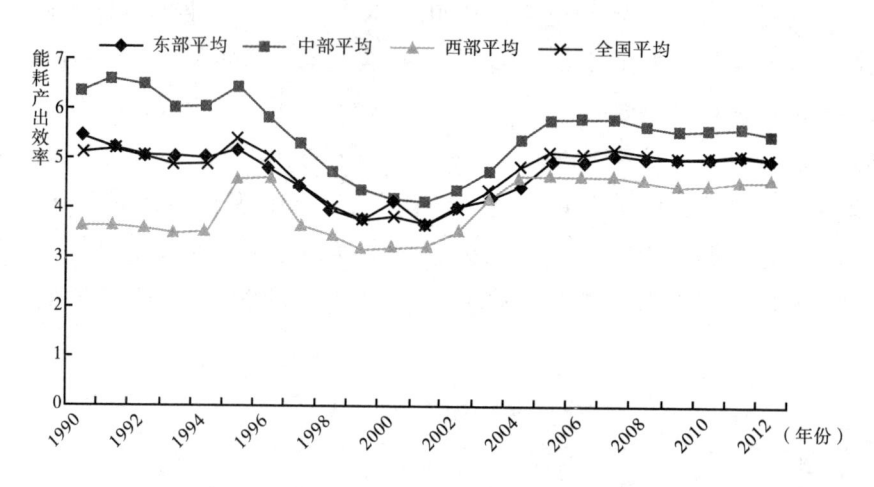

图3 基于SDEA模型的各区域能源消耗产出效率变化趋势

具体来看，第一阶段，我国能源消耗产出效率呈高位运行状态。1990~1995年，我国东部地区平均能源消耗产出效率为5.17，中部地区平均能源消耗产出效率为6.34，西部地区平均能源消耗产出效率为3.76。能源消耗产出效率最高的中部地区是西部地区的1.69倍，我国区域间能源消耗产出效率差异明显。这种差异缩小的时间点出现在1995年，我国东、中、西部能源消耗产出效率分别为：5.17、6.49和4.60。

第二阶段，我国能源消耗产出效率显著降低。1996~2005年，我国东部地区平均能源消耗产出效率为4.26，中部地区平均能源消耗产出效率为4.88，西部地区平均能源消耗产出效率为3.84。此时我国区域间能源消耗产出效率差异明显缩小，1996年我国东、中、西部能源消耗产出效率分别为：4.84、5.77和4.56，东部和西部地区仅相差0.28；2000年东部与西部地区能源消耗产出效率差异进一步缩小，二者仅相差0.03。

第三阶段，我国能源消耗产出效率反弹回升。2006~2012年，我国东部地区平均能源消耗产出效率为 5.02，中部地区平均能源消耗产出效率为 5.65，西部地区平均能源消耗产出效率为 4.56。我国区域间能源消耗产出效率差异已明显缩小，并且趋于稳定。2012 年我国东、中、西部能源消耗产出效率分别为：5.00、5.52 和 4.57。

从图 4 可知，SDEA 模型下的中国能源消耗产出效率最高值发生在 1995 年，为 5.41；最低值发生在 2001 年，仅为 3.70。可以看出，20 余年来，我国能源消耗产出效率变化较大，1990~1994 年一直处于逐年下滑的态势，1995 年经过一个小幅攀升后，于 1999 年大幅跌至谷底；尽管在 2000 年有一个小幅反弹，但 2001 年重新跌入 20 余年来的历史谷底；2002~2005 年，在政府节能减排、提高能效的高度重视下，能源消耗产出效率一路攀升，几乎回到 1990 年的状态；之后，尽管我国能源消耗产出效率有小幅波动，但基本维持在 5 左右的水平。

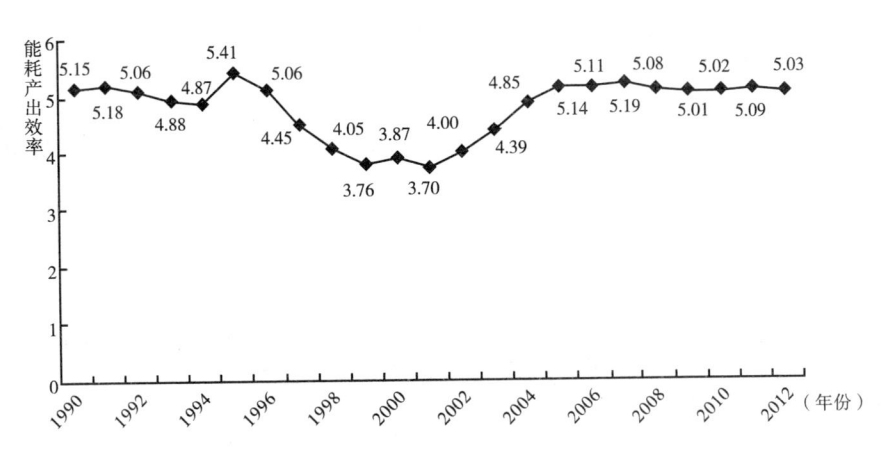

图 4　基于 SDEA 模型的中国能源消耗产出效率变化趋势

（二）能源消耗产出效率差异分析

（1）基于 BCC 模型的能源消耗产出效率差异静态分析。BCC 模型可以将能源消耗产出效率分解为纯消耗产出效率和规模效率的乘积。从表 3 可以看出，我国 28 个省份中，BCC 模型下宁夏的能源消耗产出为规模报酬递增，青海为规模报酬不变，其他省份为规模报酬递减。从能源消耗产出效率来看，全国最高的为青海，已经达到了 1.000；最低的为辽宁，仅有 0.107。从纯能源消耗产出效率来看，最高的为东部，达到 0.765；其次是西部，为 0.723；最低的是中部，为 0.507。从规模效率来看，最高的为西部，达到 0.614；其次是东部，为 0.430；最低的是中部，为 0.409。

表3 基于 BCC 模型的中国能源消耗产出效率（1990~2012 年）

区域	省份	能源消耗产出效率	纯能源消耗产出效率	规模效率	规模报酬增减性
东部	北京	0.441	0.840	0.525	递减
	天津	0.478	0.793	0.603	递减
	河北	0.088	0.405	0.217	递减
	辽宁	0.107	0.375	0.285	递减
	上海	0.452	0.948	0.477	递减
	江苏	0.172	0.710	0.241	递减
	浙江	0.496	0.964	0.515	递减
	福建	0.913	1.000	0.913	递减
	山东	0.119	0.611	0.195	递减
	广东	0.327	1.000	0.327	递减
中部	山西	0.108	0.286	0.376	递减
	内蒙古	0.213	0.502	0.424	递减
	吉林	0.154	0.385	0.401	递减
	黑龙江	0.141	0.375	0.376	递减
	安徽	0.317	0.660	0.480	递减
	江西	0.514	0.747	0.688	递减
	河南	0.127	0.497	0.255	递减
	湖北	0.190	0.571	0.332	递减
	湖南	0.187	0.540	0.347	递减
西部	广西	0.963	1.000	0.963	递减
	四川	0.108	0.516	0.209	递减
	贵州	0.238	0.506	0.469	递减
	云南	0.435	0.679	0.640	递减
	陕西	0.296	0.577	0.513	递减
	甘肃	0.233	0.483	0.483	递减
	青海	1.000	1.000	1.000	不变
	宁夏	0.717	1.000	0.717	递增
	新疆	0.394	0.746	0.528	递减
全国		0.355	0.669	0.482	

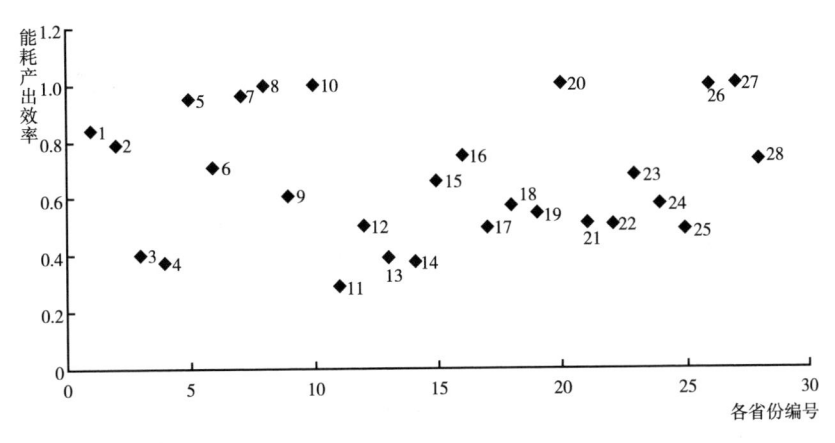

图 5 是各省份纯能源消耗产出效率均值。从图 5 可以看出，BCC 模型下 1990~2012 年我国纯能源消耗产出效率处于前沿面的省份有：福建、广东、广西、青海和宁夏；纯能源消耗产出效率在 0.4 及其以下为效率值偏低的省份：河北、辽宁、山西、吉林、黑龙江。此外，可以清晰地看出，我国纯能源消耗产出效率有明显的空间集聚现象，基本上可以由东、中、西部三个区域来划分。

图 5　各省份纯能源消耗产出效率均值

注：编号 1~28 依次表示北京、天津、河北、辽宁、上海、江苏、浙江、福建、山东、广东、山西、内蒙古、吉林、黑龙江、安徽、江西、河南、湖北、湖南、广西、四川、贵州、云南、陕西、甘肃、青海、宁夏、新疆。其中，1~10 是东部省份；11~19 是中部省份；20~28 是西部省份。

图 6 显示了各省份能源消耗规模效率均值。从图 6 可以看出，我国能源消耗规模效率较高的省份有青海、广西和福建，分别为 1.00、0.96 和 0.91；较低的省份有山东、四川、河北、江苏和河南，分别为 0.20、0.21、0.22、0.24 和 0.26。从区域来看，东、中、西部分别有能源消耗规模效率相对其他省份较高的省份，他们的规模效率接近 1，说明这些省份的能源已经得到充分利用，能源产业的资源配置非常合理，可以成为同地区其他省份的示范基地，同时青海、广西和福建也应逐渐将先进的能源技术、管理方法、能源规划思想传输给临近省份，充分发挥空间溢出效应和示范效应。

表 4 是 1990~2012 年我国各省份能源消耗规模效应投入产出松弛变量取值。由前文的分析可知，我国 28 个省份中，能源消耗产出规模报酬

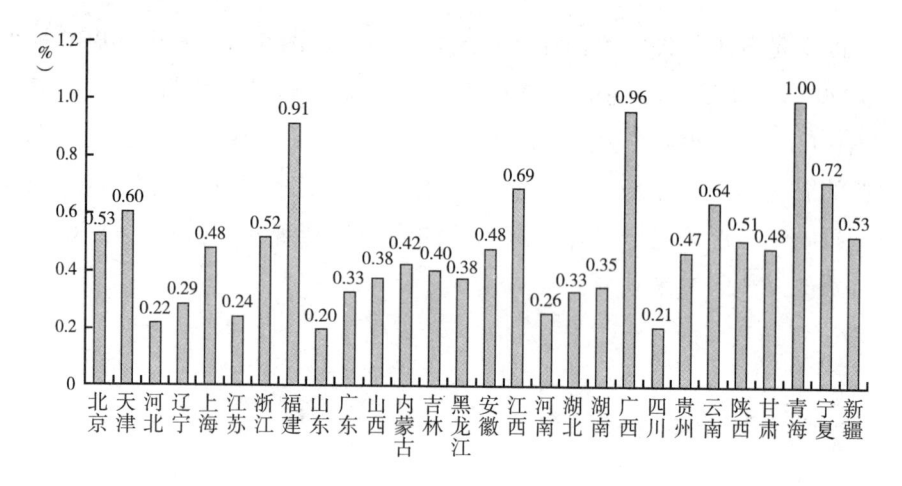

图 6　各省份能源消耗规模效率均值

递增的有宁夏，青海为规模报酬不变，其他省份为规模报酬递减。根据表 4 可以进一步分析我国各省份如何通过增减投入产出变量来使能源消耗效率达到最优。从前文的分析可知，福建、广东、广西、青海、宁夏的能源消耗产出效率处于生产的前沿面上，由表 4 也可以看出，这 5 个省份的投入产出变量都不需要增加或减少。除此之外，其他省份都需要或多或少地调整投入产出变量。以北京为例，北京可以减少 527.70 单位的投入 s_1^-（实际资本存量）和 1854.19 单位的投入 s_3^-（总能耗）来提高能源消耗产出效率；河北可以通过减少 911.13 单位的投入 s_2^-（劳动力）和 3645.04 单位的投入 s_3^-（总能耗）来提高能源消耗产出效率。由于我国各省份普遍存在能源消耗规模效率递减的特性，绝大部分省份存在资本存量、劳动力、总能耗方面的冗余，因此地方政府不应盲目扩大能源产业的规模、劳动力供给和资金投入，更应注重对现有能源产业的技术效率、规模效率的提升，培养行业顶尖人才，促进能源产业的改造升级。

表 4　中国各省份能源消耗规模效应投入产出松弛变量取值（1990~2012 年）

序号	省　份	s^+	s_1^-	s_2^-	s_3^-
1	北　京	0.00	527.70	0.00	1854.19
2	天　津	0.00	272.78	0.00	1345.99
3	河　北	0.00	0.00	911.13	3645.04

续表

序号	省份	s^+	s_1^-	s_2^-	s_3^-
4	辽宁	0.00	490.42	0.00	5594.23
5	上海	0.00	911.57	0.00	2187.43
6	江苏	0.00	0.00	554.21	1596.40
7	浙江	0.00	0.00	506.95	96.35
8	福建	0.00	0.00	0.00	0.00
9	山东	0.00	78.80	925.10	2765.00
10	广东	0.00	0.00	0.00	0.00
11	山西	0.00	0.00	0.00	3451.79
12	内蒙古	0.00	0.00	0.00	1396.55
13	吉林	0.00	0.00	0.00	2275.15
14	黑龙江	0.00	289.68	0.00	3704.31
15	安徽	0.00	0.00	1207.88	938.78
16	江西	0.00	0.00	0.00	487.50
17	河南	0.00	0.00	1970.02	2621.21
18	湖北	0.00	0.00	568.64	1716.19
19	湖南	0.00	0.00	1398.49	1760.66
20	广西	0.00	0.00	0.00	0.00
21	四川	0.00	0.00	1719.02	3075.09
22	贵州	0.00	0.00	491.08	1223.73
23	云南	0.00	0.00	0.00	642.13
24	陕西	0.00	0.00	0.00	1028.81
25	甘肃	0.00	0.00	218.54	1299.32
26	青海	0.00	0.00	0.00	0.00
27	宁夏	0.00	0.00	0.00	0.00
28	新疆	0.00	81.56	0.00	1215.96
平均		0.00	94.73	373.97	1640.06

（2）基于 DEA-Malmquist 模型的能源消耗产出效率差异动态分析。通过 DEA-Malmquist 模型可以进一步分析各时段、各省份我国能源消耗产出效率的构成情况。其中，$effch$、$techch$、$pech$、$sech$ 和 $tfpch$ 分别表示技术效率变化、技术进步变化、纯技术效率变化、规模效率变化和全要素生产率变化。表5中各变量的关系为 $effch = pech \times sech$，$tfpch = effch \times techch$，即技术效率变化可以分解为纯技术效率变化和规模效率变化，全要素生产率变化可以进一步分解为技术效率变化和技术进步变化。

表5 基于 DEA-Malmquist 模型的中国能源消耗产出效率（1990~2012年）

年份	effch	techch	pech	sech	tfpch
1990~1991	0.898	1.123	0.914	0.982	1.008
1991~1992	1.056	0.964	0.993	1.063	1.018
1992~1993	1.135	0.897	1.026	1.106	1.019
1993~1994	1.066	0.922	1.000	1.066	0.983
1994~1995	1.007	0.910	1.021	0.987	0.916
1995~1996	1.024	1.021	1.020	1.004	1.045
1996~1997	1.042	1.039	1.003	1.038	1.082
1997~1998	1.077	1.017	1.015	1.060	1.094
1998~1999	1.188	0.878	1.059	1.122	1.044
1999~2000	1.012	0.947	1.098	0.922	0.958
2000~2001	0.962	1.074	0.936	1.028	1.033
2001~2002	0.962	0.926	1.044	0.922	0.891
2002~2003	0.926	0.958	0.982	0.943	0.887
2003~2004	1.120	0.769	0.997	1.122	0.861
2004~2005	1.067	0.827	1.069	0.998	0.882
2005~2006	1.017	0.919	1.000	1.017	0.935
2006~2007	0.997	0.943	1.002	0.995	0.940
2007~2008	1.007	0.958	0.987	1.020	0.965
2008~2009	0.995	0.968	1.007	0.988	0.963
2009~2010	1.010	0.930	1.000	1.010	0.939
2010~2011	1.074	0.861	0.998	1.077	0.925
2011~2012	0.998	0.944	0.984	1.015	0.943
均　值	0.988	0.945	1.007	1.022	0.967

由表5可知，1990~2012年我国能源技术效率平均变化0.988，技术进步平均变化0.945，纯技术效率平均变化1.007，规模效率平均变化1.022，全要素生产率平均变化0.967。能源消耗技术效率的变化中，纯技术效率和规模效率的贡献相当；全要素生产率的变化中，技术效率比技术进步的贡献要大。实际上，由于我国能源的技术进步变化是小于1的，因此其实际上是呈逐年下降的状态，对全要素生产率起到阻碍作用。由此可知，要提高能源消耗产出全要素生产率的首要任务是提高我国能源的技术进步水平，即通过研发促使能源产业技术工艺更新换代，培养能源产业高端人才，加快能源产业自主创新研发，提高能源技术进步水平。

图7是中国能源消耗产出效率构成因素的走势。由图7可以看出，能源技术效率、纯技术效率和规模效率的变化趋势一致，而技术进步与全要素生产率变化趋势一致，并且与能源技术效率、纯技术效率和规模效率的变化方向相反。因此，图7进一步说明，我国能源消耗全要素生产率水平的低下主要是由技术进步的阻碍造成的，由于我国长期以来技术水平较低，使能源消耗产出全要素生产率受到阻碍。此外，在能源技术效率中，尽管规模效率变化与技术效率变化更加吻合，但纯技术效率与规模效率间无明显差异。

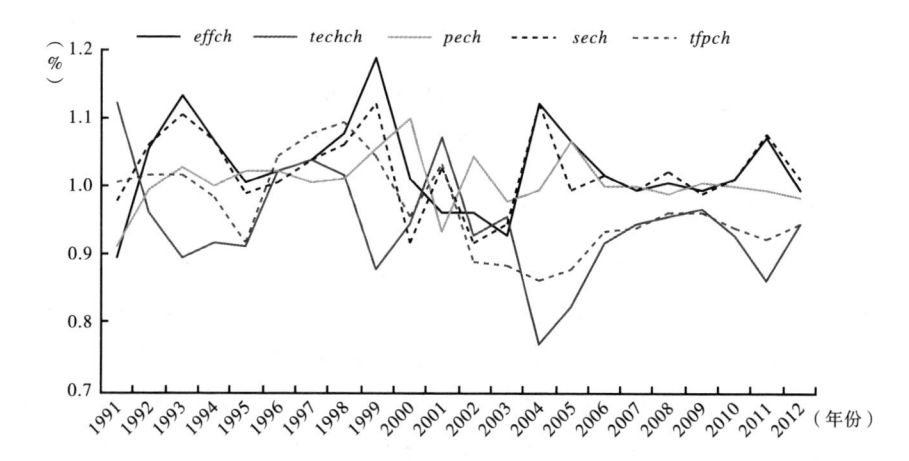

图7 基于DEA-Malmquist模型的中国能源消耗产出效率分解（1991～2012年）

注："1991"表示"1990～1991年"，依此类推。

图8是DEA-Malmquist模型下的中国各省份能源消耗产出全要素生产率变化值。从图8可以看出，我国能源消耗产出全要素生产率变化大于1的省份有：北京、天津、辽宁、上海、吉林、黑龙江和四川，这些省份的能源消耗产出全要素生产率是上升的，并且大多数位于东部地区，中部地区只有2个省份，西部地区仅四川1个省份。此外，能源消耗产出全要素生产率变化较低的省份有：宁夏、青海、云南、贵州、广西、山西，大多数位于我国西部。

表6是DEA-Malmquist模型下的1990～2012年中国各省份能源消耗产出效率。从表6可以进一步分析我国能源消耗产出全要素生产率变化较

%（纵轴）

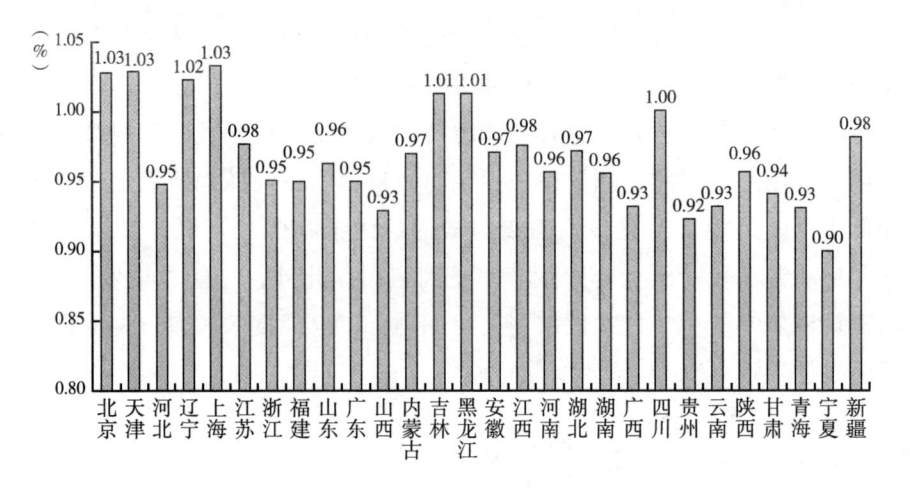

图中柱状图数据（从左至右）：
北京 1.03、天津 1.03、河北 0.95、辽宁 1.02、上海 1.03、江苏 0.98、浙江 0.95、福建 0.95、山东 0.96、广东 0.95、山西 0.93、内蒙古 0.97、吉林 1.01、黑龙江 1.01、安徽 0.97、江西 0.98、河南 0.96、湖北 0.97、湖南 0.96、广西 0.93、四川 1.00、贵州 0.92、云南 0.93、陕西 0.96、甘肃 0.94、青海 0.93、宁夏 0.90、新疆 0.98

图 8　基于 DEA-Malmquist 模型的中国各省份能源消耗产出全要素生产率变化值

大省份的构成，可以发现，北京、天津、辽宁、上海、吉林、黑龙江、四川的能源消耗产出全要素生产率变化均主要由技术效率的变化所致，而技术效率的变化均又主要是规模效率变化的贡献。对于能源消耗产出全要素生产率变化较低省份，宁夏、青海、云南、贵州、山西、广西的能源消耗产出全要素生产率变化较低主要是由于技术进步变化较低。因此，对于我国能源消耗产出全要素生产率变化较高的省份应该继续保持其技术效率的高效性，总结技术效率提高的途径和方法，并将有益的经验传播给临近区域省份；对于能源消耗产出全要素生产率变化较低的省份，应该注意提升技术进步水平，积极向东、中部能效较高的省份学习。

表 6　基于 DEA-Malmquist 模型的中国各省份能源消耗产出效率（1990～2012 年）

省　份	effch	techch	pech	sech	tfpch
北　京	1.038	0.990	1.008	1.030	1.028
天　津	1.034	0.995	1.011	1.023	1.029
河　北	1.037	0.915	1.005	1.032	0.948
辽　宁	1.051	0.973	1.019	1.031	1.023
上　海	1.035	0.997	1.002	1.033	1.033
江　苏	1.028	0.950	1.014	1.013	0.977
浙　江	0.995	0.956	1.000	0.995	0.951

续表

省　份	effch	techch	pech	sech	tfpch
福　建	0.989	0.960	1.000	0.989	0.950
山　东	1.024	0.941	1.007	1.017	0.963
广　东	0.999	0.951	1.000	0.999	0.950
山　西	1.037	0.896	1.006	1.031	0.929
内蒙古	1.014	0.956	0.985	1.030	0.970
吉　林	1.072	0.945	1.031	1.039	1.013
黑龙江	1.062	0.953	1.025	1.037	1.013
安　徽	1.039	0.934	1.018	1.021	0.971
江　西	1.031	0.947	1.013	1.017	0.976
河　南	1.025	0.934	1.006	1.018	0.957
湖　北	1.038	0.936	1.010	1.027	0.972
湖　南	1.036	0.923	1.008	1.029	0.956
广　西	0.987	0.944	0.994	0.993	0.932
四　川	1.054	0.949	1.020	1.034	1.001
贵　州	1.042	0.886	1.011	1.031	0.923
云　南	1.006	0.927	0.988	1.018	0.932
陕　西	1.032	0.928	1.006	1.025	0.957
甘　肃	1.061	0.887	1.030	1.030	0.941
青　海	1.000	0.931	1.000	1.000	0.931
宁　夏	0.993	0.907	0.979	1.014	0.900
新　疆	1.006	0.976	0.987	1.019	0.982
均　值	1.027	0.942	1.006	1.020	0.968

五　结论及政策建议

当前，国际经济政治形势复杂，我国正处于由能源大国向能源强国转变的历史关键时期，面临诸多机遇和挑战。2013年1月1日，国务院发布能源发展"十二五"规划，经济社会发展趋势的总体判断，明确2015年能源发展的主要目标。未来，我国将实施能源效率与能耗总量的"双控"机制，降低单位GDP总能耗，提高能源消耗产出效率，提高能源的生产与供应能力，优化能源产业结构，加快能源体制改革，按照"十二五"规划纲要的总体要求，实现能源发展的目标。本文的主要结论如下。

第一，从总体上来看，我国单位能耗的 GDP 产出量和能源消耗产出效率较低。基于 SDEA 模型，1990~2012 年我国东部地区能源消耗产出效率基本上与全国平均水平持平，中部地区高于全国平均水平，西部地区则低于全国平均水平。

第二，1997 年以前，我国各省份能源消耗产出效率差异较大，其中山西和四川的效率变化较大；1997 年以后，省份间能源消耗产出效率的差距在逐渐缩小，并且趋于稳定。整体来看，我国东、中、西部能源消耗产出效率呈"U"形，大致可以分为三个阶段：1990~1995 年、1996~2005 年和 2006~2012 年。中国能源消耗产出效率最高值发生在 1995 年，最低值发生在 2001 年，20 余年来我国能源消耗产出效率变化较大。

第三，我国区域间能源消耗产出效率的差异主要是规模效率的差异，而纯能源消耗产出效率差别不大。中部地区的纯能源消耗产出效率和规模效率都不高，西部地区应保持能源规模效率优势，大力提高纯能源消耗产出效率。我国东、中、西部纯能源消耗产出效率均出现明显的空间集聚现象。

第四，我国各省份普遍存在能源消耗规模效率递减的特性，绝大部分省份存在资本存量、劳动力、总能耗方面的冗余。能源消耗技术效率的变化中，纯技术效率和规模效率的贡献相当；全要素生产率的变化中，技术效率比技术进步的贡献要大。

基于以上分析，我国能源消耗产出效率的提升路径建议如下。

第一，强化资源大省能源效率，协调三大产业比例关系。我国山西是煤炭大省，四川是铁矿、煤炭的输出大省，内蒙古拥有丰富的煤炭和石油，新疆也有丰富的石油、天然气和煤矿，这些省份具有较高的能源消耗和能源效率。但近年来部分省份的能源效率波动较大，其主要原因是我国工业化水平进入中期，工业化进程的推进造成部分省份第二产业产值占比持续上升，能耗水平相对较低的第一、第三产业产值占比持续下降，产业结构的演变使能源利用的负效应逐渐显现。由于第二产业多是能源消耗较大的工业产业，能源投入大，资源消耗多，如盲目进行人力资本投入和资源过度开采，很容易走"先污染，后治理"的粗放型发展路径，既加大了能源消耗的压力，无法提高能源效率，也不利于经济资源的可持续发展。因此对我国能源大省和资源强省来说，更应该注重产业结构的优化升级，合理安排第二产业和第三产业的比例。

第二，依据能源区域集聚的现象，充分发挥空间溢出效应和示范效应。东部地区在加大投资力度进行能源产业建设时，应积极向西部地区学习，合理控制产业规模，淘汰落后产能，优化产业结构，促进规模效率的提高。中部地区应努力向东部地区学习能源产业先进技术，提高纯能源消耗产出效率；向西部地区学习控制能源产业结构规模，提高规模效率。而西部地区的纯能源消耗产出效率和规模效率分别有近30%和40%的提升空间。对于我国能源消耗产出全要素生产率变化较高的省份应该继续保持其技术效率的高效性，总结技术效率提高的途径和方法，将先进的能源技术、管理理念、能源规划思想传输给临近省份，充分发挥空间溢出效应和示范效应；对于能源消耗产出全要素生产率变化较低的省份，应该注意提升技术水平，积极向东、中部能效较高的省份学习。

第三，控制省份能源规模，提高能源效率。由于我国各省份普遍存在能源消耗规模效率递减的特性，绝大部分省份存在资本存量、劳动力、总能耗方面的冗余，因此地方政府不应盲目地扩大能源产业的规模、劳动力供给和资金投入，更应注重对现有能源产业规模效率的提升。可以根据本文测算的中国各省份能源消耗规模效应投入产出松弛变量取值来具体指导各区域投入产出的增减，如北京可以减少527.70单位的实际资本存量和1854.19单位的总能耗来提高能源消耗产出效率；河北可以通过减少911.13单位的劳动力和3645.04单位的总能耗来提高能源消耗产出效率，等等。由于我国福建、广东、广西、青海、宁夏的能源消耗产出效率处于生产的前沿面上，因此这5个省份的投入产出变量都不需要增加或减少。除此之外，其他省份都需要或多或少地调整投入和产出。

第四，培养行业顶尖人才，提高能源技术进步水平。由于我国长期以来技术水平较低，能源消耗产出全要素生产率受到阻碍。此外，我国能源技术进步变化逐年下降，也极大地阻碍了能源全要素生产率的提升。因此，要提高我国能源消耗产出全要素生产率的首要任务是提高我国能源的技术进步水平，即通过研发促使能源产业技术工艺更新换代，培养能源产业顶尖人才，加快能源产业自主创新研发，促进能源产业的改造升级。在引入外资的同时，要注意发挥"干中学"效应，将先进的生产技术转化为我国能源产业软实力的提升，避免过度依赖外来资金和技术，减小外商投资的负面效应。要积极研发清洁能源的开采和使用，在技术上攻坚克难，通过政策引导不同能源对经济产出的支持，构建资源节约和环境友好型社会，提高我国能源技术进步水平。

参考文献

[1] Bruce Tonna, Jean H. Peretz, (2007), "State-level Benefits of Energy Efficiency," *Energy Policy* 35, 3665 – 3674.

[2] Jonas Nassen, John Holmberg, (2005), "Energy Efficiency—A Forgotten Goal in the Swedish Building Sector?" *Energy Policy* 33, 1037 – 1051.

[3] Ming Yang, (2006), "Energy Efficiency Policy Impact in India: Case Study of Investment in Industrial Energy Efficiency," *Energy Policy* 34, 3104 – 3114.

[4] Philip Andrews-Speed, (2009), "China's Ongoing Energy Efficiency Drive: Origins, Progress and Prospects," *Energy Policy* 37, 1331 – 1344.

[5] Robert K. Dixon, Elizabeth McGowan, Ganna Onysko, Richard M. Scheer, (2010), "US Energy Conservation and Efficiency Policies: Challenges and Opportunities," *Energy Policy* 38, 6398 – 6408.

[6] Volkan S. Edigera, Unal Camdal, (2007), "Energy and Exergy Efficiencies in Turkish Transportation Sector, 1988 – 2004," *Energy Policy* 35, 1238 – 1244.

[7] Wang H., Zhoua P., Zhoua D. Q., (2013), "Scenario-based Energy Efficiency and Productivity in China: A Non-radial Directional Distance Function Analysis," *Energy Economics* 40, 795 – 803.

[8] 陈星星：《数量经济学前沿研究动态》，《数量经济技术经济研究》2014 年第 11 期，第 159~161 页。

[9] 董利：《我国能源效率变化趋势的影响因素分析》，《产业经济研究》2008 年第 1 期，第 8~18 页。

[10] 蒋金荷：《提高能源效率与经济结构调整的策略分析》，《数量经济技术经济研究》2004 年第 10 期，第 16~23 页。

[11] 李国璋、霍宗杰：《中国全要素能源效率、收敛性及其影响因素——基于 1995~2006 年省际面板数据的实证分析》，《经济评论》2009 年第 6 期，第 101~109 页。

[12] 李廉水、周勇：《技术进步能提高能源效率吗？——基于中国工业部门的实证

检验》,《管理世界》2006 年第 10 期,第 82~89 页。
[13] 李世祥、成金华:《中国能源效率评价及其影响因素分析》,《统计研究》2008 年第 10 期,第 18~27 页。
[14] 李世祥、成金华:《中国主要工业省区能源效率分析:1990~2006 年》,《数量经济技术经济研究》2008 年第 10 期,第 32~43 页。
[15] 马海良、黄德春、姚惠泽:《中国三大经济区域全要素能源效率研究——基于超效率 DEA 模型和 Malmquist 指数》,《中国人口·资源与环境》2011 年第 11 期,第 38~43 页。
[16] 齐志新、陈文颖:《结构调整还是技术进步?——改革开放后我国能源效率提高的因素分析》,《上海经济研究》2006 年第 6 期,第 8~16 页。
[17] 屈小娥:《中国省际能源效率差异及其影响因素分析》,《经济理论与经济管理》2009 年第 2 期,第 46~52 页。
[18] 屈小娥:《中国省际全要素能源效率变动分解——基于 Malmquist 指数的实证研究》,《数量经济技术经济研究》2009 年第 8 期,第 29~43 页。
[19] 师博、沈坤荣:《市场分割下的中国全要素能源效率:基于超效率 DEA 方法的经验分析》,《世界经济》2008 年第 9 期,第 49~59 页。
[20] 师博、张良悦:《我国区域能源效率收敛性分析》,《当代财经》2008 年第 2 期,第 17~21 页。
[21] 史丹:《中国能源效率的地区差异与节能潜力分析》,《中国工业经济》2006 年第 10 期,第 49~58 页。
[22] 史丹、吴利学、傅晓霞、吴滨:《中国能源效率地区差异及其成因研究——基于随机前沿生产函数的方差分解》,《管理世界》2008 年第 2 期,第 35~43 页。
[23] 谭忠富、张金良:《中国能源效率与其影响因素的动态关系研究》,《中国人口·资源与环境》2010 年第 4 期,第 43~49 页。
[24] 王兵、张技辉、张华:《环境约束下中国省际全要素能源效率实证研究》,《经济评论》2011 年第 4 期,第 31~43 页。
[25] 王群伟、周德群:《中国全要素能源效率变动的实证研究》,《系统工程》2008 年第 7 期,第 74~80 页。
[26] 魏楚、沈满洪:《结构调整能否改善能源效率:基于中国省级数据的研究》,《世界经济》2008 年第 11 期,第 77~85 页。
[27] 魏楚、沈满洪:《能源效率研究发展及趋势期:一个综述》,《浙江大学学报》(人文社会科学版)2009 年第 3 期,第 55~63 页。
[28] 魏楚、沈满洪:《能源效率与能源生产率:基于 DEA 方法的省际数据比较》,《数量经济技术经济研究》2007 年第 9 期,第 110~121 页。
[29] 魏一鸣、廖华:《能源效率的七类测度指标及其测度方法》,《中国软科学》2010 年第 1 期,第 128~137 页。
[30] 吴琦、武春友:《基于 DEA 的能源效率评价模型研究》,《管理科学》2009 年

第 1 期，第 103~112 页。

[31] 吴琦、武春友：《我国能源效率关键影响因素的实证研究》，《科研管理》2010 年第 5 期，第 164~171 页。

[32] 武春友、吴琦：《基于超效率 DEA 的能源效率评价模型研究》，《管理学报》2009 年第 11 期，第 1460~1465 页。

[33] 徐国泉、刘则渊：《1998~2005 年中国八大经济区域全要素能源效率——基于省际面板数据的分析》，《中国科技论坛》2007 年第 7 期，第 68~72 页。

[34] 徐晓光、冼俊城、郑尊信：《中国城市金融效率提升路径探析》，《数量经济技术经济研究》2014 年第 10 期，第 53~68、83 页。

[35] 徐盈之、管建伟：《中国区域能源效率趋同性研究：基于空间经济学视角》，《财经研究》2011 年第 1 期，第 112~123 页。

[36] 杨红亮、史丹：《能效研究方法和中国各地区能源效率的比较》，《经济理论与经济管理》2008 年第 3 期，第 12~20 页。

[37] 尹宗成、丁日佳、江激宇：《FDI、人力资本、R&D 与中国能源效率》，《财贸经济》2008 年第 9 期，第 95~98 页。

[38] 袁晓玲、张宝山、杨万平：《基于环境污染的中国全要素能源效率研究》，《中国工业经济》2009 年第 2 期，第 76~86 页。

中国气候保护政策回顾、障碍与政策选择[*]

蒋金荷[**]

摘 要：中国政府已颁布了比较完善的各种气候保护和低碳发展政策，但仍面临严峻的气候变化等环境问题。气候政策评价是气候政策制定过程中一项重要内容，本篇论文基于当前经济社会发展态势、能源供需特征，从国家层面梳理近十几年来各种气候保护政策，包括六个方面：制度建设、法律、规划、行政法规、节能认证制度和能效标识制度，并对政策施行过程中存在的障碍、约束进行较为深入的分析，从理论认识、体系建设、资源禀赋、经济发展阶段、行业发展等层面入手。为了更好地保护气候资源，文章最后提出关于政策选择的几条建议。

关键词：气候保护 政策评价 政策障碍 政策选择

气候变化是当今全球共同面临的最大挑战之一。各国为了保护地球生态环境、气候资源，努力减缓气候变化，推出了一系列政策法规，施

---

[*] 基金资助：中国社会科学院创新工程基础学者项目（2014～2018年）和国家重点基础研究发展计划（973计划）（编号：2012CB955801）。
"气候保护"这一术语国内学者有不同观点，但国际上早已使用，如2001年就已经建立了有名的"气候保护中心"（Center for Climate Protection），http://climateprotection.org/。

[**] 蒋金荷，中国社会科学院数量经济与技术经济研究所。

行低碳发展。从各个国家来说，这些努力都取得了一些成果，但从全球而言，至今都没能达到《京都议定书》规定的目标"将大气中的温室气体含量稳定在一个适当的水平，以保证生态系统的平稳适应、食物的安全生产和经济的可持续发展"[1]。例如，全球碳排放量从1970年的145.3亿吨CO_2增加到2011年的322.7亿吨CO_2；①大气中CO_2浓度在2013年首次突破400ppm[2]。这种增长速度是史无前例的，这也是国际社会关注的焦点。

中国政府一贯高度重视气候变化问题，把积极应对气候变化作为关系经济社会发展全局的重大议题，纳入经济社会发展中长期政府规划，"节能减排"成了中国各级政府执政业绩考核的一项重要指标。但不可否认，中国在控制能源消费、加强环境保护和促进国内低碳发展方面的工作成效还不能令人满意。环境现状其实主要是这十几年一系列经济社会、环境、资源政策施行的综合影响结果。在发达经济体，政策评价是政策制定过程中的一项重要内容，如英国能源和气候变化部（DECC）提供专用于政策评估的指南和评估模板，明确了评估的准则和主要指标等[3]。因而，不论是从政策的完善，还是从政策影响和效率的评价而言，对现有气候保护政策进行系统分析是很有必要的。本文从国家层面梳理近十几年来中国政府颁布的各种气候保护政策法规，并对政策施行过程存在的障碍、约束进行深入分析，文章最后提出了有关气候保护政策选择的建议。

一 中国当前经济、能源供需概况

（一）中国经济发展态势

中国经济总量（GDP）于2010年成为世界第二大经济体，仅次于美国。1980~2012年②，中国经济年均增长9.96%，其中工业年均增长

---

① 世界资源研究所，http://www.wri.org.cn/carbonhistory。
② 《中国统计年鉴2013》，中国统计出版社，2013。

11.40%，属于世界上同一时期经济增长最快的经济体。尽管近两年来中国经济开始进入结构调整期，从纵向看，增速明显下降，但从横向对比，仍属于保持较高增长速度的发展中国家，中国的城镇化、工业化还处于快速发展阶段。这种经济发展背景决定了中国的能源需求和二氧化碳排放量不可避免地持续增长。根据最新的世界能源统计数据[①]，2012年中国一次能源消费量达到27.35亿吨油当量，比2011年增加了7.4%，占全球一次能源消费量的21.9%。2012年中国排放92.08亿吨CO_2，比2011年增加了6.0%，占全球碳排放的26.7%，而同期美国一次能源消费占全球的份额为17.7%，碳排放占全球的16.8%。

（二）中国能源供应和需求

为了既能满足快速增长的产业对能源的需求，又不断满足居民提高生活水平的需要，目前中国已成为全球最大的能源生产国和最大的能源消费国，能源生产和消费总量分别从1980的6.37亿吨标准煤、6.03亿吨标准煤增加到2013年的33.2亿吨标准煤、36.2亿吨标准煤，年均增长率也分别达到5.29%、5.76%。从1992年开始，中国的能源消费总量超过了生产总量，2012年中国需进口能源约3亿吨标准煤，相当于沙特2012年全年的能源消费量。

从能源强度（可简单理解为能源效率的倒数）分析，即单位GDP所需的能源消耗，总体上，从1980年以来，中国的能源消费强度一直趋于下降态势，从1980年的3.40吨标准煤/万元GDP下降到2012年0.71吨标准煤/万元GDP（GDP按照2005年不变价格计算），年均下降率为4.78%。但与欧美等发达经济体相比，目前中国的能源效率仍处于低水平，还有很大的空间可以提高。

影响中国能源需求的驱动因素包括工业化、国际贸易的增长以及居民收入提高引起的居民生活对能源需求的增加，包括人均住房面积增加、家庭电气化的普及和家用汽车保有量的增大。2012年工业终端能源消费量

---

① BP Statistical Review of World Energy June 2013, http://www.bp.com/statisticalreview.

占总能源消费的 45.7%，仍然是最大的终端能源消费部门，但居民生活用电占终端用电量的比例从 1980 年的 3.8% 增加到 2012 年的 13.3%，增加了将近 10 个百分点，年人均生活用电从 1980 年的 11 千瓦时增加到 2012 年的 462 千瓦时。相比西方发达经济体的生活用电水平，中国居民的用电需求仍处于不断增长的态势。

煤炭占中国的一次能源消费结构约 67%，原煤占一次能源生产的 77%，火电占发电量的 80% 左右。相比较而言，在美国和 OECD 国家，煤炭消耗仅占能源消费的 12% 和 5%。这种对煤炭高度依赖的能源结构模式，带来了沉重的环境成本，电力工业成为空气污染物和温室气体排放的主要来源之一。

（三）中国碳排放

作为最大的发展中国家，随着能源需求的不断增长，碳排放量也必然增大，从 2008 年开始中国碳排放总量超过美国，成为全球最大的碳排放国家。1980~2012 年中国碳排放量从 15 亿吨 CO_2 增加到 92 亿吨 CO_2，年均增长率为 5.83%，略高于能源消费增长率，反映了能源消费的"高碳化"结构。总体上碳排放强度呈不断下降的态势，从 1980 年的 8.46 亿吨 CO_2 下降到 2012 年的 1.81 亿吨 CO_2（GDP 按照 2005 年不变价格计算），年均下降率为 4.71%。2012 年的碳排放强度比 2005 下降了 40%，比 2010 年下降了 14.3%，从这种排放效率分析，要达到《"十二五"控制温室气体排放工作方案》中的规定目标（2015 年比 2010 年下降了 17%）还是可以期待的。

二 国家层面气候政策

制定气候政策的目标之一是节能减排，提高能源效率，改善环境，实行低碳发展。政策工具的施行可以帮助政府部门促进节能减排，成为减缓气候变化的有利因素，但也存在政策执行的不利因素，成为抑制低碳发展的障碍。本文首先回顾现有的气候政策工具，这些政策工具从施行方式看，可分为市场手段和非市场手段两大类，前者包括资源税、碳税等经济工具，后者包括行政规划、法律法规和认证标准等。

在过去，中国政府大多采取非市场的命令、管制工具及示范项目等政策措施来应对气候变化。近年来，中国政府的政策制定已经发生变化，形成多元化的政策工具组合，越来越多地利用市场手段，包括退税、补贴和新的信息工具，如认证标签制度，其目的是利用市场机制创造经济刺激，增加低碳节能投资，并提高市场的透明度。

（一）制度建设：确立"生态文明"的发展理念

2013年11月，中国共产党第十八届中央委员会第三次全体会议通过《关于全面深化改革若干重大问题的决定》，这是指导未来中国各个领域工作的指导思想和行动准则，包括16个领域，60个方面的改革，其中"加快生态文明制度建设"作为其中一个领域单独列出，明确提出"建设生态文明，必须建立系统完整的生态文明制度体系，实行最严格的源头保护制度、损害赔偿制度、责任追究制度，完善环境治理和生态修复制度，用制度保护生态环境"[①]。生态文明制度建设和可持续的发展理念为中国的气候保护政策提供了制度保障和进行顶层设计的指导思想。

（二）颁布法律和立法

政策以法律条文形式颁布是从法律上建立一套应对气候变化的制度框架。中国现行法律与气候保护、改善环境相关的法律共有5部，从最早的《环境保护法》和最近的《可再生能源法》（见表1）。需要指出的是，对气候变化进行单独立法已提上日程，国家发改委、全国人大环资委和其他有关部门联合成立了应对气候变化法律起草工作领导小组，同时借鉴其他国家相关法律的基本框架，目前正处于法律条文草案研讨阶段。

---

① 《加快推进生态文明制度建设》，《光明日报》2012年12月25日第11版。

表 1　与气候保护相关的法律

	法律名称	颁布机构	通过时间	施行时间
1	《中华人民共和国环境保护法》	第 12 届全国人大常委会 第 7 届全国人大常委会	2014 年 4 月 24 日第 8 次会议 1989 年 12 月 26 日第 11 次会议	2015 年 1 月 1 日（修订版） 1990 年 1 月 1 日
2	《中华人民共和国节约能源法》	第 10 届全国人大常委会 第 8 届全国人大常委会	2007 年 10 月 28 日第 30 次会议 1997 年 11 月 1 日第 28 次会议	2008 年 4 月 1 日（修订版） 1998 年 1 月 1 日
3	《中华人民共和国大气污染防治法》	第 9 届全国人大常委会	2000 年 4 月 29 日第 15 次会议*	2000 年 9 月 1 日
4	《中华人民共和国清洁生产促进法》	第 11 届全国人大常委会 第 9 届全国人大常委会	2012 年 2 月 29 日第 25 次会议 2002 年 6 月 29 日第 28 次会议	2012 年 7 月 1 日（修订版） 2003 年 1 月 1 日
5	《中华人民共和国可再生能源法》	第 10 届全国人大常委会	2005 年 2 月 28 日第 14 次会议	2006 年 1 月 1 日

注：*根据中国政府法制信息网（http：//www.chinalaw.gov.cn/）报道，国务院法制办于 2014 年 9 月 9 日就该部法律"修订草案征求意见稿"向社会公开征求意见。征求意见稿规定：我国将建立重污染天气监测预警体系，实施排污许可制度等。

（三）制定特定时期规划和行动计划，有些带有强制性的约束目标

为了有效控制碳排放，中国政府和行业管理部门在制定未来特定时期发展规划时都明确提出了能源消费、碳排放等资源环境的约束目标。目前正在实行的"十二五"规划期（2010~2015 年），其中涉及的规划、行动计划如表 2 所示，有些带有强制性的指标约束，如《"十二五"控制温室气体排放工作方案》提出，2015 年全国单位国内生产总值 CO_2 排放比 2010 年下降 17% 的目标。

表 2　与气候保护相关的"十二五"时期规划

	规划名称	颁布机构	施行时间(年)
1	《国民经济和社会发展"十二五"规划纲要》	全国人大第4次会议	2011～2015
2	《能源发展"十二五"规划》	国务院	2011～2015
3	《"十二五"控制温室气体排放工作方案》	国务院	2011～2015
4	《"十二五"节能减排综合性工作方案》	国务院	2011～2015
5	《工业领域应对气候变化行动方案（2012～2020年）》	工信部、国家发改委、科技部、财政部	2012～2020
6	《循环经济发展战略及近期行动计划》	国务院	2013
7	《国家环境保护"十二五"规划》	国务院	2011～2015
8	《煤炭工业发展"十二五"规划》	国家发改委	2011～2015
9	《大气污染防治行动计划》	国务院	2013～2017

（四）行政法规

行政法规是中国政府和主管部门发布的规则和计划等，根据宪法和法律，按照行政法规规定的程序制定。由于法律关于行政权力的规定常常比较原则、抽象，因而还需要由行政机关进一步具体化。行政法规其实就是对法律具体化的一种形式。与气候保护有关的行政法规如表 3 所示。

表 3　与气候保护有关的行政法规

	法规名称	颁布机构	颁布时间(年)
1	《中国应对气候变化国家方案》	国务院	2007
2	《民用建筑节能条例》	国务院	2008
3	《公共机构节能条例》	国务院	2008
4	《关于开展低碳省份和低碳城市试点工作》	国家发改委	2010
5	《关于开展碳排放权交易试点工作的通知》	国家发改委	2011
6	《温室气体自愿减排交易管理暂行办法》	国家发改委	2012
7	《温室气体自愿减排交易审定与核证指南》	国家发改委	2012
8	《关于加快发展节能环保产业的意见》	国务院	2013
9	《国家适应气候变化战略》	国家发改委等九部门	2013
10	《关于推动碳捕集、利用和封存实验示范的通知》	国家发改委	2013

续表

	法规名称	颁布机构	颁布时间(年)
11	《绿色建筑行动方案》	国家发改委、住建部	2013
12	《关于组织开展重点企(事)业单位温室气体排放报告工作的通知》	国家发改委	2014
13	《节能低碳技术推广管理暂行办法》	国家发改委	2014
14	《中国应对气候变化的政策与行动 2013 年度报告》[a]	国家发改委	2014

注：[a] 国家发改委从 2010 年开始每年发布"中国应对气候变化的政策与行动"年度报告，对每一年度中国在应对气候变化的政策和行动各方面取得的成效和经验进行总结分析。

（五）节能认证制度和能效标识制度

认证制度是国际上通行的办法，由国家认证机构对某组织提供的产品、服务、管理等按照相关规定、技术规范或强制性要求是否合格进行评定，并准许标识，如最有名的产品质量体系认证 ISO 9001。目前中国与节能、能效、环境保护等有关的认证管理办法如表 4 所示。实行产品能效标识管理办法产生的效应可以说是巨大的，如按照"绿色照明工程"实施方案，根据"中国照明用电占全社会用电 13% 左右，并且每年以 5% 速度增加"[4]，即可粗略估算出 2012 年中国照明用电约 4757 亿千瓦时，如装置有 50% 采用节能灯具（按使用节电 50% 的中低端产品计算），每年大致可节电 950 亿千瓦时，即每天全国照明可节电 2.6 亿千瓦时，每年对环境的贡献可减少排放 6650 万吨 CO_2（按每千瓦时排放 700 克 CO_2 估算）。

表 4　节能认证和标识管理办法

	名称	颁布机构	颁布时间
1	《中国"绿色照明工程"实施方案》	原国家经贸委	1996 年 9 月 18 日
2	《中国节能产品认证管理办法》	原国家经贸委	1999 年 2 月 11 日
3	《能源效率标识管理办法》	国家发改委、国家质检总局	2004 年 8 月 13 日
4	《关于建立政府强制采购节能产品制度》	国务院	2008 年 7 月 30 日
5	《低碳产品认证管理暂行办法》	国家发改委、国家认监委	2013 年 2 月 18 日
6	《能源管理体系认证规则》	国家认监会、国家发改委	2014 年 5 月 31 日

（六）市场经济工具

市场经济工具是利用市场机制促进节能减排和低碳发展，如财政激励措施（如补贴）和惩罚措施（如征税），以及排放权交易的工具。理论上他们比行政管理和命令手段更具成本效益和更有效率，但其真正的优势只有在市场实施中才能体现。市场机制允许中国政府为企业和家庭提供持续的激励，以提高能源利用效率，包括鼓励使用新技术。中国目前还没有一部有关气候变化、能源税、碳排放税的法律，尚处于讨论研究中，资源税也只是政府的法规，没有通过立法机构审议（见表5）。

表5 与气候保护有关的市场经济工具

	名　　称	颁布机构	颁布时间
1	《中华人民共和国资源税暂行条例》	国务院	1993年12月25日 2011年9月30日（修订）
2	《高效照明产品推广财政补贴资金管理暂行办法》	国务院	2008年1月22日
3	《关于开展碳排放权交易试点工作的通知》	国家发改委	2011年10月29日

三　中国执行气候保护政策的约束和障碍

中国气候保护政策正在不断完善，尤其是近几年政府颁布了不少有关低碳、节能的政策法规，政策体系也更加合理。例如，在包括深圳、上海等7个省份开展施行碳排放权交易市场的试点工作，为最终建立全国碳排放交易市场积累经验。但现实的环境问题仍不容乐观，政策目标并没有完全达到，政策实施过程中的约束、障碍导致了政策效果的不尽如人意。本文从以下几个方面，对政策执行过程中存在的主要障碍和约束进行分析。

（一）对保护气候重要性的认识有待提高，存在片面理解环境治理和经济发展关系

在经济学上，环境、气候资源都属于公共产品，存在市场失灵现象，

也就是市场机制不能有效解决这类资源的最优分配,容易出现"搭便车"(Free Riding)的问题,尤其是对于气候变暖这种全球、大区域的环境问题,一个地方政府、企业、个人容易在思想认识上不够重视,不愿意承担保护气候资源的成本,也缺乏责任意识。近几年,随着政府、媒体的大力普及、宣传,整个社会的环保意识普遍提高,但对环境治理和经济发展关系的理解不够全面,认识比较肤浅,如认为限制碳排放就会降低经济增长速度,认为增加企业环境治理的投入必然带来高成本,减弱企业竞争力等。因此,全社会在建立绿色低碳生产模式、生活模式上任重道远。

(二)技术创新、金融创新、法规制度等配套支撑体系还需要完善

生态文明建设要求实现经济的可持续增长和向低碳发展转变。这是一项社会系统工程,需要各部门协调发展,有良好的技术创新体系、金融创新体系、法律制度等的支撑。低碳能源(如核能、可再生能源等)所占的比例太低、能源技术落后等是制约低碳发展的主要障碍。不论是开采、转换还是应用技术方面,中国与发达国家相比还有很大的差距。实施技术改造和产业转型升级的难度是可以预料的。保护气候、低碳发展在政策和法规方面缺乏有力保障,金融创新方面的滞后也是导致低碳产业发展缓慢的一大障碍。

(三)中国的经济发展阶段和资源禀赋决定了高耗能的产业结构和高碳化的能源结构

中国现阶段还处于工业化中后期阶段,大多数省份的产业结构仍然是高耗能工业部门占主导地位,如能源、汽车、钢铁、化工、建材等产业。工业部门一直是能源消费和碳排放的主体。另外,中国是以煤炭、石油和天然气等化石燃料为主体的国家。在已探明的能源资源储量中,煤炭占94%,石油、天然气仅占6%。在一次性能源消费结构中,煤炭约占67%。煤炭不仅在能源加工转换部门占有重要的地位,同时也是终端部门

的主要能源。大量的煤炭消耗，特别是终端直接燃煤给环境保护、碳减排造成很大压力。

（四）城镇建筑节能水平低，能耗严重

城镇建筑物的使用能耗已成为温室气体排放的主要来源之一，包括公共建筑和居民住宅建筑。目前中国建筑运行耗电为全国总发电量的22%~24%，北方地区城镇采暖消耗的燃煤为中国非发电用煤量的15%~18%[5]。而发达国家的建筑能耗一般在总能耗的1/3左右。随着中国城镇化水平的不断提高，第三产业比例的加大以及制造业结构的调整，建筑能耗的比例将继续提高。另外，随着大型公共建筑（高档写字楼、星级酒店、大型购物中心等）的增多，尽管其建筑总面积不足民用建筑面积的5%，但能耗却占城镇建筑总能耗的20%以上，其耗电量为住宅建筑的10~20倍，这值得引起有关部门的关注。截至2011年年底，中国城镇节能建筑仅占既有建筑总面积的23%，建筑节能强制性标准水平还有提高的空间。①

（五）交通运输碳排放趋于增大

城市交通运输业是CO_2排放的另一大来源。随着城市化进程的加快和居民生活水平的提高，城镇机动车保有量增长迅速。以北京市汽车保有量为例，1978年只有7.7万辆，到2012年，达到495.7万辆，其中私人汽车407.5万辆，298.2万辆为轿车。② 由于绝大多数的机动车以汽油、柴油为动力，因此机动车数量的快速增加不仅加大了石油供应压力，碳排放量也越来越多。

---

① 《我国城镇节能建筑仅占既有建筑总面积的23%》，中国政府网（http://www.gov.cn/），2012年6月19日。
② 首都之窗，http://www.beijing.gov.cn；《北京市2012年国民经济和社会发展统计公报》，http://www.bjstats.gov.cn/。

四 中国气候保护政策选择的建议

上述气候保护政策在执行过程中的约束和障碍有些具有客观性，有些问题需要时间去解决，但是气候变化的严峻性也是客观存在的。为了更好地保护气候，减缓气候变化的影响，基于前述分析，我们在气候保护政策选择方面需要关注以下几个方面。

（一）在国内经济社会发展"新常态"和国际气候变化谈判大背景下，提出应对气候变化系统性的全局思路和政策体系

我国经济社会进入结构换挡期的"新常态"，这意味着我国宏观经济不仅增长速度会有明显下降，结构调整也会加快，那么影响我国气候变化的经济社会驱动因子就会发生较大的变化；除此之外，2015年年底的巴黎气候变化国际谈判会议对我国的减排目标必然会有新的要求。因而，需要形成气候保护全局性的制度框架和政策体系。

（二）充分发挥市场作用机制，强化市场能力建设，形成气候保护多元化的政策工具组合

目前国际上类似排放权交易市场、碳税等市场政策工具趋于不断发展完善中，在应对气候变化作用方面得到越来越多的关注和重视。一方面，我们要积极总结国内七大碳交易市场的试点经验，同时也要借鉴国际上其他经济体气候政策市场工具的经验和教训，尤其是在交易机制和市场能力的建设等方面；另一方面，要重点加强 MRV（可测量、可报告、可核查）体系建设，这既是交易市场体系建设的基础，更是气候变化谈判的一个基础性关键问题。

（三）加强能源基础设施、低碳能源技术投入力度，形成环保产业新的增长点

实施低碳发展是世界各国保护气候资源的重要举措，这不仅涉及能源

系统的低碳化，也是对企业，乃至整个社会的低碳要求。从国家层面来说，需要从财政、技术等方面形成低碳发展的政策体系，消除传统的错误观点和片面认识；增加环保投入不仅可以提高企业竞争力，而且低碳产业、环保产业也有望成为新的经济增长点。

（四）突出能效在保护气候方面的作用，加强政策影响和绩效评估

提高能源效率被认为是最有效、最直接的一种保护气候资源方式。由于技术和政策体系等因素，我国的能效相对于发达经济体一直是比较低的，不论是产业终端用能效率，还是建筑节能和交通运输能效都有较大的提升空间，除了不断完善各种政策体系，对于政策影响和绩效的事前和事后评估也非常必要，这既有利于政策的及时调整，也有利于降低或者避免政策实施的社会成本。

参考文献

[1] DECC. "DECC Evaluation Guide." http：//www.gov.uk/government/policies/.

[2] UNFCC. "Full Text of the Convention." http：//unfccc.int/essential_background/convention/background/items/1353.php.

[3] 江亿：《我国建筑耗能状况及有效的节能途径》，《暖通空调》2005年第35卷第5期，第30~40页。

[4] 徐高清等：《推进中国照明电器行业节约能源标准化的若干建议》，《中国照明电器》2008年第9期，第1~3页。

[5] 《整个北半球 CO_2 浓度高达百万分之四百（新闻通稿）》，世界气象组织（WMO），http：//www.wmo.int/pages/mediacentre/press_releases/documents/991_zh.pdf，2014年5月26日。

河北省实施创新驱动战略的路径选择

郭瑞东[*]

摘　要：基于河北省区域特点和发展模式，论述了创新驱动的河北含义，并分析了影响河北省实施创新驱动战略的主要阻碍因素，提出了加快由投资驱动向创新驱动转变的思路。最后，提出了河北省实施创新驱动战略的对策建议。

关键词：创新驱动　阻碍因素　对策建议

一　创新驱动的河北含义

（一）创新驱动的本质含义

美国著名管理学家迈克尔·波特首次提出创新驱动的概念，认为经济发展阶段可划分为要素驱动、投资驱动、创新驱动、财富驱动四个阶段，并提出与相应经济发展阶段对应的主导产业。在要素驱动阶段，以煤炭、

---

[*] 郭瑞东，男，河北石家庄人，中国社会科学院数量经济与技术经济研究所2014级博士，河北省社会科学院财贸所助理研究员。

矿石、石油开采等资源密集型产业为主导；在投资驱动阶段，以钢铁、装备制造、石化等资本密集型产业为主导；在创新驱动阶段，以医药、IT、新能源等技术密集型产业为主导；在财富驱动阶段，依靠所积累的财富驱动，投资者对其他领域的工作兴趣远大于产业界。

由此看来，创新驱动实质上是一种经济发展方式，是经济增长动力结构由资源、投资等要素向无形的知识、创新、人力资本等高级要素转换的过程，是工业化过程的一个必经阶段。但在创新驱动阶段并不是完全不需要资源和投资等要素，不过创新成为主要动力，资源和要素所占的比例逐步下降。

（二）创新驱动的河北含义

因为区域特点、发展模式等有很大的差异，创新驱动对每个区域的含义是不同的。对河北省而言，创新驱动的特殊含义主要体现在以下几个方面。

（1）创新驱动对河北省发展模式转换有着更加重要的意义

改革开放30余年来，河北省经济实现了高速增长，经济增长率年均达到10%，但经济发展模式不可持续。一是过度依赖资源和要素的高强度投入来推动经济增长，呈现大而不强的突出特征；二是产业整体处于低层次，河北省近年来主要工业品产量居全国前10位的是原油、天然气、发电量、原盐、化纤、纱、布、水泥、生铁、粗钢、钢材，属于能源、资源、原材料、初级产品大省，高附加值、高技术含量的产品较少，产业整体竞争力不强；三是环境资源矛盾突出，目前已经到了资源与环境矛盾的峰值，比英国、美国、日本等发达国家工业化中期之时的峰值还高、矛盾还要突出。深入分析这些矛盾和问题，本质上是创新不足造成的。创新能力不高、创新动力不足，是河北省矛盾与问题的集中指向。通过创新，可以完全替代或部分替代资源、改变组合方式，提高资源利用效率；通过创新可以放大生产力各要素作用，形成乘数效应，大大提高经济发展的整体效益和效率；通过创新可以建立起以新技术、新产品、新服务价值等为核心内容的新优势，提高核心竞争力；通过创新可以既解决资源环境与发展的突出矛盾，又可实现产业升级、经济的可持续发展。所以，实施创新驱动战略对河北省意义更重大，也更紧迫。

(2）创新资源特点决定了河北省的创新模式

历史上国家在河北省布局的国家级大院大所、重点院校少，在客观上决定了河北省创新资源短缺，因此要选择有限目标、突出重点的自主创新，而不要全面开花、在每个产业领域都实现突破；同时，环首都的特殊区位，又决定了河北省拥有可利用的国家级大院大所丰富创新资源的有利条件，所以要密切创新合作，加快引进首都及其他地区的创新资源和要素，推进科技成果的转化和产业化，以实现更大范围的创新资源的优化配置，支撑河北省加快发展、跨越式发展。所以，在创新模式上，既有以河北省为主的省内产学研合作创新模式；更有河北省企业与首都名牌大学、中央转制院所等省外大学和科研院所的创新合作；也有以互联网为媒介的支撑企业、产业、县域特色经济创新的创新网络；还有市场化的购买专利产品、在河北省产业化的创新模式。特殊的创新资源特点决定了河北省应当采取多种模式并举的策略。

（3）特殊的产业优势决定了河北省应采取以产业技术创新为重点的创新战略

在创新链条中，河北省不应全面开花，应围绕传统优势产业和有优势的战略性新兴产业，通过传统产业改造提升实现"有中生新"，通过大力发展战略性新兴产业，壮大"无中生有"规模和竞争力，突出在高新技术产业化、产业技术创新、知识密集型服务业发展等方面建立优势。一些科技创新资源丰富的省份可以是原始创新、集成创新和消化吸收再创新并重。对河北省而言，其在全国创新驱动战略整体实施中，主要是以产业技术创新为优势的，所以着力点是围绕产业技术创新进行。

二　影响河北省创新驱动战略的主要阻碍因素

（一）客观因素

一是经济增长速度。由于河北省经济增长速度较快，使 R&D 经费投入短期内难以跟上。河北省的 GDP 增长率基本高出全国平均水平 1~2 个百分点，虽然科技研发经费投入快速增长，但由于 R&D 经费投入基数相对

GDP 基数而言显得过小，所以短期内的 R&D 经费增速较快还是无法使 R&D 投入强度提高很快。

二是产业结构。从发达国家各个产业 R&D 投入强度来看，医药产业为 15%~18%，制造业为 5% 以上，通信设备制造业平均为 10% 左右，石化产业水平为 3%~4%，纺织产业国际水平为 2%~5%。从我国来看，第二次全国科学研究与试验发展资源清查公报显示的各行业 R&D 投入强度：钢铁为 0.71%，化工（石油加工、炼焦及核燃料加工业）为 0.17%，医药为 1.48%，通用设备制造为 1.02%，专用设备制造为 1.52%。这说明，一个区域的支柱产业与区域创新能力有直接关系，如果一个区域是以重化工业为支柱产业，产业的 R&D 投入强度较低，区域的 R&D 投入强度就低。从河北省近几年看，钢铁工业增加值占 GDP 的比重在 13% 左右，装备制造接近 10%，而高技术产业增加值占 GDP 的比重仅为 5% 左右。河北省偏重的产业结构，决定了河北省企业的 R&D 投入强度较低，也直接影响区域创新能力。

三是国家大学和科研机构布局。中央大院大所、全国重点大学在科技投入资源上有先天之利，所以，在各省份中拥有中央大院大所、全国重点大学较多的区域，科技投入强度一般较高，如北京、陕西等。而河北省在这方面劣势明显。

（二）主观因素

（1）思想认识障碍

部分人对创新驱动范畴的理解表面化，对其现实内涵和实践背景缺少了解；对创新驱动、转型升级、可持续发展、发展方式转变等的关联性没有厘清，所以对实施创新驱动战略的重大意义、长远影响等没有深刻理解。另外，创新效应具有滞后性和渗透性的特点，创新投入、创新绩效不像资源和投资那样短期内就显现出成效，造成部分人对创新理解的偏差，所以形成了抓经济就是抓大项目、快项目，创新驱动往往成为时常挂在口头，但无法落到实处，成为一种"口号式重视"。

（2）体制机制障碍

一是创新被"虚拟重视"。创新在目前政绩考核中还处于边缘化状态，而创新成效又难以很好地实物化体现，所以，各级政府并没有重视创新，将创新驱动提高到战略地位。在抓工作中，一些地区只是盲目地追随和口号化地提出"创新驱动战略"，并没有将其落实到具体工作中。二是产学研创新合作虚拟化较重。因为目前大学和科研机构的发展定位与企业创新合作目标存在较大的偏差，企业重视创新的市场需求、市场反应，而大学考核更重视论文层次、课题数量，对市场反应重视不多，所以难以深入合作，大多还停留在松散合作、随机合作层面。三是区域合作避重就轻。区域经济一体化是在新形势下发展的新趋势，但往往在较容易推动、多方共赢的如基础设施建设、环境共同治理等方面合作较多，而在技术创新合作、产业提升合作等方面难以形成共识。四是部门间存在中梗阻现象。创新涉及部门比较多，但因为存在部门利益，在创新任务中涉及本主导部门的较主动，而属于参与部门就没有动力，形成创新障碍，难以形成创新合力。

（3）财力因素

提高区域创新能力，需要大的投入。近年来省委、省政府越来越重视河北省财政科技投入，在财力有限的情况下，确保省级一般预算安排的科技投入增长幅度高出当年经常性收入增长幅度2个百分点以上，近几年财政科技投入增长速度较快。但与其他省份相比，河北省财政科技投入还比较低。

三 加快由投资驱动向创新驱动转变的思路

（一）创新驱动的逻辑次序

实施创新驱动战略、提高区域创新能力是一个系统性的工程，不是一两个指标所能涵盖的。我们认为：区域创新能力的提升应包括创新基础层、创新活动层、创新绩效层三个层次。

创新基础层是区域创新活动的源泉，包括创新的制度环境与文化氛围，这是创新活动发生的原动力，也是创新的"土壤"。制度环境是指各级政府所制定的产业扶持政策、激励政策以及法律法规等，文化氛围是指区域的历史、精神、形象、市民的价值观等。创新文化是更原发性的因素，因为有了创新的文化、意识及包容性，才能产生相应的适宜创新的制度与政策。例如，浙江的创新意识较强，从政府到普通老百姓都有一种创新的冲动，不因循守旧，对新技术、新知识、新思维的接受能力很强，形成了以创新推动发展的模式。但有了创新的制度，更能促进文化的转变与提升。例如，深圳市是改革开放后快速发展起来的一个现代化国际性大都市，近些年出台了一系列促进创新的文件、政策等，推动了深圳市城市创新能力的迅速提升。

创新活动层包括创新活动得以发生的两大基本要素——创新的主体和创新资源。创新主体包括企业、大学、科研机构等，创新资源是进行创新活动的物质基础，包括人才资源、财力资源以及科技创新的平台资源等。其中最为关键的是创新财力投入和创新型人才：创新投入是创新的财力保障，创新型人才具有巨大的能动性，是区域创新体系中最关键的因素。

创新绩效层包括创新活动产出和成效。创新的目的最终体现在创新对区域经济社会发展的驱动力上，所以，创新的产出效率、绩效是评价创新活动的最终标准。创新的产出主要表现在技术进步贡献率、专利的数量、发表论文数量、高新技术增加值、高新技术产品所占的比重等指标上，也体现在投入产出比率上。显然，创新产出高是区域创新能力高的最直接体现。

三个层面在创新体系中的地位不同，功能各异。基础层因素是原发性因素，是一个区域创新活动活跃的原动力，起的是基础性的支撑功能；活动层是创新的直接体现，通过创新资源的整合，实现各种创新资源的优化配置；绩效层是创新因素发挥作用的结果。三个层面是由下到上的传递过程，下层是上层的支撑，上层是下层的反映，在三个层次的互动中形成创新机制。

（二）创新驱动的主要思路

思路、战略等是由现状到目标的路径。从上述创新驱动的影响因素综合分析，河北省的创新思路主要包括以下几个方面。

(1) 夯实两个基础：培育创新文化与完善鼓励创新制度

梳理河北省与创新有关的制度、政策，以鼓励创新创业为目的进一步完善并形成鼓励创新的体制机制。

在重大工作部署、政绩考核、干部任用、媒体宣传、先进人物评选等方面，增添创新内容与典型，形成鼓励创新的舆论氛围与制度环境。

进一步完善软环境。我们课题组对影响企业创新创业因素进行过调查，发现存在一些基层部门对企业经营干扰过多的问题，直接影响创新软环境。所以，要对以各种理由干扰创新创业或者对创新创业不作为的，对当事人及相关领导进行严肃处理，以正部门风气，树立良好形象。

(2) 加大两个投入：政府研发投入与高层次人才投入

加大政府科技投入，使河北省财政科技投入与其经济大省的地位基本相配；

提高政府科技投入带动全社会创新投入倍数，充分发挥政府投入的乘数效应，使河北省 R&D 投入占 GDP 的比重尽快达到全国平均水平；

针对河北省高层次创新人才紧缺的现状，出台培育与引进人才的相关政策，主要集中在高新技术产业、知识密集型服务业领域的技术人才、企业家、高级管理人才等。

(3) 优化配置两个资源：优化配置省内创新资源和强力吸引省外创新资源

转变发展理念，从主要依赖区域内创新资源向优化配置区域内与区域外创新资源并重，借助外力发展河北省。特别要充分利用京、津科技资源和创新要素来加快提升河北省的区域创新能力。

将吸引、利用创新资源作为与京、津合作的重点。与京、津相比，河北省最缺少的是创新要素，而创新要素也是对区域发展影响最大的因素。所以，要将创新合作作为河北省与京、津区域合作的重点，进一步推进"百家央企进河北、百家院校进河北、百家民企进河北"活动，特别是推动科技型、高新技术型企业到河北，推进首都科技成果在环首都地区的孵化转化与产业化，将环首都地区建设成高新技术产业密集区。

优化配置省内创新资源。主要是通过体制改革，进一步明确地方性大学、地方科研院所的定位，改革目前的职称评聘、业绩考核与奖惩制度，将大学、科研机构与企业的创新目标协同起来，促进以企业为主体创新体系的建立与完善。

(4) 协调两个创新：技术创新与管理创新

技术创新要聚焦战略重点。瞄准沿海高端产业聚集、环首都地区高新技术孵化转化和产业化、传统产业转型升级、战略性新兴产业发展、县域特色经济提升、现代服务业发展、破解资源环境矛盾等重点。

重视管理创新。技术创新与管理创新是驱动现代化、实现创新型河北建设的两个轮子。按照熊彼特的创新理论，创新既包括技术、工艺的创新，也包括管理创新，技术创新只有通过管理创新才能发挥更大的作用。但目前在推动创新方面，重视技术创新较多，对管理创新重视不够，手段也不多，直接影响技术创新的绩效。所以，要重视创新组织的管理、发展环境的改善、体制机制的创新等，使技术创新发挥出更大的乘数效应。

技术创新项目申报中增添管理创新内容。在科技重大项目申报中，增添管理创新的内容，能够保障技术创新、加快转化和提高乘数效应。

(5) 加速两个驱动：政府引导和市场驱动

增大政府投入和政策的效应，特别是政府科技投入带动全社会投入的乘数效应、政府激励政策促进企业创新的效应等。

对政府出台的政策进行追踪反馈，评估政策效应，将好的政策落到实处，切实产生政策效果。

政府研究市场机制发挥的环境，不断完善发展环境，让市场机制发挥出更大的驱动创新的作用。

四 加快创新驱动的对策建议

(一) 明确区域定位，制定区域提升战略

区域创新能力提升的关键是根据本区域特殊性，明确科技发展定位，进而确定体现本区域特色的提升创新能力的科技发展战略。河北省的特殊区位、创新资源、产业结构等共同决定了河北省的科技创新的重点不是原

始创新，而科技成果的孵化、产业化是重点。区域创新的模式总体上是以承接科技成果和高新技术产业转移为重点、兼顾部分优势领域原始创新，相应的科技创新战略也是以此为思路。

（二）聚集重点指标，谋求事半功倍功效

提升区域创新能力，抓关键指标、重点指标很重要。对河北省而言，因全国知名大学和国家级科研院所少，涉及知识创造能力提升的指标、知识密集服务业占 GDP 比重、高新技术出口比重等指标提高的难度较大；而有些指标提高的难度相对较小或有较大的弹性空间，如地方财政科技投入、高新技术企业发展等指标。另一类是影响区域创新能力的底层指标，既是影响区域创新能力的重要指标，又对其他指标有重要影响。例如，科技进步环境和科技意识类的指标，包括人力资源、物质条件、专利申请量等，以及在指标体系中没有体现的创新文化和制度等，在创新层次中属于底层因素，直接传递到顶层，这是必须重视的指标。

（三）发挥政府引导作用，增大政府投资乘数

科学技术的公共产品属性决定了科技创新领域存在市场失灵，需要政府干预调节。政府的作用主要体现在：出台促进创新的政策，加大政府对创新的投入等。

从河北省来看，一是要加大财政科技投入。2012 年，河北省省级财政科技投入中归省级科技部门管理的科技经费仅有 4.3 亿元，而同期，北京是 30 亿元、天津 10 亿元、山东 17 亿元、安徽 10 亿元、辽宁 7 亿元、山西 6 亿元。提高区域创新能力，首先要在政府科技投入上有大的突破。二是提高政府财政投入带动全社会科技投入的乘数。财政科技投入规模较小，带动的全社会科技投入规模自然就小。改变这种状况，就要在加大政府投入带动力上做文章：将政府科技投入更多地用到生物医药、电子信息、新能源等新兴产业上，提高企业科技研发投入；支持企业建立研发机构和聚集创新人才，推动企业创新的持续性；落实国家和省促进创新的政

策，适时出台新政策，促进企业加大创新投入等。这是加大政府科技投入，以促进全社会科技投入的重点。

（四）以创新能力为主导，建立健全政绩考核体系

一是建立健全以创新为主导的政绩考核体系。建立以科技创新促进经济发展的政绩考核体系，调整对各级政府政绩考核的指标结构，加入科技创新能力指标，增大技术进步指标权重，弱化总量指标权重，使政府主动追求科技创新，以创新驱动发展方式转变。

二是以提高创新能力为目标，优化配置科技资源。科技创新活动的渗透性、融合性、交叉性决定了产学研的必然性。政府职能的一个重要方面就是加强政府各有关部门之间的协调，从多个角度、不断创新环节进行重点支持，形成共同推进科技进步的合力。

三是全面提升科技管理水平，提高科技投入的绩效。健全以政府为主导的管理调控体系，强化政府宏观管理职能，逐步建立与市场经济相适应的科技管理体制，完善科技计划管理体系，健全科技投入体系，建立稳定增长的财政科技投入机制，对各类创新活动和财政资助的科研机构绩效进行科学合理评价，引导正确的创新方向和创新资源的有效合理配置。

（五）树立现代创新意识，培育区域创新文化

培育优秀的区域文化是提升区域创新能力的重要基础。从河北省来看，主要是培育以下几种意识。一是创新意识，建立健全有利于科技创新的机制、制度，营造良好的文化氛围，形成涵养人才、尊重知识、尊重人才、鼓励创新、允许失败的良好氛围。二是前瞻意识，这种思维既要体现在科技项目、资金的具体服务中，更要体现在科技创新制度、政策导向等前瞻性和宏观性服务中。三是开放意识，对河北省而言，开放意识在工作上具体的体现就是借力京、津，引智、引制、引资，合作共赢、实现科技的跨越式发展。四是公共意识，科技事业的目的是为社会提供优质的科技公共产品和服务，使科技成果惠及千家万户，让科技改变人民的生活。

参考文献

[1] 梅占春：《实施创新驱动发展的实践与探索》,《求知》2014年第10期。
[2] 宋刚、唐蔷、陈锐、纪阳：《复杂性科学视野下的科技创新》,《科学对社会的影响》2008年第2期。
[3] 熊彼特：《经济发展理论》,孔伟艳译,北京出版社,2008。
[4] 张来武：《科技创新驱动经济发展方式转变》,《中国软科学》2011年第12期。

基于价值管理的
柔性培训机制研究

胡志健　徐永其*

在以往对培训实践与理论的研究中，大多集中在心理学和科学管理领域，专注于企业培训资源的整合，以发展个人技术与态度为主，关注员工知识与技能培训（王安全、陈劲、沈敏跃，2001）。虽然也有关于通过营造不断学习的培训工作氛围和组织文化，创建学习型组织方面的论述，但是很少考虑企业对外在环境的开放性以及自身资源有限性的约束，注重培养员工正确的价值观、企业理念，将企业培训与企业文化建设相结合来加以系统研究（肖哲，2008）。本文拟从价值管理的角度出发，从企业战略、业务流程、员工发展等层面，探讨建立依据外部环境变化和组织内部需要的具有灵活多变特征的柔性培训机制，以创造出企业培训各个环节的最大价值。

一　基于价值管理的柔性培训内涵分析

价值是任何一个组织所追求的目标，也是组织管理的依据和衡量管理成效的标准。美国学者肯·布兰查在《价值管理》一书中将价值管理定义为：依据组织的远景，公司设定符合远景与企业文化的若干价值信念，并具体落实到员工的日常工作上（王乃静等，2006）。考夫曼强调价值管

---

* 胡志健、徐永其，淮海工学院商学院。

理作为一种方法论在实现提升企业价值为目标，不断地创造价值，持久地实现企业价值增值中的作用（杰瑞·考夫曼，2003）。将价值管理理论运用于人力资源管理，建立基于价值管理的企业培训机制，就是将组织的价值观转换成个人的价值观，是一个建立共享价值观的过程，由建立共同的价值观走向建立共享的远景。价值不仅能够传承落实公司的远景，而且能在组织内部进行各层面的沟通，融合组织、群体、团队与个人的目标而成为共同信念。柔性培训正是在研究员工心理和行为规律的基础上，采用非强制方式，在员工心目中产生一种潜在的说服力，从而把组织意志变为员工自觉行动的培训方式。它强调以人为本，重视培训员工的心理需求，建立共享价值观于企业文化建设之中，充分挖掘员工的内在潜力，形成组织的持续竞争力和获得久远的事业成功思想和价值观念。柔性培训具有以下三个方面特征（徐永其、杨莉，2007）。

（1）注重组织文化建设

"柔性"的价值在于对外界环境变化迅速做出反应。与传统培训不同，柔性培训侧重共同价值观的建立与融会，创建有利于发挥员工创造力的文化氛围，使组织随着整体学习能力的提高而主动适应市场环境变化。

（2）注重团队氛围培养

学习型组织是柔性培训的理想境界。柔性培训构建和谐的组织创新氛围，大家善于学习，开拓思维，创造有利于知识共享的机制，适应新环境的挑战。

（3）注重组织人才特性

柔性培训坚持学以致用，讲究学科的交叉性和培训的灵活性，注重挖掘员工多方面的潜能，强调员工知识结构的多元化，努力培养复合型人才，使员工有足够的成长空间。

二 基于价值管理的柔性培训设计

（一）建立有效的培训系统流程

企业培训是一个系统化的过程，传统培训流程从培训需求分析出发，经过培训计划的制订、培训方法的选择，到对培训效果进行评估，侧重于在企业内部建立和形成一整套管理流程。柔性培训则是通过灵活的、人性化的培训方式，充分体现出对环境的应变能力，强调培训流程中的每一个环节的价值创造，关注企业战略与内部流程分析，具有快速反应能力与灵活多变的特征，使企业的培训成为为企业带来增值的利润中心。

（二）柔性培训需求的价值分析

传统的培训需求分析往往单纯地从组织、任务与员工等方面来确定企业培训内容与培训对象，而柔性培训需求分析的价值有以下几个方面：从企业未来发展所需的能力培养出发，适应不断变化的市场形态；将员工个人发展需求与企业需求有效结合，正确得出科学的培训方案及有针对性的培训评估。

（1）组织战略层面分析

创造可持续的竞争优势是每家企业所共同追求的战略目标。依据价值公式：

$$企业战略（价值）目标 = 功能 / 成本$$

即要求以最低的投入实现更高的功能（组织绩效、竞争优势）（周润仙，2006）。由于组织培训资源（经费预算、培训时间、专业培训人员）的有限性，为获得持久的学习能力，越来越多的企业意识到并重视文化理念在企业发展、经营管理、企业文化建设中不可缺少的导向、激励等积极作用。因为企业文化的本质是为提升企业核心价值服务的，而且致力于核心价值的持续提升（孙兵，2007）。因此，建立由全体组织成员共同参与的、逐渐由下而上汇集而成一个良好的共同愿景，让所有成员能产生认同感，再进一步将共同愿景转化为组织的理念，把共同愿景的精神融入理念之中，进而形成组织的价值观，形成组织的目标。

（2）业务流程层面分析

企业业务流程是通过多个活动的有序集合，是一个价值增值的过程。在面向流程的企业中，大量具体任务被连接起来成为一个完整流程，流程的工作主要依赖于工作团队的分工协作来完成，团队成员共同负责整个流程，员工之间的分工界限变得模糊，每个人需要掌握更全面的知识技能，以发挥整体大于部分之和的优势。流程的结果就是团队的绩效，它来源于各个员工的创造合力。对此，需要加强企业文化与团队培训，培养员工的团队精神和自我实现的高层次需要，把自己的工作和行为看作实现企业目标的一个组成部分，对企业的成就产生荣誉感，从而把企业看作自己利益的共同体，创造出高于个人绩效总和的综合绩效。

（3）员工发展层面分析

面对外部环境的不确定性，知识资源成为企业最宝贵的资源，创新能力意味着企业的竞争能力，企业员工素质高低是组织绩效能否取得成功的决定性因素。

员工价值＝员工绩效素质功能/人力成本。可以看出，员工自身价值的提升，要以提高任职者绩效素质（知识、技能、经验、态度等）为价值核心，加强对员工的培训与开发；同时，组织要相应增加对员工的投资（绩效薪酬、培训经费、改善工作环境条件）（周润仙，2006）。依据价值原理，一方面，可以通过系统视图法、调查问卷法来找出绩效低下、位势重要的关键流程中的工作活动，挑选出工作清单所列的岗位要求的能力、素质，构建员工能力素质模型或胜任力模型，作为将来技能学习的重要依据，尽可能减少为提高员工价值的追加投资，消除与实现企业目标不一致的员工行为；另一方面，通过企业的培训与开发，培养员工的学习能力，增强员工获取信息的能力，让员工自我管理，授予员工足够的自主权去思考、分析和决策，并在工作中能充分发挥自我价值，得到成就感的满足。

（三）柔性培训机制的设计

随着知识经济时代的到来，组织为主动适应市场环境变化，必须提高整体学习能力，构建和谐的组织文化氛围，让员工在学习氛围中与组织共同成长，创造有利于知识共享的机制。柔性培训就是根据变化的组织内部、外部环境和培训对象的不同特征和需要所实施的有针对性的培训，使培训对象更好地融入和适应工作环境、提高工作效率和组织生产效率（崔伟、韩振燕，2005），强调融入企业文化建设的学习型组织。

（1）以物质建设为基础，创建学习环境

企业文化的物质层面的建设体现在企业环境、员工面貌、企业外在形象的提升。创建学习型企业，则要求建立一个有利于组织学习的环境，因此不但要注重以学习设施为主的硬件建设，而且要注重以学习激励机制为主的软件建设，构建模块化员工培训系统设计框架，形成局部优化与整体协调发展的反馈培训设计系统（赵筠等，2009），为企业在个人学习、团队学习、组织学习三个层面上都提供良好的条件，使企业员工具有能安心学习、善于学习和乐于学习的氛围与环境，以提升员工的整体素质，提高企业应变力和竞争力。

（2）以制度创新为接口，营造学习氛围

学习能力的培养需要具备良好的学习环境、有效的学习制度。因此，企业在创造良好学习环境的同时，还要造就卓越的学习氛围。这就要求我们从企业文化的制度层上建立高效有序的培训系统，强化战略导向的行为培训，注重制度创新，建立基于业务流程再造（BPR）思想的企业组织，形成以流程小组为基本单位的学习团队，增强员工的凝聚力，使其围绕企业的共同愿景，产生奋发进取的团队意识，形成强大的合力，确保企业在激烈的市场竞争中更具活力、更灵活、适应性更强（廖吉林、刘建一，2009）。

（3）以观念更新为核心，培养学习能力

企业文化的精神层建设就是要求员工不断更新观念，确立与时俱进的思想信念、精神风貌和员工普遍认同并付诸实践的企业核心价值观，为实现企业的战略目标创造有利条件。因此组织可以通过推进学习，建立以组织承诺为核心的培训理念，培养员工自觉学习、互相传授知识技能的学习能力，提高员工完成新任务的潜力，激发员工的创造性和能动性，倡导员工进行有效学习，培养有利于员工与企业共同发展的价值观，使员工从中悟出学习型组织的真谛，以适应时代的变革发展要求。

（4）融会企业文化，创建学习型组织

学习环境、学习制度、学习能力同企业文化的三个层次紧密结合，相互依赖，相互促进。一方面，学习型组织的创建，迫切需要融文化管理和人力资源管理为一体，培育团队精神，特别要发挥企业文化的凝聚力功能，把个人目标同化为企业目标，使得员工在实践中通过团队意识的作用，陶冶情操、激发斗志，提高对企业的归属感，使企业从容应对外界环境的变化。另一方面，企业文化建设的本质要求是挖掘和激发员工的积极性、员工的智慧和潜能，以形成强大的凝聚力和原动力，把企业的价值取向、价值观、行为规范发展成先进性的文化。因此，企业文化建设与创建学习型组织是一个具有有机联系的整体（见图1）。正如彼得·圣吉所倡导的那样，通过培养弥漫于整个组织的学习气氛、充分发挥员工的创造性思维能力，建立一种具有持续学习能力的、高度柔性的、持续发展的组织。

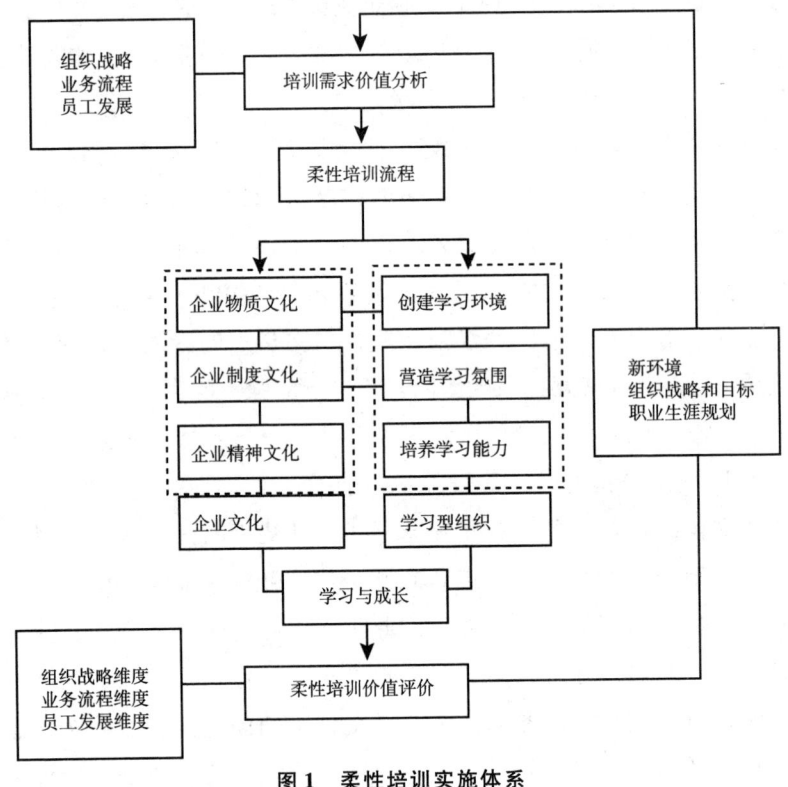

图1 柔性培训实施体系

由此可见，为满足员工个人发展的需要，必须树立以人为本的管理思想，建立一套科学合理、运作流畅的人力资源培训机制。

（四）柔性培训的价值评价

价值评价是价值管理的核心。组织战略层面上，企业文化理念的最高层次主要是企业愿景（或企业宗旨）和企业使命。柔性培训将组织学习与人力资源动态能力结合起来，通过这种稳定的集体行动的学习方式，使员工自觉自愿地把自己的知识、才能贡献给组织，与组织保持高度的认同感，获得更好的组织绩效（Zollo and Winter，2002）。通过组织知识柔性化与不断创新，最大限度地适应环境的变化，使组织保持持久的竞争力。业务流程层面上，学习型组织的创建，更有利于员工之间相互学习氛围的建立，有利于知识交流，依据人力资源的互补增值原理，团队整体功能将得到进一步加强。通过注重企业文化建设来创造差别化的竞争优势，达到增强企业的竞争力、提高组织绩效的目的。员工层面上，一方面，员工所持有自身优势为组织内部人力资源的优化配置提供了条件，员工自身素质的提升，其所具备的适应性和灵活性更满足组织未来的挑战的要求（Wright，1994）；另一方面，员工学习能力的提高，更能敏锐地洞察外部环境的变化，促进保持组织动态适应性（林井奎、谢鹏鑫，2010）。

总之，从价值管理的角度出发，依据多样、变化的培训需求，建立具有灵活多变特征的柔性培训机制，创造出企业培训各个环节的最大价值（见表1）。

表1　柔性培训价值评价指标体系

维度	价值（战略目标）	评价指标	实施措施
组织战略层面	战略性组织动态能力的提升	思维创新能力	营造组织学习氛围，培育员工创新能力，提高劳动生产率
		资源识别能力	合理配置和使用资源，降低培训成本，提高资源使用效率
		投资回报率	注重培训成果转化，提高组织绩效
业务流程层面	学习型组织的创建	员工绩效跟踪调查	了解员工需求，加强管理，评估效果
		任务价值	提升员工的技能知识水平，提高团队绩效
		团队凝聚力	强调企业文化建设，创造差别化竞争优势
		学习与沟通	丰富工作内容，注重价值观沟通
员工发展层面	个人价值的提高	行为适应能力	关注员工学习能力的提升
		劳动生产率	讲究员工技能的转化
		员工满意度	个人职业生涯与企业的发展相结合
		员工获提升比例	优秀人才的识别与挑选

三 结论

柔性培训是依据外部环境的变化和组织内部的需要所建立的具有灵活多变特征的培训机制,它以企业文化建设为导向,以业务流程为载体,注重组织学习氛围建设和员工学习成长。在知识经济时代,人才的竞争愈加激烈,员工培训正成为吸引人才、留住人才的重要法宝,柔性培训正是适应了这种日趋复杂的外部环境变化的需要,它依据多样、变化的培训需求,灵活应变,不仅起到帮助员工提升技能和提高效率的作用,同时也是企业打造文化理念、促进内部融合和推行激励机制的重要载体之一。由此可见,柔性培训是对传统培训理论和方法的丰富与升华,最终使企业培训达到刚柔并济,最大限度地激发员工的潜能,创造出企业培训各个环节的最大价值。

参考文献

[1] Wright. P. M., Mcmahan, G. C., "Mcwilliams, A. Human Resource and Sustained Competitive Advantage: A Resource-based Perspective," *International Journal of Human Resource Management*, 1994, 5: 301-306.

[2] Zollo, M., Winter, S. G., "Deliberate Learning and the Evolution of Dynamic Capabilities," *Organization Science*, 2002, 13 (3): 339-351.

[3] 彼得·圣吉:《第五项修炼——学习型组织的艺术与实务》,三联出版社,2001。

[4] 崔伟、韩振燕:《新员工入职的柔性培训》,《管理科学》2005年第10期,第47页。

[5] 杰瑞·考夫曼:《价值管理》,贾广焱、李一川译,机械工业出版社,2003,第6页。

[6] 廖吉林、刘建一:《基于BPR思想的企业战略组织重构研究》,《技术经济与管理研究》2010年第2期,第98~101页。

[7] 林井奎、谢鹏鑫:《战略性人力资源动态能力培育研究》,《企业活力》2010年第4期,第60~63页。

[8] 孙兵:《企业文化管理与价值管理》,《中外企业文化》2007年第5期,第38~39页。

[9] 王安全:《21世纪我国企业员工培训战略研究》,《科学学与科学技术管理》2001年第10期,第80~83页。

[10] 王乃静等:《价值工程概论》,经济科学出版社,2006。

[11] 肖哲:《构建学习型组织的培训模式与创新》,《湖南有色金属》2008年第4期,第67~70页。

[12] 徐永其、杨莉:《现代企业培训的创新——柔性培训》,《科技管理研究》2007年第11期,第198~199页。

[13] 赵筠、霍联宏:《郁华模块化的员工培训系统设计》,《中国人力资源开发》2010年第1期,第47~49页。

[14] 周润仙:《基于价值的人力资源管理研究》,《中南财经政法大学学报》2006年第4期,第129~134页。

基于改进多目标微分进化算法的环境经济调度

陈李荃[*]

引 言

燃煤机组在发电过程中会产生大量的硫氧化物、氮氧化物及 CO_2 等对环境造成重大污染或引发温室效应的气体,因此,在节能减排的背景下,不仅以高经济性保障系统对用户进行持续可靠的供电,还要求其降低对环境的危害。常见的措施有加装脱硫装置、建设碳捕集电厂等设施上的改进,及采用清洁调度(Environment – Economic Dispatch,EED)等方式优化系统机组的运行。而在短期内最有效的方法是采用 EED 的方式进行优化调度。

由于机组的燃料费用和污染排放量相互排斥,即在费用最低时,机组发电所产生的污染排放最高;在污染气体排放较少时,经济性变差。针对这种矛盾,提出了 EED 问题。EED 是以满足用户需求,系统安全、稳定运行为前提,通过优化机组负荷分配,同时实现系统经济性和排放指标的优化。国内外学者对 EED 问题进行了以下广泛的研究。

在经典的求解方法中多采用权函数的方法将多目标问题转换为单目标进行求解,从而实现模型的求解,但权值难以确定,并且在目标函数间的折中关系非线性时,不能获得真实的 Pareto 前沿(J. P. S. Catalao, et al.,

---

[*] 陈李荃,华北电力大学经济与管理学院。

2008；张彦，2008）。A. Farag（1995）将目标函数线性分解，分次采用线性规划对模型进行求解，简化计算，但无法反映目标函数之间的折中关系。G. P. Granelli（2008）将排放量作为约束，将 EED 问题转换为单目标问题求解，但需多次调整约束才可得到近似的 Pareto 前沿。

近年来多种启发式算法被应用于 EED 问题的求解，如 NSGA－2（M. Basu，2008）、进化规划（M. T. Tsay，2001）、改进帕累托进化法（L. F. Wang，et al.，2009）、多目标粒子群算法（何潜等，2010；苏鹏等，2009）和多目标微分进化（Multi-objective Differential Evolution，MODE）（E. Raul，et al.，2005）等。其中 MODE 具有良好的全局搜索能力，易于实现等特点，从而在 EED 问题的求解中获得了广泛应用。

综上所述，本文提出了采用基于 MODE（T. Robič，et al.，2005）的改进微分进化算法（Enhance Multi-Objective Differential Evolution，EMODE），以求解电力系统环境经济调度模型：针对种群随机初始化的不足，采用正交初始化以改善初始解质量；针对静态参数控制难以选取的不足，采用了参数的随机控制方法；针对拥挤度计算中静态计算难以保证非劣解在 Pareto 前沿上的均匀分布，提出了种群的动态维护方法。由于MODE 求解的问题为无约束问题，本文采用了快速实现等式约束的方法。最后在 IEEE－30 节点系统中进行了测试，分别在不计及阀点效应（T. Robič，et al.，2005）和计及阀点效应时进行计算，并与 MODE、NSGA－2 和文献中的已知结果进行了对比分析，验证了算法的有效性。

一　清洁调度模型

（一）多目标优化问题

多目标优化问题的一般描述为：

$$\min \bar{f}(x) = \{f_1(x), f_2(x), \cdots, f_r(x)\}$$
$$\text{s.t. } g_i(x) \leq 0 (i = 1, 2, \cdots, k; x \in R^n) \tag{1}$$

式（1）中：r 为目标函数数目，$g_i(x)$ 为第 i 个约束条件，n 为决策变量数目，k 为约束条件数目，R^n 为可行域。

多目标优化的相关定义为：

定义 1：帕累托支配

设 p 和 q 是两个解个体，称 p 支配 q，则必须满足：

$$\forall k, f_k(p) \leq f_k(q); k \in \{1,2,\cdots,r\} \tag{2}$$

$$\exists l, f_l(p) < f_l(q); l \in \{1,2,\cdots,r\} \tag{3}$$

记为 $p \succ q$，其中 $\succ$ 为支配关系。

定义 2：帕累托最优解

定义 p 为帕累托最优解，当且仅当不存在个体 q，使得 $q \succ p$。

（二）清洁调度模型

清洁调度是在节能减排的背景下，在满足负荷需求和系统安全稳定运行的前提下，通过优化发电机出力，同时降低系统的发电成本和排放水平。

目标函数 1：最小发电成本

$$\min F_c = \min \sum_{i=1}^{N_G} F_i(P_{G_i}) \tag{4}$$

式（4）中：F_C 为系统的发电总成本；N_G 为系统中燃煤机组的数量；P_{G_i} 为机组 i 的有功出力；$F_i(P_{G_i})$ 为机组 i 的燃料耗量特性：

$$F_i(P_{G_i}) = a_i + b_i P_{G_i} + c_i P_{G_i}^2 \tag{5}$$

式（5）中：a、b、c 为发电机的费用系数。

由于在发电机的实际出力过程中，存在阀点效应，采用式（5）拟合发电机的耗量特性已不适用，此时应将式（5）修正为（Celal Yasar, et al., 2011）：

$$F_i(P_{G_i}) = a_i + b_i P_{G_i} + c_i P_{G_i}^2 + |d_i \sin[e_i(P_i - P_{\min,i})]| \tag{6}$$

式（6）中：a、b、c、d、e 为发电机的费用系数，$P_{Gi,\min}$ 为机组 i 的有功出力下限。

目标函数 2：最小污染气体排放

由于燃煤机组在发电过程中，会产生 NO_X、SO_X 等，在节能减排的背景下，需要考虑机组在发电过程中污染气体的排放水平。本文以 NO_X 为例，机组排放量与有功出力间的关系可表述为（E. Raul, et al., 2005）：

$$\min E = \sum_{i=1}^{N_G} E_i(P_{Gi}) = \sum_{i=1}^{N_G} [10^{-2}(\alpha_i + \beta_i P_{Gi} + \gamma_i P_{Gi}^2) + \varepsilon_i \exp(P_{Gi})] \tag{7}$$

式（7）中：α_i、β_i、γ_i、ε_i 为机组 i 的污染排放系数。

约束条件如下：

（1）发电机出力约束

$$P_{Gi,\min} \leq P_{Gi} \leq P_{Gi,\max}, i = 1, 2, \cdots, N_G \tag{8}$$

式中：$P_{Gi,\max}$ 为机组 i 的有功出力上限。

（2）功率平衡约束

为满足用户需求和系统稳定运行，系统中的发电机出力应满足有功平衡约束：

$$\sum_{i=1}^{N_G} P_{Gi} = P_D + P_L \tag{9}$$

式（9）中：P_D 和 P_L 分别为系统中有功负荷和有功损耗。在给定系统中，系统有功损耗可由 B 系数法或潮流计算确定。借助库恩损耗公式，可得有功损耗与发电机有功出力的关系式为：

$$P_L = P_G^T B P_G + P_G^T B_0 + B_{00} \tag{10}$$

式（10）中：P_G 为发电机有功出力向量，$[P_{G1}, \cdots, P_{GN_G}]$；$P_G^T$ 为 P_G 的转置；B、B_0、B_{00} 为网损系数。

将式（10）扩展为：

$$P_L = \sum_{i=1}^{N_G-1} \sum_{j=1}^{N_G-1} P_{Gi} B_{ij} P_{Gj} + 2 P_{GN_G} \left(\sum_{i=1}^{N_G-1} B_{Ni} P_{Gi} \right) + B_{NN} P_{GN_G}^2$$
$$+ \sum_{i=1}^{N_G-1} B_{0i} P_{Gi} + B_{0N_G} P_{GN_G} + B_{00} \tag{11}$$

将式（11）带入式（9）可得方程：

$$B_{NN}P_{GN_G}^2 + 2(\sum_{i=1}^{N_G-1} B_{Ni}P_{Gi} + B_{0N_G} - 1)P_{GN_G} + \\ (P_D + \sum_{i=1}^{N_G-1}\sum_{j=1}^{N_G-1} P_{Gi}B_{ij}P_{Gj} + \sum_{i=1}^{N_G-1} B_{0i}P_{Gi} - \sum_{i=1}^{N_G-1} P_{Gi} + B_{00}) = 0 \quad (12)$$

在 $1 \sim N_G - 1$ 发电机有功出力确定的前提下，可通过求解式（12）以确定第 N_G 台发电机的有功出力，从而使得调度方案满足功率平衡约束。

二 改进微分进化算法

目前对于 DE 的改进主要集中于：控制参数的动态自适应、引入新的突变或交叉操作，与其他算法混合、多种群（Yong Wang, et al., 2012）、自适应控制参数（J. Brest, et al., 2006）和约束实现（Youlin Lu, et al., 2011）。本文提出了正交种群初始化、控制参数自适应、动态种群维护和基于信息熵法（张彦，2008；S. Dhanalakshmi, et al., 2011）的 TOPSIS 以确定最优折中解的 EMODE。

（一）正交初始化

初始种群的多样性和在搜索空间中的分布，对进化算法的优化效果会产生较大的影响，通过将连续空间向量化，正交设计可用于连续空间中的初始种群生成（Yiu-wing Leung, et al., 2001）。在本文中用 $L_M(Q^C)$ 表示具有 Q 个不同水平的正交数组（Orthogonal Arrays, OA），其中 Q 为奇数，并且满足：

$$\begin{cases} M = Q^J \\ C = \dfrac{Q^J - 1}{Q - 1} \end{cases} \quad \text{s.t} \begin{cases} M \geqslant N_p \\ C \geqslant D \end{cases} \quad (13)$$

式（13）中：M 为 OA 的行数；J 为正交指数；C 为 OA 的列数；D 为求解问题的维数，在本文中为燃煤机组的数量。

（二）改进突变操作

群体优化性能取决于算法的全局搜索能力和局部搜索能力。突变操作决定了 DE 的搜索性能和搜索能力，经典的突变操作可表述为：

$$v_i^{G+1} = x_{r1}^G + F(x_{r2}^G - x_{r3}^G) \tag{14}$$

式（14）中，x_{r1}^G、x_{r2}^G 和 x_{r3}^G 为第 G 代中随机采样的父代个体；v_i^{G+1} 是与父代个体 x_{r1}^G 对应的变异个体；v_i^{G+1} 是与父代个体 x_{r1}^G 对应的变异个体，并且 $r_1 \neq r_2 \neq r_3 \neq i$；$F$ 为缩放因子，控制微分向量的缩放程度。

基于生物进化中优胜劣汰的淘汰机制，种群的个体具有向种群最优个体学习和远离最劣个体的行为趋势。因此将差分个体 x_{r2}^G、x_{r3}^G 替换为 x_{best}^G、x_{worst}^G，x_{best}^G 为由第 G 代非劣解集中随机选取的个体，x_{worst}^G 为由第 G 代种群最劣前沿中随机选取的个体；为兼顾 DE 良好的全局搜索能力，只有在一定条件下执行此操作（Ali Wagdy Mohamed，et al.，2012）：

$$v_i^{G+1} = x_{r1}^G + F_l \times (x_{best}^G - x_{worst}^G) \quad if\ rand \leq \tau \tag{15}$$

式（15）中，$rand$ 为 [0，1] 之间均匀分布的随机数，τ 为控制参数，本文取为 0.5。

（三）参数自适应控制

由于缩放因子 F 的算法寻优具有较大影响：较小的 F 加快了算法的收敛速度，但易使寻优选入具有最优；而较大的 F 则降低了算法的收敛速度。

在采用式（15）进行突变操作时，反映个体向最优个体进化和最差个体背离的程度，因此 F_l 应为正值，本文将其取为 [0.4，0.6] 之间均匀分布的随机数；采用式（14）进行突变操作时，通过在基准个体上添加随机扰动，从而进行寻优，而最优值存在的领域为个体未寻找的空间（Ali Wagdy Mohamed，et al.，2012）。因此为提高算法的数据挖掘能力，扩大搜索范围，与常规将 F 设为 [0，2] 之间的常数不同，本文将 F_g 为

$[-1, 0) \cup (0, 1]$ 之间均匀分布的随机数。

交叉参数 CR 反映了子代继承父代的能力，控制了种群的多样性，较高的 CR 使得种群具有较好的多样性，但降低了算法的收敛速度；反之种群的多样性降低，收敛速度较快。由于在进化初期，种群个体间的差异较大，CR 应较小，使算法具有较好的收敛速度；在进化后期，种群间个体差异较小，为提高种群的多样性，应使得 CR 较大，因此，本文采用如下 CR 控制方式（Ali Wagdy Mohamed, et al., 2012）：

$$CR_G = CR_{max} + (CR_{max} - CR_{min})(1 - G/G_{max})^k \qquad (16)$$

式（16）中：CR_{min}, CR_{max} 为 CR 的最大值和最小值，本文取为 0.5、0.95；G 为迭代次数；G_{max} 为最大迭代次数；k 为增幅指数，本文取为 4。

（四）修正与选择操作

由于求解 EED 问题中含有众多约束，在 MODE 的求解过程中不含对约束的处理。目前常见的处理方式将不可行解可行化，罚函数转换与约束支配：罚函数难以选取，并且对问题具有较强的依赖性；约束支配则计算量小，易于实现，但在不可行域内的个体被直接抛弃，降低了种群的多样性。因此本文采用通过一定的修正策略将不可行个体可行化，通过求解式（12）所确定的方程，从而使个体满足约束 [见式（9）]。详见 M. Basu (2008) 的文献。

在多目标优化中，由于个体具有多个属性，因此，需借助 Pareto 支配的概念以完成选择操作。

$$x_i^{G+1} = \begin{cases} x_i^G & if x_i^G > u_i^{G+1} \\ u_i^{G+1} & if u_i^{G+1} > x_i^G \\ LC(u_i^{G+1}, x_i^G) \end{cases} \qquad (17)$$

式（17）中：LC 同时将两个个体加入临时种群中。

（五）动态种群维护策略

经过选择操作后，种群中个体的数目为 $N_p \sim 2N_p$。为保持种群规模的恒定，需要对获得的临时种群进行种群维护。在种群的维护中，多借助 NSGA-II（Kalyanmoy Deb, et al., 2002）的分层和拥挤度计算操作。前沿内个体的拥挤度 D_i 是由前后两个个体共同决定（Kalyanmoy Deb, et al., 2002）：

$$D_i = \sum_{m=1}^{r} |f_{i-1}^m - f_{i+1}^m| \quad (x_{i-1}, x_i, x_{i+1} \in P_n) \tag{18}$$

式（18）中：f_{i-1}^m 和 f_{i+1}^m 分别为与个体同以前沿内相邻个体 x_{i-1} 和 x_{i+1} 的第 m 个目标函数值；P_n 为个体 x_{i-1}、x_i 和 x_{i+1} 所属的前沿。而仅进行一次排序即删除个体的策略具有明显不足：随后的删除个体的拥挤度与已删除个体的拥挤度相关；造成个体在目标空间的分布不均匀。而在改进的拥挤度计算中也未考虑此问题（黄映等，2011），因此本文提出了如下改进，将更新过程动态化：每次剔除一个个体后，即更新与本层内与删除个体相邻个体的拥挤度，实现拥挤度的实时更新，从而保证个体的均匀分布，如图1所示。

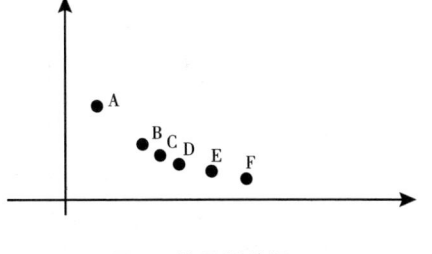

图 1　帕累托前沿

在图1需剔除2个个体时，若仅进行一次排序，则根据拥挤度需将 C、D 删除。例如，采用动态距离计算则 C，E 被剔除，采用动态距离计算的方法使 Pareto 前沿上的个体具有更好的分布特性。

（六）TOPSIS 辅助决策

通过优化计算，可求出优化算法的帕累托前沿。由于采用多目标算法求出的方案为一组帕累托前沿，方案之间互不支配。为缩小最优解范围，便于决策人员决策，需对所求的帕累托前沿中的信息进行挖掘，以确定最优折中解，可认为是一个 MCDM（Multi-Criteria Decision Making）过程。基于多属性问题的理想解和负理想解，对方案进行集中排序，TOPSIS 可有效减小因评价者的偏好不同而造成的评价结果的不确定性

(S. Dhanalakshmi，et al.，2011）。针对本文中低成本和低排放指标，对其采用TOPSIS对方案进行排序，从而获得最优折中解。在目标权重未知时，采用信息熵法生成TOPSIS中所需权重。

（七）流程图

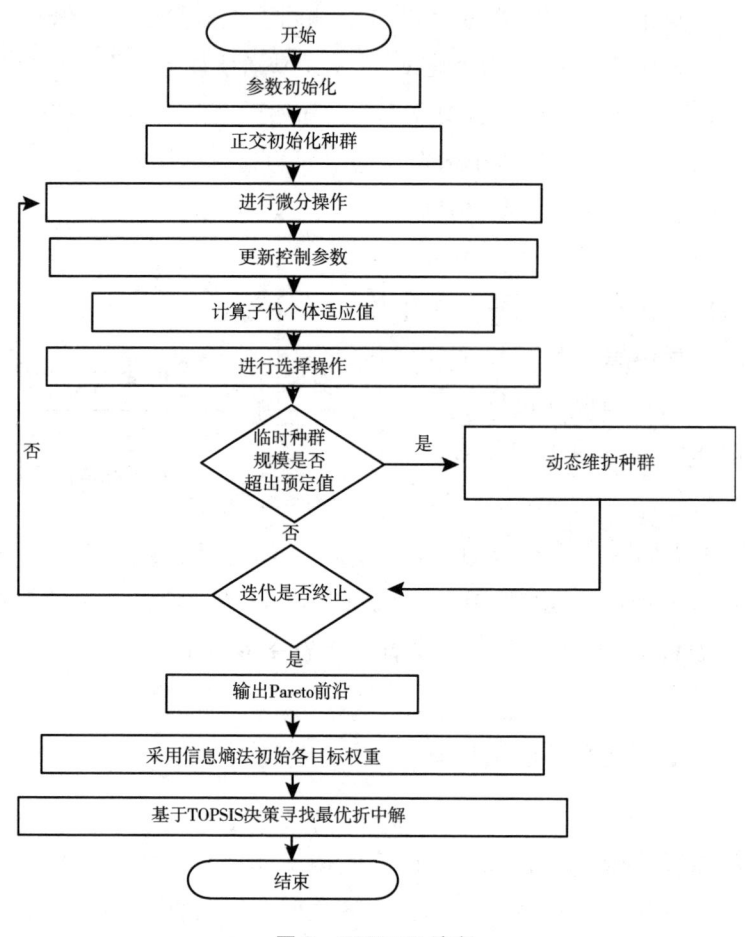

图2 EMODE流程

三 算例分析

（一）算例描述

本文采用 IEEE-30 节点系统，系统中含有 6 台发电机，其排污特性见 E. Raul 等（2005）的文献，系统的基准功率为 100MVA，负荷为 2.834pu。为与已知算法中的结果进行对比分析，本文分别计算了不计及阀点效应和计及阀点效应两种情况。在不计及阀点效应时，网损系数及发电机耗量特性见苏鹏等（2009）的文献；在计及阀点效应时网损系数及发电机耗量特性见 Celal Yasar 等（2011）的文献。

为验证算法的有效性，本文在计算时与 MODE、NSGA-II 进行了对比分析，并采用均匀性分布指标 S（Coello CAC, et al., 2004）和覆盖度指标 I_c（Eckart Zitzler, et al., 2003），评价非劣解在帕累托前沿上分布的均匀程度和寻优性能：

$$S = \sqrt{\frac{1}{N_{PF}}\sum_{i=1}^{N_{PF}}(d_i - \bar{d})^2} / \bar{d} \tag{19}$$

$$I_c(A, B) = \frac{|\{b \in B; \exists a \in A : a < b\}|}{|B|} \tag{20}$$

式（19）、式（20）中：d_i 为帕累托前沿上第 i 个非劣解与其最近的非劣解之间的欧式距离；$\bar{d}$ 为所有 d_i 的平均值；N_{PF} 为帕累托前沿中的个体数量；S 值越小表示帕累托前沿上解的分布越均匀；Ic 代表 B 中被 A 支配的数量占自身数量的比例，数值越高表示被支配的个体数量越多，算法性能越差。

EMODE 中的参数设置为：$Q = 8$；$J = 2$；$N_p = 64$；$G_{max} = 100$；MODE，NSGA-II 种群规模和迭代次数与 EMODE 一致；MODE 中的 F 取为 0.9，CR 为 0.6；NSGA-II 中的交叉率和变异率分别为 0.9 和 1/6，突变算子和变异算子的分布指数均取 20。

（二）结果分析

1. 不计及阀点效应

图3~图5分别为采用EMODE、NSGA-II和MODE获得的帕累托前沿，采用各算法获得的最优发电成本、最优污染物气体和最优折中解（见表1）。

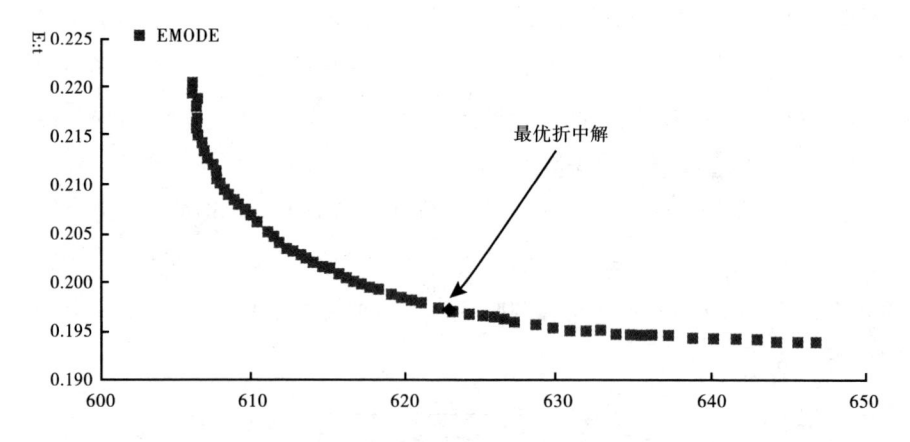

图3　EMODE所获得的帕累托前沿

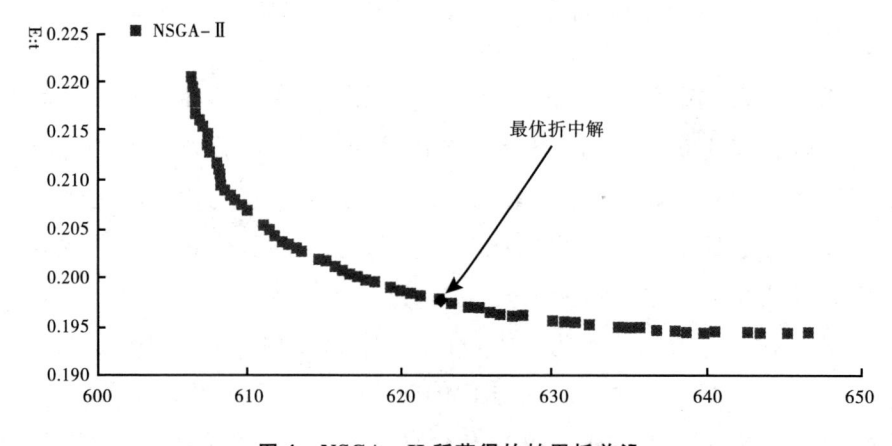

图4　NSGA-II所获得的帕累托前沿

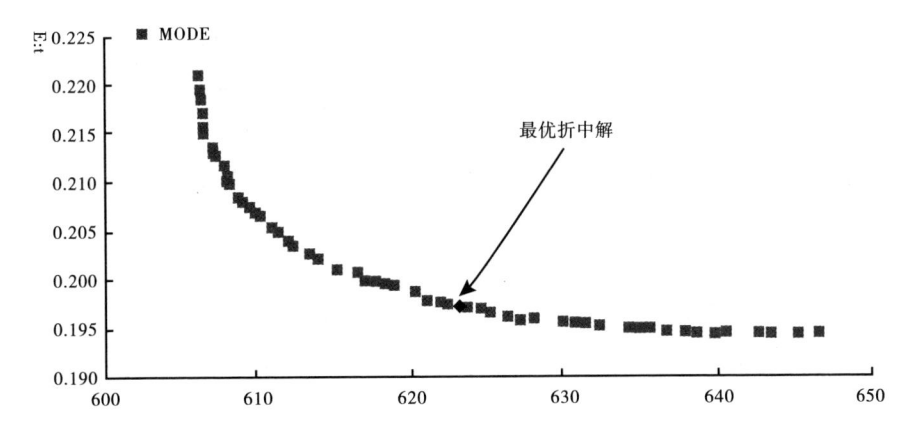

基于改进多目标微分进化算法的环境经济调度

图 5　MODE 所获得的 Pareto 前沿

表 1　不计及阀点效应清洁调度结果对比

目标函数	算法	P/pu	PG2/pu	PG3/pu	PG4/pu	PG5/pu	PG6/pu
经济调度 （经济性最优）	EMODE	0.1213	0.2855	0.5837	0.9919	0.5249	0.3523
	NSGA-Ⅱ	0.1253	0.2848	0.5738	0.9871	0.5260	0.3628
	MODE	0.1205	0.2871	0.5795	0.9926	0.5272	0.3527
	文献[9]	0.1210	0.2860	0.5840	0.9930	0.5240	0.3520
环境调度 （污染气体 排放最小）	EMODE	0.4115	0.4651	0.5461	0.3907	0.5438	0.5121
	NSGA-Ⅱ	0.4106	0.4642	0.5418	0.3891	0.5472	0.5164
	MODE	0.4111	0.4638	0.5441	0.3904	0.5447	0.5152
	文献[9]	0.3936	0.4683	0.5403	0.4040	0.5163	0.5466
最优折中解	EMODE	0.2998	0.4077	0.5837	0.5898	0.5191	0.4626
	NSGA-Ⅱ	0.3056	0.4011	0.5687	0.6009	0.5198	0.4569
	MODE	0.2904	0.3838	0.5832	0.5986	0.5362	0.4690

目标函数	算法	Fc:$	E:t	PL:pu	S	Ic
经济调度 （经济性最优）	EMODE	605.9986	0.2207	0.0256	0.6272	—
	NSGA-Ⅱ	606.0201	0.2200	0.0258	1.1002	0.1563
	MODE	605.9998	0.2207	0.0256	1.2649	0.4333
	文献[9]	606.0000	0.2217	0.0260	—	—
环境调度 （污染气体 排放最小）	EMODE	646.1685	0.1942	0.0353		
	NSGA-Ⅱ	646.3439	0.1942	0.0353		
	MODE	646.2166	0.1942	0.0353		
	文献[9]	645.3229	0.1943	0.0351		
最优折中解	EMODE	623.3430	0.1972	0.0287		
	NSGA-Ⅱ	622.3364	0.1976	0.0190		
	MODE	622.0380	0.1977	0.0272		

由表 1 和图 3~图 5 可知，EMODE 在经济性最优时获得的调度方案支配 MODE 和苏鹏等（2009）的文献中的结果，发电成本和污染物排放分别下降了 0.0012 \$ 和 0.001t，与 NSGA-II 获得结果互不支配。在污染物排放最少时，EMODE 获得的调度方案支配 NSGA-II 和 MODE 获得的方案，发电成本分别下降了 0.1754 \$ 和 0.0481 \$，与苏鹏等（2009）的文献中的结果互不支配。

在均匀性分布指标上，EMODE 与 NSGA-II 和 MODE 相比分别下降了 42.99% 和 50.42%；在覆盖度指标 I_c 上，以 EMODE 为基准，NSGA-II 中 15.63% 的个体被 EMODE 所支配，优于 MODE 的 43.33%。

2. 计及阀点效应

在计及阀点效应时，采用 EMODE、NSGA-II 和 MODE 获得的帕累托前沿（见图 6）。采用 3 种算法获得的最优发电成本、最优污染物气体和最优折中解（见表 2）。

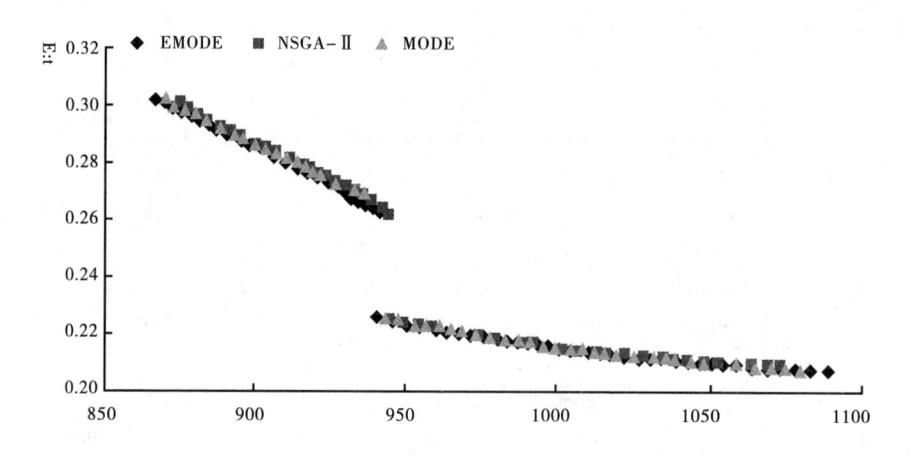

图 6　不同算法所获得的帕累托前沿

由图 6 和表 2 可知，在计及阀点效应时，帕累托前沿将不再连续；在经济性最优时，EMODE 获得的结果支配 MODE 的结果，并且 NSGA-II 获得的结果被 EMODE 中的个体支配；在污染物排放最小时，EMODE 获得的结果仍支配 MODE 获得结果，并且 NSGA-II 获得的结果仍被 EMODE 中的个体支配。

表2 计及阀点效应清洁调度结果对比

目标函数	算法	PG1/pu	PG2/pu	PG3/pu	PG4/pu	PG5/pu	PG6/pu
经济调度（经济性最优）	EMODE	1.5004	0.5218	0.5000	0.1178	0.1448	0.1308
	NSGA-II	1.4969	0.5214	0.4629	0.1359	0.1758	0.1218
	MODE	1.5005	0.5255	0.5000	0.1525	0.1064	0.1316
环境调度（污染气体排放最小）	EMODE	0.6784	0.7044	0.4999	0.3500	0.3000	0.4000
	NSGA-II	0.7681	0.6168	0.4997	0.3500	0.2999	0.3989
	MODE	0.6796	0.7034	0.5000	0.3500	0.3000	0.4000
最优折中解	EMODE	0.9928	0.5250	0.4987	0.3079	0.2845	0.3087
	NSGA-II	1.0004	0.5219	0.4919	0.3211	0.2859	0.2977
	MODE	0.9813	0.5219	0.5000	0.3111	0.2956	0.3074

目标函数	算法	Fc	E	PL/pu	S	IC
经济调度（经济性最优）	EMODE	867.4644	0.3021	0.0816	0.4363	—
	NSGA-II	874.3433	0.3006	0.0807	0.6176	0.7500
	MODE	868.7195	0.3029	0.0825	0.5610	0.4844
环境调度（污染气体排放最小）	EMODE	1089.8886	0.2071	0.0987		
	NSGA-II	1073.8157	0.2084	0.0994		
	MODE	1090.0008	0.2071	0.0990		
最优折中解	EMODE	947.1481	0.2241	0.0836		
	NSGA-II	944.7537	0.2249	0.0849		
	MODE	951.5811	0.2228	0.0833		

但在均匀性分布指标 S 上，EMODE 与 NSGA-II 和 MODE 相比分别下降了 29.36% 和 22.23%；在覆盖度指标 I_c 上，以 EMODE 为基准，NSGA-II 中 75.00% 的个体被 EMODE 所支配，劣于 MODE 的 48.44%。表明 NSGA-II 在求解含阀点效应的 EED 问题时，性能有待提高。

四 结论

本文提出了一种基于多目标微分进化的改进算法以求解网损的电力系统清洁调度问题。针对种群随机初始化和种群维护中的不足提出了相应的改进方法，并结合优胜劣汰的选择机制提出可改进的微分操作；结合 B

系数法，采用求解方程的方法以使个体满足等式约束。IEEE-30 节点系统的测试结果表明，EMODE 可获得接近全局的 Pareto 前沿，具有很好的分布特性，可为决策者提供更加丰富的信息。由于实际系统中存在阀点效应，而所提出算法在计及阀点效应进行寻优时性能更好，因此更适应用于实际系统。本文提出的算法也可应用于其他问题的求解。

参考文献

[1] Ali Wagdy Mohamed，Hegazy Zaher Sabry，"Constrained Optimization Based on Modified Differential Evolution Algorithm," *Information Sciences*，2012，194：71 - 208.

[2] Brest J.，Greiner S.，Bošković B.，et al.，"Self-adapting Control Parameters in Differential Evolution：A Comparative Study on Numerical Benchmark Problems," *IEEE Transactions on Evolutionary Computation*，2006，10（6）：646 - 657.

[3] Catalao J. P. S.，Mariano S. J. P. S.，Mendes V. M. F.，et al."Short-term Scheduling of Thermal Units：Emission Constraints and Trade-off Curves" *European Trans on Electrical Power*（2008）18（1）：1 - 14.

[4] Celal Yasar, Serdar Özyön，"A New Hybrid Approach for Non-convex Economic Dispatch Problem with Valve-point Effect," *Energy*，2011，36：5838 - 5845.

[5] Coello C. A. C.，Pulido G. T.，Lechuga M. S.，"Handling Multiple Objectives with Particle Swarm Optimization," *IEEE Trans on Evolutionary Computation*，2004，8（3）：256 - 279.

[6] Eckart Zitzler, Lothar Thiele, Marco Laumanns et al.，"Performance Assessment of Multiobjective Optimizers：An Analysis and Review," *IEEE Trans on Evolutionary Compution*，2003，7（2）：117 - 132.

[7] Farag, A.，Al-Baiyat, S.，Cheng, T. C.，"Economic Load Dispatch Multiobjective Optimization Procedures Using Linear Programming Techniques," *IEEE Trans on Power System*，1995，10（2）：731 - 738.

[8] Granelli G. P.，Montagna M.，Pasini G. L.，Marannino P.，"Emission Constrained Dynamic Dispatch," *Electric Power System Research*，2008，78（7）：1129 - 1137.

[9] He Qian, Wang Gang, Lei Yu, et al.，"Improved Particle Swarm Optimization Based Multi-Objective Optimization of Load Dispatching Among Thermal Power Units," *Power System Technology*，2010，34（8）：118 - 122.

[10] Huang Ying, Li Yang, Gao Ci-wei，"Multi-objective Transmission Network

Planning Based on Non-dominated Sorting Differential Evolution," *Power System Technology*, 2011, 35 (3): 85 – 89.

[11] Kalyanmoy Deb, Amrit Pratap, Sameer Agarwal, Meyarivan, "A Fast and Elitist Multi-Objective Genetic Algorithm: NSGA – II," *IEEE Transactions On Evolutionary Computation*, 2002, 6 (2).

[12] M. Basu, "Dynamic Economic Emission Dispatch Using Non-dominated Sorting Genetic Algorithm-II," *Electrical Power and Energy Systems*, 2008, 30: 140 – 149.

[13] Raul E. Perez-Guerrero, Jose R. Cedefio-Maldonado. *Differential Evolution Based Economic/Environmental Power Dispatch* 2005. Proceedings of the 37th Annual North American. Ames, USA: IEEE, 2005: 191 – 197.

[14] Robič T., Filipič B. DEMO. *Differential Evolution for Multi-objective Optimization* Heidelberg, Germany, Springer, 2005: 520 – 533.

[15] Su Peng, Liu Tian-qi, Zhao Guo-bo, et al., "An Improved Particle Swarm Optimization Based Multi-Objective Load Dispatch Under Energy Conservation Dispatching," *Power System Technology*, 2009, 33 (5): 47 – 55.

[16] S. Dhanalakshmi, S. Kannan, K. Mahadevan, S. Baskar., "Application of Modified NSGA-II Algorithm to Combined Economic and Emission Dispatch Problem," *Electrical Power and Energy Systems*, 2011, 33: 992 – 1002.

[17] Tsay M. T., Lin W. M., "Application of Evolutionary Programming for Economic Dispatch of Cogeneration Systems Under Emission Constraints," *Electric Power System*, 2001, 23 (8): 805 – 812.

[18] Wang L. F., Singh C., "Reserve-constrained Multi-area Environmental——Economic Dispatch Based on Particle Swarm Optimization with Local Search," *Engineering Applications of Artificial Intelligence*, 2009, 22 (2): 298 – 307.

[19] Yiu-Wing Leung, Yuping Wang., "An Orthogonal Genetic Algorithm with Quantization for Global Numerical Optimization," *IEEE Transactions On Evolutionary Computation*, 2001, 5 (1): 41 – 53.

[20] Yong Wang, Zixing Cai, Qingfu Zhang, "Enhancing the Search Ability of Differential Evolution Through Orthogonal Crossover," *Information Sciences*, 2012, 185: 153 – 177.

[21] Youlin Lu, Jian zhong Zhou, HuiQin, Ying Wang, Yongchuan Zhang, "Chaotic Differential Evolution Methods for Dynamic Economic Dispatch with Valve-point Effects," *Engineering Applications of Artificial Intelligence*, 2011, 24: 378 – 387.

[22] Zhang Yan, "Multi-Objective Optimization of Economic Dispatch Problem Based on Stochastic Weighted Sum Method and Multi-Attribute Decision Making," *Power System Technology*, 2008, 32 (2): 64 – 67.

[23] 何潜、王岗、雷雨等:《基于改进粒子群优化算法的火电机组负荷多目标优

化》,《电网技术》2010年第34卷第8期,第118~122页。
[24] 黄映、李扬、高赐威:《基于非支配排序差分进化算法的多目标电网规划》,《电网技术》2011年第35卷第3期,第85~89页。
[25] 苏鹏、刘天琪、赵国波等:《基于改进粒子群算法的节能调度下多目标负荷最优分配》,《电网技术》2009年第33卷第5期,第47~55页。
[26] 张彦:《基于多目标优化随机权系数加权和的机组负荷分配》,《电网技术》2008年第32卷第2期,第64~67页。

外部规模经济、差异产品与创新驱动视角下地板竞争优势重构

姜书竹[*]

进入 21 世纪，中国地板产业发展迅速。国内地板企业数量众多，并形成了浙江南浔实木地板产业集群、江苏横林强化地板产业集群、浙江安吉竹地板产业集群和浙江嘉善多层实木复合地板产业集群。中国已经成了地板出口大国，地板出口价格优势明显，国际竞争力较强。但地板企业的出口，往往需要借助贸易伙伴的渠道，采用 OEM 方式或加工贸易方式，只有少数企业采用自主品牌出口，更鲜有企业在国外自建销售渠道。从"微笑曲线"看，中国地板产业处于产业链的中游，即制造环节，是附加值最低的位置，出口竞争策略以低成本为主，这导致地板出口规模虽然不小，但并未给地板出口企业带来可观的收益。

为了提高地板出口效益，必须了解地板的竞争优势及其演变，并对其进行重构。中国地板在出口方面的价格优势到底来自何处？来自要素禀赋差异还是规模经济？这个问题值得进一步研究，因此本文将从市场结构和规模经济角度进行探讨。

---

[*] 姜书竹，男，山东青岛人，山东工商学院经济学院副教授、博士，主要从事国际贸易研究。

一 关于外部规模经济与差异产品的贸易理论基础

经典国际贸易理论中,大卫·李嘉图的比较优势理论和俄林的要素禀赋理论分别解释了完全竞争市场结构中的比较优势(较低的机会成本)来源于不同国家劳动生产率差异或要素禀赋差异,对于传统的产业间贸易解释能力较强;20 世纪 70 年代以来,克鲁格曼等经济学家提出的新贸易理论则从规模经济、不完全竞争等角度解释了成本优势产生的原因,规模经济和不完全竞争可以用来解释产业内贸易。

规模经济是现代经济中比较常见的现象,可以分为内部规模经济和外部规模经济。前者指的是企业投入规模的扩大将导致产出以更高的比例增加,比如投入规模扩大了 1 倍,产出增加了 1 倍以上,即意味着随着企业生产规模的扩大,其平均成本不断下降;后者则指单家企业的生产规模扩大不会导致平均成本下降,而行业生产规模的扩大却会导致整个行业生产成本的下降。外部经济的来源主要是行业地理位置的集中和"干中学"(Learning by doing)效应,前者导致原料供应、物流运输、配套服务等方面的成本优势,后者则使产业内企业可以比较容易地雇到熟练工人,从而降低成本(李坤望,2010)。

实际上,很多产品市场是不完全的,属于不完全竞争的市场结构,其中垄断竞争的市场是一种比较常见的市场结构。在垄断竞争的市场里,虽然厂商数量依然很多,但每个厂商所生产的产品有一定的差异性,即存在差异产品,这种产品的差异可以来自产品性能、产品内在质量、产品外观、品牌溢价、销售渠道或服务等方面。这使得不同厂商的产品之间不能完全替代,因此每家厂商在自己的产品上有一定的垄断力量,不再是市场价格的被动接受者。

根据要素禀赋理论,我们可以判断一国的比较优势产业,但在外部规模经济的情况下,一国选择生产哪种产品是不确定的,甚至有一定的偶然性。一国可能因为某些偶然因素率先进入某个行业,并"先行一步"将行业生产规模扩大至可以实现规模经济的水平,从而获得成本上的领先优势，并构成进入壁垒。其他国家如果想进入这个行业，在行业产量从零开始的时候，其成本居高不下，单家企业也不能通过扩大自己的规模降低成本，因此无法进入这个行业。因此，进口国如果想进入这个行业，可以进行一定程度的贸易保护，待本国行业建立并扩大到可以获得成本优势的时候，再取消保护措施。

二 外部规模经济、差异产品与地板出口竞争优势

要探讨中国地板产业的价格优势来源，有必要弄清中国地板行业的市场结构问题。地板行业数量约5000家，但市场集中度较低，规模最大的企业占国内市场份额也不足20%，另外地板厂商也在追求产品的差异化，并不断采用新技术、开发新产品，因此属于垄断竞争市场结构。另外，江浙地区地板产业集群的兴起，也说明该行业存在外部规模经济。因此，在研究当前中国地板行业出口竞争优势来源的时候，不仅要从比较优势角度考虑，还应该从新贸易理论出发。

（一）比较优势与地板产业集群

通过大量生产同类地板产品的企业在较小区域中积聚，形成了以四大地板产业集群为主的地板产业格局。从国内四大地板产业集群发展看，有的是依托要素禀赋优势，如安吉的竹地板产业集群就是依靠安吉当地丰富的竹资源开发竹产品的结果。而南浔的实木地板产业集群则有一定的偶然性，其生产所用的木材都是从国外进口的，并不具有资源优势。南浔在改革开放以后，产生了大量的家具作坊，形成"三夹板一条街"，在此基础上建成了南浔建材市场，推动了南浔木业的大发展（秦天堂、聂影，2007）。后有企业涉足实木地板生产，并引发其他企业效仿，从而形成今日数百家之规模。当然，南浔之所以能发展实木地板产业，还有一个重要因素，从国外进口木材在张家港卸船后可以经由运河运至南浔，运输成本低廉（樊纪亮、陈永富，2008）。因此，地板产业初期的成本优势可能来自

资源优势、区位优势等，通过测算地板的可显示比较优势指数（RCA）发现中国在实木地板和竹地板生产上有明显的比较优势。中国在出口竞争中体现为以价格竞争为主，特别是美国次贷危机爆发以来，国外需求下降、贸易保护主义抬头，中国地板出口价格一度明显下降。[4]随着地板产业的发展和地板产业集群的形成，外部规模经济和差异产品的重要性逐渐显现。

（二）外部规模经济与地板竞争优势

前几年，国内房地产市场的火爆为地板产业的发展创造有利条件，地板行业规模得以迅速扩大，行业规模的扩大使得行业可以获取外部规模经济的好处。各地板产业集群的形成，不仅有利于集群内的人才流动，也为技术外溢提供了机会。集群内企业通过纵向分工与横向合作，可能实现单家企业无法实现的效益。同时，虽然地板行业以中小企业居多，但由于整个产业集群的规模很大，因此还能实现单家企业可能无法实现的规模经济，并带动物流、金融等现代生产性服务业的发展（姜书竹，2012）。此外，地板产业集群的发展还会带动上下游产业的繁荣，如南浔实木地板产业带动了上游的坯板加工、木材运输、地板机械等产业和下游的南浔地板城、建材市场的繁荣等，这些上下游产业的繁荣不仅有助于降低南浔实木地板行业的生产成本，也有助于提高其竞争优势。

地板生产过程中对资本要求不是很高，内部规模经济也不显著，通常被认为属于劳动密集型产品。因此，从要素禀赋的角度看，发展中国家在地板生产方面具有比较优势。就目前情况看来，中国地板企业在国际市场上的竞争主要依靠价格优势，企业必须具有成本优势。但是，为何中国地板产品可以大规模出口呢？与其他发展中国家相比，中国地板产业的优势主要来源于外部规模经济（见图1）。横轴 Q 表示一国地板产量，即生产规模，纵轴 AC 表示一国地板生产的平均成本，h 表示中国的相关变量，f 表示其他发展中国家的相关变量。因存在外部规模经济，各国地板行业的平均成本曲线均向右下方倾斜，即随着行业产量的增加，平均成本不断下降。假设其他低收入发展中国家，如越南、印度等，工资水平远低于中国，其平均成本曲线在中国的下方，这意味着若两国产量相同，则中国的成本较高。但是，由于中国国内市场已经随着当年房地产热而启动，并形成巨大的生产规模，产量为 Q_h，则对应于该产量水平，中国的成本为 P_h。而其他发展中国家因国内市场狭小，产量只有 Q_f，其成本为 P_f。显然，中国的成本 P_h 明显低于其他发展中国家的 P_f，于是中国可以以低于其他国家的价格出口地板，从而在国际市场上获得价格优势。中国地板以 OEM 方式，借助国外进口商的品牌和渠道进入国际市场，靠的就是价格优势。加上国内地板出口企业数量众多，一些中小企业的产品缺乏特色，只能依靠价格优势，于是地板出口价格被人为压得很低。但是，这种低价出口的结果对进口国的同类产业造成冲击，从而招致美国和欧盟等主要市场的反倾销和反补贴。

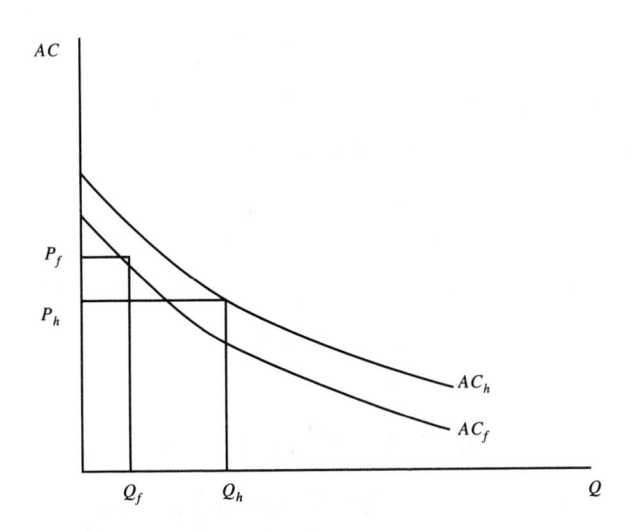

图 1　外部规模经济与中国地板行业成本领先优势

（三）产品差异与竞争优势

国内地板产品大致上可以分为实木地板、实木复合地板、强化地板和竹地板四大类，四种地板各有特色。实木地板由完整的实木构成，不需要胶水，甲醛释放水平最低，环保性能最佳，脚感较好，但对原木消耗很厉害，发展受原料限制。竹地板由多层竹板组成，需要使用少量黏合剂，较安全，而且竹子生产周期非常短，可再生性强，并且中国是世界上竹资源最丰富的国家，竹地板是中国特色产品（窦营、徐秀英，2008）。实木复合地板通常只有表面薄薄的一层使用材质较好的、生产周期较长的木材，其他基本使用人工种植的、生长周期较短的速生材，因此较为环保，并且物理性能要强于实木地板，不易变形。强化地板则是以中高密度纤维板和刨花板等为基材，并在表面使用物理性能较强的耐磨纸，成本低廉、结实耐用、对原木要求很低，节省木材，缺点是甲醛可能释放较多。同时，多数规模较大的厂商在研发方面有一定投入，有的申请了数量不等的专利，不仅开发不同材质的地板，也采用了一些新技术降低成本、提高性能或开发适应不同市场需求的产品，比如专门针对北方市场开发适合地暖的地板及可以用电取暖的"自发热"地板等。由于企业在研发方面的投入，并将其通过研发获得的技术用于产品生产，因此不同企业生产的产品差异明显。

现实中消费者的需求是多样化的，即使同一国家内部，不同消费者对同类产品的选择也是不一样的，有的注重性价比、有的可能注重外观的新颖、有的可能注重环保性能、有的可能注重价格等。因此，差异化的产品为消费者提供了更多的选择，能更好地满足消费者的需求。不过，即便是一国地板产业比较发达，也会从其他国家进口，例如美国是中国地板最大的进口市场，同时也是重要的地板出口国。

三 创新驱动视角下地板竞争优势重构的建议

外部规模经济是目前中国地板产业获得低成本进而可以凭借低价进入国际市场的主要原因，而产品的差异性则使地板产品可以进入各国市场，甚至以通过产业内贸易的形式进入一些地板出口国。但是，低价出口不仅损害了出口企业的利益，降低了出口效益，还引发了欧美等主要市场的双发措施，高额反倾销税和反补贴税的征收迫使一部分企业放弃欧美市场，或减少出口量。因此，地板出口企业应转变出口竞争战略，努力提高地板出口效益，这就需要实现从比较优势到竞争优势的转变，这种转变则需从产品差异化角度入手，而市场产品差异化需要依靠创新。企业的创新不仅包括技术创新，也包括营销手段创新、销售渠道创新等。

（一）技术创新是打造地板企业核心竞争力的关键

（1）需要打造有利于企业技术创新的制度环境

①由于知识产品具有公共产品的性质，容易扩散，具有正的外部性，所以如果没有良好的制度环境，创新企业无法享受全部收益，企业的积极性就不高。因此，政府及立法机构应完善知识产权保护的法律法规，提高侵犯知识产权行为的违法成本，严厉打击侵权行为，确保技术创新企业可以更好地享受创新的收益。司法机构应严格执法，破除地方保护主义，对侵权案件从严执法。②在财务、税收政策方面予以支持，允许地板企业的研发投入在税前扣除，对采用新技术的设备，允许加速折旧，对具有完全自主知识产权的新产品可以提高出口退税率或减免国内税。③由于地板企业规模普遍偏小，通常不具备开展基础研究的能力，政府需要扶持高校、科研院所进行相关的基础研究，在各级政府类科研基金项目中予以扶持。特别是形成地板产业集群的地区，地方政府更应该设立专项基础研究课题。

（2）地板企业应该重视技术战略，加大研发投入力度

①引进国外先进技术是地板企业提高技术水平的重要途径，但不能仅仅停留在引进水平，企业应对引进的技术加以消化、吸收，并在此基础上做出创新，通过缩小与国外的技术差距，也可到发达国家建立研发中心，利用当地人才资源，开发新技术以缩小与发达国家竞争对手的技术差距，还可针对当地需求情况，开发适销的新产品。②自主创新，即企业依靠自身实力或与外界合作开发新技术、新产品。实力较强的地板企业都建有现代化的研发中心，可以开发应用技术和新产品。地板企业也可以通过与国内、外相关高校、科研院所等进行、产、学研合作，充分利用外部资源获取新技术、开发新产品或新材料。对于重大技术，可以联合同类企业组建战略联盟共同开发，实现优势互补、利益共享、风险共担。③地板企业既可以考虑把开发出来的技术用于自己的产品生产，也可以考虑采用许可的方式转让给其他企业使用，特别是有些技术开发出来以后，虽然申请到了专利，但被束之高阁的时候，以转让方式获得专利使用费等收入不失为盘活知识资产的好方法。

（二）营销手段创新则是企业获得产品溢价的重要手段

营销手段创新可以有效解决低价竞争问题，地板企业可以凭借独特的产品、品牌、渠道等实现产品差异化，避免价格竞争。

（1）打造个性化的品牌。鉴于地板企业规模不大，各企业应在市场调研的基础上，明确市场定位，并运用SWOT、PEST等分析方法确定企业战略，着力打造品牌。通常品牌的建立需要采用多管齐下的手段，在确保产品质量的前提下，可以从以下几方面入手。①增加广告投入力度，请知名人士或影视明星代言，在电视、报纸等传统媒体和互联网上做广告宣传，尤其应该加大网络营销的力度。②根据市场需求，改进或开发新产品，提高产品的适销性，可以通过互联网实现与用户和经销商的互动，了解市场对产品的满意程度、需要改进的地方，以便做出相应改进。③借助体育营销，通过赞助体育赛事，获得依托体育比赛进行宣传的机会。这也是众多品牌成功的重要途径。④关心公益事业，做好公共关系，处理好与公众的关系。这是树立一家企业正面形象的重要举措，可以借助新闻媒体的力量展现企业负责任的形象，其效果是广告不能相比的。

（2）销售渠道创新则是中国地板出口企业抢占终端市场的关键。所谓"渠道为王"，意指谁掌握了销售渠道，谁就能赢得市场。目前，中国地板企业在出口中普遍采用OEM方式，需要借助国外进口商的品牌和渠道，只能获得较低的利润，所以需要改变这种方式。①就传统渠道而言，地板企业可以设法在国外建立自己的销售渠道，如收购中间商，或在主要目标市场寻找合作伙伴，以经销或代理的方式，将自有品牌产品打入其市场，并由这些合作伙伴提供售前、售后服务。②开辟电商渠道。基于互联网的电子商务发展迅猛，越来越多的产品被放在网上销售。地板出口企业可以通过阿里巴巴等外贸B2B平台开展外贸批发业务，也可以在亚马逊等B2C平台开展零售业务。如果能够整合线下渠道，可以利用最近兴起的O2O业务方式，使客户可以网上下单订购，然后由当地渠道商发货，并提供服务。③参考义乌小商品城模式建立国际化的地板专业市场。专业市场与地板产业之间可以产生联动效应，像南浔地板城这样的专业市场应该向外向型转变，为南浔、嘉善、安吉和常州的地板企业提供出口平台。

参考文献

[1] 窦营、徐秀英：《中国竹地板国际竞争力评价及对策》，《世界农业》2008年第5期。

[2] 樊纪亮、陈永富：《南浔木地板产业集群发展的SWOT分析》，《浙江林业科技》2008年第5期。

[3] 姜书竹：《基于FTA战略的中国地板出口效益研究》，南京林业大学，2012。

[4] 李坤望：《国际经济学》，高等教育出版社，2010。

[5] 秦天堂、聂影：《南浔木地板产业集群的动力机制研究》，《国际木业》2007年第12期。

基于大数据条件下传统产业的创新发展实践

李 敏[*]

一 引言

"大数据"无疑是当前最热门的讨论话题,也是各个行业的从业人员以及专家、学者重点关注和研究的领域。近半个世纪以来,计算机技术不断地更新和发展,它不仅使当今世界拥有了比以往任何历史时期更多的信息,而且使信息的增长速度不断地加快。信息已经经历了从信息积累到信息爆发的阶段,并且开始引发变革。

当前,人类社会已经全面进入了信息化时代。海量的数据和非结构化数据的爆炸式增长,给各个传统产业带来了前所未有的冲击。与此同时,这些大数据中又蕴藏着巨大的价值,深入地洞察其内在本质能帮助企业将大数据转换为有价值的资产加以管理,并为企业带来巨大的效益。

二 大数据带来的思维转变

(一)采用全部数据

过去,当人们需要对大量数据进行分析时,多采用样本分析方法。

---

[*] 李敏,男,中国社会科学院研究生院数量经济与技术经济系博士生,研究方向为互联网信息化、电子商务。

这是受到传统时代信息分析技术欠缺和信息流通不畅的条件所限。很长一段时期以来，如何快速而准确地分析大量数据一直困扰着人们。由于记录和分析数据技术的限制，人们一直都是采用选取少量代表性数据进行样本分析。为了让分析过程变得简单，更容易得出结论，数据被人们有意地缩减。如今，我们已经意识到这其实是当时技术条件下的一种人为限制。

随着信息技术的飞速发展，人们终于拥有了处理全部数据的能力，而不再局限于之前的提取数据样本进行分析。人们渴望利用全部数据，去了解那些样本分析所不能显示的全部数据细节。

（二）追求低精确度

数据的精确度是人们一直追求的目标之一。在传统时代，只有少量的数据是结构化的，并能被用于数据库进行统计和分析，最后得出精确的结果。而当对海量的数据和非结构性数据进行统计和分析时，数据的精确度势必会降低，也就是说，只有接受数据的低精确度，人们才能对海量数据进行分析。考虑到海量数据的巨大规模，略微降低数据的精确度是可以接受的。这种思维的转变，将有助于人们去发现并了解更多未知的信息。

（三）关注相关性

在信息爆炸的当下，知道"是什么"往往要比知道"为什么"更有效率。过去，人们往往将注意力放在发现数据之间的因果关系上。如今，很多公司都改变了做法，将注意力转到揭示数据之间的相关性上。对于海量数据而言，寻找数据之间的因果关系不仅成本高、效率低，而且得到的结论也十分模糊，并不能确定能否为企业增加价值。

而企业最关心的莫过于收益，只要数据能给企业带来收益，那么它就具有价值。虽然从海量的数据中寻找因果关系受到条件的制约，但是发现其内在的相关性在现在的技术条件下却是可行的。

三 大数据对传统产业的创新发展实践

大数据这个由《自然》杂志于2008年首先提出来的概念，至今未有一个确切统一的定义，但是却已经应用到了很多领域中，促使传统产业进行变革。

（一）体育

与很多人以为的不同，大数据在体育领域很早就得到了应用。对球队来说，如何挑选最好的球员，以前都是依赖教练和球探的经验判断。这种人为的挑选方式难免受到主观因素的影响和条件的限制，从而影响效果。现在很多球队都开始雇用数据科学家来帮助分析球员价值。数据科学家通过收集海量的数据信息，建立适当的数学模型，可以进行一些较为复杂模式的分析。这样的数据分析不但可以告诉球队目前需要什么特点的球员，而且可以通过球员资料分析出哪些球员具备球队所需要的特点，从而组成一支最优秀的球队。

在2014年的足球世界杯赛场上，大数据就得到了完美的体现。德国对阵巴西的那场半决赛，多数人只看到了德国队形如流水的进攻，以及巴西队溃不成军的失利，却很少有人知道这场胜利背后有着大数据的功劳。德国足球队很早就开始与科隆体育学院进行合作。科隆体育学院将巴西国家队球员在过去两年间正式比赛的所有数据都进行了统计，仔细研究他们防守的弱点。科隆体育学院的研究人员会分析研究防守方的行为模式，比如，哪些防守方队员容易急躁，哪些球员防守时容易提前移动，或者某个球员是喜欢用左手还是右手整理头发。研究人员通过建立适当的数学模型，把每一个防守队员的防守模式全部分析出来，从而节省进攻队员的体力和脑力。通过这样的模式识别，差不多可以预测出防守方针对进攻方不同的战术将会采取的反应，从而帮助进攻方队员进行跑位和应对。德国队在比赛前对巴西队的情况已经了如指掌，无怪乎在比赛中势如破竹，轻松拿下巴西队。

科隆体育学院有两个特别的足球研究机构。一个是球员数据分析中心，德国队所有对手的数据都出自于此。比如德国队在2006年德国世界杯1/4决赛点球大战中击败阿根廷队，守门员莱曼手中的小纸条上有阿根廷队所有球员的数据，而这张记载着阿根廷球员射门习惯与概率的神秘纸条正是出自球员数据分析中心。而另一个是类似健身房的地方，是球员数据采集中心，运动员可以通过测试自己的身体机能找出自己的优势与劣势，从而更好地安排训练。

（二）金融

金融是建立在信用的基础上，而信用的基础则是信息。当前国内中小企业普遍面临融资难的问题，问题就出在信息不对称上面。互联网时代的大数据正好为金融业提供了强大的信息数据库，也为信用的建立与巩固打下了更扎实的基础。

在美国，越来越多的公司和银行利用Facebook、Twitter等社交网站的数据给予客户信用评级。公司根据用户填写的社交网络资料，例如，受教育程度和职业信息、好友信息、关注者数量，以及他们注册社交网站账号时间的长短等，给予客户1~1000分的信用评级，进而向他们提供金融贷款服务。除了信用评级，公司还利用用户的好友网络迫使他们偿还贷款。假如一个用户拖欠贷款，公司可以通知其好友。如果这位用户拒不还款，好友的得分也将会遭到损失。这些措施很好地控制了客户的违约率。

金电联行是国内一家以数据连接银行和中小企业的中介公司。它的主要任务是：一方面要说服企业向银行开放交易数据；另一方面要让银行接受纯信用贷款。金电联行的核心竞争力，就是能客观地将一家企业的信用状况计算出来。这个计算是对供应链信息系统的挖掘，包括订单、库存、下线、结算、付款五大核心环节的所有信息，对数据进行整理，清洗掉一些边缘数据，再进行分析、展现，最后计算出企业的信用等级、信用额度，甚至未来的成长性及安全性。6年间，金电联行一共帮助数百家企业从民生银行获得总计约20亿元的信用贷款。到目前为止，还未出现一家企业违约不能还贷。

（三）物流

阿里巴巴联合银泰集团、复星集团、"四通一达"快递公司等，共同出资组建菜鸟网络科技有限公司，启动中国智能物流骨干网项目。骨干网建设分为两个部分：一是基于大数据，做信息共享、物流共享的平台；二是做仓储物理平台。菜鸟网要做的是基于大数据的中转中心或调度中心、结算中心，将打通阿里内部系统与其他快递公司系统，通过转运中心，买家从不同卖家购买的商品包裹可合并，节省配送费用。例如在淘宝上的一家店主要发货到广州，通过菜鸟网络系统可以查到圆通的某位快递员在其附近，即可派其上门取货；然后通过菜鸟网络又查到有一列中通的货运专车即将出发到广州，可将货物放入其中；货物到达广州后，通过菜鸟网络查看到有汇通的快递员准备到目的地进行派送，可指定其进行物件派送。菜鸟网络的建立，降低了企业的成本，提高了运行效率，顾客的购买体验也得到了加强。

另外，中国智能物流骨干网将在不断完善物流信息系统的同时，依托国家现有公路、铁路、机场等交通基础设施的布局和规划，建设遍布全国的现代化物流仓储网络，提升社会物流效率和基础设施利用率，并向所有的制造商、网商、快递物流公司、第三方服务公司开放，与产业链中的各个参与环节共同发展，以促进整个生态圈的共同繁荣。

（四）零售业

传统零售业企业，尤其是跨国连锁业巨头，在其长期的实践中积累了大量的数据资源。长期以来，它们一直走在海量数据处理的前沿，在利用最新的数据采集和分析技术加强电子商务的开拓并深入挖掘信息价值后，其业务发展也将焕发出新的活力。美国的沃尔玛对过去交易的庞大数据进行观察，这个数据所记录的内容不仅包括每一个顾客的购物清单以及消费额，还包括购物篮中的物品，具体购买时间，甚至还有购买当天的天气状况。通过分析，沃尔玛发现了飓风前夕销量增加的各类商品，进而每逢预报便及时设立飓风用品专区，并将手电筒、蛋挞等物品摆放于专区附近，销量明显增加。

随着新的数据采集和分析技术的采用，线下零售企业也可以获得比原来更丰富、更鲜活的消费者行为数据。一个具有代表性的例子就是美国零售商塔吉特公司是怎样在完全不和准妈妈交谈的前提下预测一个女性会在什么时期怀孕。塔吉特公司就是靠收集尽可能多的数据信息来进行分析和预测。简单地说，首先它会查看在公司登记领取婴儿礼物的女性消费信息，然后注意到这些女性会在怀孕大约三个月时购买一些无香乳液。几个月后，她们还会购买一些营养品，如镁、锌、钙片等。在海量的消费数据中，塔吉特公司运用大数据技术找出了20余种与怀孕有关的关联物品，并利用这些关联物品对顾客进行怀孕趋势评测。根据评测情况，可以大致估测出孕妇的预产期。这样公司就可以根据孕妇在怀孕的不同阶段推送相应产品的广告和优惠券，使顾客在享受到最贴心的服务的同时，也使得自身的收益最大化。

四 结论与展望

大数据时代的到来，给众多传统产业带来了巨大的冲击，但也提供了一次变革的机遇。除了前文提到的产业外，还有诸如保险、医疗、教育等传统产业也在经历着大数据时代的深刻变革。此外，政府部门也在发生着变化。阿里巴巴集团根据其交易平台海量的交易数据发布的阿里巴巴电子商务发展指数（aEDI），正在影响着各地政府尤其是县域政府部门的工作内容。2014年春节期间，百度启用百度地图定位可视化大数据播报了国内人口迁徙情况，引发了社会的巨大关注。如果以此数据为参考，交通部门就可以提前规划运营路线，达到最佳的资源配置。

当前，我国正值进行产业升级的关键时期。在大数据的相关技术领域，我国与技术先进国家基本处于同一起跑线上。我们要利用好这一难得的战略机遇期，对相关传统产业进行积极稳妥的发展与变革。我国拥有庞大的人群和广阔的应用市场，复杂性高、充满变化，解决这种由大规模引发的问题，探索以大数据为基础的解决方案，是我国进行产业升级，效率提高的重要手段。

参考文献

[1] Schonberger V. K.、Cukier K.：《大数据时代：生活、工作与思维的大变革》，盛杨燕、周涛译，浙江人民出版社，2013。

[2] 樊殿华：《供应链大数据：小公司引发的信贷革命》，《华尔街见闻》2013年10月8日。

[3] 郭昕、孟晔：《大数据的力量》，机械工业出版社，2013。

[4] 欧阳静：《云计算——大数据时代带来全球性社会深刻变革》，《中国改革报》2013年3月26日。

[5] 汪向东、梁春晓：《"新三农"与电子商务》，中国农业科学技术出版社，2014。

重庆社会保障绩效评价体系的构建及实证研究

李友根**

摘　要：构建一套科学的社会保障绩效评价体系，是地方政府提高社会保障服务供给能力，实现社会保障制度优化的必备条件。基于理论分析和重庆实际，本文通过因子分析与层次分析法构建了社会保障绩效评价体系，不仅测度了 2008~2012 年每年重庆市社会保障绩效水平演进情况，而且从整体保障力角度分析了社会保障制度优化的难点及约束条件。实证分析表明，2008~2012 年每年重庆市社会保障制度绩效水平 I 基本维持在 0.60~0.69，总体测评结论为基本合格；其中，整体保障力为不合格、分项保障力为基本合格或合格水平。为了提高重庆市社会保障绩效水平，政府需要将社会保障制度优化提升到重大战略的高度，并探索"政府购买社会保障服务"等治理制度创新。

关键词：绩效评价体系　整体保障力　社会保障绩效水平

社会保障绩效评价理念源于 20 世纪 70 年代兴起的新公共管理运

---

* 基金项目：重庆市决策咨询与管理创新计划基金重点项目"社会保障制度优化研究"（编号：CSTC2013JCCXB00005）。

** 李友根，男，江西吉水人，重庆交通大学财经学院教授、交通与社会保障研究所所长。

动[1]。在社会保障治理与改革领域中，经历了从"以效率和效益为导向"转为"公平至上"，再到"顾客至上"理论的发展过程，以社会保障绩效评价作为核心管理工具，使传统的社会保障行政管理转变为社会保障服务管理。例如，美国于 1993 年颁布了《政府绩效成果法》，将"绩效评价"提升到了法律层面[1]。

与西方国家相比，我国对社会保障绩效评价的研究和实践起步较晚。随着社会保障体制改革的不断深入和公众民主参政、议政程度的不断提高，也为了适应日益加剧的国际激烈环境，迫切要求社会保障部门树立社会保障服务理念，提高服务质量，逐步建立起一套规范化、系统化、制度化、科学化的绩效评价体系。因此，研究选取位于中西部地区过渡地带的重庆市，通过构建一套科学的社会保障绩效评价体系，评价其社会保障绩效水平，不但具有理论意义，还可以为采用以城带乡发展模式的地区实现社会保障制度优化提供实证支撑。

一　数据来源与研究方法

（一）数据来源

本研究数据主要来源于 2006~2013 年国家统计年鉴[2]、重庆统计年鉴[3]以及重庆市决策咨询与管理创新计划基金项目（立项号：CSTC2013JCCXB00005）课题数据库。

（二）研究方法

从近几年的绩效评价研究趋势来看，传统的经验型、主观性绩效考核方法正逐步向全面、客观与公正方面发展，具体表现为技术型、定量化方法绩效考核得以应用，主要包括：3E 评价法、360 度评价法、平衡计分卡（Kaplan 和 Norton）、层次分析法（M. J. Wang, 2005）、模糊综合评价法（H. Maeda, 1998；Z. A. Eldukai, 1993；H. J. Zimmeman, 1992）[4]、数据包络分析（Data Envelopment Analysis）（A. Charnes 和 W. W. Copper）等。由于评价对象的复杂性，目前还没有哪一种评价方法能解决所有的问题。随着科学的发展，在社会保障研究技术方面，当前国外正在通过"集成"各种评价技术对公共产品供给的绩效进行评价。

本文主要采用理论分析法、频度统计法、德尔菲法对社会保障制度一体化的相关指标进行筛选和权重排序。理论分析法就是从概论、特征、主要问题等方面来选取社会保障制度一体化的关键要素；频度统计法就是对近年来国内关于社会保障制度一体化的相关文献、论文所提及社会保障制度的具体方面进行频度调查，选取那些使用频度较高的指标；德尔菲法就是采用匿名发表意见的方式，通过多轮次反复征询、归纳、修改，最后汇总成专家基本一致的看法，再通过对制度绩效评价体系的比较分析，设计一套社会保障制度绩效评价指标体系。

二 重庆市城乡社会保障绩效水平评价

（一）评价标准

采用各种指标监测值与目标值对比的结果来衡量社会保障绩效水平，各种评价监测指标值越接近目标值，评价结果数值就越接近 1。为了符合日常使用习惯，根据社会保障绩效评价的实际（0.05~1.00）分值，本文将绩效水平等级划分为优秀（0.90~1.00）、良好（0.80~0.89）、合格（0.70~0.79）、基本合格（0.60~0.69）、不合格（0.05~0.59）5 类。

（二）指标体系的构建

根据社会保障制度的内涵，遵循科学性、全面性、可获得性的原则，结合研究目的和已有的研究成果，本文的思路是，首先构建理论指标体系，即综合各方面指标形成的应该用来评价社会保障绩效的指标体系；然后利用遴选程序从中筛选构建可用的指标体系,即实际条件能够用来评价的指标体系;最后,通过一定的科学方法优化构建实践指标体系,即在实际工作中进行评价的指标体系。

据此,我们依次对养老保障、医疗保障等5大类社会保障产品,以全国31个省、自治区、直辖市2006~2012年共7年统计年鉴数据作为样本数据(因西藏自治区部分数据缺失,得到实际样本数210个),经过数据标准化处理,输入SPSS 21.0做因子分析来提取公因子,根据共同度原则遴选指标,剔除那些共同度不大的指标,最后形成用来评价的实践指标体系(见表1)。

表1 社会保障制度绩效评价指标体系

一级指标	二级指标	三级指标	目标值	指标性质	权重
整体保障力 A_1	保障可持续度 B_1	社会保障负担系数(Iw) C_1	65岁以上赡养比	−	0.08
		社会保障水平发展系数(CSS) C_2	1	+	0.07
	社会保障财政投入度 B_2	社会保障财政负担系数(If) C_3	老年人口比重	+	0.08
		社会保障国民经济负担系数(Ig) C_4	老年人口比重	+	0.08
	公众对社会保障制度的态度与参与 B_3	基本社会保障参保缴费覆盖面(F) C_5	100%	+	0.05
		公众对城乡社会保障服务的满意程度 C_6	100%	+	0.04
分项保障力 A_2	养老保障力 B_4	基本社会养老保障覆盖率(Fy) C_7	100%	+	0.07
		基本养老金工资替代率(Rg) C_8	60%	+	0.08
		基本养老金生活保障系数(Iy) C_9	>1	+	0.08
		基本养老金水平发展系数(E) C_{10}	1	+	0.07
	医疗保障力 B_5	基本医疗保障覆盖率(Fh) C_{11}	100%	+	0.07
		基本医疗保障费用发展系数(E) C_{12}	1	+	0.06
		医疗保险支付率(Ib) C_{13}	>75%	+	0.07
	其他社会保障力 B_6	弱势群体医疗救助满意度率(Ir) C_{14}	100%	+	0.05
		城乡居民最低生活保障水平发展系数 C_{15}	1	+	0.05

注:"+"表示正向指标,"−"表示负向指标。C6、C14数据来源于问卷调研。

其中,通过SPSS 21.0的信度分析,计算得出克朗巴赫系数a值为0.956>0.9,而根据我们征求30位专家学者的测验统计,超过90%的指标的内容效度比CVR值[5]是0.86,因此,我们提出的社会保障制度管理绩效评价实践指标具有较好的信度和效度。

（三）指标权重的确定

从表1可知，该指标体系包括一级指标层（$A_1 \sim A_2$）、二级指标层（$B_1 \sim B_6$）、三级指标层（$C_1 \sim C_{15}$），从15个评价指标来全面反映社会保障制度一体发展水平状况。

指标设计是否科学，关键在于指标权重设计是否科学。权重是对绩效评价指标体系中的各因素相对重要程度加以对比、权衡后赋予的某个数量形式的量值。合理确定权重对评价或决策有重要意义。同一组指标数值，不同的权重系数，会导致截然不同甚至相反的评价结论。

由于在社会保障绩效评价指标体系中各指标的重要程度不同，在进行绩效评价综合时有必要对各社会保障监测指标进行加权处理。在综合评价实践中可运用多种确定指标权数的方法，如Delphi法、主成分分析法、层次分析法等。其中层次分析法既集中了专家的意见和看法，又利用相应的数学工具对专家的意见进行处理，因而又具有较强的客观性。2013年10月至2014年2月期间，我们利用层次分析法来确定监测指标的权数，各级指标权重具体确定如表1所示。

为了解重庆城乡居民对社会保障制度与弱势群体医疗救助的满意度（C_5、C_{14}），本研究小组在2014年1~2月利用学生假期在车站候车室、广场公园等地分别对重庆市民进行随机问卷访谈。采用"非常满意、比较满意、一般、不满意、非常不满意"五等分满意度法（取值分别为1、0.8、0.6、0.4、0.2）对社会保障制度与弱势群体医疗救助的公众满意度分别设计了问卷，通过2013年10月预调查修改问卷后，2014年1~2月对城、乡居民分别发放了680份、511份，共计1091份正式的调查问卷。

运用SPSS21.0软件对调查数据进行统计学分析发现：C_5与C_{14}的平均得分分别为56.1与59.45，相较城市居民，农村居民的满意度略低10个百分点。

（四）指标值的计算

在评价指标体系中，指标值越大越好的指标为正向指标，指标值越小越好的为负向指标。

对正向指标按照以下公式计算各个指标的评分值：

$$s_i = \begin{cases} 1 & (o_i \geq g_i) \\ \dfrac{o_i}{g_i} & (o_i < g_i) \end{cases} \quad (1)$$

对负向指标按照以下公式计算各个指标的评分值：

$$s_i \begin{cases} 0 & (o_i \geq g_{max}) \\ 1 - \dfrac{(o_i - g_{min})}{(g_{max} - g_{min})} & (g_{max} \geq o_i \geq g_{min}) \\ 1 & (o_i \leq g_{min}) \end{cases} \quad (2)$$

在式（1）和式（2）中，s_i 为指标的评分值，o_i 为指标的原始值，g_i 为相应指标的目标值，g_{min} 为下限，g_{max} 为上限。

依据以上公式对重庆市社会保障绩效评价体系指标的实际值（见表2）进行标准化处理，进而得到评价体系指标的评分标准值（见表3）。

表2　重庆市社会保障绩效评价指标实际值

年份	C_1	C_2	C_3	C_4	C_5	C_6	C_7	C_8	C_9	C_{10}	C_{11}	C_{12}	C_{13}	C_{14}	C_{15}
2008	28.30	1.64	13.46	3.00	20.00	56.05	59.54	43.78	1.06	1.14	47.35	2.24	50.00	59.45	0.66
2009	28.78	1.25	13.42	3.16	47.23	56.05	72.47	38.79	0.99	0.11	50.49	1.94	50.00	59.45	0.68
2010	28.21	1.06	9.45	3.00	52.42	56.05	77.65	39.02	1.03	0.86	55.36	1.98	50.00	59.45	0.65
2011	29.25	2.26	9.60	3.45	70.97	56.05	52.64	38.23	1.02	0.675	41.15	1.70	55.00	59.45	0.59
2012	27.25	1.36	10.60	3.60	69.25	56.05	53.67	36.86	1.01	0.802	40.71	4.12	55.00	59.45	0.47

表3　重庆市社会保障绩效评价指标评分标准值

年份	C_1	C_2	C_3	C_4	C_5	C_6	C_7	C_8	C_9	C_{10}	C_{11}	C_{12}	C_{13}	C_{14}	C_{15}
2008	0	1	1	0.267	0.2	0.56	0.595	0.7297	1	1	0.4735	1	0.667	0.595	0.66
2009	0	1	1	0.278	0.47	0.56	0.725	0.6465	0.99	0.11	0.5049	1	0.667	0.595	0.68
2010	0	1	0.8175	0.2595	0.5242	0.56	0.7765	0.6503	1	0.86	0.5536	1	0.667	0.5945	0.65
2011	0	1	0.83	0.29	0.71	0.56	0.53	0.637	1	0.68	0.41	1	0.73	0.59	0.59
2012	0	1	0.92	0.31	0.69	0.56	0.54	0.61	1	0.80	0.41	1	0.73	0.59	0.47

（五）重庆市社会保障制度绩效水平评价

利用标准化后的评价指标值及其相应权重，采用加权求和方法，对重庆市社会保障绩效水平进行评价，其数学模型为：

$$I_j = \sum_{i=1}^{n} S_i W_i 、 I_f = \sum_{j=1}^{m} I_j W_j 、 I = \sum_{f=1}^{2} I_f W_f;$$

其中，W_i 是第 i 个三级指标的权重值，W_j 为第 j 类二级指标的权重，W_f 为第 f 类一级指标的权重；S_i 为三级指标的评分标准值，I_j 为第 j 类二级目标评价值（j = 1，2，3），I_f 为第 f 类一级目标评价值（f = 1，2），I 为社会保障总体绩效评价值。

三　重庆市社会保障绩效水平的评价结果

（一）社会保障绩效水平计算

根据上述评价指标体系和评价方法，对 2008～2012 年重庆市社会保障制度绩效水平进行评价，得出总体绩效水平及各层级指标评价结果及其趋势变化图（见图1）。

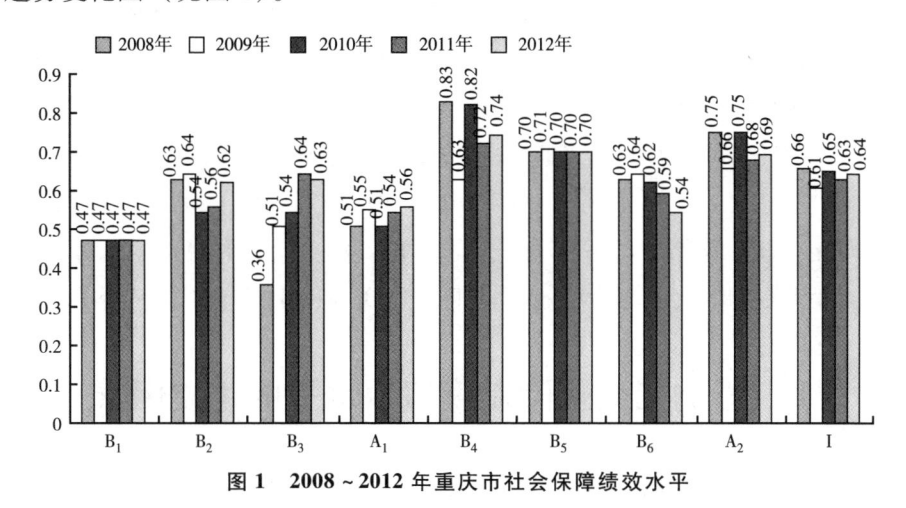

图1　2008～2012年重庆市社会保障绩效水平

（二）评价结果分析

根据上文绩效评价模型，可算出 2008～2012 年的重庆社会保障制度绩效水平，测评结论如下。

（1）重庆市社会保障制度绩效水平 I 基本维持在 0.60～0.69，总体测评结论为基本合格。

（2）一级指标 A_1、A_2 之间的绩效水平存在一定的差距，其中，整体保障力为不合格、分项保障力为基本合格或合格水平。

（3）一级指标 A_1 下的二级指标 B_1、B_2、B_3 发展态势各不相同。其中，2008～2012 年 B_1 呈稳定态势、财政投入度 B_2 呈 V 形；公众对社会保障制度的参与及满意度 B_3 则呈增长态势。

在 2008～2012 年，就 B_1 而言，一方面，由于社会保障负担系数 C_1 即重庆社会保障支出约占工资总额的 27%～30%，直观看出超过了其目标值（其评分为零）。这主要是因为重庆原有离退休职工的工资替代率较高，为 80%～90%，同时重庆离退休职工人数占城镇从业比重为 28.51%。未来老年社会保障支出水平，随着替代率降低，应该逐渐接近老年人口比重，这才有利于社会保障体系的适度、健康发展。另一方面，其社会保障水平发展系数值 C_2 远超最适度值 1 以上（其评分为 1）；这表明重庆在社会保障发展初期即社会保障低水平下出现了社会保障发展相对经济发展来说有些过度的现象，造成这种过度状态的主要原因在于经济转型时期中国社会保障制度变迁、经济发展对社会保障水平的正向促进、来自人口老龄化的压力以及城镇就业人员的高福利政策的推进等。

（4）一级指标 A_2 下的二级指标 B_4、B_5、B_6 其水平呈递减态势，即在 2008～2012 年（除 2009 年外），呈现 $B_4 > B_5 > B_6$，并且养老保障力 B_4 与医疗保障力 B_5 大多在合格水平以上，而 B_6 水平则多为基本合格以下。

四　影响社会保障制度绩效水平的主要因素

制约社会保障制度绩效水平的主要因素，除社会保障制度与外部社会生态环境冲突以及社会保障制度内部冲突等因素外，要提高社会保障制度绩效，提升覆盖城乡居民社会保障的制度效率，还应识别社会保障制度优化的难点及约束条件。从测评结果看，2008~2012年，重庆市社会保障制度整体保障力水平 A_1 较分项保障力 A_2 要低近10个百分点，据此，本节拟从整体保障力角度考察社会保障制度优化的难点及约束条件。

（一）二元社会经济问题

"整体保障力为不合格"问题的关键与难点在于重庆城乡二元结构长期凝固化、重庆城乡经济发展极不平衡。具体表现为以下几方面。

一方面，随着市场经济取向改革的推进，重庆目前社会经济发展仍处于转型时期，虽然城乡分割的户口制度、就业制度、土地制度等一系列协同作用的制度已经相继进行了一定程度的制度变迁，但重庆独特的城乡二元社会格局不仅丝毫没有弱化，相反还出现了由原"行政（或计划）"主导型二元结构向"行政与市场"混合主导型二元社会格局转变的特征，这一新型的二元社会结构将是制约重庆社会保障制度均等化的直接的社会经济根源。

另一方面，重庆的经济发展是重庆社会保障制度发展的前提条件，由于受经济基础、地理位置、社会文化等因素影响，重庆渝东南、渝东北及渝西经济走廊呈现经济水平发展不平衡的现象。2013年《重庆统计年鉴》数据显示：2012年，重庆市人均GDP在38914元，其中，都市发达经济圈、渝西经济走廊、渝东北地区与渝东南地区人均GDP分别为63999元、33190元、23520元、22420元。就人均GDP最高区、县与最低区、县对比来看，人均GDP最高（118921元）的渝中区是人均GDP最低（13055元）的巫溪县的9.1倍。

此外，从构成来看，经济欠发达的"两翼"地区经济发展水平也极为不平衡，2012年，万州区的GDP总量占渝东北11个区、县GDP总和的33.95%，而同期城口、巫溪、巫山、丰都、云阳5个县的GDP总量仅是渝东北11个区、县GDP总和的20.58%。可见，地区经济发展不平衡，致使统一的社会保障制度较难制定，社会保障制度绩效水平有待提升。

（二）人口老龄化问题

导致重庆社会保障负担系数远超其目标值（老年赡养比）的主要因素之一是人口老龄化问题。目前对重庆来说，老年人口问题主要包括两个方面。

一方面，重庆市人口自然增长率逐年下降且人口预期寿命却不断提高。2013 年《重庆统计年鉴》数据显示，2010~2012 年人口自然增长率分别为 7.25‰、6.54‰、3.88‰，政策性生育率分别为 89.06%、86.95%、87.59%，与此同时，人口的预期寿命也不断提高，2010 年全市人口平均期望寿命达 75.7 岁，比 2000 年提高了近 4 岁。

另一方面，重庆老年人口比例与老年人口抚养率快速上升。按国际通行的标准，65 岁以上人口占比超过 7% 就属于老龄化社会；而相关统计数据表明，重庆市老龄人口比已由 2000 年的 8.84% 发展至 2012 年的 11.58%。同期，重庆市老年抚养率已由 2000 年的 13.04% 发展至 2012 年的 16.14%。

由此可见，重庆是全国人口老龄化问题相对突出的地区，重庆人口老龄化正带来一系列社会经济问题。人口老龄化对一国的财政收支（含社会保障基金收支）都有一定的影响，尤其是对社会保障支出影响最大。2012~2013 年《重庆统计年鉴》数据表明，2010~2012 年，重庆"涉老支出"最主要、最基本的内容无疑是养老金支出（3 年累计达 1001.3 亿元），其次包括社会保障中的医疗支出（3 年累计达 230.73 亿元）；此外，2012 年重庆市城镇基本医疗保险基金支出年增长率 48.25% > 城镇职工养老金支出年增长率 22.97% > 重庆城镇企业离退休职工人数年增长率 12.51%。可见，随着重庆未来人口老龄化的加速发展，养老金支出与医疗保险基金支出的规模将会呈现不断扩大的趋势，因此，如何应对人口老龄化是摆在重庆现行的社会保障制度面前的一个严峻考验。

（三）社会保障治理中的各级政府财政关系问题

2008~2012 年，重庆社会保障国民经济负担系数在 4% 以下，远低于其目标值，进而影响财政投入度的绩效水平。我们认为，导致社会保障财政投入度水平在基本合格以下的直接原因或许与社会保障治理中的各级政府财政关系有关。

《中国统计年鉴》数据表明，2010～2012年，国家社会保障和就业项目的财政支出占总财政支出的比重为10%左右（其中地方财政支出占95%，而中央财政所占的比重不足5%），而相关研究数据表明，2001年，中等收入和低收入国家的社会保障和就业支出占财政支出的比重分别为19.6%和8.9%；此外，1983～1993年，中等收入和低收入国家的社会保障和就业支出占GDP的比重分别为15.7%和5.56%，而我国2010～2012年国家社会保障和就业项目的财政支出占GDP的比重不足2.5%。可见，无论从官方统计年鉴数据上看，还是同国外财政在社会保障领域的支出水平数据对照看，我国地方政府管理社会保障事务承担了中央政府大部分的社会保障责任，中央政府只是在社会保障的制度设计和制度供给上发挥了主导责任。

问题1：目前地方财政大都属于"吃饭财政"或"要饭财政"，如2012年京、津、沪、渝四直辖市地方财政自给率分别为89.95%、82.12%、89.48%、55.91%，并且同年重庆都市发达经济圈、渝西经济走廊、渝东北翼、渝东南翼等各区域预算内财政自给率分别为73.1%、47.1%、26.6%、27%。为什么我国社会保障和就业项目的财政支出95%以上靠地方政府财政支出？应该由中央承担的社会保障责任转嫁给了地方政府吗？

这涉及我国财政体制，特别是财政转移机制的问题。比如，2012年《中国财政年鉴》数据显示，2011年地方公共财政收入为9246832亿元，其中来自中央对地方的转移支付占地方公共财政收入的43.17%。可见，地方对社会保障和就业项目的财政支出的经费来源由中央财政对各级地方的转移支付、各级地方财政收入两个部分构成。

问题2：到底中央和地方财政对就业和社会保障支出的比例是多少？

由于我国中央财政转移机制还未健全，而且地方财政支出数据也不太透明，从2012年《中国财政年鉴》数据来看，在2011年地方社会保障和就业项目的财政支出10606.92亿元中，来自中央财政对社会保障基金支出的补助金额为3090.96亿元，据此可以推算出2011年中央和地方财政对社会保障和就业"实际"支出的比例分别为32.34%和67.65%。而作为城乡统筹综合改革试验区的重庆，其社会保障和就业项目的财政支出可能更高度依赖中央政府对地方政府的转移支付，比如2011年中央对重庆地方的转移支付为1138.07亿元，占重庆市地方财政总收入的36%以上、占重庆市本级财政支出的44.28%。

可见，中央与地方政府在社会保障上的财权和事权未能对应统一，并且在社会保障财政支出方面已形成"地方请客，中央埋单"的格局，从而解释了为什么2008~2012年，重庆市社会保障国民经济负担系数在4%以下，远低于其目标值。

五 结论与启示

本文通过因子分析与层次分析法构建了社会保障绩效评价体系，并测度了2008~2012年重庆市社会保障绩效水平演进情况。实证分析表明，2008~2012年重庆市社会保障制度绩效水平I基本维持在0.69~0.60，总体测评结论为基本合格；其中，整体保障力为不合格、分项保障力为基本合格或合格水平。进一步分析表明，除社会保障制度与外部社会生态环境冲突以及社会保障制度内部冲突等因素外，社会保障制度优化的难点及约束条件在于重庆城乡二元结构长期凝固化、重庆城乡经济发展极不平衡、重庆人口老龄化问题突出、各级政府的财权和事权未能相对统一等。

社会保障绩效评价理论和方法的探讨可以给我们有益的启示和借鉴。首先，有助于转变社会保障部门管理理念，树立社会保障服务的理念；其次，有助于根据我国市场经济发展的历史阶段和社会发展的需要，确定社会保障部门的职能并转变社会保障服务管理方式；最后，有助于在具体操作层面上正确处理好社会保障管理的政治功能和管理功能之间的关系。

参考文献

[1] 阿里·哈拉契米：《政府业绩与质量测评》，张梦中、丁煌译，中山大学出版社，

2003。

[2] 国家统计局：《中国统计年鉴（2006~2012）》，中国统计出版社，2007~2013。

[3] 林毓铭：《社会保障政府绩效与评价指标体系》，《中南民族大学学报》2007年第1期。

[4] 穆怀中：《中国社会保障适度水平研究》，辽宁大学出版社，1998。

[5] 滕玉芝、李瑛珊：《对我国社会保障统计指标体系的整体设计研究》，《当代经济研究》2003年第2期。

[6] 王国华、梁樑、熊立：《多专家判断的模糊偏好信息集结规划方法》，《中国管理科学》2005年第4期。

[7] 颜如春：《我国地方政府绩效评估存在的问题及对策研究》，《探索》2005年第2期。

[8] 张立光、邱长溶：《社会保障综合评价指标体系和评价方法研究》，《管理评论》2003年第15期。

[9] 郑方辉、张文方等：《中国地方政府整体绩效评价理论方法与广东试验》，中国经济出版社，2008。

[10] 重庆市统计局：《重庆统计年鉴（2008~2013）》，中国统计出版社，2009~2014。

企业产出波动、生产率与研发投入[*]

李 卓 蒋银娟[**]

一 问题提出

作为宏观经济波动的重要构成部分,工业产出波动关系到国民经济的稳定发展与居民就业等重大问题。剧烈的工业产出波动会严重阻碍经济、社会的平稳发展。发展中国家容易出现"潮涌现象",投资于热点行业领域,投资导致工业产量迅猛增长,产能过剩进而造成资源浪费、失业等一系列问题,这类现象已屡见不鲜(林毅夫等,2010)。由于经济波动涉及面广、影响深远,一直是学术界备受关注的热点问题。目前大量关于产出波动的研究都集中于宏观层面,文献大多是分析波动的影响因素或者波动的成分分解(Ramey and Ramey,1995;方红生和李琪,2010;刘金全和刘志刚,2004;王君斌,2010)。较少详细论述影响产出波动作用机制的微观基础。事实上,影响产出波动的机制最直接的作用对象是企业,微观企业是经济体最基础的单位,它的产出波动直接关系到工人就业以及企业的稳定发展。企业的稳定健康发展是宏观经济稳定增长、社会就业稳定等

---

[*] 基金项目:教育部人文社会科学重点研究基地重大项目"工业化中期阶段典型国家经济发展模式比较分析及对中国的启示"。

[**] 李卓,男,湖北应城人,武汉大学经济与管理学院系主任、教授;蒋银娟,女,湖南衡阳人,武汉大学经济与管理学院博士研究生。

民生问题的基础。关于企业层面影响产出波动的机制如何发挥作用，这一具有现实针对性而又较少被涉及的问题值得深入探讨。目前，少量研究从金融发展、贸易开放以及技术种类多样性等角度分析了影响企业产出波动的因素。

Comin 和 Philippon（2005）认为随着金融监管的放松，企业更容易进入债券市场和资本市场，为研发投入取得外部资金支持，风险较高的项目也能获得支持。在市场竞争激烈的背景下，研发创新的技术物化在产品中。企业获得足够的资金投入研发，研发出新产品和新款式投入市场后，改变企业的市场份额，导致企业层面产出波动更加明显（Comin and Mulani，2006；Comin and Mulani，2009）。Aghion 等（2010）认为完善的金融市场环境中信贷约束较宽松，企业长期研发项目容易获得融资，长期项目具有逆商业周期、降低波动的特点。在企业信贷约束较紧时，研发项目是顺商业周期的，企业产出波动更大。Acemoglu 和 Zilibotti（1997）认为企业应在低风险、低回报率的项目和高风险、高回报率的项目上进行权衡。企业为了获得较高增长率就需要承担更高的项目风险，而更大规模的经济体提供了更多分散风险的机会。金融市场发展使得整个社会有更多金融工具来分散风险，因而宏观经济的波动更小，而企业层面波动将会更大。上述研究虽然都是从金融发展的角度分析，但是都包含了重要环节——研发投入或者研发项目，厘清研发投入的作用也将便于从深层次上揭示影响产出波动的根源。

Buch 等（2009）认为贸易开放在一定程度上有利于降低产出波动。企业面临外部冲击时可以在国内外市场上进行调整进出口份额，国内和国外冲击的低相关性削弱了冲击对企业产出波动的影响。Koren 和 Tenreyro（2005，2013）认为技术多样性可以减弱企业在技术种类层面受到的冲击，从而降低产出波动。企业通过研发投入促进了水平型技术进步，水平型技术进步除了有提高生产率、增加产出的作用之外，还有减弱产出波动的附属作用。这类文献都认为由于外部冲击的不相关性，可以多样化分散风险。

但是，上述文献都只是从某一方面分析影响企业产出波动的因素，忽略了影响企业产出波动的重要因素——生产率的作用。生产率增长的源泉是技术研发创新，因而企业的研发投入对产出波动也有重大的影响。研发投入和生产率之间的作用关系以及它们对产出波动的作用机制迄今为止尚无文献涉及。本文试图在这方面进行一些探索，研究并验证企业生产率、研发投入与技术种类之间的作用关系，以及它们对企业产出波动的影响和传导机制。

二 分析框架

在内生技术进步理论中，假定中间品技术市场具有垄断性，研发部门厂商可以获得垄断收益。成功研发出新的专有技术的企业将获得专利保护，企业可以将技术应用于生产或授权给其他企业获得租金。因而，获利的动机激励企业不断去研发新技术种类，技术进步是主动研发的结果（Romer，1990；Aghion and Howitt，1992；Grossman and Helpman，1993）。其中，Romer（1990）假定技术进步体现为投入品种类数扩展的过程。本文考察技术种类冲击情形下的产出波动，因而在种类扩展模型框架下进行分析。投入品种类数在种类扩展模型中代表技术水平，因而可视为技术种类。

首先，技术进步、技术种类扩展会提升企业生产率。其次，生产率越高的企业会在获得更多利润（收益）[①]后继续增加研发投入来扩展技术种类。企业生产率与技术种类扩展具有相互促进的作用。最后，企业拥有的技术种类越多，可以抵御技术种类冲击的负面影响的能力越大。因此，技术种类的多样化、生产率的增长对产出波动会产生负向作用。企业生产率对产出波动的作用还是通过研发投入、技术种类等中间途径实现的。具体作用传导机制如图1所示。

通过技术引进或者自主研发，技术种类越多、技术水平越高的企业可以更有效地促进生产率的提升，如图1中的因果关系[①]。从技术引进的角度来看，技术种类较多的企业的技术人员有更多机会接触到行业中领先的

[①] 生产率越高意味着生产相同数量的产品，成本更少；或相同数量的成本，生产产品更多。本文采用第二种情形，更多产品就会有更多收益和利润，因而此处可以不区别利润和收益，具体参见下文模型框架部分。

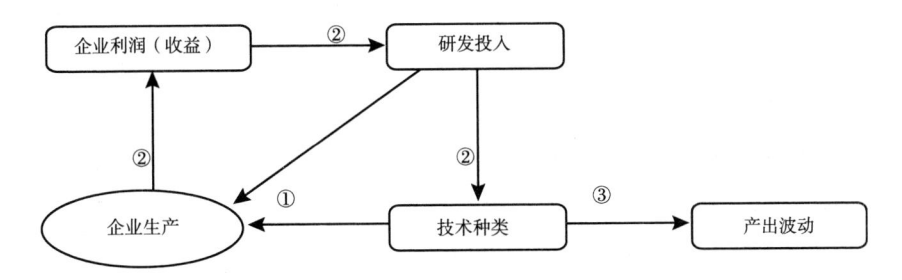

图 1 传导机制示意

技术；技术人员的专业领域覆盖面更广、专业技术水平也更高，更容易从引进的设备中学习和吸收消化其中的技术。企业进口中间投入品以及引进设备、国家鼓励外商直接投资都是希望获得技术溢出效应，从学习模仿、"干中学"逐步发展到自主研制出新技术。引进技术的溢出效应的大小与企业本身的技术水平高低有紧密联系。因此，具有较多技术种类，技术水平较高的企业能更好地吸收引进的技术，技术溢出效应更大，更有效地促进企业生产率的提升。

从自主研发的角度来看，尽管自主研发技术的成功具有一定的不确定性，但是前期研发投入形成的技术知识的积累具有正外部性。技术种类越多，技术水平越高的企业由于技术的规模效应和累积的大量知识存量，深入研制新技术更容易成功。如果以专利数量来衡量技术种类，技术实力雄厚的企业每年发明专利申请量与授权量往往也很大。国内通信企业巨头华为技术、中兴通信多年来都位于全国企业发明专利授权量排名的前列，2013年分别被授权了2251件和1448件发明专利。在技术种类更多的企业中，更高的研发成功概率会使企业研制出更多新技术种类，从而提高企业生产率水平。

种类扩展形式的技术进步会导致生产率的增长。大量基于内生增长理论框架的文献将技术进步等同于生产率的增长，其中蕴含的假设为生产在技术的可能性边界上。事实上，并非所有要素都会保持在效率最高的状态下生产，企业生产率的提升还可能来自技术效率的提高（颜鹏飞和王兵，2004），生产工艺的优化改进和技术管理的改善等举措。生产率增长并不等于技术进步、种类扩展，但是生产率增长与技术种类扩展有紧密关系。

生产率越高的企业可以通过获得更多利润增加研发投入，从而进一步扩展技术种类，如图1中的因果关系②。企业研发创新是一项自主选择的活动，大部分企业决定投入研发份额时，除了考虑市场环境等外部因素外，也会考虑研发投入的技术产出效率，即固定研发投入生产出新技术的效率。影响技术产出效率的因素包括企业员工的专业技术实力和企业的"干中学"效应等方面。企业的生产效率、技术能力也影响到研发投入决策（Lee，2003）。研发投入是根据企业技术能力、技术实力来决定的。在技术实力越强、生产率越高的情况下，企业有更多的技术知识存量的支持和研发经验的积累，研发项目遭受失败的风险越小，企业家愿意投入更多的资金去开发新技术（Maria，2006）。另外，一般的企业往往难以从资本市场或者货币市场上筹集大量资金来进行研发，研发投入的资金主要来自企业内部的利润。生产率越高的企业在相同的成本上可以生产更多产品，也将获得更多利润（Melitz，2003）。获得更多利润的企业，又会有更大的资金实力来增加研发投入，保持自身的竞争优势。企业从投入产出的角度进行分析，获利后将有更多的研发资金保障和降低研发项目风险，从而生产率更高的企业将会投入更多资金到研发活动中。投入人力资本、物质资本增强了企业研发部门的实力，增加了成功的概率。一旦技术研发成功，将会扩展出新的技术种类，提高企业技术水平。因而，生产率越高的企业将通过增加研发投入来获得更多的技术种类。因为这种正反馈机制，企业生产率水平与企业技术种类数量具有相互促进的正相关关系。

技术种类的多样化、生产率的增长对产出波动会产生负向作用，如图1中的因果关系③。企业拥有了更多技术种类后，多样化的生产技术能够削弱某一特定技术种类冲击所带来的负面影响。因为每种生产技术在企业中贡献权重相对较低，一旦出现技术老化或者供给冲击，并不会严重影响到整个企业的产出。由于技术种类冲击不完全相关，企业可以在替代程度较高的技术之间转换，增加使用另一种替代的技术设备。只拥有少量技术种类的企业，某种中间投入品一旦出现短缺，则企业产出波动较大。例如，某企业同时拥有利用天然气和煤炭作为生产能源的技术。另一家企业只有以煤炭作为生产能源的技术。在煤炭开采量和供给量日益减少的情形下,前者可以转而使用天然气作为替代能源,产量不会明显下降,而后者由于能源供给短缺或价格成本过高,产量将大幅度减少。因此,一方面,技术种类扩展、技术进步导致了企业生产率的上升;另一方面,生产率较高的企业通过增加研发投入进而继续扩展技术种类。源于企业的"增长发动机"研发创新、企业技术种类扩展和生产率之间有相互推动作用机制。生产率增长、技术种类多样化可以分散风险、降低波动幅度。

此外,企业产出波动会影响到企业的下一期决策。企业应对波动采取不同的生产投入、研发投入决策,也将反过来影响企业生产率。以往部分关于企业生产率与产出波动的研究忽略了它们之间的内生性,本文考虑了产出波动也可能反过来影响企业生产率,并且对内生性问题进行处理。

三 模型框架

假设存在一个代表性企业,生产行为包括最终产品、中间品生产以及中间品技术研发等三个部门。由于本文是基于种类扩展模型框架,我们假设最终产品的生产函数遵循 Dixit 和 Stiglitz(1977)函数形式:

$$Y = \frac{1}{1-\beta} \left[\int_0^n x(j)^{1-\beta} dj \right] L^\beta \tag{1}$$

其中,$x(j)$ 表示生产时第 j 种中间投入品的使用数量;n 代表生产时使用中间投入品种类,用于代表技术水平;$1-\beta$ 代表中间投入品的产出弹性;L 代表生产最终产品使用的劳动力数量;β 代表着劳动要素的产出弹性,$\beta < 1$。

企业选择投入的中间品数量以及劳动力数量,以确定利润最大化时的最优产量。企业在最终产品部门获得的利润为:$\pi = Y \times p_{\text{final}} - \int_0^n x(j) \times p(j)_{\text{med}} dj - L \times W$。其中 p_{final} 为最终产品的价格,$p(j)_{\text{med}}$ 为第 j 种中间投入品的价格,w 为工资水平。通过对最终产品的利润函数求导,得到:

$$x(j) = \left(\frac{p_{\text{final}}}{p(j)_{\text{med}}} \right)^{\frac{1}{\beta}} L \tag{2}$$

$$W = \frac{\beta}{1-\beta}\left[\int_0^n x(j)^{1-\beta}\mathrm{d}j\right]L^{\beta-1} \tag{3}$$

另外，假定生产所有中间投入品的边际成本均为 φ，则生产第 j 种中间投入品的利润为 $\pi_{im} = [p(j)_{med} - \varphi]x(j)$，根据最大化中间投入品利润的原则，中间投入品的价格为边际成本的固定价格加成，如式（4）所示。

$$p(j)_{med} = \frac{\varphi}{1-\beta} \tag{4}$$

出于计算上的简便，令中间投入品生产的边际成本 $\varphi = 1 - \beta$。中间投入品的价格标准化为 1，$p(j)_{med} = 1$。于是可知，在达到均衡时，所有中间投入品在同样的水平上供给，即 $x(j) = \bar{X}$。否则，厂商可以通过减少高产出企业的产量，转移资本到低产出企业以增加利润达到均衡。假定一种中间投入品技术的价值为 V，该价值反映了该技术用于生产中间投入品未来总利润的折现。假定利率为 r，则中间投入品技术的价值 V 可如式（5）所示：

$$rV - \dot{V} = \pi_{jm} = \beta p_{final}^{\frac{1}{\beta}} L \tag{5}$$

$\dot{V}$ 表示因为价格因素，利润现值与利润未来值之间的差距。稳定状态下，$\dot{V} = 0$。所以该项中间投入品技术的价值如式（6）所示：

$$V = \frac{\beta p_{final}^{\frac{1}{\beta}} L}{r} \tag{6}$$

为了便于分析生产率与技术种类数之间的关系，我们可以将最终产品生产函数取对数后变成线性形式。

$$\ln Y = \ln\frac{1}{1-\beta} + \ln n + (1-\beta)\ln\bar{x} + \beta\ln L \tag{7}$$

$$\ln Y - (1-\beta)\ln\bar{x} - \beta\ln L = \ln n + \ln\frac{1}{1-\beta} \equiv \ln A \tag{8}$$

根据企业全要素生产率的定义，可以使式（8）右边的恒等式成立，其中 $A = \emptyset$，$\emptyset = \frac{1}{1-\beta}$，$\emptyset > 0$。一般基于内生增长框架的文献将技术进步等于生产率的增长，都是假定要素在使用效率最高的状况下生产。本文考虑了技术效率的因素，所以∅反映了生产率水平与技术种类数之间的效率水平。

在技术研发部门中，我们用知识生产函数（Knowledge Production Function）来描述企业创新可能边界（Innovation Possibilities Frontier），因为知识生产函数较好地刻画了知识、新技术创新的过程。

技术研发创新会受到研发投入的影响。企业决定研发投入的份额时，会考虑项目现有的资金约束的条件。大部分企业难以从外界获得研发项目等高风险项目的筹资，资金大多来自内部的企业利润，而企业利润与生产率有紧密联系。

下面我们分析代表性企业的利润与生产率的关系。在本文的模型中，代表性企业同时具有最终产品和中间投入品以及技术研发三个部门。技术部门成功研发出的技术可以直接用于生产中间投入品，中间投入品直接用于后续生产，这相当于将技术专利权交易和中间投入品的销售环节内部化了。最终产品利润也就是代表性企业的总利润，因而，在均衡时代表性企业并不是零利润的，仍有来自技术研发部门中的垄断竞争收益。结合式（2）和式（4），那么企业最终产品利润为：

$$\begin{aligned} \pi &= Y \times p_{\text{final}} - \int_0^n x(j) \times p(j)_{\text{med}} \text{d}j - L \times W \\ &= p_{\text{final}}^{\frac{1}{\beta}L} \left(\frac{1}{1-\beta} n - n \right) - L \times W \\ &= p_{\text{final}}^{\frac{1}{\beta}L} L\beta A - L \times W \end{aligned} \quad (9)$$

式（9）反映了企业的利润与企业生产率正相关，表明在其他条件都相同的情形下，生产率越高的企业将获得越多的利润。从企业的角度看，企业利润等于收益减去中间品和劳动力的成本。生产率水平越高，显然收益越大，企业获得的利润也越多。企业的研发投入来自企业的利润，假定企业将利润的一定比例用于研发，那么获取更多利润就会有更多资金被投入进行研发。从支出分配上看，最终产品将分别用于劳动者工资消费、中间品的投入成本以及利润（包含研发投入），具体如式（10）所示：

$$C + I + R \leq Y \quad (10)$$

其中，R代表研发中间投入品技术的投入，I代表中间投入品使用的最终产品，C代表劳动者工资消费的最终产品。式（10）说明研发投入是企业利润的一部分或者全部。结合式（9）和式（10）可知，企业的研发投入 R（A）是企业生产率 A 的增函数形式。

$$R[\pi(A)] = R(A) \tag{11}$$

研发投入是以最终产品衡量的，因此，知识生产函数设定如式（12）所示：

$$\dot{n}(t) = \eta R(A) \tag{12}$$

其中 η 代表研发投入产出效率，即投入一单位研发投入 R，会生产出 η 单位的技术。由于技术种类具有规模效应，现有的技术种类越多的企业研发成功的概率越大，$\eta > 0$。式（12）表明生产率越高的企业会通过增加研发投入 R（A）来扩展技术种类。企业生产率越高，研发投入越多，则可以研制出更多新技术种类。

结合 $A = \emptyset n$，式（12）变形为：

$$\dot{n}(t) = \eta R(\emptyset n) \tag{13}$$

由于 $\emptyset > 0$，研发投入 R 是技术种类 n 的增函数，式（13）表明无论是自主研发还是技术引进，企业中都存在知识的累积和技术的规模效应，企业技术种类 n 越多，将创新出更多的新技术种类，进而提高企业的生产率水平。由此可见，一方面，企业的生产率越高，可以通过研发投入扩展技术种类；另一方面，企业的技术种类越多，更有利于研制新技术种类，进而继续提高企业生产率水平。企业生产率与技术种类具有相互促进的正相关。

上述是关于生产方面的局部均衡，我们需要考虑消费的优化，在一般均衡的框架下分析整个经济体的稳态增长。为了分析模型的均衡增长路径，假定一个代表性消费者的消费效用函数如式（14）所示：

$$U = \int_0^\infty \frac{C(t)^{1-\theta} - 1}{1 - \theta} e^{-\rho t} dt \tag{14}$$

其中，θ 代表相对风险偏好系数或者跨期替代弹性，ρ 代表折现率，结合消费的约束条件式（10），$C（t）+ R（t）+ I（t）\leq Y（t）$，求出效用函数最大时的消费水平，需构建拉格朗日函数，并对函数求导得到关于消费跨期选择的欧拉方程：

$$\frac{\dot{C}(t)}{C(t)} = \frac{(r-\rho)}{\theta} = gc = g \qquad (15)$$

总产出的增长率 g 等于总消费的增长率 gc。企业可以自由进入研发部门，所有企业都可以不花固定成本，在启动研发项目时，没有门槛条件。那么均衡时单位最终产品的收益等于其成本，有如下关系：

$$\eta V = 1 \qquad (16)$$

结合式（16）与式（6）可得：

$$\eta \frac{\beta p_{\text{final}}^{\frac{1}{\beta}} L}{r} = 1 \qquad (17)$$

由于最终产品市场是完全竞争的，企业是市场价格接受者，因而可以将 p_{final} 单位化。因此，利率的表达式为常数：

$$r = \eta L \beta \qquad (18)$$

将式（18）带入式（15）可得：

$$g = \theta^{-1}(\eta L \beta - \rho) \qquad (19)$$

由于均衡时劳动力 L 固定不变，决定总产出增长率的各参数都是常数。式（19）表明均衡时总产出增长速度是常数。总产出与总消费以 $\theta^{-1}(\eta L \beta - \rho)$ 的速度增长，经济体存在平衡增长路径。

在平衡增长路径上，通过提高生产率，获得更多利润将研发投入内生化，因而技术种类内生化扩展。为了分析产出波动，需要考虑技术种类受到冲击的情形，因为每种技术都有可能遭到技术老化过时或者供给冲击的破坏，不能在生产中发挥作用。假定技术遭到冲击的概率为 γ，n 为企业生产中使用的技术种类数量，N 为企业拥有的技术种类数量。那么企业有 $N-k$ 项技术遭到冲击毁灭的概率如式（20）所示：

$$\Pr(n=k) = \binom{N}{k} \gamma^{N-k} (1-\gamma)^k \qquad (20)$$

对 n 进行一阶泰勒展开：

$$\ln n \approx \ln[(1-\gamma)N] + \frac{n-(1-\gamma)N}{(1-\gamma)N} \qquad (21)$$

$$\mathrm{var}(\ln n) \approx \frac{\gamma}{(1-\gamma)N} \qquad (22)$$

在式（7）中，n 是随机变量，具有瞬时变化的特点。劳动力 L 和中间投入品数 x 在很短的时间内都不可能变动。于是，得到：

$$\mathrm{Var}(\ln Y) = \mathrm{var}(\ln n) = \frac{\gamma}{(1-\gamma)N} \tag{23}$$

$$E(n) = (1-\gamma)N \tag{24}$$

由于 $1-\gamma > 0$，式（24）表明企业拥有技术种类数 N 与使用技术种类数 n 的均值是正相关的，由式（12）与式（13）推导可知，生产率水平 A 与技术种类 n 具有相互促进的正相关关系，那么生产率水平 A 与拥有的技术种类 N 也具有正相关关系。

$\frac{\partial N}{\partial A} > 0$，则 $\frac{\partial \mathrm{Var}(\ln Y)}{\partial A} = \frac{\partial \mathrm{Var}(\ln Y)}{\partial N} \times \frac{\partial N}{\partial A} = \gamma / (\gamma-1) N^2 \times \frac{\partial N}{\partial A} < 0$。

所以，生产率水平 A 与产出波动成反比，上述推导说明企业生产率水平通过投入研发增加技术种类，具有对产出波动的负向作用。

生产率对产出波动的抑制作用是通过研发创新的途径，而企业研发投入是来自企业当期利润，企业生产率越高，则获得利润越多，创新出的新技术种类也越多，企业利润也与产出波动具有负向关系。

$\frac{\partial \pi(A)}{\partial A} > 0$，则 $\frac{\partial \mathrm{Var}(\ln Y)}{\partial \pi(A)} = \frac{\partial \mathrm{Var}(\ln Y)}{\partial A} \times \frac{\partial A}{\partial \pi(A)} = \frac{\partial \mathrm{Var}(\ln Y)}{\partial A} \times \frac{1}{\frac{\partial \pi(A)}{\partial A}} < 0$。

所以，企业利润越多，则产出波动越小。

通常，研发投入资金来自企业利润的固定份额，企业获得更多利润时，投入研发的资金也越充足。

由于 $\frac{\partial R(\pi)}{\partial \pi} > 0$，则 $\frac{\partial \mathrm{Var}(\ln Y)}{\partial R(\pi)} = \frac{\partial \mathrm{Var}(\ln Y)}{\partial \pi} \times \frac{\partial \pi}{\partial R(\pi)} = \frac{\partial \mathrm{Var}(\ln Y)}{\partial \pi} \times \frac{1}{\frac{\partial R(\pi)}{\partial \pi}} < 0$。

研发投入也与企业产出波动有负相关关系。企业的研发投入越多，则企业的产出波动越小。

四 数据处理说明和统计描述

本文所用数据来自 1999～2007 年中国工业企业数据库，该数据由国家统计局每年对所有国有企业和销售额在 500 万元以上的非国有企业进行统计得到。由于工业企业样本数据量庞大，存在部分统计错误（聂辉华等，2012）。本文筛掉部分明显遗漏了关键变量的企业样本[①]。

为了真实反映出企业的产出波动和生产率，本文将样本数据中工业增加值等指标都调整为以 1999 年为基期实际值[②]。采用全要素生产率来衡量企业生产率，为了准确地估计企业全要素生产率，本文用 Olley-Pakes 估计法（以下简称 OP 估计方法）来估计生产函数的系数。OP 估计方法[③]可以有效地避免联立性偏误和选择性偏误。因为企业家可能观察到企业生产率的提高，从而增加劳动力等可变要素的投入，反之亦然。扰动项与解释变量相关，产出与劳动要素之间的联立性问题，导致劳动要素的系数被估高。另外，规模较小的企业破产的概率较大，企业生存概率与企业规模正相关。生产率较高、固定资本规模较小的企业可能受到冲击退出市场，而生产率较低、固定资本规模较大的企业更容易抵御冲击存活下来。通常采用的固定效应模型使用平衡面板数据分析会出现选择性偏误，导致资本系数被低估。为了检验生产率对产出波动作用结果的稳健性，本文将同时使用固定效应模型法（以下简称 FE 法）和 OP 法进行估计，并且将估计结果进行对照。

在估计企业全要素生产率时，本文采用固定资产年平均净值来衡量企业的资产存量。因为该指标去除了固定资产累积折旧的金额，比较准确地反映了企业该年度固定资产的平均使用状况。按照宏观资本存量的核算公

---

① 删除了企业员工数低于 8 人的企业样本，并且删除固定资产合计大于资产总计、流动资产合计大于资产总计等明显不符合财务准则的样本记录。另外，删除了关键变量遗漏的样本，例如，工业总产值现值、工业增加值、从业人数、固定资产合计等数值为 0 的企业样本。
② 工业增加值、工业销售额、工业总产值使用工业出厂价格指数进行平减；固定资产合计和本年折旧采用固定资产投资价格指数进行平减。数据来自各年的《中国统计年鉴》。
③ 该方法所用使用数据是工业企业 1999～2007 年非平衡面板数据，测算得到企业层面的全要素生产率后。再从中挑选 1999～2007 年持续存在的企业作为样本企业。

式 $I_t = K_t - K_{t-1} + \delta_{t-1}$,得到企业该期的固定资产投资。企业产出选用工业增加值作为指标。因为企业销售和生产往往不是同步进行,具有时间上的滞后性,企业工业销售额中可能还包含大量往年商品存货的销售额。工业总产值反映的是企业提供最终产品的价值,包含了生产上游的转移价格。相比这些指标,工业增加值可以更准确地反映企业真实产能状况。产出波动通常使用十年期或者五年期产值年增长率的标准差来衡量。由于样本期时间跨度较短,我们采用五年期算法以得出企业 2002~2005 年的产出波动[①]。

表 1 本文部分变量选取及描述

变 量	变量代码	变量描述
产出波动	Vol	五年期工业增加值年增长率标准差的对数形式
信贷约束	Credit	总负债除以资产总额后取对数形式
企业规模	Size	企业从业人数的对数形式
资本密集度	Capitalint	人均固定资本净值的对数形式
出口状况	Export	出口交货值 >0,则为 1,出口交货值 =0,则为 0
研发投入	R&D	人均研究开发费的对数形式
产品种类	Pronum	产品种类数量
企业利润	Profit	净利润除以工业销售额后对数形式

表 1 为本文部分变量以及描述。表 2 说明了 2002~2005 年全要素生产率在下四分位数以下样本和上四分位数以上样本的部分变量的描述性统计特征。由表 2 可知,在 2002~2005 年面板数据的企业样本中,全要素生产率较高的企业,产出波动的均值更小,信贷约束的均值更小;企业规模的均值更大,资本密集度的均值更大,出口概率的均值更大。描述性统计的结果表明,全要素生产率更高的企业产出波动幅度的均值更小。

---

① 计算公式 $\sigma(Y_t) = \sqrt{\frac{\sum_{t=t-2}^{t+2}(Y_t - \overline{Y_t})^2}{5}}$。

表 2 2002~2005 年部分样本变量统计特征

变量 (log值)	TFP 位于下四分位数以下样本			TFP 位于上四分位数以上样本		
	样本数(个)	均值	标准差	样本数(个)	均值	标准差
Vol	21272	-0.48	0.97	21272	-0.57	0.90
Credit	21272	-0.74	0.74	21272	-0.78	0.61
Size	21272	9.58	0.80	21272	12.09	1.28
Capitalint	21272	3.40	1.09	21272	4.28	1.24
Export	21272	0.41	0.49	21272	0.51	0.50

表 3 为 2005 年企业产出波动、全要素生产率以及研发投入等变量的相关系数矩阵。由表 3 可知，企业全要素生产率、研发投入、企业利润均与产出波动具有负相关关系。研发投入、企业利润均与全要素生产率具有正相关关系。企业全要素生产率越高，企业利润越多，企业研发投入也越多，企业产出波动越小。相关系数矩阵描述了企业生产率与产出波动之间的关系，初步验证了理论模型的结论。另外，还有企业规模、出口状况等其他因素与产出波动的相关关系。企业规模越大，产出波动越小。为了节约篇幅，本文不再一一赘述，具体见表 3。

表 3 2005 年主要变量指标的相关系数矩阵

变量	*Vol*	*TFP*	*R&D*	*Profit*	*Capitalint*	*Credit*	*Size*	*Export*
Vol	1.000							
TFP	-0.002	1.000						
R&D	-0.039	0.265	1.000					
Profit	-0.037	0.657	0.270	1.000				
Capitalint	0.022	0.319	0.198	0.341	1.000			
Credit	0.009	0.003	0.013	-0.097	-0.042	1.000		
Size	-0.084	0.311	0.190	0.491	0.013	0.075	1.000	
Export	-0.011	0.081	0.091	0.186	-0.042	-0.072	0.332	1.000

五 实证分析结果

为了分析生产率、研发投入等因素对产出波动的影响作用，我们在式（23）构建本文的回归模型。在式（23）中，表示企业某种技术种类遭受外来冲击的概率，企业遭受技术种类冲击的概率因行业、企业类型、企业规模等因素而不同，$\frac{\gamma}{1-\gamma}$反映了其他影响产出波动的异质性特征，具体包括出口状况、信贷约束、企业规模、资本密集度等。企业生产率与研发投入均可以通过技术种类N，进而影响企业的产出波动。以下我们将分别验证企业生产率、研发投入对企业产出波动的作用，同时对其传导机制进行分析。

（一）企业生产率对产出波动的作用

根据式（23）构建如式（25）的回归模型：

$$Vol_{it} = \mu_i + \beta_1 TFP_{it} + \beta_k X_{it} + \varepsilon_{it} \quad (25)$$

被解释变量Vol_{it}是产出波动的对数形式，TFP_{it}是企业全要素生产率的对数形式，包括企业规模、信贷约束、资本密集度、出口状况等变量。μ_i代表企业非观测个体效应。全要素生产率是回归模型中重要的解释变量，需要准确的估计。

（1）估计全要素生产率

本文用于估计全要素生产率的样本为工业企业1999～2007年的数据，面板数据回归需要判断使用随机效应还是固定效应模型。经过Hausman检验采用固定效应模型，而且该模型可以较好地控制个体中不随时间变化的因素，所以本文先使用固定效应模型估计出生产函数的系数。然而此方法忽视了随时间变化的因素，无法消除估计生产函数时存在的选择性偏误。OP法可以同时较好地克服联立性偏误和选择性偏误，被广泛地用于估计全要素生产率。于是，本文又采用OP法估计出企业全要素生产率。两种方法估算的全要素生产率（分别用TFP_OP、TFP_FE来表示）都将用于后续的回归估计，以检验本文主旨结论的稳健性。两种估计方法得到的系数结果见表4。

相比于固定效应模型方法，OP方法得到投入要素的估计系数有所差别。采用OP法估计得到的资本投入要素的系数要高于固定效应模型方法

表4 基于OP估计法和FE估计法的企业生产函数要素系数

	FE估计法	OP估计法
ln$K$	0.142***	0.164***
	(0.002)	(0.004)
ln$l$	0.493***	0.481***
	(0.003)	(0.002)
观测值	1445256	657852

注：括号中为标准误差，其中FE法是用聚类稳健标准误差，OP法是采用Bootstrap方法得到。***、**、*分别表示1%、5%、10%下的显著水平。

得到的系数，而用OP法得到的劳动投入要素的系数要低于固定效应模型方法得到的系数。该实证结果与OP法推导论证过程中的结论一致，也与Olley和Parks（1996）得到的实证结果相吻合。

（2）回归结果

通过上述方法得到全要素生产率的估计值后，接着对全要素生产率对产出波动的作用系数进行回归估计。面板数据回归首先要检验是采用随机效应还是固定效应。经过Hausman检验后，需要采用固定效应模型进行回归，具体结果见表5。

表5 全要素生产率与产出波动的回归结果

解释变量	产出波动				
	（1）	（2）	（3）	（4）	（5）
TFP_OP	-0.063***	-0.065***			-0.085***
	(0.005)	(0.005)			(0.023)
TFP_FE			-0.063***	-0.065***	
			(0.005)	(0.005)	
$Size$		-0.102***		-0.101***	-0.104***
		(0.008)		(0.009)	(0.007)
$Credit$		0.022***		0.022***	0.021***
		(0.006)		(0.006)	(0.005)
$Export$		-0.014		-0.014	-0.013
		(0.010)		(0.010)	(0.009)
$Capitalint$		0.008		-0.007	-0.009*
		(0.005)		(0.005)	(0.005)

续表

解释变量	产出波动				
	(1)	(2)	(3)	(4)	(5)
年份虚拟量	是	是	是	是	是
行业虚拟量	是	是	是	是	是
常数项	0.215 *** (0.044)	0.406 *** (0.076)	-0.207 *** (-0.045)	0.406 *** (0.076)	0.522 *** (0.148)
观测值	85088	84951	85088	84951	84951
样本数	21272	21270	21272	21270	21270
R^2	0.006	0.010	0.006	0.010	0.009

注：括号中为稳健标准误差。***、**、* 分别表示1%、5%、10%下的显著水平。

由表5第一列和第二列可知，按照OP法估算的企业全要素生产率与企业的产出波动具有负相关关系。企业的全要素生产率对产出波动有显著的负向作用，并且同时控制住企业规模、出口状况、信贷约束、年份虚拟变量、行业虚拟变量等因素后，结果仍是显著且系数变化不大。另外，企业规模的估计系数也显著为负。该结果表明企业规模与产出波动之间存在负相关关系。与以往研究结果相符，印证了"船大自然稳"的说法。信贷约束的估计系数显著为正，在金融发展程度越高，信贷约束越宽松的条件下，企业有更大的可能性从外部获得资金来进行短期投资或者研发投资。这为企业冒进推行高风险的经营决策提供支持，因而导致企业的产出波动很大。出口状况、资产密集度对企业产出波动的作用不显著。

由表5第三列和第四列可知，采用FE法估算得到的全要素生产率也与企业产出波动呈负相关关系。在控制住企业规模、信贷约束、出口状况、资本密集度、行业和年份虚拟变量等因素后，全要素生产率的估计系数仍显著为负，且变化不大。这说明无论是使用OP法估算还是FE法估算的生产率都对产出波动有负向作用。其他控制变量的系数与之前的回归结果系数无明显差别，企业规模的系数显著为负；信贷约束的系数显著为正；出口状况和资本密集度的系数不显著。

为了检验不同的全要素生产率估算方法对本文结果影响不大，我们参考了鲁晓东和连玉君（2012）估计的生产投入要素系数，得到FE法、OP

法等四种方法估计出的全要素生产率①。并且，仍然使用固定效应模型进行回归计算，同时控制住企业规模等因素。结果表明，虽然各种方法估计出的全要素生产率有所差别，但是全要素生产率对产出波动的影响系数差别不大。具体参见附表1。

综上所述，企业全要素生产率对企业产出波动具有负向作用，全要素生产率越高的企业，产出波动幅度越小。在控制了其他影响因素后，结果仍然显著。这也验证了全要素生产率越高的企业拥有更多的技术种类，在技术种类受到冲击的情形下，多样化的技术种类可以减弱冲击对产出的影响，从而产出波动更小。

（3）内生性问题

企业产出波动也会影响到企业家对下一期要素投入的决策。企业总会面临外部冲击导致技术种类被毁弃或者破坏，产出遭受波动。面对产出波动，不同企业将采取不同的措施。一部分企业可能采取积极预防的策略，更多地投入研发新技术种类来抵御波动，从而有效地促进企业全要素生产率的增长。另一部分企业可能采取消极应对的策略，产出大幅度波动与取得收益的不确定性较高，企业可能削减对研发投入预算甚至减少各种投入要素，那么将对生产率的增长产生不利的影响。因而，企业的产出波动对全要素生产率可能也有反向的作用，以往关于企业生产率与产出波动的文献忽略了这种反向的作用，而这种内生性问题可能导致系数的估计有偏。工具变量法可以较好地解决内生性问题，通常选择内生解释变量的滞后期作为工具变量。但是解释变量的滞后期与被解释变量的滞后期相关，如果解释变量当期与滞后期存在相关性，该工具变量的效果并不好。本文选择企业的当期平均工资作为企业生产率的工具变量。平均工资的高低反映出企业内熟练技术工人比重的高低，因而与企业全要素生产率高度相关（杨继东和江艇，2012）。由于劳动力市场工资黏性的广泛存在（赵颖，2012），大部分工资短期内无法进行调整，平均工资与产出波动不直接相关。固定效应模型采用工具变量法时，先进行离差变换以消除存在遗漏变量带来的偏误，然后再使用二阶段最小二乘法（2SLS）进行估计。结果

---

① 本文所用的估算全要素生产率的样本期相同、价格调整处理方式相似，具有可参考性。

见表 5 第五列。

由上述结果可知，处理了内生性问题后，估计出的全要素生产率的系数仍然为负。相比于未使用工具变量法时的估计结果，估计系数更小，说明内生性导致全要素生产率的系数被高估了。这是因为产出波动可能阻碍企业生产率的提升，解释变量和扰动项具有负相关关系，这就会导致解释变量原先的估计系数被高估。其他控制变量的系数变化不大，关键的是全要素生产率的系数仍然显著为负值，说明该模型结论的稳健性。

（二）企业生产率影响产出波动传导机制分析

企业生产率影响产出波动的作用机制是通过获得利润、增加研发投入等中间途径实现的。企业利润、研发投入也成为影响产出波动的重要因素。

（1）企业利润、研发投入对产出波动的作用

更多的企业利润为研发投入资金支持，技术研发活动是技术种类扩展的源泉，通过研发投入扩展技术种类可以降低产出波动。因而，也需要考察企业利润、研发投入对产出波动的影响。另外，通常认为企业实行多元化经营可以抵御市场需求方面的冲击。大型集团企业常常设立多个产品部门或者开辟多条产品线以抵御冲击。企业的产品种类数量也可能影响到企业的产出波动，为了说明研发投入对产出波动的抑制作用来自技术种类而不是来自产品种类的作用，也需要控制住该因素。企业样本数据只统计了 2005~2007 年的研发费用，而计算产出波动需要 5 年的时间序列。由于数据的可得性，本文将使用 2005 年度数据进行分析。首先，分析企业全要素生产率对产出波动的作用，回归结果见表 6 第一列。控制了其他变量后，全要素生产率对产出波动具有显著负向作用，估计系数为 -0.05。回归结果再次验证了结论的稳健性。企业的全要素生产率越高，将获得更多的利润，才有资金支持进行研发。其次，将分析企业利润对产出波动的作用，具体回归方程如式（26）：

$$Vol = \beta_0 + \beta_1 Profit + \beta_k X + \varepsilon \tag{26}$$

使用普通最小二乘法的估计结果见表 6 第二列，控制了其他变量后，

企业利润对产出波动的作用系数显著为负。说明企业获得的利润越大，则产出波动越小。企业获得更多的利润后，将投入资金进行研发。最后，分析研发投入对产出波动的作用，具体的回归方程如式（27）：

$$Vol = \beta_0 + \beta_1 R\&D + \beta_k X + \varepsilon \tag{27}$$

使用普通最小二乘法估计的回归结果见表6第三列。控制了其他变量后，研发投入对产出波动具有显著负向作用，估计系数为-0.04。说明研发投入越大，则产出波动越小。上述分析过程分别考虑企业全要素生产率、企业利润、研发投入对产出波动的作用。研究结果表明，企业全要素生产率、企业利润、研发投入均对产出波动具有负向的作用。三种影响因素中，其中作用程度更大、更直接的因素需要进一步甄别。

（2）传导作用机制分析

参考Acemoglu等（2001）分析传导渠道的办法，首先同时考虑研发投入、全要素生产率对产出波动的影响。回归方程如式（28）：

$$Vo = \beta_0 + \beta_1 TFP + \beta_2 R\&D + \beta_k X + \varepsilon \tag{28}$$

由于全要素生产率与企业产出波动之间存在的内生性问题，本文仍然使用平均工资作为全要素生产率的工具变量。具体估计结果见表6第四列。结果表明，首先，全要素生产率对产出波动的作用变得不显著，研发投入对产出波动的作用系数显著为负。其次，同时考虑全要素生产率、企业利润、研发投入对产出波动的影响。回归方程如式（29）：

$$Vol = \beta_0 + \beta_1 TFP + \beta_2 R\&D + \beta_3 Profit + \beta_k X + \varepsilon \tag{29}$$

仍然对使用平均工资作为全要素生产率的工具变量进行估计，具体估计结果见表6第五列。结果表明，全要素生产率对产出波动的作用仍然不显著；企业利润和研发投入均对产出波动具有显著的负向作用。说明企业全要素生产率通过获得更多利润投入研发、扩展技术种类这一传导途径来降低企业产出波动，研发投入对企业产出波动具有更直接的作用。

值得注意的是，产品种类数对企业产出波动的作用不明显。无论使用最小二乘法以及两阶段最小二乘法进行回归计算时，产品种类数的估计系数都不显著。通常企业实现多元化战略，增加产品种类可以在一定程度上应对需求冲击，但是对产出波动的抑制作用不明显。因为企业产品种类和技术种类并不完全相同，所以，同时生产鞋袜和服装的企业可能只有少量的技术种类，而只生产一种专用设备的企业拥有很多项技术种类。企业规模与产出波动呈负相关，而且比较显著；信贷约束与产出波动的关系不显著；企业资本密度、出口状况均与产出波动的关系具有显著正相关关系。

表6　回归结果

解释变量	产出波动				
	(1)	(2)	(3)	(4)	(5)
TFP_OP	-0.050*** (0.007)			-0.003 (0.022)	0.033 (0.027)
$Profit$		-0.036*** (0.004)			-0.039*** (0.006)
$R\&D$			-0.040*** (0.011)	-0.040*** (0.012)	-0.039*** (0.012)
$Pronum$	-0.001 (0.008)	-0.005 (0.009)	0.001 (0.008)	0.002 (0.009)	-0.003 (0.009)
$Size$	-0.065*** (0.006)	-0.066*** (0.006)	-0.074*** (0.006)	-0.073*** (0.008)	-0.071*** (0.009)
$Credit$	0.034*** (0.009)	0.004 (0.010)	0.036*** (0.009)	0.036*** (0.009)	0.004 (0.004)
$Export$	0.036*** (0.014)	0.030** (0.014)	0.037*** (0.014)	0.037*** (0.014)	0.032** (0.014)
$Capitalint$	0.040*** (0.006)	0.029*** (0.006)	0.034*** (0.006)	0.034*** (0.007)	0.026*** (0.008)
行业虚拟变量	是	是	是	是	是
常数项	0.114 (0.257)	-0.495 (0.307)	-0.086 (0.217)	-0.073 (0.230)	-0.662 (0.285)
观测值	21253	18079	21250	21253	18077
R^2	0.018	0.027	0.025	0.026	0.028

注：括号中为稳健标准误差。***、**、*分别表示1%、5%、10%下的显著水平。

六　结论与政策建议

本文在内生技术进步的框架下，分析并验证了企业生产率、研发投入对产出波动的作用，得到以下结论：全要素生产率对企业产出波动具有负向作用。企业全要素生产率越高，则产出波动的幅度越小。企业利润、研发投入均对产出波动具有负向作用，研发投入对产出波动的负向作用更直接，全要素生产率对产出波动的作用是通过增加利润和研发投入、增加技术种类这一途径实现的。企业规模与企业产出波动呈负相关。企业规模越大，则产出波动越小，这与以往的经验研究结果相符。产品种类数对企业产出波动的作用不明显。研究结论启示如下。

本文发现，控制住企业规模等因素的影响，企业生产率对产出波动具有负向作用，企业生产率越高，则产出波动越小。因而，企业需要充分重视生产率的提升，可以通过增加研发投入促进技术进步的方式来提高企业生产率，也可以通过改善技术效率来提升企业生产效率。企业具有更高的生产率才能有效抵御波动、稳定发展壮大。近年来，能源和资源短缺危机、更严的环境监管、"普工荒"导致的劳动成本上升等问题困扰着大部分的中国制造业企业。这些外部冲击使那些要素相匹配的技术将因老化过时或不宜而被抛弃，而从影响到企业产出，只有企业采取措施提高生产效率，获得更多技术种类才能增强抵御风险和波动的能力。

较高生产率的企业通过获得更多利润后投入研发来扩展技术种类，生产率、技术种类对产出波动的负向作用是通过研发投入的途径传导。所以，企业更应该认识到研发创新对于降低企业波动的重要性，小企业可以通过有针对性地引进技术来降低波动风险，通过购买内含成熟技术的资本设备，依靠自身的技术人员消化吸收其中的技术来扩展技术种类。中小企业技术人员的专业能力对增加技术溢出具有重大作用，企业更应该完善对技术学习和技术研发的激励机制，通过提高薪酬吸引行业内水平较高的技术人员，通过建立奖励措施鼓励技术人员进行模仿学习技术研发。另外，中小企业可以通过产业聚集或者形成企业联盟的形式，协同进行技术研发，一方面，可以增强企业的技术实力和丰富研发经验；另一方面，企业联盟也有利于分散研发项目的风险和减轻大量资金投入研发的压力。

大型企业可以通过技术引进、自主研发的形式扩展技术种类，树立技术研发创新才是立足之本的意识。激烈的市场竞争环境下，大型企业也无法避免外部对技术种类的冲击。行业巨头柯达面临数字化技术冲击，最后以破产告终,说明大型企业更应该重视创新和技术种类的研发。大型企业本身具有较强的资金实力,可以从资本市场或者银行等渠道筹集资金,应该提高每年从净利润中提取的研发投入比例。以华为科技为例,该公司每年的研发投入约占总销售收入的 10%,将近三四十亿元的资金都用于研发。更多的研发投入能创新出更多的技术种类,降低企业的产出波动,才能有效应对国内外市场的风险和挑战。

研究发现,企业规模与企业产出波动呈负相关关系。企业规模越大,产出波动越小。"船大自然稳",这是一般的说法,规模较大的企业,所拥有的技术种类也较多,这才是导致产出波动更小的内在原因,企业规模只是外在表现形式。因此,企业不应该粗放式发展,只注重壮大企业规模,而忽视技术种类创新。中国东部沿海地区大量电子设备加工企业和代工企业就存在这样的问题。这类企业虽然规模较大,但是自身拥有的技术种类较少,关键的生产技术仍然掌握在外资企业手中,当没有外资企业的授权技术或者无法从国外进口含有先进技术的零部件时,企业产出就会受到影响,难以抵御波动风险。所以,企业扩大规模的同时更应该重视研发创新,扩展技术种类,增加企业技术实力。

另外,企业实行"多样化"发展战略对于企业产出波动的影响并不明显,说明企业生产多种产品并不能有效降低企业产出波动。这是由于大部分中国制造业企业都是中小型企业,中小企业本身资金、技术实力较弱,"把鸡蛋放在多个篮子里"反而使其抵御风险和冲击的能力更差。所以,这类企业更应该走"专一化"的发展道路,集中资金、技术实力在单一的产品部门,做到"小而精""小而不弱"。

参考文献

[1] Acemoglu, D., Johnson, S. and Robinson, J. A. (2001), "The Colonial Origins of Comparative Development: An Empirical Investigation," *American Economic Review* 91 (5): 1369 – 1401.

[2] Acemoglu, D. and Zilibotti, F. (1997), "Was Prometheus Unbound by Chance? Risk, Diversification, and Growth," *Journal of Political Economy* 105 (4): 709 – 751.

[3] Aghion, P., Angeletos, G., Banerje, A. and Manova, K. (2010), "Volatility and growth: Credit constraints and the composition of investment," *Journal of Monetary Economics* 57 (3): 246-265.

[4] Aghion, P. and Howitt, P. (1992), "A Model of Growth Through Creative Destruction," *Econometrica* 60 (2): 323-351.

[5] Buch, C. M., Döpke, J. and Strotmann, H. (2009), "Does Export Openness Increase Firm-level Output Volatility?," *The World Economy* 32 (4): 531-551.

[6] Comin, D. and Mulani, S. (2006), "Diverging Trends in Aggregate and Firm Volatility," *The Review of Economics and Statistics* 88 (2): 374-383.

[7] Comin, D. and Mulani, S. (2009), A Theory of Growth and Volatility at The Aggregate and Firm Level. *Journal of Monetary Economics* 56 (8): 1023-1042.

[8] Comin, D. and Philippon, T. (2005) *The Rise in Firm-level Volatility: Causes and Consequences*. NBER Macroeconomics Annual, Cambridge, MA.

[9] Dixit, A. K. and Stiglitz, J. E. (1977), "Monopolistic Competition and Optimum Product Diversity," *American Economic Review* 67 (3): 297-308.

[10] Grossman, G. M. and Helpman, E. (1993) "Innovation and Growth in the Global Economy," *Scottish Journal of Political Economy* 40 (2): 231-232.

[11] Koren, M. and Tenreyro, S. (2007), "Volatility and Development," *Quarterly Journal of Economics* 122 (1): 2432-2487.

[12] Koren, M. and Tenreyro, S. (2013), "Technological Diversification," *American Economic Review* 103 (1): 378-414.

[13] Lee, C. Y., A. (2003), "Simple Theory and Evidence on The Determinants of Firm R&D," *Economics of Innovation and New Technology* 12 (5): 385-395.

[14] Maria G. V. (2006), "Does Technological Diversification Promote Innovation? An empirical analysis for European Firms," *Research Policy* 35 (2): 230-246.

[15] Melitz, M. J. (2003), "The Impact of Trade on Intra-Industry Reallocations and Aggregate Industry Productivity," *Econometrica* 71 (6): 1695-1725.

[16] Olley, G. S. and Pakes, A. (1996), "The Dynamics of Productivity in The Telecommunications Equipment Industry," *Econometrica* 64 (6): 1263-1297.

[17] Ramey, G. and Ramey, V. A. (1995), "Cross-country Evidence on The Link Between Volatility and Growth," *American Economic Review* 85 (5): 138-151.

[18] Romer, P. (1990), "Endogenous Technological Change," *Journal of Political Economy* 98 (5): 71-102.

[19] 方红生、李琪：《贸易开放对产出波动的影响：来自我国省级层面的经验证据》，《国际贸易问题》2010年第2期，第15~18页。

[20] 林毅夫、巫和懋、邢亦青：《"潮涌现象"与产能过剩的形成机制》，《经济研究》2010年第10期，第4~19页。

[21] 刘金全、刘志刚:《我国经济周期波动中实际产出波动性的动态模式与成因分析》,《经济研究》2005 年第 3 期,第 26~35 页。

[22] 鲁晓东、连玉君:《中国工业企业全要素生产率估计:1999~2007》,《经济学》(季刊)2012 年第 2 期,第 542~558 页。

[23] 聂辉华、江艇、杨汝岱:《中国工业企业数据库的使用现状和潜在问题》,《世界经济》2012 年第 5 期,第 142~158 页。

[24] 王君斌:《通货膨胀惯性、产出波动与货币政策冲击:基于刚性价格模型的通货膨胀和产出的动态分析》,《世界经济》2010 年第 3 期,第 71~94 页。

[25] 颜鹏飞、王兵:《技术效率、技术进步与生产率增长:基于 DEA 的实证分析》,《经济研究》2004 年第 12 期,第 55~65 页。

[26] 杨继东、江艇:《中国企业生产率差距与工资差距——基于 1999~2007 年工业企业数据的分析》,《经济研究》2012 年第 12 期,第 81~93 页。

[27] 赵颖:《工资黏性、技能分化与劳动者工资的决定》,《经济研究》2012 年第 2 期,第 56~68 页。

附录 1

附表 1 基于多种估算方法的回归结果

解释变量	产出波动			
	FE 方法	OLS 方法	LP 方法	OP 方法
TFP_FE	-0.065*** (0.005)			
TFP_OLS		-0.065*** (0.006)		
TFP_LP			-0.065*** (0.006)	
TFP_OP				-0.065*** (0.006)
其他变量	是	是	是	是
观测值	84951	84951	84951	84951
样本数	21270	21270	21270	21270
R^2	0.010	0.010	0.010	0.010

注:括号中为稳健标准误差。***、**、* 分别表示 1%、5%、10%下的显著水平。

改革红利：中国制度变迁与内生增长研究[*]

刘志迎 陈侠飞[**]

一 引言

1978年十一届三中全会的召开，标志着中国经济从此进入一个体制转型时期。作为一个处于经济改革和转轨过程中的发展中大国，我国的经济实力、综合国力不断增强。从1978年到2012年，我国国内生产总值从2165亿美元增加到82622亿美元，成为全球第二大经济体，最大的出口国和外汇储备国，对世界经济增长的贡献率超过20%，被称为世界上一个增长奇迹。国内、国际许多的经济学者、经济学家都在探究其形成原因。

中国经济增长奇迹的产生有多种原因，主要来源于对外开放和解除经济管制等制度大变革带来的资源重组和优化配置，经济全球化所带来的出口拉动、人口红利、资源红利等（王小鲁等，2009）。国家统计局党组成员、总工程师郑京平从经济学的角度指出，最重要也是最基本的原因是改革开放，也就是说中国经济成功地实现了从计划经济向市场经济，从半封闭型的经济向开放型经济的转变。中国经济快速增长的最根本原因是中国选择了市场经济，

---

[*] 本文所用的估算全要素生产率的样本期相同、价格调整处理方式相似，具有可参考性。
[**] 刘志迎、陈侠飞，中国科学技术大学管理学院。

走上了市场化改革之路（韩康，2008）。对于中国这样一个剧烈变革的社会来说，经济增长不是资本、劳动力和技术进步三个因素就能完全解释的，体制的变化、经济活动空间格局的演变都会对经济产生深刻的影响（徐瑛等，2006）。可见，学者们已深刻认识到制度变迁对中国经济增长的作用。改革开放前，非市场经济和公有制阻碍了中国经济的发展，导致经济长期滞后。相比之下，开放型的市场经济是较有效率的一种机制，十一届三中全会、1992年邓小平南方谈话、加入WTO等一系列举措使人口红利、资源红利得以充分释放，制度变迁对中国经济发展产生了深远的影响。

改革红利是中国最大的红利。从经济学角度理解，"改革红利"就是"制度变迁红利"，改革能形成新的制度、新的体制、新的机制，促使劳动力、资本、知识更好地发挥作用。中国30年来经济的高速增长是制度创新的结果，而不仅仅是"三驾马车"的拉动，因此有必要从制度变迁的角度来解析中国的经济发展过程。在制度经济学家看来，资本的积累和技术的进步都是经济增长本身，而不是经济增长的原因，经济增长的真正原因是制度变迁（诺斯，1994）。一个完整的增长理论应该能够将"制度变量"引进增长模型当中，并能够解释制度对经济长期增长率的影响。中国强劲的经济增长在多大程度上可归功于改革以来的制度变迁？制度变迁到底以何种方式影响着经济增长？要回答这些问题，正确认识制度变迁的作用很重要，本文从新制度经济学和创新驱动内生增长的角度出发，分析中国经济增长。

二 文献综述

Feng-chao Liua、Denis Fred Simonb、Yu-tao Suna、Cong Cao整理分析了中央政府在1980～2005年颁布的287项政策和2006～2008年间为执行《国家中长期科学和技术发展规划纲要（2006～2020）》而引入的79项政策，主要包括金融、税收和财政措施。从政策的颁布机构及性质进行归类，揭示中国创新政策的演变过程。基于29个国家的面板数据，Nikos C. Varsakelis（2006）探究教育水平和国家政治制度如何影响国家创新能力，结果表明教育投资和创新产出成正比，制度的发展能促进创新活动。Sergey AnokhinA.、William S. Schulze（2009）认为对腐败的控制能增强国家和市场对公平执行法律和贸易规则的信任，缺乏这种信任将影响企业家的生产、投资及创新活动，并利用 64 个国家的纵向数据进行验证。Witold J. Henisz（2002）认为国家的基础设施及增长受一系列因素影响，用 100 多个国家的数据分析影响基础设施投资的因素，并得出结论：政治环境是影响基础设施投资的一个重要因素。Saul Estrin、Julia Korosteleva、Tomasz Mickiewicz（2013）利用"The Global Entrepreneurship Monitor"中42 个国家 2001~2006 年的调查数据，分析得出在国家层面上，较高的腐败水平、产权保护的缺乏、活跃的政府活动对企业家精神有负向影响，但个人的社会网络在一定程度上能调节制度的缺陷。Norden E. Huang（2010）引入制度变量和公共资本修正了 Sedgley 的创新驱动内生增长模型，分析人力资本、公共（基础设施）和私人资本、知识资本和制度（产权保护）对台湾经济增长的影响，得出知识资本的产出弹性是 0.222，私人资本的产出弹性是 0.302，公共资本的产出弹性是 0.475，人力资本的产出弹性是 0.198，产权保护的产出弹性是 0.175。

中国也有许多关于制度的研究文献。金玉国（2001）从产权制度变迁、市场化程度提高、分配格局变化和对外开放四个方面对我国的制度变迁进行量化测度，利用灰色关联分析法计算比较 1978~1999 年各变量对中国经济发展的影响力大小。傅晓霞、吴利学（2002）分析了中国 20 年来的制度变迁和经济增长，并从定量研究的角度出发，运用生产函数方程对中国增长源泉进行分解，评估和计算了中国改革开放所导致的制度变迁对经济增长的贡献，验证了制度创新与制度变革是中国经济增长的主要因素。李小宁（2005）以 AK 模型为基础讨论了制度因素对经济增长的影响，讨论了两种情况：一是通过研究增长模型结构参数背后的制度因素，间接地确定制度对增长率的影响；二是通过将政府行为引入增长模型中，以体现制度因素对增长率的影响。这也表明了将制度因素引入增长模型的可能性。刘红、唐元虎（2001）在以往对资本、劳动力和技术研究的基础上，从宏观角度出发，运用新制度经济学的研究方法，引入制度并将其作为经济增长的内生变量，力求全面反映经济增长，从理论上揭示制度创新与长期经济稳定增长的关系。王瑞泽、李国锋、张广现（2007）从新古典经济增长理论出发结合新制度经济学的观点构造了一个包含外生制度变量的经济增长模型，并推导出结论：在新古典经济增长理论的假设之下，在平衡增长路径上经济增长率等于技术进步率和制度变迁率之和。杨宇、沈坤荣（2010）运用中国省级面板数据研究了社会资本、制度与经济增长的关系，实证研究表明：制度对中国经济增长有显著的正面影响，制度水平不同，社会资本对经济增长的作用也不同。舒元、徐现祥（2002）针对各类经济增长理论的核心特征，实证分析了1952~1998年我国经济增长的典型事实，发现我国比较支持AK类型增长理论。在理论上，从"边干边学"的角度，把"探索适合我国国情的经济建设道路"纳入经济增长模型，证明了其本身可以作为我国经济增长的引擎。

综合国内外的文献，已有的相关文献主要包括三类：一是对制度的归类分析，论述国家政策的演变历程；二是基于数据，利用计量方法对制度和某变量间相关性的实证分析，证明制度能够影响经济变量；三是利用数学分析方法，将制度和经济绩效的作用机理模型化，从理论上证明制度变迁对经济增长的影响。可见制度变迁在我国经济增长中的作用已引起了学者的重视，但我国学者的研究基本上是建立在理论分析上，缺乏相应的实证研究。什么样的经济理论能够刻画过去30多年中制度对经济增长的影响呢？制度对经济增长的影响到底有多大？这些问题都值得探讨。本研究依据新制度经济学理论，参考现有制度变迁的文献，将制度变量引入经济生产函数中，实证分析制度环境对改革开放以来中国经济发展的作用，在一定程度上丰富现有研究。

三　模型与变量

（一）扩展的内生增长模型

新古典经济增长理论认为经济增长的源泉是资本积累、劳动和技术进步，但这是在完全竞争市场和完全信息条件下进行分析的，不符合实际情况，也无法揭示问题的实质。新经济增长理论主要研究由模型内部因素决定的长期经济增长率，又称为内生经济增长模型。这些模型将索罗残差归结为"技术进步",忽视了制度变迁效应在经济增长中的重要作用。新制度经济学将制度变迁理论引入经济分析模型中而使经济增长模型更合理。但由于制度创新难以量化,又没有统一的模型,综观国内外文献,目前关于中国改革开放的经济增长中制度变迁的量化研究甚少。

本文在现有文献研究的基础上将制度变量引入创新驱动内生增长模型,试图解释制度变迁对1978~2012年中国经济增长的影响,在一定程度上测度"改革红利"。

Sedgley(2006)以Jones(1999)的模型为基础,构造一个简化的内生创新增长模型。产品生产部门的生产函数为式(1):

$$Y_t = z_{1,t}^{1-\alpha} Q_t^{\alpha-1} \sum_{i=0}^{Q} A_t z_{2,i,t}^{\alpha} \tag{1}$$

技术的增长取决于各部门的研发投入,为式(2):

$$A_t - A_{t-1} = \gamma \left(\frac{Nt-1}{Qt-1}\right)^{\emptyset}, \emptyset \leq 1 \tag{2}$$

$$Q_t = L_t^{\beta}, \beta \geq 0 \tag{3}$$

其中,Y是产出,z_1和$z_{2,i}$是投入,A是技术水平,Q是生产z_2的部门数;γ是产出系数,N是研发投入,$\emptyset$是规模经济系数,可以取正值或负值;L是劳动力。

假设$\alpha < 1$,令

$$z_{1,t} = H_t = h_t L_t \tag{4}$$

$$z_{2,i,t} = x_{i,t} \tag{5}$$

$$x_{i,t} = x_t = K_{i,t}/A_t \tag{6}$$

其中,H_t是人力资本总量,h_t是人均人力资本。

上述等式表明技术与资本是互补的,技术水平越高,所需资本积累也较多。

将式(4)与式(5)代入式(1),整理得:

$$Y_t = C_t + I_t + N_t = H_t^{1-\alpha} Q_t^{\alpha-1} \sum_{i=0}^{Q} A_t x_{i,t}^{\alpha} \tag{7}$$

由式（4）、式（5）、式（6）和式（7）推导出柯布－道格拉斯生产函数：

$$Y_t = (A_t H_t)^{1-\alpha} K_t^{\alpha} \tag{8}$$

其中，

用于研究：

$$N_t = s_N Y_t \tag{9}$$

用于资本投入：

$$I_t = s_I Y_t \tag{10}$$

令 δ 为资本的折旧率，则物质资本的积累方式为：

$$K_t - K_{t-1} = s_I Y_{t-1} - \delta K_{t-1} \tag{11}$$

把式（3）、式（4）代入式（2）得出技术进步率 g_A：

$$g_A = g_y = \gamma (s_N Y_{t-1} / L_{t-1}^{\beta})^{\phi} / A_{t-1} \tag{12}$$

将式（8）两边同除以 L，得出人均产出：

$$y_t = (K_t / L_t)^{\alpha} h_t^{1-\alpha} A_t^{1-\alpha} \tag{13}$$

$$h_t = \exp(\gamma_1 E_t + \gamma_2 X_t) \tag{14}$$

其中 E 指平均受教育年限，X 指工作经历。

将式（14）代入生产函数式（13），两边取对数，得到均衡时的人均产出如式（15）：

$$g_y = (1-\alpha) g_A + \alpha g_k + \gamma_1 (1-\alpha) \dot{E} + \gamma_2 (1-\alpha) \dot{X} \tag{15}$$

Sedgley（2006）利用这个恒等式从技术、劳动力、资本三个方面解释战后美国经济增长。

本文借鉴 Sedgley 的创新驱动内生增长模型，定义了一个包括制度变迁贡献的生产函数，形式如式（16）所示：

$$Y_t = z_{1,t}^{1-\alpha} Q_t^{\alpha-1} \sum_{i=0}^{Q} \tilde{A}_t z_{2,i,t}^{\alpha} \tag{16}$$

传统理论把凡是不能解释的部分，都认为是技术带来的，也就是索洛余值。有的研究将其进一步分为产业结构变动、资本空间集聚、人力资本积累和狭义的技术进步,并计算分解后的各部分对总产出的贡献(徐瑛等,2006)。

本文将剩余项拆分为两个部分,即技术和制度,从而改进了传统的模型。因此,令 B 为制度变量:

$$\tilde{A}_t = B_t^\theta A_t \tag{17}$$

考虑到统计数据的缺失,人力资本只考虑受教育水平:

$$h_t = \exp(\gamma_1 E_t) \tag{18}$$

$$\ln y = (1-\alpha)\ln A + \alpha \ln k + \gamma_1(1-\alpha)E + \theta \ln B \tag{19}$$

本文以式(19)这个内生增长模型为理论依据设定计量经济模型,并利用1978～2012年的经验数据分析技术进步、人力资本、人均资本及制度变迁对经济增长的影响,为我国制度变迁政策提供理论和实证依据。

(二) 变量及数据处理

(1) 制度变迁

如何选取一个系统指标将制度变迁进行量化,是一个关键问题,许多学者认为改革本质上是市场化改革,并用市场化指数来衡量制度变迁。由于研究侧重点及目的不同,如何衡量市场化指数,学者们的界定尚不清晰。卢中原、胡鞍钢(1993)选择投资、价格、生产、商业四种单项的市场化指数,计算出一个综合市场化指数。国家计委课题组(1996)从商品市场(包括生产环节和流通环节)的市场化和要素市场(包括劳动力市场和资金市场)的市场化程度进行测算。陈宗胜(1999)认为,对经济体制市场化程度的测度,要从企业、政府、市场三方面来考虑。徐明华(1999)则从所有制结构、政府职能转变和政府效率、投资的市场化、商品市场发育、要素市场发育、对外开放、经济活动频度、人的观念八个方面进行了测算。樊纲、王小鲁、张立文(2001)从政府与市场的关系、非国有经济的发展、产品市场的发育程度、要素市场的发育程度、市场中介组织发育和法律制度环境六个方面评价各省区的市场化相对程度。本文考虑到数据的可获取性及对制度变迁的反映，参考了以上文献，选取非国有化率、市场化程度、分配格局、对外开放四个层面的指标，利用综合评价法，计算出市场化指数（见表1）。

表1 1978~2012年中国的市场化指数

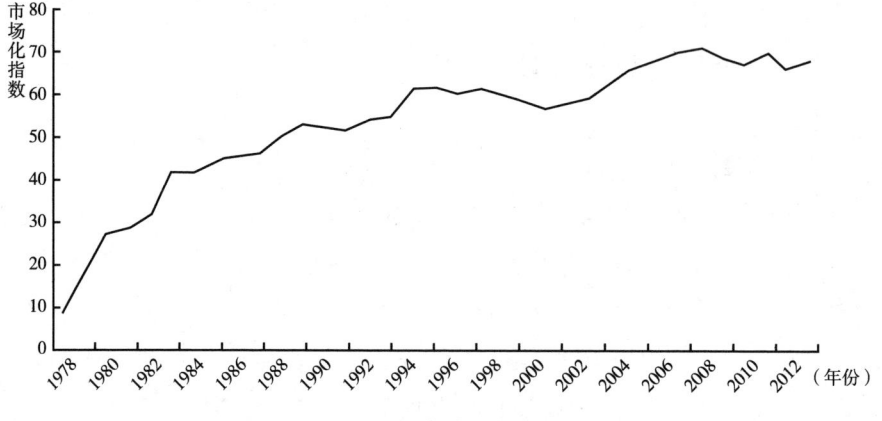

年份	1978	1979	1980	1981	1982	1983	1984	1985	1986
市场化指数	9.16	17.86	27.04	28.28	31.17	41.13	41.73	44.18	45.43
年份	1987	1988	1989	1990	1991	1992	1993	1994	1995
市场化指数	46.07	50.02	52.41	51.99	51.56	53.65	54.61	61.08	61.24
年份	1996	1997	1998	1999	2000	2001	2002	2003	2004
市场化指数	60.29	61.00	59.97	58.53	56.51	57.61	58.97	62.84	66.12
年份	2005	2006	2007	2008	2009	2010	2011	2012	
市场化指数	67.99	69.88	70.81	68.37	67.18	69.72	66.20	67.59	

图1 1978~2012年中国的市场化指数

由表1、图1可以看出，改革开放以来，我国市场化指数整体上不断提高，中国的市场化改革在持续不断地进行，市场化水平也在不断提高。1998~2000年，市场化指数减小，主要是由于通货紧缩的发生加速经济衰退，非公有制水平受到经济疲软影响而有所降低。2008年中央政府应对金融危机出台4万亿元投资拉动政策，国家的宏观调控在一定程度上影响了市场化水平。

（2）技术进步

国内外学者采用专利数来衡量一个国家的技术水平（Aghion and Howitt，1998；Hall and Jones，1998；Crosby，2000；杨燕，2011；柳卸林，2011）。本文采用国内外专利申请受理量衡量中国的技术水平，并采用永续盘存法计算科技资本存量（假定知识的折旧率为0），反映知识和技术的积累。

（3）全社会固定资产投资

固定资产是社会扩大再生产的基本手段，是实现国民经济持续、快速、健康发展的原动力，能够拉动经济、促使产业结构升级。对于全国固定资本存量的测算，使用固定资产投资价格指数作为平减指数，通过永续盘存法来对资本投入量进行测算，其计算为：

$$K = K_{t-1} + I_t - \delta K_{t-1} \tag{20}$$

其中，初始年份1978年的资本存量可以采取王小鲁等（2009）的计算结果7006亿元。δ代表折旧率，一般对于我国固定资产折旧率取值为8%（Hall和Jones在模拟世界上127个国家的资本存量时折旧率取值为6%）。

（4）人力资本

人力资本是由劳动者的能力、知识和技能构成，是劳动者质量的反映（杨建芳等，2006）。人力资本存量不仅取决于劳动力数量，还取决于劳动力的受教育水平（Lucas，1998）。通过考虑小学、初中、高中及高中以上等不同层次的教育对劳动者素质的提高起到的作用，即平均受教育年数来代表人力资本，其计算公式为：

$$h = 6d_1 + 9d_2 + 12d_3 + 16d_4 \tag{21}$$

其中 d_i（$i=1$，2，3，4）表示在6岁及6岁以上人口中文化程度是小学、初中、高中及高中以上人口所占的比重。

（5）数据处理

本研究的数据来源于《中国统计年鉴》《新中国60年统计资料汇编》，1978~2007年人均受教育水平的数据参照王小鲁等（2008）的统计。由于所选样本时间跨度较大，部分指标出现缺省值，利用插值法对原始数据进行插值，补全缺省数据。为消除价格变动因素以使各年指标具有可比性，以1978年为基期做不变价格处理。

首先对时间序列进行平稳性检验，采用 ADF 法进行单位根检验，结果显示 $\ln y$、$\ln A$、$\ln k$、E 为不平稳序列，存在单位根，$\ln B$ 为平稳序列。由于传统的经济计量方法在进行回归分析时，要求时间序列必须是平稳的，否则会导致错误的结论。一些学者对数据进行差分变换，这样容易丧失信息，但这些信息对于分析问题来说又是必要的。因此本文采用 Granger（1987）提出的协整方法分析非平稳经济变量之间的关系。

采用 Johansen（1988）、Juselius（1990）提出的极大似然检验法（通常称为 JJ 检验）检验多变量间协整关系。特征值轨迹检验和最大特征值检验结果一致，五个时间序列间存在三个协整关系，结果见表 2 和表 3。

表 2　最大特征值检验

Unrestricted Cointegration Rank Test（Maximum Eigenvalue）

Hypothesized No. of CE(s)	Eigenvalue	Max-Eigen Statistic	0.05 Critical Value	Prob.**
None*	0.768101	48.22797	30.43961	0.0001
At most 1*	0.587144	29.19365	24.15921	0.0095
At most 2*	0.446078	19.49413	17.79730	0.0275
At most 3	0.272046	10.47807	11.22480	0.0675
At most 4	0.000309	0.010206	4.129906	0.9343

* Max-eigenvalue test indicates 3 cointegration enq(s) at the 0.05 level.

表 3　特征值轨迹检验

Unrestricted Cointegration Rank Test（Trace）

Hypothesized No. of CE(s)	Eigenvalue	Trace Statistic	0.05 Critical Value	Prob.**
None*	0.768101	107.4040	60.06141	0.0000
At most 1*	0.587144	59.17606	40.17493	0.0002
At most 2*	0.446078	29.98241	24.27596	0.0086
At most 3	0.272046	10.48828	12.32090	0.0995
At most 4	0.000309	0.010206	4.129906	0.9343

* Trace test indicates 3 cointegrating eqn(s) at the 0.05 level.

选择对应于最大特征值第一个协整关系，单位化结果如下。

$\ln y$	$\ln A$	$\ln k$	E	$\ln B$
1	−0.27575717 (0.13403)	−0.642696 (0.16967)	−0.077938 (0.11222)	−1.779348 (0.21291)

则 (1, -0.276, -0.643, -0.07, -1.779) 是协整向量。

$$\ln y = 0.275\ln A + 0.643\ln k + 0.07E + 1.779\ln B$$

方程中系数的大小表示各因素对产出的贡献程度，可以看出：各序列的正负号与实际相符，技术水平的提高、劳均资本的增加、制度变迁都对劳均产出起正向作用。改革开放以来，在我国的经济发展中，体制变迁的贡献较高，劳均物质资本有相当的贡献，技术进步起促进作用，人力资本作用不显著。

市场化的体制转型为中国经济的健康发展提供了制度保障，改善资源配置效率，在推动中国经济增长中扮演着关键的角色。制度变迁的系数最大，也有学者指出，30多年来，"制度变迁红利"对经济增长的贡献率大概为45%~48%，有力地证明了我国摆脱计划经济模式转向市场经济的改革方向的正确性。改革开放以来，中国的工业化高速发展，对外开放为我国经济建设引进了资金、先进技术和管理方法，制度变革提高了资源配置效率，等等，大大推动了中国经济发展。

技术进步对劳均产出的促进作用很明显，表明我国应重视技术创新，加大研发投入。技术进步能够提高要素生产效率，优化经济结构，加速经济增长。业界一般认为，投资拉动的产出比只有1:2左右，而创新驱动则可以实现1:50以上，可见技术创新的重要性。要实现中国经济的可持续发展，必须提高技术水平，坚持"创新驱动"的经济发展方式。

劳均物质资本的投入对经济增长的贡献较大，过去30多年来，我国经济发展主要是由大规模的固定资产投资带动的，在很大程度上依赖于物质资本的投入。这也说明了由投资带动的要素驱动经济发展模式在实践中取得很大的成功。但是，中国主要依靠大量投资和资源消耗来支撑快速增长，并成为全球最大的资源消耗国。国内资源和环境的限制使这种粗放型的经济发展模式难以为继，因此传统依赖资本投入谋求经济发展的方式亟须改变。

就人力资本来说，人均受教育程度系数较小，说明人力资本对经济增长的促进作用并不显著。这可能存在两方面原因。第一，技术与人力资本存在共线性，人力资本的作用可能体现在技术进步中；人力资本涵盖内容较多，包括知识、技能、经验和健康等，而本文仅仅考虑人均受教育程度，这在一定程度上低估了人力资本的作用。第二，人力资本对产出的作用并没有充分发挥，受教育程度没有完全转化为真正的生产力。应加大对人力资本的投资力度，提高效率，增强其对经济增长的影响力。

四 结论

本文利用改革开放30多年来的数据，定量考察了制度变迁对中国经济增长的作用。结果表明，制度变迁在经济的高速增长中发挥重要作用，我国经济增长模式主要是投资驱动型。

改革开放以来，中国成功推进了经济体制的市场化过程，创造了经济增长奇迹。但是在高速增长的同时也积累了一些矛盾和问题，经济增长存在下行压力。如"刘易斯拐点"的到来使人口红利逐渐消失，资源环境受到约束，产业链处于低端，等等，这一系列问题表明中国经济持续健康发展的基础还不牢固。面对新的经济形势，如何立足国情，推动我国经济高速、稳定、持续的增长，是摆在我们面前的迫切任务。

基于中国发展的现实状况，应摆脱对要素的过度依赖，经济增长的动力要由"人口红利"、"资源红利"转向"改革红利"。实施"创新驱动"战略，坚定不移地深化改革开放，加大改革落实力度，为经济发展提供动力。经济发展的决定因素不是物质资本的数量，而是一系列经济、文化和社会因素的综合作用。如果一个国家一味地加强资本投入，而不重视制度环境，就会导致资源的浪费。因此经济发展不能仅仅依赖技术进步和资本投入，更重要的是建立合理的制度，并使其成为经济发展和技术进步的推动力。要继续加快市场化进程，加强行政管理体制改革，减少政府对经济的过度干预，消除差别待遇。减少政府对市场活动的行政干预，让市场机制在资源配置中发挥基础性作用。总之，要营造良好的制度环境，维持市场秩序的公平，使改革福利惠及广大人民群众。

物质资本和技术作用的发挥离不开人力资本的推动，人力资本对经济增长有不可替代的作用。市场化改革也要求较高水平的人力资本，因此要重视对人力资本的投资，进一步释放生产力，提高改革的效率。

总之，经济的持续健康发展是靠要素、人力和制度共同协调发展来实现。不同地区的发展要因地制宜、落实改革政策、推动现代经济的持续发展与成长。要正确处理好改革、稳定和发展的关系，最大限度地减少制度变迁带来的负面影响。

最后，在指标衡量方面，市场化是一系列经济、社会、法律制度的变革（樊纲等，2003），由于数据的可获得性，用"市场化指数"从四个维度来衡量制度变迁存在一定的局限性，并不能全面地反映复杂的制度变迁。但是本文阐释了制度对中国30多年来经济增长的影响，对于深入探索制度变迁方面的定量研究也具有一定的借鉴意义。

参考文献

[1] Anokhin Sergey, Schulze William S. (2009), "Entrepreneurship, innovation, and corruption," *Journal of Business Venturing* 24: 465-476.

[2] Estrin Saul, Korosteleva Julia, Mickiewicz, Tomasz (2013), "Which institutions encourage entrepreneurial growth aspirations?" *Journal of Business Venturing* 28: 564-580.

[3] Henisz, W. J. (2002), "The Institutional Environment for Infrastructure Investment," *Industrial and Corporate Change* 11: 355-389.

[4] Kong Tuan-Yuen, Chu Yun-Peng, Hsu Chin-Fu, (2010), "An anatomy of economic growth in Taiwan. Advances in Adaptive Data Analysis," *Theory and Applications* 2: 217-231.

[5] Liu Feng-chao, Simon Denis Fred, Sun Yu-tao(2011), "China's Innovation Policies: Evolution, Institutional Structure, and Trajectory," *Research Policy* 40: 917-931.

[6] Varsakelis, Nikos C. (2006), "Education, Political Institutions and Innovative Activity: A Cross-country Empirical Investigation," *Research Policy* 35: 1083-1090.

[7] 邓赵晓、史贵存：《合理释放"改革红利"》，《当代社科视野》2013年第2期。

[8] 傅晓霞、吴利学：《制度变迁对中国经济增长贡献的实证分析》，《南开经济研究》2002年第4期。

[9] 韩康：《中国市场经济模式探讨——纪念改革开放30周年》，《国家行政学院学报》2008年第6期。

[10] 金玉国：《宏观制度变迁对转型时期中国经济增长的贡献》，《财经科学》2001年第2期。

[11] 李小宁:《经济增长的制度分析模型》,《数量经济技术经济研究》2005年第1期。

[12] 刘红、唐元虎:《现代经济增长:一个制度作为内生变量的模型》,《预测》2001年第1期。

[13] 舒元、徐现祥:《中国经济增长模型的设定:1952~1998》,《经济研究》2002年第11期。

[14] 王瑞泽、李国锋、张广现:《制度因素影响经济增长的模型分析》,《山东经济》2007年第6期。

[15] 王小鲁、樊纲、刘鹏:《中国经济增长方式转换和增长可持续性》,《经济研究》2009年第1期。

[16] 徐瑛、陈秀山、刘凤良:《中国技术进步贡献率的度量与分解》,《经济研究》2006年第8期。

[17] 杨建芳、龚六堂、张庆华:《人力资本形成及其对经济增长的影响——一个包含教育和健康投入的内生增长模型及其检验》,《管理世界》2006年第5期。

[18] 杨宇、沈坤荣:《社会资本、制度与经济增长——基于中国省级面板数据的实证研究》,《制度经济学研究》2010年第2期。

基于布莱恩·阿瑟技术思想的技术创新体系的构建

鲁礼华[*]

目前大多数学者都将技术创新与企业活动（至少是外部环境）联系起来。如熊彼特所描绘的技术创新包括：新产品的开发、老产品的改造、新生产方式的采用、新供给来源的获得，以及新原材料的利用（熊彼特，1999）。齐建国认为技术创新不是自发产生的，而是外界某种刺激的结果（齐建国，2001）。曼斯费尔德（M. Mansfield）认为，技术创新是第一次引进一个新产品或新过程所包括的技术、设计、生产、财务、管理和市场诸步骤（丁冰，1993）。我国学者傅家骥则认为技术创新是企业家抓住市场的潜在盈利机会，以获取商业利益为目标，重新组织生产条件和要素，建立起效能更强、效率更高和费用更低的生产经营系统，从而推出新的产品、新的生产（工艺）方法，开辟新的市场，获得新的原材料或半成品供给来源，建立企业的新组织，因此技术创新是包括科技、组织、商业和金融等一系列活动的综合过程（傅家骥，2000）。从这些观点可以看出，技术创新的目的是改善生产方式或提供新产品、新服务，最终目的是促进经济增长和社会进步。若进一步追问诸如技术是如何形成的、创新是由什么构成的等一系列问题，已有的研究很少能给出合理的答案。究其原因主要有两点：一是研究技术的都是经济学家及社会学家，他们主要从技术如

---

[*] 鲁礼华，宁波大学商学院。

何促进经济增长和社会进步的角度出发，因此鲜有学者能从技术本质的角度来研究技术创新；二是由于"技术黑箱的制约"，未能探究技术内部的构造，技术创新体系还有待改进。

一 技术的本质——对现有目的的编程：技术具有生物属性

我们可以从原理、发展过程及应用领域来认识单个技术。可以说，我们对单个技术已经非常了解了。但是，从整体上看技术到底是什么，目前尚未达成共识。

关于技术及其本质，亚里士多德较早对其进行了论述，他认为技术即人类活动的技能（杨名、王苳祥，2013）。若从现代社会的发展来看，仅仅将技术看成人的技能未免显得有些狭隘。根据阿瑟的观点，技术是实现人的目的的一种手段（布莱恩·阿瑟，2014）。技术的选择总是和某种特定的目的相关，并且实现目的的方法并不是唯一的。如考古学家要考证某种木头出现的时间可以用树轮定年法，要考证某种动物骨骸出现的时间可以用放射性碳定年法。更进一步地，为测定遗迹出现的时间，也可以采用热释光、光释光、水化层等方法来测定年代。不同的技术可以达到同一个目的，究其原因是由于每种技术都依赖于一系列的自然现象：树轮定年法主要是基于降水量会影响树木年轮间的宽度这一原理；放射性碳定年法的原理则是 C_{14}（碳-14）具有放射性且有机体死亡后 C_{14} 以恒定速率衰退。由此可以看出技术来源于对自然现象的获取，而且对于该现象也有相应的认知并能够为技术所用。因此阿瑟指出：技术是那些被捕获并加以利用的现象的集合（布莱恩·阿瑟，2014）——现象首先被捕获并表达为技术元素，然后通过对固定的现象进行组合并以不同的方式进行"编程"创造出技术。技术能对现象进行感知并产生反应（自我组装、自我构成、自我修复）并具有生物属性（布莱恩·阿瑟，2014）。技术对现象加以编程产生无数的应用，这正如生物对基因加以编程产生无数的结构。而且，随着技术的发展，新的现象、新的技术"基因"也会不断加入进来。正因为如此，技术的生物属性便更加明显了。

二 技术的演化及技术创新

(一) 技术的演化——组合自创生

每一个新技术都是从已有的技术中来的,因此技术在某种程度上一定是来自此前已有技术的新组合 (布莱恩·阿瑟,2014)。阿瑟以喷气机为例:组成喷气机的零部件包括压缩机、涡轮增压机、点火系统等。而在 20 世纪早期的发电系统中也包括涡轮和燃烧系统,同时期鼓风机的单元内部也有压缩机。通过对不同技术的组合会产生不一样的新技术,而组合揭示出技术的未来发展将越来越复杂。随着技术数量的增加,组合的可能性会相应地提高。事实上,威廉·奥格本 (William Ogburn) 早在 1922 年就已观察到这一点:"可用来发明的东西越多,发明的数量就越大。"(布莱恩·阿瑟,2014) 他预期技术会按指数级增长。这就意味着在现有的技术元素的基础上,技术的组合使技术在量的方面得以剧增并且在形式上也越来越趋向于复杂化:原有的技术形式构成现在技术的组成部分,现有技术同样成为更新技术的组成部分。原有的简单技术发展成越来越多的技术形式,而很复杂的技术往往由简单的技术构成。所有技术集合从无到有,从简单到复杂地成长起来,技术从自身创造了自身,它从已有的技术集合中被一点一点地建构起来。任何满足人类需求的方案,任何达到目的的新手段,都只有通过使用已有的方法和组件才能使其在现实中实现。已有技术组合使新技术成为可能。技术体是自我创生的,它从自身生产出新技术。

根据阿瑟的观点,技术演化主要有以下六个步骤:

(1) 新技术作为新的元素进入活跃技术体当中,它就变成了活跃技术体中的一个新节点;

(2) 新元素可能取代现有技术或现有技术的零部件;

(3) 新元素为支撑技术和制度安排建立进一步的"需求";

(4) 如果旧的、被替换了的技术逐渐退出技术体,它们的附件也将被丢弃,随其而来的机会也将和它们一起消失,导致所有这些状况的技术元素也可能就此不再活跃；

（5）作为未来技术或未来技术元素的潜在元器件的新元素将活跃起来；

（6）社会经济会重新调整以适应这些步骤，相应的成本和价格（也因此成为刺激新技术产生的诱因）也会做出变化（布莱恩·阿瑟，2014）。

（二）技术创新——重新域定

当具有某种共同性质的技术元素聚集在一起的时候就形成了技术集群——域。技术是实现目的的一种手段，目的不同，对域的选择也不同。根据特定的目的选择域的过程称为"域定"（布莱恩·阿瑟，2014）。域的选择随着时间的变化而变化，当以一套不同的内容来表达既定的目的，便开始了重新域定。重新域定不仅提供了一套更新的、更有效的实现目的的方法，还提供了一种可能性（创新）（布莱恩·阿瑟，2014）。因此技术创新是在新的可能世界中，将旧任务不断重新表达或者再域定的过程，而不是发明以及对其的应用。

三 技术创新体系构建

（一）技术创新环境要素分析

一个国家希望引进先进技术，它需要的不是投资更多的工业园区或含糊地培养所谓的"创新"，它需要的是建立其基础科学，而不带有任何商业目的。它应该在稳定的资金和有效的激励安排下培育那样的科学，让科学在一些初创的小公司中自己实现商业性的发现，并受到最少的干扰，要允许这些新的冒险者萌发、成长，允许这门科学及其商业播种的颠覆性改变（布莱恩·阿瑟，2014）。技术自创生的观点表明技术是从自身创造而来的。那么，就企业而言，企业在生产过程中不能够创造技术，但是可以对技术进行选择，决定是否采用某种技术。当已有的技术不能满足某种目的时，技术创新便显得十分重要了。企业应当为技术创新提供适宜的环境，促进机会向技术的转化。技术创新的环境主要包括以下几点。

经济状况。经济从技术中表现自己，并决定哪种技术应用其中（布莱恩·阿瑟，2014）。经济处于上升时期，企业对未来经济有良好预期，有利于刺激企业进行创新。企业在经营处于良好状态下应增加技术创新的投资力度。

竞争状况。企业拥有技术专长（核心技术）则更能在激烈的竞争中占有优势。市场竞争越激烈，企业面临的生存压力越大，越能刺激企业创新。企业要把这种生存压力通过技术创新体系移加到各个部门和个人，使他们成为活跃的技术创新活动主体。

政府政策。企业的生产经营活动在很大程度上受到政府政策的影响。政府政策包括以下几个方面：①税收政策，也就是对创新成果的优惠政策；②对创新成果的科技奖励政策；③知识产权保护政策；④对外贸易政策。

人文环境。对知识、人才的尊重，对创新思想、行为的鼓励。知识构成了新技术呈现过程中至关重要的环节（布莱恩·阿瑟，2014）。它从外层环境方面提供了外在的激励诱因，促成企业主动性创新。

管理体制。主要是指国家和主管部门或公司董事会对公司主要领导人的任免和考核。因为企业创新行为，主要决定于企业家的创新行为。如果外部环境对企业家创新缺乏有效刺激，则整个企业的创新活动就会受到极大影响。

（二）技术创新模式构建——技术集成创新

创新总是出现在人们面临问题的时候，尤其是面对那些非常清晰的问题时。创新总是作为解决问题的方案出现，这些方案是由那些对组合手段或功能着迷的人想出来的。通过资助创新必需的支撑因素，并在无数的功能中不断试验并积累经验，建立专项研究和实验室建设，才可以增加创新（布莱恩·阿瑟，2014）。

阿瑟认为，技术的最基本结构包括一个用来执行基本功能的主集成和一套支持主集成的次集成（布莱恩·阿瑟，2014）。各集成块之间相互联系，共同实现目标。既然技术是由各个集成块组成的，那么，在同一目标的前提下,组成技术的各个集成块可以单独进行创新。正如前面所讲,企业可以为各个集成块的创新提供优良的环境,建立起企业与科研机构的合作。通过技术的模块化,以企业为核心,企业自主投入开发以及与高等院校、科研机构之间通过成果转让、购买、委托开发、技术入股、联合经营等多种形式,使企业更有效地引进、吸收、创造和推广新的知识和技术而形成内部技术开发创新体系,以直接帮助企业构建技术创新的有利契机,并且将技术运用于市场,加快技术创新成果的转化,同时加快技术创新的循环过程。

四 结论

技术的生物属性使自身得以产生并发展,技术的产生并不是人能够实现的。因此,研究技术创新不应按照传统的方式从技术外部的角度出发,而应该深入技术内部,从组合、创新等角度重新审视技术的本质,正确看待技术创新。技术创新是技术自发性的过程,并且具有不确定性,企业不应该人为干预。我们唯一能做的,就是为技术创新提供良好的环境,促使技术创新产生。

参考文献

[1] 布莱恩·阿瑟:《技术的本质:技术是什么,它是如何进化的》,浙江人民出版社,2014,第 26、53、232、14、16、199、78、234、182、214、138、318、32 页。
[2] 丁冰:《当代西方经济学流派》,北京经济学院出版社,1993。
[3] 傅家骥:《技术创新经济学》,清华大学出版社,2000。
[4] 齐建国:《知识经济与管理》,社会科学文献出版社,2001,第 200~201 页。
[5] 熊彼特:《经济发展论》,北京经济出版社,1999。
[6] 杨名、王荟祥:《基于技术本质的技术解析体系研究》,《技术经济与管理研究》2013 年第 2 期,第 25~28 页。

畜禽及其产品质量安全的经济学问题[*]

陆昌华[**] 胡肆农 谭业平 臧一天 郁达威

改革开放已 30 余年，随着中国畜牧业生产力方式的转变，集约化、规模化和专业化饲养水平的不断提高，特别是加入 WTO 后，面对国际市场经济一体化进程，中国动物疫病防治技术应早日与国际标准相接轨，为未来中国畜禽产品开拓广阔的国际市场。然而，近年来中国年畜禽产品增加值虽然一直占世界的 80%，但畜禽产品出口仅占国内生产总量的 1% 左右。究其原因，关键是动物卫生质量出了问题。动物疫病，以及药物残留和重金属等产品污染现状，让消费者缺乏安全感（O. Mahul, et al., 2000；V. Caporale, et al., 2001），外贸出口也受了影响（蒋乃华等，2003；辛贤等，2004）。而从经济学角度来看，这些畜禽产品的消费可能对人体产生"潜在的不利影响"（王秉秀，1997；周应恒等，2004），这种潜在不利影响包括两个方面：①危害，不利影响性质；②风险，危害发生的概率。为此，20 世纪 90 年代欧美国家建立了一门新的学科——动物卫生经济学（Animal Health Economics）。在已有兽医科学（包括免疫学、传染病学和公共卫生学等）和相关自然科学基础之上，强调以动物群体的观点和经

---

[*] 基金项目：国家公益性行业（农业）科研专项计划项目（编号：200903055）。
[**] 陆昌华，研究员，男，浙江定海人，主要从事畜牧兽医信息技术、动物卫生经济与动物卫生风险评估研究，现就职于江苏省农业科学院兽医研究所，农业部兽用生物制品工程技术重点实验室，国家兽用生物制品工程技术研究中心。

济评估方法来进行疫病防控，以对投入产出、生产和贸易风险等方法进行评估，包括疫病突发时的快速决策、合理扑杀、免疫策略及资源分配等。在达到疫病扑灭和控制的前提下，寻求生物学与经济学之间的相对平衡，将经济损失降到最低（A. A. Dijkhuizen, et al., 1995; P. Brian, et al., 2001）。为此，借鉴国外经验，笔者近年来通过综合防治优化策略，对动物疫病防治效益评估与指标体系应用的成效进行了研究（A. A. Dijkhuizen, 1997; 陆昌华等，2006），探讨生态健康养殖畜禽产品质量安全经济学问题（Sen Amartya, 1984; M. R. Karl, 2011; 周应恒等，2003; 王华书，2010），并提出提高我国畜禽产品质量安全水平的对策建议。

一　国外畜禽产品质量安全研究领域的概述

通过几十年的研究与实践，许多发达国家已认识到"从农场到餐桌"是一个复杂的过程，从生产到消费，涉及农户（农场主）与消费者的全过程（FSIS/USDA, 2004）。此外，不同国家和不同时期消费者关注的重点也有所不同。

（1）玛丽恩·内斯特尔（2014a, 2014b）认为消费者有强烈的安全畜禽产品消费动机、谨慎的态度和灵活的支付意愿。国家及相关组织多采用标签等方式，由生产者提供畜禽产品信息，以满足消费者愿意接受什么种类和什么程度的产品风险，最终决定购买畜禽产品的选择能力。

（2）畜禽产品的生产是产品供给链的源头（徐晓新，2002；王志刚，2003；周洁红等，2004）。政府要求生产者为消费者提供符合质量、安全、营养的畜禽产品。让生产者寻找和确定风险管理技术有效控制与处理方法，以最有效的手段和最小的成本降低后果的损失，建立有效的质量管理体系。在产量和质量（安全）之间做出权衡，达到产品销售高利润的目的。

（3）畜禽产品质量安全提高，提升生产成本是必然的。鉴于客观存在，如购买有机类畜禽产品比一般产品价格要高，让生产者获得相应回报。因此，建立产品信息可追溯制度（J. F. Xie, et al., 2004; 陆昌华等，

2007）。畜禽产品生产标准化，从FAO到任何一个畜牧业发达国家，加强产品HACCP（Hazards Analysis Critical Control Point）管理方式应用，可提供安全畜禽产品（佟建明等，2008）。实证研究显示在生产上、经济上是可行的（陈家华等，2007；魏益民等，2008）。

（4）构建质量差异的生产控制模型。传统的生产函数只把质量作为外生变量，不考虑质量要素。美国农业经济学家Antle（2000）的研究是在Rosen（1974）的竞争性产业生产质量差异产品模型与Gertler和Waldman（1992）的质量调整成本函数模型的基础上，采用成本函数模型来检验安全外生性的假设，将质量作为内生变量来考虑，并与价格相联系，类似于传统产量的第二产量变量。按照产品生产质量水平差异化的需求，构建包括质量变量在内的现代生产函数，让企业获得应用享乐价格函数来解析畜禽产品安全经济问题的效果。

畜禽产品质量安全生产经济研究领域具有很大潜力。Antle（2001）采用不完全信息对消费者和生产者的差异性进行深度的市场分析，对多元产出技术公司和完全与不完全竞争特征的产业之间进行探索。寻找适宜的畜禽产品市场，优化畜禽产品安全理论与方法的政策设计，剖析畜禽产品市场的信息体制、正在实行改革的政策、新的政策以及有关制度。Antle在研究展望时，认为过去所做畜禽产品质量安全生产经济的研究是有用的，但还需对养殖场动物疫病进行成本分析，并提出深入环境规制、机制设计，以市场为基础的法规作用与机制。为控制预防养殖场动物疫病，通过数学模型对饲料添加剂中含药物的使用进行评价。对病原菌的实际数据可与有代表性的产业生产成本数据相结合，能更好地估计病原菌减少的成本、估计安全畜禽产品需求的变化及产业结构调整的绩效。对产品标签、产品质量与安全信息的提供等法规选择，有待于使用合适的理论和更好的经验数据与模型来加以分析。

二 中国畜禽养殖业管理现状

对我国而言，众多农户是畜禽养殖业生产的直接主体，具有点多面广、分散生产等特性。多年来，在资金约束条件下，农户依靠零散场地，进行多元化畜禽养殖方式，效率低下是明显的。当前农户生产的畜禽产品均未能送有关单位检测后再销售，更不可能自购检测设备实行自检。因此，农户的安全养殖，将直接影响国家畜禽产品管理体系的健全与发展。然而，疫病在动物种内传染性很强，而在种间不易传染，从分散风险角度考虑，可达到不同畜禽种间相互保险。以经济学观点来看，南灵等（2005）认为我国农户家庭养殖多元化经营存在与规模经济理论相悖的情况。加之畜禽产品的替代性又为分散市场风险提供了可能，这种农户多元化养殖实际上是种间互保良好风险的管理方式。胡定寰（2010）认为，中国畜禽产品质量安全管理的最薄弱环节就在生产阶段。中国面临着对安全、优质畜禽产品市场及出口需求与众多分散、无组织的小规模家庭生产矛盾。现阶段已获成功的畜禽产品质量安全管理模式有3种：①直属农场模式；②畜禽产品加工企业（农民协会）＋农户基地生产模式；③采用"超市＋加工企业（农民合作组织）＋农户"的新型农业产业化模型，通过整个畜禽产品供应链管理来确保畜禽产品质量安全，实现超市、生产者和消费者之间的多赢。现实表明，发展和促进安全畜禽产品生产，在政策保障之下，生产者有生产安全畜禽产品的意愿和动机。研究安全畜禽产品生产者经济效益（2006）让生产者能得到必要的经济利益。

我国现代化养鸡已经完全工业化，鸡在笼子里一个挨一个，看上去似乎连掉转身体都很困难。禽流感100余年前就有，但过去只在动物之间传播，为何现在会突然给人造成严重危害？这暴露了以小生产为主要特征的养禽业的弱点和弊端。现在养殖场里动物密度太高，养鸡动辄成千上万只，甚至几十万只，未考虑动物福利，并大量使用抗生素及其他预防药物。一些养殖户为了追求经济效益，禽类一般45天至50天就屠宰上市，饲养时间很短。在这45天中，抗生素、生长激素……几乎是用药不断。因此在集约化饲养的同时，要注意改善动物的生存环境。采取清洁、消毒和隔离等手段，而不是添加抗生素来预防动物疾病。应使用营养丰富的天然饲料，而不使用含生长激素等饲料添加剂来促进动物的生长。食用此类动物产品，会使有害残留物质在人体内蓄积，导致人体对多种抗生素产生抗药反应，产生过敏、畸形、致癌等严重后果。

三 企业及农户安全生产管理及贸易问题

(一) 剖析影响畜禽产品销售利润的因素

邹传彪和王秀清 (2005) 认为,安全生产管理问题,经济组织不仅能在产品质量上为其成员提供检测服务,也能通过固定营销渠道,获得高于市场的价格。但经济组织存在优越性,"搭便车"行为难以控制。因此,经济组织既需采取措施刺激成员提供高产品质量,又需要对提供低质量产品的成员予以严惩。还需要注意影响利润的其他因素:

(1) 价格效应:反映检测畜禽产品可获得价格与产品在竞争性市场获得的价格之差;

(2) 组织效应:反映组织对质量提供的影响;

(3) 检测成本效应:反映检测成本对农户提供高质量产品的影响;

(4) 生产成本效应:反映高低质量成本之差对高质量产品的影响;

(5) 监管效应:反映监测水平对质量提供的影响。

五种效应归纳:其中价格效应为正效应,组织效应、检测成本效应和生产成本效应为负效应,监管效应是前四种效应的一种系数。而组织监管效应表明监测程度与检测成本密切相关,监测程度代表每个农户产品抽检的比例,而抽检费用是抽检比例的增函数,因此,监测程度与检测费用两者呈正相关。

(二) 生产适销对路的物美、价廉、可靠的畜产品

在企业及农户生产贸易中,必须考虑消费者所关注的畜产品质量问题。对于企业而言,畜产品质量是生命。应研究企业的防疫成本与产出效益;研究改善防疫的大环境与小环境的最佳选择;研究企业出口产品创汇措施,创造良好的经济效益。所以,应在产品销售之前,重点进行产品质量风险分析。在经营学上,质量并不是单指符合技术标准的质量,而是指符合消费者需要的适销对路的物美、价廉、可靠的畜产品。

（1）物美。产品有良好的使用性能，如好吃、新鲜、符合卫生要求、耐穿、耐用等，这是产品生存发展的决定因素，也是满足消费者需求，提高企业信誉的主要因素。

（2）外观美。例如，鸡蛋的皮色，牲畜毛皮的色质、弯曲度等，为消费者喜爱，从而提高产品信誉，便于打开销路。

（3）包装良好。便于运输、携带，有利于保护产品使用性能，对消费者产生吸引力。

（4）价廉。产品价格适合消费者的承受能力，实行薄利多销；尽可能降低产品生产和经营中的总费用，从而降低销售价格，给生产者、经营者和消费者都带来实惠。

（5）可靠。依赖于提供服务。服务是企业生产功能的延长，是充分发挥商品使用价值的重要手段。服务内容有产品介绍、提供咨询、指导保存使用、表演示范和技术培训等。

（6）安全。让消费者买得舒心，吃得放心。

在此基础上，企业及农户在销售之中才能考虑效益。效益就是人们在有目的的实践活动中所费与所得的对比关系。人们研究效益问题的根本目的在于以尽量少的劳动耗费与占用取得尽可能多的有用的结果。而对于农户层次：在农户生产贸易风险中，保证农户增收是重要的任务，所以培育农民专业合作经济组织，提高农民组织化程度，通过有效提高农民家庭经营地位，来切实保护农民利益，坚持"民办、民管、民受益"的原则，其目的是让农民富起来。

四　问题与讨论

（一）生态健康养殖产品安全生产的关键及管理方法

1. 畜禽产品的生产

畜禽是生产安全畜产品的前端，畜禽的健康水平是决定畜产品质量的关键因素之一。只有畜禽健康，才能生产出安全的畜产品。而畜禽健康，又与产地饲养环境、饲料及饲料添加剂的使用、兽药使用、动物防疫和饲养管理等密切相关。如何控制每一个环节的潜在污染源，生产高档畜产品，让老百姓真正能吃上放心肉，并解决畜产品出口贸易遇到的难点，是各级政府、生产者和广大消费者十分关注的热点问题。

2. 畜禽及其产品质量安全可追溯管理

在畜禽产品生产体系中，一旦发现畜产品有问题，可从养殖、屠宰、销售到餐桌追根溯源，实施质量档案制度，对原料、成品饲料、添加剂、畜禽谱系、养殖过程防疫疾病用药、屠宰加工、贮运等要有准确完整的记录。突出 HACCP 关键点控制，分析可能产生危害及影响生物安全的风险，为政府职能部门提供决策依据，确保畜产品从源头到餐桌的全程安全。

3. 畜禽产品质量安全风险分析（2011）

畜禽产品进行溯源与召回，只是产品链条的末端出现问题时的解决方法，然而产品安全链条的前端——源头的预警和预防更加重要，即如何进行产品质量安全的风险分析，加强产品质量的监管，采用管理控制系统、应急反应体系、风险性分析等技术手段，有效地提前预防食源性疾病发生。

4. 优化资源配置

应从适应经济全球化发展需要出发，不仅包括传统意义上的监督管理，还应开展动物卫生风险评估工作，运用经济学的线性分析和动态分析方法进行科学、系统地分析，达到优化资源配置目的，并将农村和区域经济发展、保障生态健康养殖产品的安全和公共卫生、促进动物及其产品市场的发展纳入动物卫生风险管理的内容。

（二）畜禽重大疫情暴发的经济损失评估模型

畜禽生态健康养殖最怕的是动物疫病，Dijkhuizen 等（1977）阐述重大疫病暴发，其流行病的控制超出了农户个人的行为，应特别注意。当前因疫病暴发对此类动物产品出口受禁，给经济带来的间接损失研究尚未见评估报道，并提出：重大疫情暴发的经济损失评估研究，可从①疾病传播的范围；②控制和消灭疾病的费用；③出口受阻带来的间接影响三个方面进行探讨。为此，本文以猪瘟发生后的经济损失为例，分析疫病暴发事件发生后涉及的各个环节的费用和损失，提供快速损失评估与采取各种措施的投入和影响的估算，其意义在于对重大事件的决策分析提供科学依据（潘润清，1991）。

1. 疫病暴发后的扑杀和防治损失

疫病暴发后在短期内需要采取扑杀与紧急免疫、消毒和封锁等手段快速控制疫病的传播，此后还须在一个较长时期内持续加强防治措施，所以对损失的评估应包括短期和长期两个部分。

（1）短期损失

$$畜禽死亡损失 = 扑杀及死亡数量 \times 平均畜禽成本$$

关于扑杀补偿费用，对于农户或企业，当发生重大疫病时，如果国家给予一定的扑杀补偿，则在计算企业或农户的损失时需要在畜禽死亡损失中减去国家给予的扑杀补偿费用。但在总体损失计算时，扑杀补偿费用不必计算在内。

$$病畜禽收入损失 = 病畜禽数量 \times （平均畜禽价格 - 病畜禽价格）$$

$$扑杀费用 = 扑杀处理费用 + 扑杀人工费用$$

要扑灭某些流行疫病的暴发，唯一的途径是宰杀并焚化所有受感染的牲畜和任何其他可能感染到病毒的动物。被宰杀的动物必须立即焚化，通过高温将病毒杀死。

$$免疫费用 = 疫苗费用 + 免疫人工费用$$

$$消毒费用 = 药品费用 + 消毒人工费用$$

$$\begin{aligned}短期损失 &= 畜禽死亡损失 + 病畜禽收入损失 + 扑杀费用 \\&\quad + 免疫费用 + 消毒费用 = （扑杀及死亡数量 \times 平均畜禽成本）\\&\quad + [病畜禽数量 \times （平均畜禽价格 - 病畜禽价格）]\\&\quad + （扑杀处理费用 + 扑杀人工费用）+ （疫苗费用 + 免疫人工费用）\\&\quad + （药品费用 + 消毒人工费用）\end{aligned}$$

（2）长期损失

$$长期损失 = 长期防治费用 + 生产性能下降损失$$

（1）长期防治费用

为达到发病率降低的目的，养猪业每年必须投入大笔经费进行猪瘟疫苗预防注射。

$$投入猪瘟疫苗的成本 = 生猪饲养头数 \times 每头份疫苗价格$$
$$注射疫苗的人工费用 = 生猪饲养头数 \times 平均每头份人工费用$$

其中人工费用包括政府负担的兽医费用和农户或企业自行负担的费用。

（2）生产性能下降损失

年幼牲畜受到感染通常是致命的，成年牲畜较易康复，不过体重将减少，泌乳量剧减，也易于流产或不育。

此外，在注射猪瘟疫苗时，因追赶猪只及疫苗本身对猪的刺激，常使猪场其他潜伏期的疾病，在猪只抵抗力下降时暴发，成为影响猪只育成率的重要原因之一。

2. 疫病暴发后的市场损失

（1）出口市场的损失

注射疫苗的动物在体内产生抗体，在接受检验时就呈阳性反应。因此通过注射疫苗控制疫情的国家将失去"非免疫无规定疫病区"的地位。对主要依赖食品出口的国家而言，可能造成很严重和持久的出口损失。

出口被禁止所带来的损失是惨重的，其影响也是长期的，重大疫病带来的出口受阻可持续3~5年甚至更长。每年畜产品出口损失计算如下：

$$畜产品出口损失 = 年平均出口量 \times （出口平均价格 - 内销平均价格）$$

（2）国内市场的变化

（1）产品价格下降的损失

$$产品价格下降的损失 = 受影响头数规模 \times 市场价格下跌幅度$$

出口产品涌入内销市场造成产销失衡，国内市场短期内突然供过于求，必将造成猪价下跌。同时，消费者出于对自身安全的考虑，也将降低对畜产品的消费需求，更加剧市场的供需不平衡状况。

畜禽产品出口比例越大的国家在这一方面造成的损失越大，中国目前出口规模占整个生产规模的比例很小，对整个国家的价格影响不大，但随着今后国家出口的增长，其影响和风险也将越来越大。

（2）市场需求下降的损失

$$市场需求下降的损失 = 市场销售下降幅度 \times 平均猪价$$

近年来，中国市场受到"瘦肉精"等事件影响，在一定程度上已影响猪肉消费，有些城市猪肉销售增幅减缓，农村市场猪肉消费增长不快。随着国内消费者对食品安全关注程度的提高，这方面的影响也随之加大。

五 建议

针对我国生态健康养殖内外环境及动物疫病风险的挑战，应树立科学发展观，克服小农意识，提出降低畜禽产品质量安全风险的对策建议，为我国畜禽养殖业平稳发展和向现代生态健康养殖业转变奠定思想基础。

（1）发挥多元化养殖品种组合优势，弥补单一养殖品种销售亏空

在以规模化养殖为主体的前提下，因地制宜，从实际出发，根据市场需求，调整各种有效养殖方式。建议发展畜牧小区，进一步减少散养，促进散养户的规模化生产。实现当某一种养殖产品价格下跌时，用另一些高回报养殖品种的盈利来弥补经济的亏损，保证养殖者维持一定的经济效益，可发挥多元化养殖品种组合优势，推动生态养殖业健康、稳定地向前发展。

（2）建立安全生态健康产品生产体系

安全生态健康产品体系建立，有其特殊性、长期性和多主体的利益相关性。比如大肠埃希菌 $E.\ coliO_{157}:H_7$ 都是无意间进入肉类加工厂的，如果此时根本没有专门的检验技术和手段，加工企业对产品是否污染了 $E.\ coliO_{157}:H_7$ 不会比经销商和消费者知道的多。因此，尽管生产者、经营者对产品的生产流通过程知道的比消费者多，但他们同样面临着对产品实际安全状况信息不确定的问题。即使生产者完全掌握了这样的信

息，而把这些信息完整而准确地环环传递给下游所有经手人，成本可能是惊人的高昂。因此，畜禽产品安全市场更接近现实的一种状态是买者和卖者都面临畜禽产品安全信息的不对称（周应恒等，2004）。为此，针对信息不确定的市场，采用生产供给是源头，经济效益是动力，利益关联是关键，政府作用是保障的思路，重视安全生态健康产品生产的经济效益。通过农户生产、基地建设、关联企业和政府给予必要的支持与激励，建立具有长效机制中国特色的安全生态健康产品生产供给体系和食品安全体系。

（3）环境污染治理，绿色低碳环保

绿色低碳环保是现代化社会发展的需要，也是优化资源配置的最佳途径。目前，中国80%的规模化猪场都没有达到基本的粪污排放标准，因环保要求的提高，粪污处理成本昂贵，将给企业致命的打击（姚民仆，2014）。对于已建成的规模化养殖场，按照标准化生产，贯彻施行《畜禽养殖污染防治条例》，达到污染治理的要求。过去，养殖场的场址选择并无太多的要求，多认为城市带及周边地区为最佳选址，有利于畜禽产品的销售。但在追求现代绿色低碳环保的社会里，这种选择却不适合，因畜禽及其产品价值低廉、对环境污染严重。所以，迫于社会发展的需求，未来畜禽养殖业将远离城市。而对于养殖的规模，欧盟采用统筹兼顾思路，实施养殖用地与种植用地相结合方法，即养殖规模的大小，取决于种植业的规模。例如，养300头猪，那么直接用于施肥完全消化掉需要600亩土地。未来畜牧业发展，可借鉴欧盟对集约化养殖进行限制的做法，即按种植土地的规模来申报养猪头数。

（4）加强动物疫病防控体系建设

动物疫病防控体系是防止动物疫病发生和抵御动物疫病风险的根本保证。当前我国动物疫病防控经济学分析基本上与预警应急系统相互脱离，多为事后评估，缺乏预警应急经济分析模型；面向预警应急体系的定性与定量结合决策模型尚未建立。如何把动物疫病的风险降到最低限度，关键是加强与国际接轨，建设动物疫病防控体系，将防疫工作始终作为饲养场生产管理的生命线，树立"防疫至上"的理念（王长江，2005）。完善动物防疫机构，特别是基层动物防疫机构，理顺兽医管理体制，加大动物防疫资金投入，为畜禽养殖业建立有效的动物疫病防御屏障，建设国际认可的无规定动物疫病区与生物安全隔离区，最大限度地减少动物疫病的风险。

参考文献

[1] Antle, J. M., "No Such Thing as a Free Safe Lunch: The Cost of Food Safety Regulation in the Meat Industry ," *Amer. J. Agr. Econ.*, 2000 (82): 310 – 322.

[2] Antle, J. M. *Economic Analysis of Food Safety*. Gardner, B. L. & Rausser, G. C. *Handbook of Agricultural Economics* . Amsterdam: Elsevier Science B. V., 2001 (1B): 1083 – 1136.

[3] Brian P., John M., Tom R., "Can Epidemiology and Economics Make a Meaningful Contribution to National Animal-disease Control?," *Preventive Veterinary Medicine* 2001 (48): 231 – 260.

[4] Caporale V., Giovannini Francesco C. D., et al., " Importance of the traceability of animals and animal products in epidemiology ," *Rev. Sci. Tech. Off. Int. Epiz.*, 2001, 20 (2), 372 – 378.

[5] Dijkhuizen A. A., Jalvingh A. W., Berentsen, P. B. M., et al. "Modelling the Economics of Risky Decision Making in Highly Contagious Disease Control ," in Dijkhuizen A. A, Morris RS. Eds., *Animal Health Economics-Principles and Applications*. Post Graduate Foundation in Veterinary Science (New Zealand, 1977), 159 – 170.

[6] Dijkhuizen A. A., Huirne R. B. M., Jalvingh A. W., " Economic Analysis of Animal Diseases and Their Control," *Preventive Veterinary Medicine* 1995 (25): 135 – 149.

[7] Dijkhuizen A. A., Morris R. S., *Animal Health Economics Principles and Applications* (New Zealand: Post Graduate Foundation in Veterinary Science, 1997), 187 – 199.

[8] FSIS/USDA. " Farm-to-Table Food Safety. "United States Departmaent of Agriculture Food Safety and Indpection Service Office of Policy, Program Development and Evaluation Federal, State and Local Government Relations Staff Home Page," http://www. ers. usda. gov, 2004 – 03 – 29.

[9] Gertler, P. J. & Waldman, D. M., "Quality-adjusted Cost Functions and Policy Evaluation in the Nursing Home Industry," *Journal of Political Economy* , 1992 (100): 1232 – 1256.

[10] Karl. M. R., Brian. D. P., "The Economic and Poverty Impacts of Animal Diseases in Developing Countries: New Roles, New Demands for Economics and

[11] Mahul O., Durand B., "Simulated Economic Consequences of Foot-and-mouth Disease Epidemics and Their Public Control in France," *Preventive Veterinary Medicine*, 2000 (47): 23 – 38.

[12] Rosen, S., "Hedonic Prices and Implicit Markets: Product Differentiation in Pure Competition," *Journal of Political Economy*, 1974 (82): 34 – 55.

[13] Sen Amartya, "Food Battles: Conflicts in the Access to Food," *Food and Nutrition*, 1984, 10 (1): 81 – 89.

[14] Xie J. F., Lu C. H., Li B. M., et al., "Development of Monitoring and Traceability System for Pork Production," in Jia F. P., Xu Y. Eds., *Proceedings of the World Engineers' Convention*, Beijing: China Science and technology press, 2004: 302 – 306.

[15] 陈家华、方晓明、朱坚等:《畜禽及其产品质量和安全分析技术》,化学工业出版社,2007。

[16] 胡定寰:《"农超对接"怎样做?》,中国农业科学技术出版社,2010。

[17] 蒋乃华、辛贤、尹坚:《中国畜产品供给需求与贸易行为研究》,中国农业出版社,2003。

[18] 陆昌华、王长江、何孔旺等:《动物卫生及其产品风险分析》,中国农业科学技术出版社,2011。

[19] 陆昌华、王长江、胡肄农等:《动物及动物产品标识技术与可追溯管理》,中国农业科学技术出版社,2007。

[20] 陆昌华、王长江、吴孜岙等:《动物卫生经济学及其实践》,中国农业科学技术出版社,2006。

[21] 玛丽恩·内斯特尔:《食品安全:令人震惊的食品行业真相》,社会科学出版社,2014b,第4~5页。

[22] 玛丽恩·内斯特尔:《食品政治:影响我们健康的食品行为》(*Food Politics: How the Food Industry Influences Nutrition and Health*),社会科学出版社,2014a,第321 – 326页。

[23] 南灵、张大海:《农村家庭养殖中风险管理方式的经济学分析》,《科技导报》2005年第23卷第6期,第39~41页。

[24] 潘润清:《畜牧业经济管理与经济效益》,宁夏人民出版社,1991。

[25] 佟建明、汤晓艳、田莉:《畜产品质量安全与HACCP》,中国农业科学技术出版社,2008。

[26] 王秉秀:《畜牧业经济管理学》(第2版),中国农业出版社,1997。

[27] 王长江、汪明:《我国动物防疫工作存在的主要问题及对策》,《中国动物检疫》2005年第2期,第1~6页。

[28] 王华书:《食品安全的经济分析与管理研究》,中国农业出版社,2010。

[29] 王志刚:《食品安全的认知和消费决定:关于天津市个体消费者的实证分析》,《中国农村经济》2003年第4期,第41~48页。

[30] 魏益民、刘为军、潘家荣等:《中国食品安全控制研究》,科学出版社,2008。

[31] 辛贤、尹坚、蒋乃华:《中国畜产品市场:区域供给、需求和贸易》,中国农业出版社,2004。

[32] 徐晓新:《中国食品安全:问题、成因、对策》,《农业经济问题》2002年第10期,第45~48页。

[33] 杨万江:《安全农产品生产经济效益研究——基于农户及其关联企业的实证分析》,浙江大学,2006。

[34] 姚民仆:《2014年我国养猪业面临四大挑战》,《猪业健康导刊》2014年第3期,第27~36页。

[35] 周洁红、姜励卿:《影响生鲜蔬菜消费者选择政府食品安全管制方式的因素分析——基于浙江省消费者的实证分析》,《浙江统计》2004年第11期,第16~17页。

[36] 周应恒、霍丽月:《食品安全经济导入及其研究动态》,《现代经济探讨》2004年第8期,第25~27页。

[37] 周应恒、霍丽月:《食品质量安全问题的经济学问题思考》,《南京农业大学学报》2003年第3期,第91~95页。

[38] 邹传彪、王秀清:《中国食品工业产业集聚影响分析》,《中国农业经济评价》2005年第4期,第427~452页。

科技风险与科技保险研究综述[*]

马绍东 赵宏恩[**]

一 引言

科技风险具有高风险性和复杂性等特点,是否有效地防范和化解科技风险对科技创新的成败事关重大。而科技保险作为科技与保险结合的一种新型保险形式,对分散和化解科研创新过程中的诸多风险具有一定的作用。国外存在科技保险形式的险种,但无科技保险这一概念的准确界定,更无科技保险的系统研究。可以说,科技保险是我国政府和学界为了加强保险在高科技企业科技创新活动中的保障和融资功能而提出的。1995年,我国学者谢科范等人首先提出"科技保险"这一概念,此后部分学者对其进行了早期研究。2006年,我国开始在部分城市试点科技保险。自此,科技保险开始受到学者们的广泛关注。随着试点工作的深入开展,研究文献也越来越多,因此,有必要对现有文献进行系统的梳理。本文从理论研究和实证研究两个大方面出发,分别从科技保险内

---

[*] 资金项目:贵州省科学技术基金"贵州省政策性科技保险最优补贴机制研究"(黔科合J字[2013] 2084号)。

[**] 马绍东,男,四川成都人,经济学博士,副教授,硕士生导师,保险系主任,中国准精算师;研究方向为科技保险、保险精算及风险管理与保险。赵宏恩,男,河南平顶山人,贵州财经大学保险硕士研究生在读,研究方向为科技保险、风险管理与保险。

涵、属性、运行模式、政府补贴、险种创新、存在问题和绩效评价七个角度对以往研究进行梳理和总结，以期对科技风险和科技保险未来的理论探索和实践推广提供有益的帮助。

二 科技风险研究

（一）科技风险内涵界定

对科技风险的内涵界定，目前在学术上并没有统一。不同的学者根据各自的理解和研究角度给出了不同的界定。

谢科范、倪曙光（1995）认为科技风险是指科研开发过程中，特别是科学技术转化为生产力的过程中，由于外部环境的不确定性、项目本身的复杂性，以及科研开发者能力的有限性而导致科研开发项目失败、中止、达不到预期的技术经济指标的可能性；杨雪聘（2001）认为科技风险是指一项科技活动的最终结果存在与科技的后一个目标相反的可能性，它有可能给人类带来不好的生存境遇和祸害；乌尔里希·贝克（2003）认为科技风险是指由科技方面的不确定性对主体所带来的损害性。它是一种"被制造出来的风险"，源于人们的重大决策，并且是由现代社会整个专家组织、经济集团或政治派别权衡利弊得失后所做出的决策。马婴（2005）认为现代科技风险的来源是科技的发展以及人们对科技的依赖，这在某种程度上增加了人类社会受到科技带来的负面后果影响的可能性；许志晋、毛保铭（2006）认为由于现代科学技术的高度复杂性及其本身固有的不确定性，使得任何专家都不能完全准确地预测、计算和控制科技发展给人类带来可能的危害而形成的风险，即现代社会的科技风险；等等。

谢科范、倪曙光等学者从管理学角度较早地对科技风险进行了界定。此后，在管理学领域研究科技风险的学者大多沿用了这一界定；杨雪聘、马婴等学者则从哲学角度定义了科技风险。相对来说，从哲学角度定义的科技风险较管理学角度的定义相对宽泛。

（二）科技风险影响因素

对于科技风险的影响因素，国内学者研究的相对较少。与内涵界定相对应，科技风险影响因素的研究主要从管理学和哲学两个方面展开。

谢科范、倪曙光（1995）认为科技风险的影响因素主要有三个：外部环境的不确定性、项目本身的复杂性和科研开发者的能力；毛保铭（2006）则认为现代社会科学理性与社会理性的断裂是科技风险的来源也是其影响因素；刘松涛、李建会（2008）指出科技高速发展引起的价值断裂以及对自然控制的不确定性是科技风险的成因和影响因素；李承、周潞（2014）则认为科技活动的社会性是科技风险产生的基础，市场竞争要求经营者选择企业急需解决的、有较好商业前景的科技项目或者产品，对自身利益的偏爱容易使经营者倾向于强调科技项目和产品的益处而忽视其潜在风险，等等。

对风险的识别和管理是保险存在的前提和基础。科技风险影响因素研究的短板在一定程度上制约了科技保险的研究。另外，科技风险的准确识别和管理对科技企业防范和化解风险意义重大。

三 科技保险理论研究

（一）科技保险内涵界定

关于科技保险的内涵，国内学者从不同的角度给予了界定。

谢科范（1996）是较早研究科技保险的学者之一，他从保险的根本属性出发，指出科技保险是在风险与利益对称原则下实现科技风险分摊的有效方式，是一种以科技活动为保险标的物的险种；郭承运、李纯青（2001）认为科技保险是对某项科学技术的理论研究、新产品开发或新技术产业化，以保险期内的失败为前提，以等待期内无成功事实出现为条件，以合同商议价为保险金额的给付保险。此后，随着科技保险试点工作的展开，学者们对科技保险的内涵进行了更加细致的探讨。邵学清（2007）认为科技保险是为了规避科技活动在研究开发、科技成果转化、科技产品推广三个阶段中由于内部能力的局限和外部因素的影响而导致科技活动失败、中止、达不到预期目标的风险而设置的保险；吕文栋、赵杨、彭彬（2008）则把科技保险从一般人身财产保险中区分开来，将科技保险定义为承保在企业技术创新过程中，由于项目自身及外部环境的影响，导致项目失败、中止或在规定期限内不能完成价值实现风险的一揽子保险的统称；等等。

从以上的分析可以看出，虽然目前理论界对于科技保险仍没有一致性的定义，但就其内涵已基本达成共识。科技保险内涵的明确界定为科技保险理论的进一步发展奠定了基础。

（二）科技保险理论属性

科技保险的属性问题曾是理论界争议的焦点，主要围绕科技保险是政策性还是商业性展开。

谢科范（1996）认为科技保险是商业性保险，他指出科技保险关系是由当事人自愿缔结的合同关系，这种通过保险合同体现的保险关系使科技保险具有商业性保险的特性；邵学清、刘志春（2007）则认为科技保险具有有限的非竞争性和有限的非排他性，其本质属性是准公共产品性，同时，科技保险市场存在明显的市场失灵，因此科技保险属于政策性保险；吕文栋、赵杨、彭彬（2008）将科技保险定性为一种具有集成性、弱可保性、正外部性以及严重的信息不对称性的保险，从性质上不仅包括商业性保险，还应包括政策性保险；胡慧源、王京安（2010）从经济学的角度对科技保险的制度选择进行了论证，他们认为外部性和价格效应导致科技保险市场失灵，政策性科技保险可有效地弥补这一缺陷；曹国华、蔡永清（2010）则从财政补贴对科技保险效应的角度来说明政策性科技保险存在的依据，通过构建科技保险各参与主体行为的博弈模型，得出只有在科技风险较小或能有效分散的情况下，政府停止财政补贴才可实现纳什均衡；等等。

从以上的分析可以看出，谢科范认为科技保险是商业性保险；邵学清、胡慧源、曹国华等学者则认为科技保险是政策性保险，理论依据各不相同。随着争论的深入，理论界基本达成科技保险走一条政策性逐步过渡到商业性的道路的意见。

（三）科技保险运作模式

关于科技保险的运作模式，理论界探讨得较为充分，但争议较多，同科技保险商业性与政策性争论相对应，观点主要集中在市场调节和政府扶持两大方向。

谢科范、倪曙光（1995）首创性地提出了投保 - 理赔、担保、半参与以及全参与四种运作模式；任伟、胡安周（1997）认为科技保险的发展应经历三个阶段，第一个阶段应针对可控性强、损失不大的领域开展科技保险服务，第二个阶段将其拓展到对研究和开发活动全过程的保险，第三个阶段逐步形成以风险投资为主，普通保险与风险投资相结合的风险分散体系；邵学清、刘志春（2007）从政府参与科技保险角度入手，把政府主导的科技保险分为政府主办、政府经营，政府主办、商业保险公司代理经营和政府主导下的商业运作三种模式，同时指出第三种模式比较适合我国国情；刘骅、谢科范、赵湜（2009）在谢科范、倪曙光（1995）的基础上，给出了担保、半参与和全参与三种运作模式的详细流程；蔡永清（2011）认为邵学清、刘志春（2007）提出的科技保险的分类中，前两种模式属于政府主持模式，第三种模式是政府主导模式；等等。

从以上的分析可以看出，谢科范、任伟主要从保险公司参与科技保险角度研究；邵学清、刘骅、蔡永清等学者主要从政府参与科技保险的角度研究。从总体上来看，目前理论界倾向于政府扶持。

（四）科技保险政府补贴

关于科技保险政府补贴机制，理论研究相对较少，理论界主要围绕政府补贴的必要性和补贴的比例探讨。

谢科范、赵湜、刘骅、何菲（2009）通过建立科技企业、政府和保险公司间的不完全信息动态博弈模型，强调了财政补贴的重要性，并提出在地方财政预算内列出科技保险配套扶持资金的建议；曹国华、蔡永清（2010）通过建立科技企业和保险公司的博弈模型，发现必须通过政府财政补贴才能达到纳什均衡；黄英君、赵雄和蔡永清（2012）认为科技保险的发展应以政府支持为基础，实施政策性科技保险，并从科技保险的市场失灵现象以及财政补贴对科技保险的效应两个方面为政策性科技保险的财政补贴提供理论依据，同时以北京、重庆和武汉为例分析了补贴模式，并利用激励相容理论确立了财政补贴的最优规模；等等。

从以上的分析可以看出，目前关于科技保险政府补贴的研究相对来说比较粗浅，关于补贴的依据和效应研究相对较少。除了理论研究之外，目前各试点城市根据本地区中小企业的特点相应地出台了一系列补贴政策。

（五）科技保险险种创新

科技保险险种相对比较单一，理论界对险种创新的研究相对较少，基本还停留在定性分析阶段，定量分析很少。

刘骅（2010）认为科技保险承保人应在科技保险工作中建立科技保险数据库，探索高新技术企业风险防范、应对以及处置综合管理体系，建立综合试验区，并给出了科技保险产品创新的原则、流程和发展方向；赵湜、谢科范（2011）则认为科技保险险种创新应在创意设计、技术设计、新险种的实施和评估反馈四个方面创新，并运用多种工具和方法设计出了"研发技术人员职业责任"新险种；赵湜、谢科范（2012）通过构建科技保险险种创新的进化博弈模型，分析了政府和保险公司在创新进化中的稳定性，认为保险公司选择开发新险种策略的基础是新险种所带来的超额收益。政府干预险种创新的基础是我国科技保险市场具有活力，并且干预行为具有良好的社会效应。

四　科技保险实证研究

(一) 科技保险存在的问题

科技保险自试点以来暴露出了许多问题，理论界众多学者对此进行了详细的研究分析。

邵学清 (2009) 认为由于科技保险保费补贴细则不够明确，对优惠对象的标准制定过高等原因，财政补贴不能按时到位。彭志文、宋旺 (2010) 基于对中关村高新技术企业抽样调查的分析，认为保险公司提供的科技保险产品无法满足市场需求，对高新技术企业的吸引有限。吴应宁 (2010) 则认为科技保险需求不足，投保企业的比重偏低，专门保证技术研发过程的险种投保比例很小。赵杨、吕文栋 (2011) 通过对北京四个科技保险试点城市的实地调研，认为政府在推广科技保险过程中存在多部门联动和会商机制不成熟、科技创新评估体系欠缺、财政补贴引导效果不明显、税收优惠政策落实不到位、产品的市场适应性差、保险公司赔付率偏高、科技企业风险防范意识淡薄等问题。王蕾、顾孟迪 (2014) 通过对上海市科技保险试点的调研指出，一方面，目前市场上存在险种大多是财产险的变种，远远不能满足企业科技创新的需要；另一方面，保险公司因要承担过高的风险而缺乏创新险种的原动力，并且因采用推销式的模式，引起企业反感，成功率较低；等等。

针对科技保险试点存在的问题，理论界给出了大量的解决方案。赵杨、吕文栋 (2011) 分别从政府推广、科技保险供给、科技保险需求和中介机构服务四个方面提出了具体的解决方法；彭志文、宋旺 (2010) 则从宏观经济、市场结构和制度环境等多个角度分析了供需不足的根源，并提出解决方法；赵俊英 (2012) 利用效用函数分别从保险公司和科技企业两个角度分析了科技保险供需不足的原因，并提出了多种解决途径；肖天明 (2012) 建议在"非试点"地区构建科技保险市场可持续发展平台；等等。

（二）科技保险绩效评价

科技保险试点数据的不断积累，为科技保险绩效评价提供了可能。理论界用多种方法和从多个角度进行绩效评价和实证分析。

刘骅、谢科范（2009）将科技保险实施效应引入区域自主创新能力的研究之中，并将原有科技环境细分为培育性科技环境与自发性科技环境，通过运用结构方程模型对武汉市科技保险的实施进行了实证研究，探讨了科技环境与科技保险实施效应对区域自主创新能力的影响；刘骅（2010）则通过构建灰色关联评价模型，测算首批试点城市（区）科技保险实施的绩效；万欢（2011）运用数据包络分析（DEA）模型评价首批试点城市（区）科技保险实施的绩效；刘骅、张忠桢（2011）以项目投资损失保险（科技保险第二批推行险种）为例，以科技企业为研究主体，构建投保比例模型，运用线性不等式组旋转算法测算科技企业最优投保策略；赵杨、吕文栋、黄丽（2013）通过运用AHP方法对科技保险在四直辖市的实施效果进行了实证研究；吕文栋（2014）从企业创新风险、管理层风险偏好和管理层风险认知三个要素实证检验其对科技保险参保意愿的影响，指出风险偏好型管理层购买科技保险的意愿更低，管理层风险认知水平越高，企业购买科技保险的意愿越强；等等。

从以上的分析可以看出，关于科技保险的绩效评价和实证分析的研究还相对比较薄弱，研究方法和研究角度也相对比较传统。

五　研究展望

随着科技保险试点的不断深化，理论研究与实践相互影响，使科技风险与科技保险研究深度不断加深，研究广度不断拓宽，研究方法更趋科学性。

（一）理论研究方面

科技风险与科技保险的发展需要理论研究的支持。目前，在政府补贴研究方面，研究多集中在补贴的必要性和补贴的比例方面，对补贴的依据和补贴的效应分析较少，对"补贴谁""补多少""怎么补"的细节问题缺乏研究，对补贴资金的来源问题研究基本空白，未来在政府补贴方面需要深入地研究。在险种创新研究方面，研究集中在定性分析方面，对科技风险的识别和度量涉及较少，有关科技保险的产品定价、费率厘定、新险种设计等方面的研究欠缺，未来就科技保险产品的细节问题可加大研究。在运行模式研究方面，除投保－理赔型模式较为成熟外，其他模式理论界也可进行相应的可行性分析。

（二）实证研究方面

科技保险试点的不断深化，反过来为实证分析提供了大量的数据和素材。目前在实证研究方面，学者们的研究集中在科技保险试点中存在的问题及对策建议，对科技保险的绩效评价和定量分析较少，绩效评价和定量分析有待加强。有少数学者对第一批试点城市进行了绩效评价，并有学者就试点地区和非试点地区进行了比较研究，但对于第二批试点地区的研究相对缺乏，未来同样需要加强对新试点地区的研究。另外，目前所用的绩效评价和定量分析方法相对传统，研究结果难免偏离现实，实证研究提出的对策建议可信度较低。在绩效评价和定量分析上，理论界运用新的软件及探索新的实证分析方法研究科技保险也应是下一步努力的方向。

参考文献

[1] 蔡永清：《政策性科技保险发展及财政补贴问题研究》，2011。
[2] 曹国华、蔡永清：《基于政府补贴行为的科技保险参与主体博弈分析及对策研究》，《保险研究》2010 年第 5 期，第 96～102 页。
[3] 郭承运、李纯青：《在高新技术产业中实施科学技术保险的构想》，《商业研究》2001 年第 11 期，第 104～105 页。
[4] 胡慧源、王京安：《政策性科技保险存在的经济学分析》，《科技进步与对策》2010 年第 27 期，第 101～104 页。

[5] 黄英君、赵雄、蔡永清：《我国政策性科技保险的最优补贴规模研究》，《保险研究》2012年第9期，第64~75页。

[6] 《科技创新的保险支持模式——基于上海市的调研分析》，《科技进步与对策》2014年第1期，第23~26页。

[7] 刘骅：《科技保险的理论与实证研究》，2010。

[8] 刘骅、谢科范：《科技环境与科技保险对区域自主创新能力的影响——基于结构方程模型的实证分析》，《中国科技论坛》2009年第3期，第43~46页。

[9] 刘骅、谢科范、赵湜：《科技保险运行模式及机制创新研究》，《科学学与科学技术管理》2009年第30期，第15~19页。

[10] 刘骅、张忠桢：《科技保险中项目投资损失保险投保比例优化决策》，《经济数学》2011年第3期，第5~9页。

[11] 刘松涛、李建会：《断裂、不确定性与风险——试析科技风险及其伦理规避》，《自然辩证法研究》2008年第2期，第20~25页。

[12] 吕文栋：《管理层风险偏好、风险认知对科技保险购买意愿影响的实证研究》，《中国软科学》2014年第7期，第128~138页。

[13] 吕文栋、赵杨、彭彬：《科技保险相关问题探析》，《保险研究》2008年第2期，第36~40页。

[14] 《论科技风险责任的承担——以软件风险漏洞为例》，《科技进步与对策》2014年第5期，第103~106页。

[15] 马缨：《科技发展与科技风险管理》，《中国科技论坛》2005年第1期，第33~36页。

[16] 毛宝铭：《理性的断裂——论风险社会中的科学技术》，《科技情报开发与经济》2006年第2期，第133页。

[17] 彭志文、宋旺：《我国科技保险市场的问题、根源及对策——基于中关村高新技术企业抽样调查的分析》，《保险研究》2010年第9期，第63~69页。

[18] 任伟、胡安周：《我国应大力发展科技保险》，《金融理论与实践》1997年第1期，第41~43页。

[19] 邵学清：《对科技保险试点的经验总结与展望》，《中国科技论坛》2009年第4期，第41~45页。

[20] 邵学清：《科技保险的必要性与可行性》，《中国科技投资》2007年第9期，第44~47页。

[21] 邵学清、刘志春：《政策性科技保险的框架设计》，《中国科技投资》2007年第11期，第49~52页。

[22] 万欢：《基于DEA方法的科技保险实施绩效评价》，《重庆工商大学学报》2011年第8期，第351~354页。

[23] 乌尔里希·贝克：《从工业社会到风险社会》（上篇），《马克思主义与现实》2003年第3期，第26~45页。

[24] 吴应宁:《科技保险:现状、问题及对策》,《金融发展研究》2010年第11期,第62~65页。

[25] 肖天明:《推广期"非试点"区域科技保险市场发展平台构建》,《科技进步与对策》2012年第7期,第38~41页。

[26] 谢科范:《我国科技保险的现状与对策思考》,《武汉汽车工业大学学报》1996年第18期,第63~66页。

[27] 谢科范、倪曙光:《科技风险与科技保险》,《科学管理研究》1995年第13期,第49~52页。

[28] 谢科范、赵湜、刘骅、何菲:《科技保险实施中三方不完全信息动态博弈分析》,《武汉理工大学学报》2009年第10期,第6~9页。

[29] 许志晋、毛宝铭:《论科技风险的产生与治理》,《科学研究》2006年第4期,第488~491页。

[30] 杨雪聘:《科技风险的伦理思考》,《武汉科技大学学报》2001年第4期,第38~39页。

[31] 赵俊英:《我国科技保险供需不足的经济分析与对策》,《科技管理研究》2012年第12期,第101~104页。

[32] 赵湜、谢科范:《基于进化博弈模型的科技保险险种创新行为研究》,《软科学》2012年第11期,第53~57页。

[33] 赵湜、谢科范:《科技保险险种创新方案与构想》,《科技管理研究》2011年第19期,第104~109页。

[34] 赵杨、吕文栋:《科技保险试点三年来的现状、问题和对策——基于北京、上海、天津、重庆四个直辖市的调查分析》,《科学决策》2011年第12期,第1~24页。

[35] 赵杨、吕文栋、黄丽:《基于AHP方法的科技保险实施效果实证研究》,《财经理论与实践》2013年第5期,第43~47页。

科技成果转化、技术创新与创新驱动发展的一个范式转换

彭炳忠[*]

如何发挥科学技术强大的经济功能，国内外存在两种思维"范式"，即"科技成果转化"范式与"技术创新"范式。长期以来，在我国，科学技术是生产力作为一个历史唯物主义的哲学命题，已经为人们所共识，发挥科学技术的生产力功能和经济功能，依靠"科技成果转化"已经形成一种思维范式，然而这种范式带有浓厚的哲学色彩和计划经济色彩，在现代市场经济条件下存在诸多缺陷。实践证明，在我国大力加强的科技成果转化工作不但收效甚微，反而累积了很多矛盾。因此，本文提出，在创新驱动发展战略中，要最终解决我国科技推动经济发展的问题，必须抛弃传统的科技成果转化思维范式，实现科技成果转化范式向技术创新范式的转换。

一 科技成果转化范式及其缺陷

一般来说，科技成果转化包括三类情况，即科学研究成果向技术成果的转化；技术成果通过开发向生产领域的转化；新技术在小范围应用成熟

---

[*] 彭炳忠，湖南商学院经济与贸易学院党总支书记、教授，湖南经济改革与发展研究中心教授，主要研究方向为科技创新与产业发展、科技管理与政策。

后向更大范围的推广扩散（杜德方，2011）。但是，国外发达市场经济国家并不使用"科技成果转化"的这一概念，也不存在科技成果转化工作，而与"科技成果转化"最为接近的是"技术创新"概念，显然，两者在含义上大相径庭。在发达市场经济国家中，技术创新活动是在同一个组织即企业中完成的，因而不存在我们所说的"转化"问题。科技成果转化问题是我国计划经济体制中形成的一种特殊现象，这种思维范式在市场经济条件下存在明显缺陷。

（一）"科技成果转化"由"科学技术是生产力"命题直接推论而来，带有浓厚的哲学色彩和计划经济色彩

科技成果转化即"科学技术转化为生产力"，这种观念来自一个历史唯物主义的哲学命题，即"科学技术是生产力"。按照马克思的观点，科学技术是生产力，但科学技术作为生产力只是知识形态的、潜在的生产力，需要通过转化才能成为物质形态的、现实的生产力。至于如何实现转化，作为哲学命题，马克思没有具体阐述。因此，"科学技术转化为生产力"是由"科学技术是生产力"这个历史唯物主义哲学命题推论而来的哲学原理（杨忠泰，2003）。改革开放以来，邓小平同志重申了马克思关于科学技术是生产力的基本观点，并进一步提出了"科学技术是第一生产力"的重大命题。但是，由于长期受计划经济体制影响，我国科技力量主要集中于科研机构与大学，国家只能采取科研机构和大学向政府财政申请科研经费立项研究取得科研成果后，再转让给企业以实现转化的计划经济的做法，从而形成了我国特有的科技成果转化范式和看似日益重要的科技成果转化工作。

（二）科技成果与转化，不存在必然联系

科技成果一定需要转化吗？其实不然。科技成果与转化之间并不存在必然联系，主要有两个原因。其一，并不是科技成果都能够实现转化的。转化是将知识形态的科技成果变为物质形态的生产力，而基础研究追求的

是学术价值，绝大多数基础研究成果也只具有学术价值，因而是不能转化的，或者至少在短期内不能实现转化。其二，并不是科技成果都必须要实现转化。"转化"是跨越主体的，是主体之间的转化。企业根据市场需要进行技术创新，研究开发与生产应用都是在企业内部完成的，企业的研究开发成果不存在所谓的转化问题。随着社会主义市场经济体制的进一步深化，企业作为研究开发活动的主体地位将日益突出，企业研究开发活动在整个国家的研究开发活动中的比例更大，其作用更突出，越来越多的科技成果不存在所谓的转化问题。

（三）"科技成果→转化"模式，在现代市场经济中属于个案，不应作为一种普遍的科技经济运行机制予以推行

技术创新基本的动力模式有两种，即科技推动型、需求拉动型。"科技成果→转化"属于典型的科技推动型，先有科技成果，科技成果寻求应用的过程即为转化过程，这是一个典型的单向的线性过程，市场只是被动接受转化成果即产品。在现实的市场经济条件下，占绝大多数的是需求拉动型的技术创新动力模式。需求拉动的技术创新是由市场需求引发的，在需求拉动的技术创新动力模型中，市场是 R&D 构想的来源。有数据表明，在市场经济国家中，60%~80%的技术创新是由市场需求引发的（傅家冀，1998）。从技术创新模式看，"科技成果→转化"这种科技推动型的模式只是少数。况且，在科技推动型模式中，科技成果并非都来自科研机构和大学。因此，科技成果转化并非涵盖了全部科技推动型模式的技术创新，在现代市场经济中，科技成果转化属于个案，不需要作为一种普遍的科技经济运行机制予以推行。

（四）科技成果转化的制度基础——科技成果鉴定制度，其存在价值正在丧失

我国的科技成果鉴定和管理办法，在计划经济时期曾经发挥了重要作用，但这是一个典型的计划经济产物。与此对应，国际上通行的是知

识产权管理和学术同行评议制度。科技成果鉴定和管理制度在现实中已经暴露出其根本性缺陷,在很大程度上已经不适应现代市场经济对科技创新的要求,甚至已经成了影响我国科技创新的一个重要制度障碍。科技成果转化的制度基础——科技成果鉴定与管理制度,正在丧失其存在价值。

(五)科技成果转化工作过分追求转化率,导致理论上的混乱,偏离了科技成果转化的初衷

科技成果转化工作通常以转化率的提高为主要目标之一,导致一些地方政府出现了一种令人啼笑皆非的倾向,牵强附会为"逢成果必转化"寻找"理论依据"。例如,基础研究成果一般只有学术价值,基础研究追求的通常也是学术价值,无所谓"转化",有的就提出"发表""转载""引用"就是"转化";软科学成果其实也不属于科技成果转化范畴,有的则提出为政府主管部门或领导"采用",即为"转化"。这样容易导致理论上的混乱,也偏离了科技成果转化的初衷——促进科技成果转化为现实生产力,促进科技成果经济效益的实现。

二 从科技成果转化范式到技术创新范式的转换机理

基于我国经济增长质量不高、科技进步滞后、科技与经济"两张皮"等现实,国内学术界于20世纪80年代中期开始了对技术创新理论的研究。1995年5月,党中央、国务院在《关于加速科学技术进步的决定》中明确提出,要"加强技术创新""提高技术创新能力";1999年8月,党中央、国务院发布了《关于加强技术创新,发展高科技,实现产业化的决定》,可见,党和国家已经充分认识到技术创新的重要作用,高度重视技术创新工作。与此同时,我国1995年10月开始施行《中华人民共和国促进科技成果转化法》,说明科技成果转化的理念在我国影响深远,在客观上,是两种范式同时并存。然而,实践证明,在我国大力加强的科技成果转化工作不仅收效甚微，反而累积了很多矛盾。我们认为，要走出科技成果转化的困惑与困境，必须逐步摒弃科技成果转化的思维范式，实现由转化范式向创新范式的转换，以技术创新的理念来统领科技成果转化工作，进而最终以技术创新工作取代科技成果转化工作。实现科技成果转化范式向技术创新范式的转换，其变化是深刻的，乃至是根本的（文兴吾，2004）。

（一）思维方式转换：从哲学思维向经济学思维转换

"科技成果转化"是一个历史唯物主义的哲学命题，而技术创新是一个经济学概念。在我国已经体制化的科技成果转化工作，是对历史唯物主义哲学命题"科学技术是生产力"的直观、机械地理解并采取计划经济的做法。技术创新的概念来源于著名经济学家约瑟夫·熊彼特提出的创新概念，他提出创新就是把生产要素和生产条件的新组合引入生产体系，即建立一种新的生产函数，并强调创新就是生产函数的变动，而这种函数是不能分解为小的步骤的（约瑟夫·熊彼特，1990）。创新概念的提出，是世界经济思想史上的一个重大突破。技术创新一开始就被定义为以利润为目的的企业的经济活动，是企业或企业家的行为，是一个经济学概念。从经济学的角度来考察，所谓的"科技成果转化"问题，避免了从哲学角度对科技成果转化人为设置的认识误区以及体制与机制中的种种弊端。

（二）目标导向转换：从以水平为中心向以效益为中心转换

科技成果转化工作，首先强调的是高水平的科技成果，然后试图将这种成果达成一种跨越利益主体间（如从科研机构到企业）的转化，即实现成果的应用。技术创新则是企业的技术经济活动，它强调以市场为导向，以综合效益为中心，把能否赢得商业价值作为其成败的最高标准，而不像传统科技成果转化那样以成果为导向，以水平为中心。事实上，有些高技术在技术上是成功的，但在经济上却是失败的，有些小的技术创新却能收到显著的经济和社会效益。

（三）配置方式转换：以单项技术转化向以生产要素系统优化配置转换

传统科技成果转化是由政府下达科研项目，科研单位产出成果，然后再找"婆家"，企业只是被动接受或使用成果。这是一种单向度的科技成果"供应型"转化机制，而且科技成果转化工作往往是单项技术的推广应用，由于这种转化是在不同利益主体间进行的，各主体不可能对转化全过程的资源实现统筹安排，致使科研机构和企业对成果转化的关键环节——中间试验相互推诿，形成"中试空白"。技术创新不是就技术论技术，也不是追求单项成果的应用，而是重视系统技术的综合集成和生产要素的优化配置，把技术、生产和经营作为技术和经济相互作用的系统工程来抓，从全过程合理配置资源，这就和转化范式有根本的不同，从而在体制上消除了游离于企业之外的科技成果多而企业采用少、科技成果与企业脱节，科技与经济"两张皮"的现象。

（四）行为主体转换：从科研机构、大学和企业多主体模式向企业单主体模式转换

传统科技成果转化模式是多主体的，成果供给源是政府所属科研机构和大学，成果吸收体是企业，虽然我们也提出要以企业为主体，但是在传统科技成果转化模式中，各个主体各司其职，也不能说谁比谁更重要。而在技术创新中，虽然政府、科研机构和大学扮演着重要角色，但只有企业才是技术创新的真正主体。技术创新作为科技与经济一体化发展的综合性活动，是新技术在生产中的商业性应用，最终目的在于获得超常的经济效益。只有企业才能根据市场需求，提出创新构想，做出创新决策，具有把技术开发、生产组织和销售服务各环节有效结合起来而完成技术创新全过程的功能性优势。

（五）运行模式转换：从推广应用模式向创新模式转换

与西方发达国家企业主体化的科技经济体制不同，我国科技体制是在

新中国成立初期学习苏联计划经济体制下形成的。受计划经济体制的影响,我国科技力量主要分布在政府所属的科研机构和大学。科技成果转化的基本模式是科技成果源(科研机构和大学)→技术市场→科技成果吸收体(企业)。这种模式在实际运行过程中存在种种不可逾越的困难和障碍。技术创新主要在企业内部运行,成本内部化,收益内部化,使成果的应用变得自然和顺畅,避免了多个主体之间的矛盾与冲突。

(六)运行环境转换:从营造环境向创建国家创新体系转换

科技成果转化工作必然需要相应的环境条件支撑,我们通常要求全社会都应关心、重视和支持科技成果转化工作,以营造科技成果转化的良好环境。但是,由于科技成果转化工作本身所固有的体制与机制缺陷,对政府、科研机构、大学和企业提出的要求中,有些与科技经济发展趋势相悖,有些与科技经济运行规律相违背,致使科技成果转化工作的各种矛盾积重难返,无论怎么努力自始至终都是一个"老大难"问题。技术创新范式下的环境建设,是创建国家创新体系。国家创新体系建设是以创新为中心,从规范政府、大学、科研机构和企业等各个主体的职能入手,理顺各个主体联结和协调的机制,使知识、技术、人才、资本等各种创新资源得到合理配置,以达到提高创新能力的目的,从而可以最终从根本上解决技术创新的支撑条件问题,科技成果转化的问题亦可最终在国家创新体系建设和完善中得到消解。

三 实现科技成果转化范式向技术创新范式的转换需要解决的几个关键问题

从转化范式向创新范式转变,是大势所趋。一方面,我国社会主义市场经济体制不断完善,科技体制、经济体制改革不断深化;另一方面,技术创新的理念越来越深入人心,国内外企业技术创新的成功实践给科技成果转化工作提供了经验和启示。但是,实现从转化范式转向创新范式,不是一蹴而就的,面临诸多困难,难度不小,需要切实解决以下几个关键问题。

（一）改革科技成果管理体制和评价制度

科技成果管理体制和评价制度，是我国科技成果转化的制度基础。科技成果管理主要采用科技成果鉴定和登记的方式。科技成果鉴定工作是主管科技工作的政府行政机关的行政行为，是政府对科学技术实施管理的手段之一。虽然近几年一些地方对此进行了一些改革，主要采取社会评审的方式，但是这种成果鉴定的做法没改变。科技成果鉴定工作的目的是正确认定科技成果的质量和水平，加速科技成果的推广转化。但实际效果是事与愿违，反而变成了科技与经济脱节的重要制度原因。当然，科技成果转化并不以科技成果是否进行鉴定为前提，但这一制度本身造成了严重的体制障碍，它导向科技工作者为通过鉴定搞科研，为评职称做鉴定，这既不符合科技发展规律，也不符合当代科技创新大势，还使科技成果的社会经济功能大为贬损。

我们认为，必须从根本上改革我国传统的科技成果管理制度。对于学术性科技成果，应采用国际上广为接受的同行评议法、引文分析法等方式进行，交由学术界处理；对于技术性科技成果，按照《专利法》和《反不正当竞争法》等纳入专利管理和专有技术管理框架，交由知识产权部门管理；对于软科学研究，则纳入政府的政策咨询研究范畴，显然，更多软科学研究将纳入企业及社会的咨询研究范畴。

（二）深化和完善科研机构的改革

过去，我国计划经济体制下的科研机构，绝大多数游离于企业之外，科技成果与经济脱节的现象普遍存在，而且由于机构设置及布局不合理，低水平重复建设现象也比较突出，致使整个国家科研投资效益不高。

深化和完善科研机构改革的目的之一，是要使应用性、开发性科技成果不再游离于企业之外，要使科技与经济紧密结合。对于从事基础研究的科研机构，科研力量应从全国范围内进行重新布局、优化重组，要从国家利益出发对现有机构进行撤减、合并，基础研究机构由国家全额资助，保证科研条件；对于公益类科研机构以及基础产业类、战略产业类科研机构，采取官助民营的方式进行改制改革，国家既要保证其必要的研究条件，又要引进竞争机制，增强自我发展能力；而为数众多的其他科研机构，或成为科技企业，或成为企业的研发中心，或成为科技中介机构，经过转制之后，对它们来说，不存在科技成果转化的问题，而是成为企业技术创新的重要力量。

（三）加快企业主体化进程的改革

按照现行的观点，企业要成为科技成果转化的主体，这在概念上说不通，事实上不可能。而企业要成为技术创新的主体，这确实是市场经济的必然要求。要使企业成为技术创新的主体，关键是要使企业成为真正的市场竞争主体。如果市场机制不完善、政府职能不转变，要使企业成为技术创新主体就是一句空话。因此，关注、重视企业技术创新，不能把眼睛只盯着技术，不能只盯着产出技术的科研机构（包括大学），而要盯着市场，盯着企业，因为只有市场才能形成对创新的需求，要看我们的政策能否激发企业技术创新的积极性，要看市场运行的机制是否能够对企业形成竞争的压力。因此，我们必须深化改革，转变政府职能，加快企业的主体化进程。

这里所讲的企业，可以是现有的生产企业进入技术开发领域，也可以是由科研机构改制转轨而成的科技型企业，更可以是没有技术开发能力的企业，因为它们可以通过购买成熟技术应用于生产之中。当然，更多的是期望企业形成自己的研究开发能力，企业不仅要成为技术创新的主体，也要成为研究开发的主体，这样科技成果转化问题才最终不成为问题，因为只有这样，应用性或开发研究成果都产生于企业内部，才不存在转化问题。企业成为研究开发的主体，事实上已经成为一种世界性趋势，发达国家不少跨国公司已经大量进入基础研究领域，以争夺科技创新的制高点。

（四）加速创建国家创新体系

仅靠市场的作用推进技术创新是不够的，国家在推进企业的技术创新方面必须发挥重要作用。当然,政府作用的发挥,不能依靠传统的计划经济做法,而是利用财政金融政策、产业政策、技术政策等,引导和规范企业的技术创新行为。国家创新体系强调了创新是一个系统概念,它不仅涉及大学或科研部门,也涉及企业和政府政策,从而是一个真正的科技、经济一体化发展思路。国家创新体系同时强调了制度创新和组织创新在促进技术创新中的重要性,重视创新文化的培育,这对于我国科技与经济紧密结合,尤为重要。

参考文献

[1] 傅家冀主编《技术创新学》,清华大学出版社,1998,第37~38页。

[2] 贺德方:《对科技成果及科技成果转化若干基本概念的辨析与思考》,《中国软科学》2011年第11期,第1~7页。

[3] 文兴吾:《"促进科技成果转化"的观念辨析与范式转变》,《中国科技论坛》2004年第2期,第111~113页。

[4] 杨忠泰:《"科技成果转化"质疑》,《科学技术与辩证法》2003年第6期,第9~11页。

[5] 约瑟夫·熊彼特:《经济发展理论》,商务印书馆,1990,第18、73页。

北京市新能源汽车发展战略研究

王 莉

一 引言

新能源汽车发展的历史已有180余年,从前没得到人们足够的重视,甚至一度遭到搁置。近10年来,随着汽车产销大国地位的确立,中国对石油的依赖程度不断加重,大气污染和交通拥堵问题日益突出,新动力驱动被视为拯救和发展汽车产业的唯一路径,发展新能源汽车已上升为世界各国的国家战略,也成为调整中国汽车产业结构的必然选择。

中国政府高度关注节能环保及新能源汽车的研发和产业化,根据国家汽车产业"十二五"规划,小型化和汽车电气化是中国汽车未来发展的两大主要方向,其中,新能源汽车作为"十二五"规划中的七大新兴产业之一,已成为中国振兴经济和转变产业结构的重要突破口。

二 北京市汽车产业发展及其对环境的影响

随着经济的快速增长和人均收入水平的不断提高,汽车产业进入快速的发展时期,尤其是中国加入WTO以后,汽车企业的生存环境发生了根本性的变化;由卖方市场进入买方市场,面临着机遇和挑战,形成汽车产业市场化和全球化的竞争格局。从2000年开始,中国汽车市场进入黄金10年时期，汽车保有量从1600万辆迅速增长到1亿多辆。汽车市场由小变大，2010年一跃成为全球第一大汽车市场，比预测的2015年提前5年。中国汽车产业逐步从制造、研究开发、销售服务、汽车信贷等方面全面融入世界汽车产业体系，逐步成为世界汽车产业的主要制造基地。

北京市作为全国节能与新能源汽车示范推广试点城市和私人购买新能源汽车补贴试点城市，汽车产业迅猛发展，已成为拉动工业增长、带动城乡就业、推动工业结构调整、走新型工业化道路的重要力量。据统计，2008年以来北京的汽车年销量已占全国的6%左右，并保持强劲的增长态势。2013年年底，千人汽车保有量245.4辆，远高于全国平均千人汽车保有量93.2辆的水平；私人汽车保有量426.5万辆，同比增加19万辆，增长率为4.7%；私人轿车311万辆，同比增加12.8万辆，增长率为4.3%[1]；汽车产量为2038285辆，同比增长22.03%。从2012~2013年汽车产销量及同比增长速度看，受政策的影响均有所减缓，但仍然保持较高的水平（见图1、图2）。

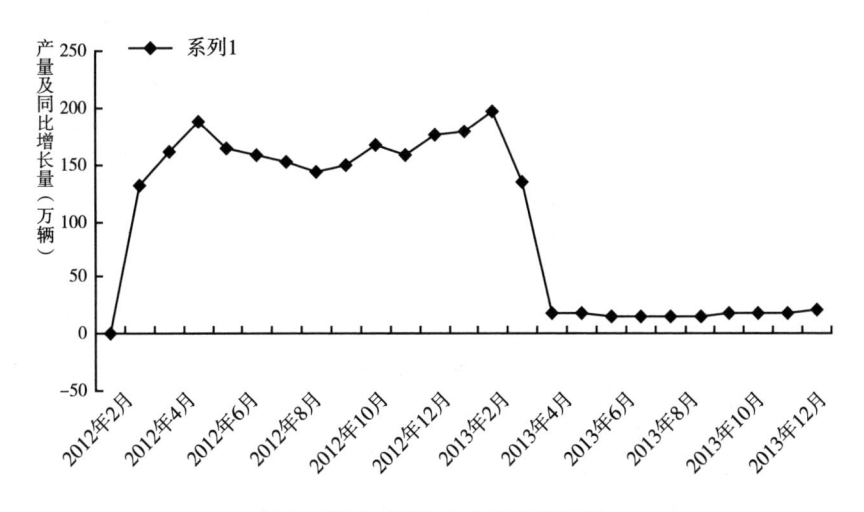

图1 2012~2013年北京汽车产量

资料来源：中国产业信息网整理。

---

[1] 《北京市统计年鉴2013》。

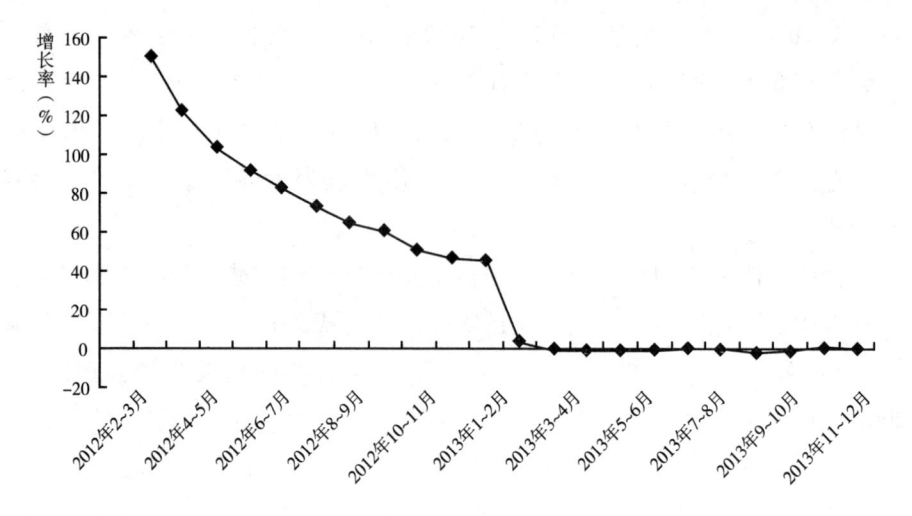

图 2　2012～2013 年北京市汽车销量同比增长率

资料来源：《新京报》，2014 年 1 月 20 日。

2013 年北京汽车销量为 58.25 万辆，表现低迷，同比下滑 0.5%，这主要是受小汽车摇号政策的影响。

截至 2013 年年底，北京市常住人口为 2114.8 万人①，汽车保有量为 537.1 万辆，与土地面积相仿的日本比较，日本千人汽车保有量 589 辆，而北京只有 245.4 辆；日本每平方公里土地平均有 199 辆，北京仅有 31 辆。由此可见，北京的汽车购买力远远没有完全释放。按照 2011 年汽车限购政策出台后的北京汽车保有量增长速度计算，北京每年增加 13 万～17 万辆。据发达国家的经验，汽车保有量只有在汽车得到充分普及，新增购车者的数量不再增加时才会趋于饱和。因此，北京的汽车产业至少还有 10～15 年的稳定增长空间。据德国预测，到 2015 年，亚洲地区将拥有全球 1/4 的汽车，也就是 2.8 亿辆，其中中国和印度的市场增长潜力巨大，增长最慢的地区是北美。

汽车保有量的增加、汽车尾气的排放还在继续，正在进一步加剧环境污染，这个问题在经济发达城市表现得更加突出②。在世界环境保护组织

---

① 《北京市 2013 年国民经济和社会发展统计公报》。
② 深圳网，http：//www.studa.net，2009 年 12 月 10 日。

最近的研究报告中指出，汽车的密度超过每平方千米100辆时，居住环境即遭到破坏。这里指的仅是轿车，一辆卡车或公共汽车的污染等于五辆轿车，而重型载货车更会严重污染空气、破坏路旁的植被和水源。除此之外，汽车废气还会损害大量的陆生动植物，破坏江河的生态系统。

2011年北京市政府及时出台了限牌号政策，北京全年增加机动车17.3万辆，同比下降78%。据北京市交通管理局的信息，2012年2月北京汽车保有量501.7万辆，由于政策的影响，突破500万辆的时间被推迟了11个月。2013年年底，北京市汽车保有量为537.1万辆，比2012年增加了41.4万辆。其中私人汽车为407.5万辆，私人轿车为298.2万辆，分别比2012年增加了17.8万辆和12万辆，至此，北京与纽约、东京和巴黎的汽车保有量已相差不多。据粗略测算，由此而产生的汽车尾气，包括氮氧化合物（NO_x）和一氧化碳（CO）的排放量，大约为399.47万吨和474万吨，比2012年分别增加了26.33万吨和31.25万吨。

汽车尾气为"光化学烟雾"的发生和发展创造了外部条件，导致严重的汽车尾气影响环保事件的发生[1]。如此严重的大气质量引起了人们的忧虑和不安。据北京市环境保护局的分析，北京全年PM2.5来源中，区域的传输占28%~36%，本地污染排放占64%~72%，而在本地污染源中，机动车又占了31.1%[2]。表1对国产汽车与美国生产的汽车排放系数进行了比较。

表1 中国排放系数与美国排放系数的比较

污染物	国别	汽油轿车	轻型汽油车	重型汽油车	重型柴油车	摩托车
HC（碳氢化合物）	中国	10.2	11.4	17.0	9.4	4.8
	美国	2.5	2.8	8.4	2.1	4.0
CO（一氧化碳）	中国	85.2	84.8	235.6	31.3	47.2
	美国	19.0	24.0	102.0	11.5	24.2
NO_x（氮氧化合物）	中国	1.6	3.2	5.0	53.4	0.5
	美国	1.0	1.2	3.1	10.2	0.4

---

[1] 王莉：《烟雾（smog）：全球大气污染的元凶》，《世界经济年鉴》，2009。
[2] 余荣华：《北京公布大气细颗粒物最新源解析：三成本地污染物来自机动车》，《人民日报》2014年4月16日，第9版。

目前，我国控制汽车排放污染水平较低，单车污染物排放比国际水平高出几十倍。

三　北京新能源汽车产业的发展现状及存在的问题

20世纪90年代以后，中国汽车油耗迅速增高，污染日益严重。据专家介绍，1997年中国大气污染的比例大约为5%，2007年，一些城市的交通主干道大气污染的比例高达40%，尤其是北京、广州、沈阳、西安等大城市。目前，北京机动车在本地污染源中所占比例为31.1%[1]，污染已属于由煤烟型向综合型过渡的类型。

北京是全国具有良好汽车产业基础的城市之一，也是全国节能与新能源汽车示范推广试点城市和私人购买新能源汽车补贴试点城市之一。从政策方面制定了在中央财政补贴基础上北京市再补贴6万元的政策，率先提出了到2015年年底推广应用3.5万辆新能源汽车的目标；从新能源汽车研发方面，北京凭借丰富的汽车科技资源为节能环保与新能源汽车的发展做出了重要贡献，在行业中产生了重大影响。2008年，通过科技手段的运用不仅解决了能源与环境污染问题，更丰富了科技奥运的内涵。

根据调研，为推广新能源汽车，北京除北汽福田外，北汽集团下属还有北京奔驰、北京现代、北京汽车、北汽新能源等整车企业，共计90余家，建立了新能源汽车联席会议制度。

目前，新能源汽车在生产成本、动力性能、稳定性等方面都不如传统燃油汽车，加上人们的驾车习惯和价格因素影响，新能源汽车的发展和普及更多地要靠政府的支持。从2015年8月第四期新能源汽车申请者的数量看，较上期增加近300人，而普通小客车申请者减少了近11万人（见图3）。

---

[1] 余荣华：《北京公布大气细颗粒物最新源解析：三成本地污染物来自机动车》，《人民日报》2014年4月16日，第9版。

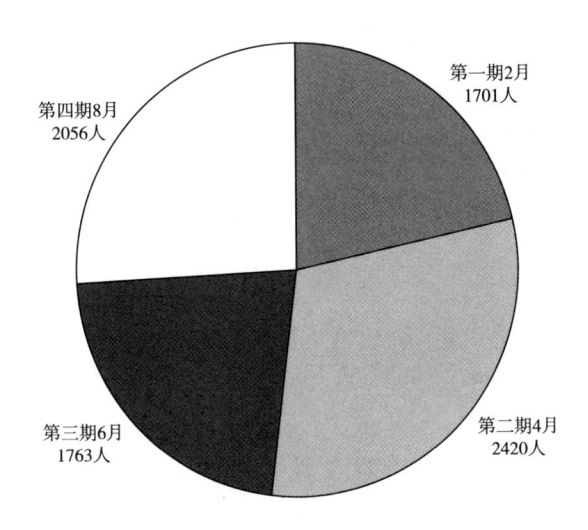

图3 2014年北京新能源汽车指标申请情况

资料来源：小客车指标办发布的信息。

表2显示，在新能源汽车单独摇号的前三轮中，个人中签者接近5000人，其中大部分人还在犹豫是否购买纯电动车。而1~8月只有7940人申请，距离到2015年年底推广应用3.5万辆新能源汽车的目标相去甚远。

表2 2014年新能源汽车指标申请情况

期数	申请数(人)	审核数(人)	指标数(人)	中签比
第一期2月	1701	1428	1666	全中
第二期4月	2420	2062	1904	1.08∶1
第三期6月	1763	1520	1666	全中
第四期8月	2056	—	—	—

资料来源：小客车指标办发布的信息。

影响消费者购买新能源汽车热情的主要原因是：首先，可供选择的纯电动汽车车型稀缺。据了解，在"卫蓝先锋"行动计划启动仪式上，北汽新能源公司向北京市民征召500名环保先锋车主，分享北汽新能源提供的总价为2550万元的环保购车基金，形成中央、地方和企业1∶1∶1的购车补贴标准，并以低于市场5.1万元，最终8.48万元的优惠价格配备一辆北汽新能源 E150EV，提前享受纯电动汽车的绿色出行生活，促使 E150EV 的销售有了大幅提升，占到全市新能源汽车私人购买的 40%。其次，充电桩的建设缓慢。目前全市 10 个远郊区、县中已有 9 个设置了电动出租车，共有 1600 辆，2015 年将再增加 800 辆，到 2017 年达到 5000 辆。2015 年已过去 8 个月，北京包括慢充口在内的公用充电桩仅建成 318 个，其中约 200 个充电桩是由北汽、比亚迪等已经在京销售电动汽车的车企完成的[①]，要在剩下的 4 个月建成 600 余个公用充电桩，才能完成"1000 个"的任务，这样的方式与速度，很难适应新能源汽车发展的需求。

当然，2015 年 2 月北汽集团收购了美国 Atieva 公司 25.02% 的股份，成为 Atieva 公司的第一大股东。这家公司具有参与过包括特斯拉在内的众多款电动汽车的研发团队优势，有利于加强北汽新能源汽车的研发，加速产品升级和投放，从家庭用纯电动车到高端纯电动车，两年内都将到位。北汽集团销量目标是 2018 年销量达到 10 万辆。在推广层面，随着京津冀一体化战略推动，北汽新能源将利用分布全国各大基地的优势，以北京市为核心市场，向全国推广新能源汽车。

四 新能源汽车产业发展战略的国际比较

国际上以电动车为代表的新能源汽车产业化的兴起，最早可追溯至 20 世纪 50 年代。六七十年代一些著名的汽车公司就转向研究和开发电动汽车，并竭尽全力地推动新能源汽车的产业化。

2013 年法国通过了"空气质量紧急计划"，针对 2011 年推出的"颗粒减排计划"中的缺陷，重新制定了一系列紧急措施，并结合地方政府制订"空气保护计划"，共同应对空气污染问题；英国于 1997 年开始实施《国家空气质量战略》，并于 2000 年、2003 年和 2007 年分别进行修订和补充，形成了英国空气质量政策的基本战略框架；欧盟从 1973 年欧共体时代开始就出台了一系列环境行动计划，作为治理大气颗粒物政策措施

---

① 资料来源：北京新能源汽车发展促进中心。

的指导纲领。

目前，美国、日本和欧洲是全球新能源汽车发展比较成熟的国家和地区。2008年以后世界主要汽车制造大国都制定了新能源汽车推广规划（见表3），各有侧重，不尽相同。

表3 世界主要汽车市场新能源汽车产销规划

国家	规划时限	新能源汽车产销目标	新能源汽车类型
美国	2015年	100万辆（保有量）	插电式混合动力、增程型电动车、纯电动车
中国	2015年	50万辆（产销总量）	插电式混合动力、纯电动
	2020年	500万辆（产销总量）	插电式混合动力汽车、纯电动汽车
日本	2020年	200万辆（年销量）	电动车（80万辆）、混合动力（120万辆）
	2030年	年销量70%	电动车、混合动力
德国	2020年	100万辆（保有量）	电动车
	2030年	500万辆（保有量）	电动车
法国	2020年前	200万辆（累计产量）	清洁能源汽车
韩国	2015年	120万辆（产量，10%世界电动车市场）	电动车
	2020年	小型电动车普及率为10%	电动车

资料来源：盖世汽车网，公开资料。

（一）美国

经过2009~2010年的导入期，在之后的三年里，美国新能源汽车销量快速增长，2013年近10万辆，约占全球销量的50%。新能源汽车的产品从2009年的2款增至2013年的近20款（见图4）。

到2010年年底，美国已有混合汽油和柴油电动车191万辆，主要用于公司和个人，2013年新能源汽车销量迅速增加到9.7万辆。奥巴马总统实施了总价值为47亿美元的新能源补贴政策，其中37亿美元用于新能源汽车的免税补贴，10亿美元用于奖励普及电动车等新能源汽车的基础设施研究。

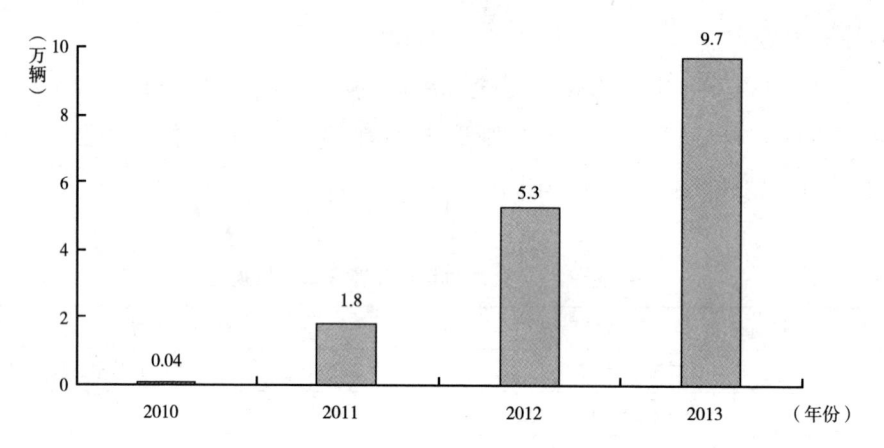

图4 2010～2013年美国新能源汽车销量

资料来源：中国产业信息网整理。

（二）日本

日本从2009年开始向市场导入新能源汽车，产品从2009年的3款增长到2013年的9款。日本政府非常重视电动车的研究和开发，2013年新能源汽车销量比2009年增长了30倍（见图5）。

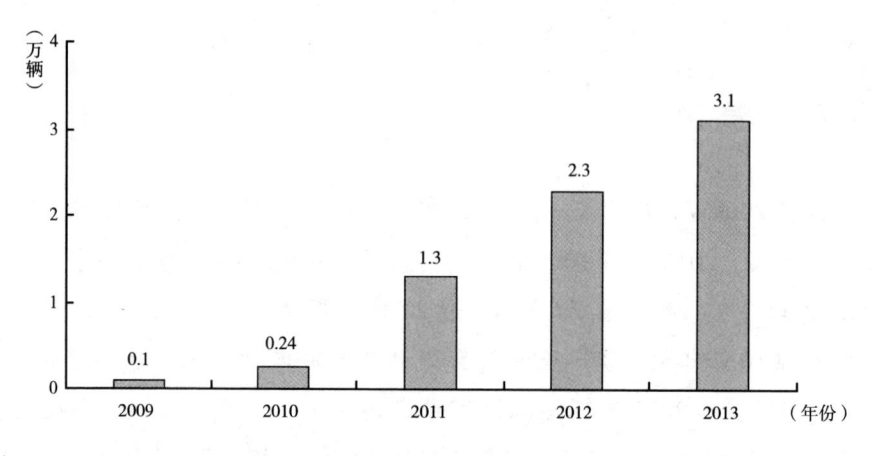

图5 2009～2013年日本新能源汽车销量

资料来源：中国产业信息网整理。

据统计，1989年日本使用电动车1046辆；1990年1271辆，1991年1037辆，1992年1300辆。丰田公司推出的最新混合动力汽车"Pries"是世界上最早批量生产的混合动力汽车，2013年已生产6万辆，其中在日本销售了3.5万辆，在美国销售1万多辆，在欧洲销售1万多辆。日本各大电力公司不仅在资金上投入电动车的研究开发，而且也在公务汽车的选用上优先选用电动车。日本实施严格的车辆排放标准和制定严格的排放法规，通过法规刺激市场对电动汽车的需求，鼓励新能源汽车消费。这包括现处于实用阶段的低公害汽车的普及和燃料电池等下一代低公害汽车的开发。

（三）德国

早在1971年就成立了城市电动车交通公司（GES），投入大量资金积极组织电动车的研究和开发。1991年，在拜尔州投入了300辆电动车运行，并拨款400万马克，对于购买电动汽车的消费者进行价值为车价30%的资助；同时，汉堡市也采取措施，对购买电动车的消费者进行价值为车价25%的资助，鼓励用户购买电动汽车。

德国政府指定奔驰和大众汽车公司合资，建立了德国汽车工业有限公司的科技开发机构。

（四）法国

法国是一个缺少石油的国家，每年要进口大量石油，这导致石油制品价格昂贵，大约是美国的4倍。因此，法国在研制和推广电动汽车的行动方面是全世界最积极的国家之一。

法国除了对电动汽车的研究、开发进行大力支持外，还实施对电动车购买的财政鼓励措施。

（五）韩国

韩国政府大力支持发展新能源汽车。但是配套基础设施问题是制约其发展的因素之一。电动车应用较广的场所主要是商场和交通比较拥挤的地区，政府会给巡警或者交警配备纯电动便捷式的辅助交通工具，政府部门使用的车更多都是中高端的国产车，但不是纯电动车。为鼓励新能源汽车的发展，韩国企划财政部在 2009 年对混合动力车实行减税优惠，包括享受个人消费税、登记税、取得税、教育税等方面的减税优惠。

（六）北京

北京是 2013 年确定的第一批新能源汽车推广应用城市之一。2014 年上半年，纯电动汽车产销分别完成 12185 辆和 11777 辆，插电式混合动力汽车产销分别完成 8700 辆和 8507 辆。其中，北汽新能源汽车实现在全国市场占有率为 25.55%，居全国第一。在政策补助的扶持下，2009 年以来中国新能源汽车销量持续高速增长（见图 6）。

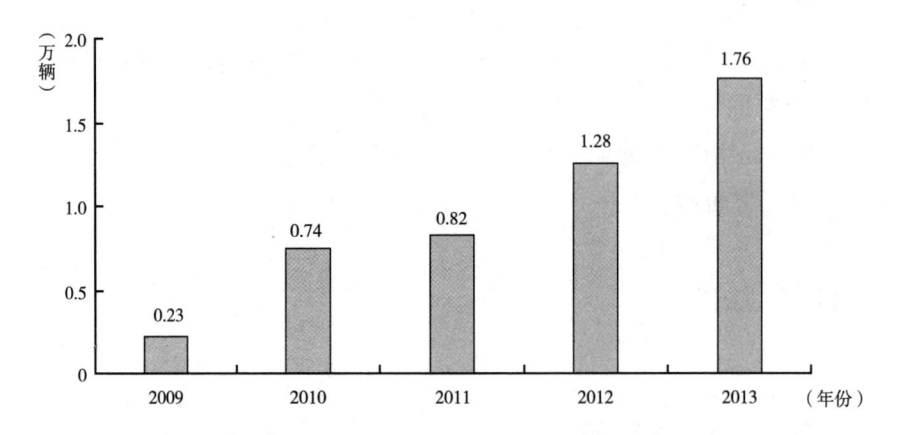

图 6　2009~2013 年中国新能源汽车销量

资料来源：中国产业信息网整理。

图 6 显示，2013 年中国新能源汽车销量从 2009 年的 0.23 万辆增长到 2013 年的 1.76 万辆，增加了 6.7 倍。

2015 年上半年，在利好政策推动下，各大汽车企业纷纷推出自己的新能源汽车产品，在销量上比前几年有所增加（见图 7）。

过去，北京的新能源汽车没得到全面推广，主要是由于新能源汽车相

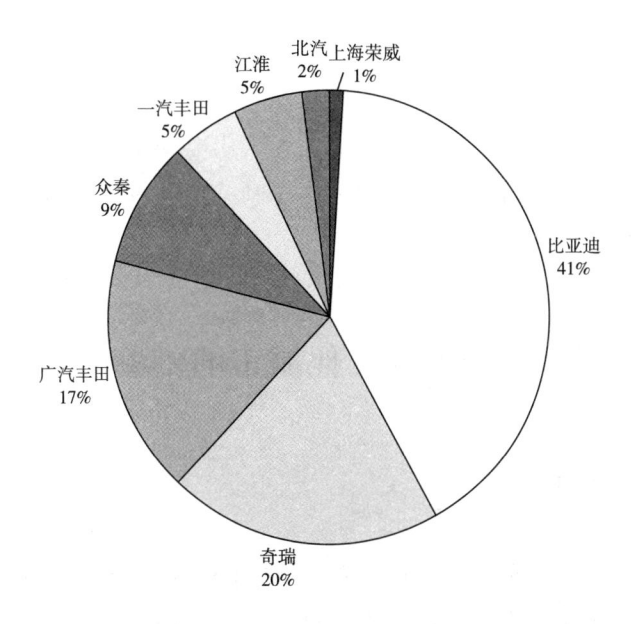

图7 2014年上半年国内主要新能源车企销量占比

资料来源：全国乘用车市场信息联席会。

比其能源消耗成本的购置成本过高，推广新能源汽车，厂商与消费者都要付出更高的代价，例如，比亚迪F3电动车F3e的成本价已达18万元，是市场销售汽油版F3车型的近3倍，如果将比亚迪F3e售价降低到15万元推向市场，不仅市场不能接受，而且会违背政府的相关规定；一汽的混合动力版奔腾汽车成本也是市场上汽油版奔腾汽车的2~3倍。

目前，北京市已形成以整车为龙头，涵盖电池、电机驱动和电子控制以及电动转向、电动制动、电动空调的完整产业链，拥有新能源汽车相关企业有90余家。但是，北京的新能源汽车管理政策也面临涉嫌地方保护的争议。

目前，北京市的环境压力与美国加利福尼亚州类似，机动车是本地污染的主要来源，迫切需要采取硬性、有效的措施推动新能源汽车的普及，降低北京的汽车尾气污染。美国加利福尼亚州在1998年针对防止大气污染制定了限制法规，其中规定"零污染"汽车的销售比例要占新车销售额的2%。2000年和2003年将这一数据分别提升到了5%和10%。加利福尼亚州提出的"零排放"汽车占比要求具有一定的合理性，值得北京市借鉴。新能源汽车占比要求可以迫使北京市汽车企业尽快研发产业化新能源汽车，推动新能源汽车产业化进程。

另外，日本在公务汽车的选用上优先选用电动车，实施严格的车辆排放标准和制定严格的排放法规，通过法规刺激市场对电动汽车的需求，也是不错的经验，值得参考。

五　国内其他城市的借鉴

（一）广州市

广州市也是 2013 年被确定的第一批新能源汽车推广应用城市之一。以广汽集团为代表的自主品牌汽车的研发和产业化工作已取得重大进展，形成了包括新能源整车、动力电池及其管理系统、电控系统、电动空调等在内的较完整的产业链，车型涵盖轿车、客车、专用车等。广汽集团还自主研发生产了混合动力、插电式混合动力、纯电动等多款新能源"传祺"轿车，现在已有 10 个系列、20 余种车型，带动广汽集团与近 20 个新能源汽车零部件配套商建立了合作关系，吸引新能源汽车部件、配套充电设施等企业落户广州。另外，动力电池项目也已落户广州，此项目建成后可实现动力电池及其控制系统年产能 5 万台（套）。

广州市新能源汽车示范推广工作将抓住重点、稳步推进相结合，为北京市树立了榜样，尤其是开发车型和示范推广车辆目标完成率方面达到了100.8%，远高于北京市的水平。

（二）上海市

上海市也是 2013 年确定的第一批新能源汽车推广应用城市之一。已经形成较完整的整车生产和零部件配套体系，还具有众多的整车和零部件技术中心及跨国公司总部。

上海市明确了对公交车、乘用车等车型的推广政策，对投资充换电设施给予资金支持。上海市在推广新能源汽车政策设计上比较细致、完善,值得北京市借鉴,但与北京类似,上海市对新能源汽车的特殊要求和备案管理制度,面临着地方保护的争议。

北京、上海和广州作为第一批新能源汽车推广应用城市,都具有较好的汽车产业基础。然而,一些地方政府出于把财政税收和业绩留在当地的考虑,给外地企业提出一些附加条件,比如必须在当地建厂等,为了获取当地的资源和市场,企业只能疲于投资,这导致了重复建设。地方保护是新能源汽车在推广过程中遇到的最大的甚至是难以突破的"瓶颈"。2013年9月13日,工信部、财政部、科技部、国家发改委联合发布了《关于继续开展新能源汽车推广应用工作的通知》,此次发布的通知与以往不同,在打破地方垄断方面特别强调,在示范城市或区域推广的新能源车辆中,外地品牌数量不得低于30%的最低线,不得设置或变相设置障碍限制采购外地品牌车辆,明确了比例限定,将有效地遏制地方保护主义。

六 北京新能源汽车发展战略及政策建议

综上所述,北京市虽然已构建了新能源汽车政策的支持框架,但车型稀缺、购置和使用成本过高、基础设施建设缓慢、试点城市考核制度不完善、地方保护主义和新能源汽车电池回收存在的突出问题等严重地制约了新能源汽车产业的健康发展,另外,试点城市考核也应列入重要的问题范围。建议尽快出台有力措施,进一步引导市场消费、推动新能源汽车产业可持续的健康发展。

第一,针对新能源汽车车型稀缺问题,建议北京市新能源汽车企业充分利用首都科研机构技术优势,加大新能源汽车研发投入力度,在充电、电池、电机、电控、服务体系和车型方向进行联合研发创新,加速产品的升级和投放,不仅生产家用纯电动车,而且能生产出适应北京高端需求的纯电动车,培育高品质及有竞争力的新能源汽车产品,使北京成为新能源汽车发展的龙头,同时面向全国销售。

第二,针对使用成本过高问题,建议北京市相关部门尽快出台政策。

进一步降低消费者购置税和使用环节税，例如，高速公路通行费、过路费、过桥费和停车费等。

第三，针对基础设施建设缓慢问题，建议北京市尽快出台相关政策，鼓励超前建设，对适度超前建设充换电基础设施的部门给予资金支持，提高各部门建设基础设施的积极性。在新一轮新能源汽车的推广过程中，更加重视充换电设施建设布局和网络化的建设，明确基础设施建设以及运营主体的商业模式。深入研究充电设施的商业模式，充分调动多方参与基础设施建设和运营的积极性，例如，调动中石化、中石油、中海油等石油企业的积极性，将现有的加油、加气站改建成加油、充电综合服务站，并利用其网络优势，逐步增加加油、充电综合服务站的数量。尽快形成合理的利益分配机制和开放的、可持续的基础设施运营机制。具体地讲，可从以下方面着手。

（1）吸引社会资本投资建设公共充换电设施。可以在社会公共停车场建设充电桩，推动北京新能源产业的发展。

（2）在二环、三环、四环等城市快速路联络线等，利用桥下空间建设充电停车位。

（3）可以在大型购物中心、商场和超市停车场配建充电停车位；在高速公路的服务区建设快充设施。

（4）在具备条件的加油站和电动汽车专业销售（4S）店等处，投建快充桩。

另外，进一步完善充电接口的技术内容，提高充电设备的通用性，为统一标准的国际化做准备。

第四，提升节能减排水平，降低污染物排放浓度。在目前新能源汽车还没得到普及、大气污染日益加重的情况下，建议实施环保技术改造，采用先进生产工艺、环保技术和管理手段，降低污染物排放浓度、排放总量和单位产品的污染物排放量，即在推动新能源汽车产业发展的同时，监督各加油站添加汽油添加剂，用以提高汽车燃烧效率，起到节油、降低尾气排放和减少对环境的污染的作用。添加剂的成本由汽油使用者以税的形式付给加油站。这样会促使燃油汽车的消费者将其使用的燃油成本与新能源汽车消耗的成本进行比较，加大了选择新能源汽车的可能性，推动新能源汽车的销量增加。

第五，针对新能源汽车推广中的地方保护主义问题，建议国家出台相关规定，重点扶持优势企业做大做强，放宽甚至取消地方新能源汽车企业及产品市场准入条件，对于像北京等城市生产的高品质新能源汽车，应当优先向全国销售，使国家给予的补贴直接由商户转给购买者，减免中间程序，地方政府也要按照国家规定给予购买者一定的财政补贴。

第六，针对试点城市建立考核制度问题，建议对于工作进展缓慢的单位，从推广目标完成率、基础设施建设、支持政策、地方财政补贴等方面建立完善的考核体系，进行严格全面的考核，对于未达标的单位，采取严厉的惩罚措施。

第七，针对新能源汽车电池回收的突出问题，建议通过立法的形式延伸生产者责任，严格市场准入管理，制定操作性强的实施细则；构建便利、高效的回收利用网络，推行押金制度；利用销售渠道建立废旧电池回收网络；修改完善汽车零部件再制造的法律法规；对生产和流通实行严格监管。建议海关及商检局对再制造的零部件和成品进行专项管理，加大对再制造关键技术的投入；加大宣传力度，提高社会、企业、用户对制造产业和产品的认识。

专利合作网络研究前沿探析与展望[*]

王黎萤 池仁勇[**]

一 引言

技术快速变革和全球市场竞争日益激烈的今天,企业更倾向与外部科研机构、高等院校、国内或国际企业开展合作,通过合作申请专利,购买、转让或许可专利技术,构建专利联盟等专利合作网络来提升企业竞争力。专利合作网络不同于广义上的共同承担风险并享受收益的合作创新模式,其本质是基于社会网络嵌入的知识流转和资源整合的交互创新过程(张巍等,2011)。企业与多元创新主体间不同合作程度与合作距离构成网络中功能各异的子网,这些子网的运行耦合和功能互补影响着合作主体间知识转移及资源获取,并成为驱动企业成长的基本动力(Bertrand-Cloodt,et al.,2011)。因此专利合作网络的兴起及其空间、社会与技术的集聚效应已经成为影响驱动企业成长的重要手段。但是,现有研究在企业主动建构及选择不同类型的专利合作网

---

[*] 基金项目:国家自然科学基金项目"知识网络嵌入性影响研发团队创造力的作用机制及动态演化研究"(71102154)、"创新要素集聚方式、创新网络开放性与中小企业集群"(71173194),国家社科基金重大项目"中国中小企业动态数据库建设研究"(12&ZD199)等。

[**] 王黎萤,女,黑龙江大庆人,汉族,教授,博士,研究方向为知识产权与中小企业创新管理;池仁勇,男,浙江温州人,汉族,教授,博导,研究方向为中小企业创新管理。

络,以及在网络中建立基于协同性伙伴关系的协调机制来促进企业成长的研究还不深入(陈劲等,2011),尤其是在专利激增的背景下如何构建适应企业成长的专利合作网络?如何实现专利合作资源向内部核心竞争力的转化?如何动态调整专利合作网络以突破企业创新资源匮乏和创新能力薄弱的成长"瓶颈"?这些都是运用专利合作网络促进企业持续成长研究中亟待解决的关键问题。本研究打破以往对专利合作进行整体网络研究的范式,从自我中心的专利合作网络视角,围绕上述问题对专利合作网络的前沿研究展开文献评述,分析归纳专利合作网络的未来研究发展趋势。

二 国内外研究文献梳理及研究范畴界定

本文研究者在 Web of Science(SCI、SSCI)数据库中对"Patent Network"进行从 1994 年 1 月至 2014 年 1 月的文献检索,共得到 199 篇文献。从近 20 年每年出版文献数(见图 1)以及每年引文数(见图 2)可以看出,专利网络研究是近 5 年的研究热点。研究者进一步对"Patent Cooperation Network"进行检索,发现相关研究集中在近 10 年,尤其近 3 年更是研究热点(见图 3 和图 4)。

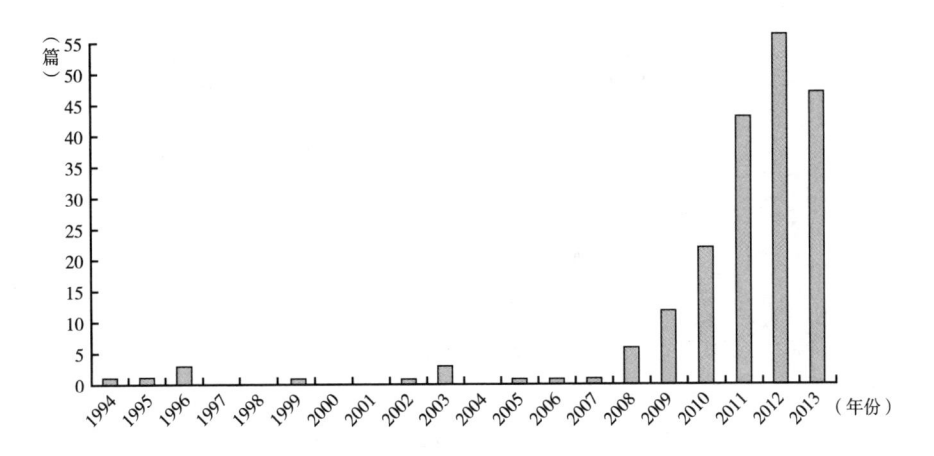

图 1 "Patent Network"近 20 年每年出版文献数

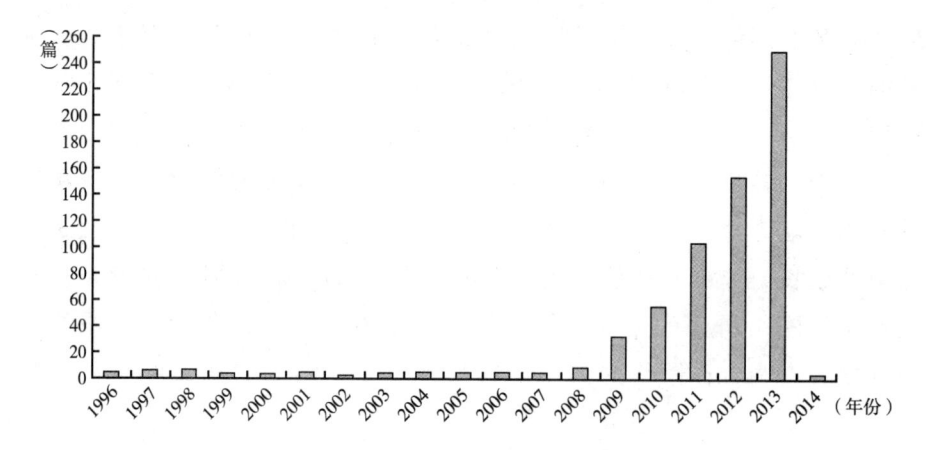

图 2 "Patent Network" 近 20 年每年的引文数

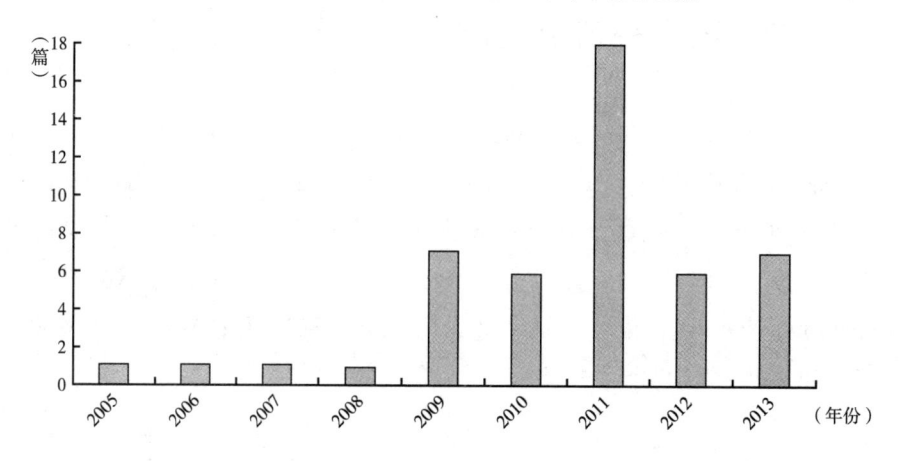

图 3 "Patent Cooperation Network" 近 10 年每年出版文献数

因此，本文针对"Patent Cooperation Network"的检索文献进行分类分析。相关文献主要在创新网络、研发网络、专利合作、知识转移、产业集群、产学研合作、技术预测等领域展开研究，其中运用专利数据或社会网络分析开展的研究占 83%。研究者关注了企业的网络角色（Franco Mario, et al., 2011）、专利合作对公司竞合关系的影响（Peck-hool Soh, 2010）、研发合作网络结构（Eslami Hamidreza, 2013）等基于企业视角的自我中心网络的相关研究，研究对象不仅涉及企业与高校，还有企业与企业、企业与公共组织之间的合作网络。通过专利合作申请和专利引文数据的多维度挖掘开展合作网络的研究，研究者还进一步关注网络效应对知识

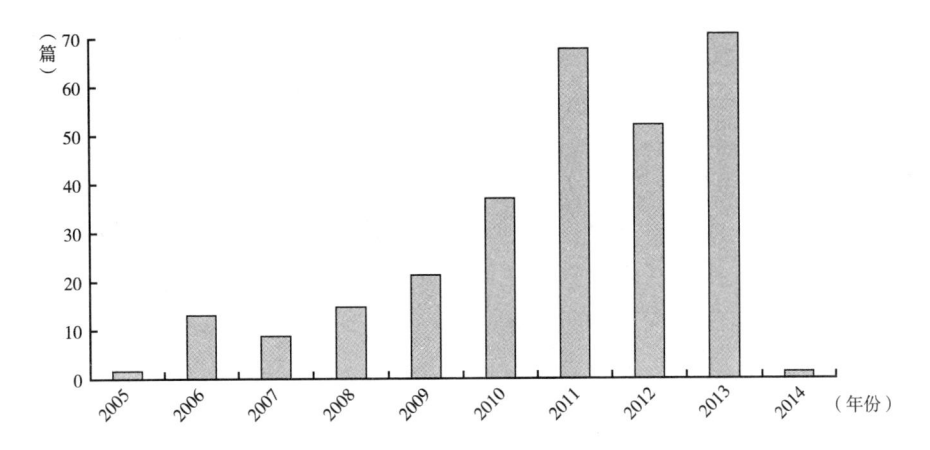

图 4 "Patent Cooperation Network" 近 10 年每年的引文数

溢出、知识交互等的影响（Miguelez Ernest，2013）。由此可见，国外专利合作网络的研究逐步向基于企业视角的，探讨多维网络结构对创新绩效影响的内在机理和促进机制方向发展。

本文研究者在 CNKI 的快速检索中分别以"专利合作网络""发明者合作网络""技术转移合作网络""技术联盟网络"为关键词对 2000 年 1 月至 2014 年 1 月的文献进行检索，对其中采用专利文献计量或社会网络分析的成果及发表时间进行筛选，相关成果分类见表 1 所示。

表 1 关键词检索分类、成果分布和筛选成果占比情况

检索关键词	期刊论文（篇）	学位论文（篇）	会议论文（篇）	采用专利文献计量或社会网络分析成果（篇）	采用专利文献计量或社会网络分析成果总成果比例（%）	采用专利文献计量或社会网络分析成果是近3年成果比例（%）
专利合作网络	34	12	2	33	69	100
发明者合作网络	19	5	4	20	71	55
技术转移合作网络	14	4	2	7	35	75
技术联盟网络	94	94	0	17	9	47

其中"专利合作网络"检索成果 48 篇，采用专利文献计量或社会网络分析的成果占 69%，并且均为近 3 年的研究成果；对"发明者合作网络"的 28 篇成果进行分类检索发现，采用专利文献计量或社会网络分析

的成果占 71%，近 3 年的研究成果仅占 55%；有关"技术转移合作网络"的成果有 20 篇，采用专利文献计量或社会网络分析的成果仅占 35%，近 3 年的研究成果占 75%；有关"技术联盟网络"的成果有 188 篇，但采用专利文献计量或社会网络分析的成果仅占 9%，近 3 年的研究成果占 47%。这说明，专利合作网络是国内近年来逐渐凸显的新研究领域，运用专利文献计量或社会网络分析是主流研究趋势。文献分析进一步发现专利合作网络检索的成果主要侧重技术演化、专利制度、产学研合作、合作创新、技术转移、技术联盟、专利分析方法等，从中不仅可以看出企业与企业、企业与高校、企业与科研院所等不同创新主体的合作都是专利合作网络的研究对象，而且也说明专利合作网络的研究并不局限在专利合作申请网络上，对于专利技术转移和专利联盟中的专利合作网络也可以进行探索。

综合上述分析，本研究将专利合作网络界定为企业在研发合作、产学研合作、技术转移过程中通过合作申请专利、购买、转让或交叉许可专利而形成的多维度的复杂网络。通过梳理国内、国外文献发现，学者们从关注学术合作网络的研究逐渐发展为关注专利合作网络的研究。随着各国专利数据库的逐步完善以及相关分析软件的发展，基于专利权人合作信息、发明人合作信息、专利引文和引证信息，以及专利权人间关联关系等，运用复杂网络理论和社会网络分析工具，从网络视角研究企业与其他组织之间的专利合作网络创新模式逐渐成为国内外相关研究热点。以下从专利合作网络的构成、影响因素、演化规律，及专利合作网络对企业成长的影响等方面对国内外研究成果进行述评。

三　专利合作网络的构成、影响因素及演化规律

（一）专利合作网络的构成

专利合作网络主要依据地理接近性、技术接近性和社会接近性进行区分和建构，具体分类见表 2 所示。

表 2　专利合作网络的构成分类

指标分类	指标差异	构成分类	参考文献
地理接近性	地域差异	跨国专利合作网络 区域专利合作网络 企业间专利合作网络	Lei, Xiao-ping, et al. (2013); Paier, et al. (2011); 向希尧、蔡虹、裴云龙 (2010); 刘晓燕、阮平南 (2013); 叶春霞、余翔、李卫 (2013) 等
技术接近性	技术合作方式差异	专利合作申请网络 专利技术转移网络	Beaudry, et al. (2011); Murphy, et al. (2013); 司尚奇 (2010) 等
	技术运用方式差异	专利联盟 专利池	Phelps C. C. (2010); Pek-hool Soh (2010) 等
社会接近性	合作对象差异	产学研专利合作网络 科研项目合作网络 发明人合作网络	Arza, et al. (2011); Bertrand-cloodt, et al. (2011); 栾春娟、王续琨、侯海燕 (2008); 马艳艳、刘凤朝、孙玉涛 (2011); 刘凤朝、刘靓、马荣康 (2013) 等

其中对跨国、区域及企业间的专利合作网络的研究较为普遍，这些研究侧重从地理空间来界定网络的整体布局。针对产学研合作网络、发明人合作网络的研究则通常依据合作对象的差异来构建网络。无论基于地理空间分布，还是合作对象差异构建的专利合作网络都主要依据合作申请或专利引文来构建关联关系，属于专利合作申请网络的研究范畴，只有少量是针对专利技术转移网络进行研究的。技术联盟或专利池是建立在契约关系基础上的专利合作网络，集中体现了专利合作申请关系、专利技术转移关系组合形成的复杂网络类型。事实上，对于专利合作网络的模式研究可以借鉴合作创新的相关研究加以拓展。例如 Rothaermel 等 (2004) 根据企业与供应商、顾客在三元合作创新中的不同目的，区分为探索性合作创新和应用性合作创新，并且对企业创新绩效产生不同的影响。Lam (2003) 采用案例研究方法将美国跨国公司的合作创新网络归结为集中式网络，而将日本跨国公司的创新网络归结为分散式网络。Corsaro 等 (2012) 则通过访谈同属一个创业网络的 46 家高科技公司，结果发现质疑型、探索型和信任型三种不同的网络配置模式可并存于同一个创新网络中，并通过跨界活动相互影响。上述这些研究为探索以企业为中心的专利合作网络构成

提供积极的启示，通过区分专利合作的不同目的，专利合作的广度与深度，以及网络资源配置的差异可以更加深入地剖析专利合作子网的形成，这为探讨网络自相关、共同主体特征与网络内生因素对企业成长的影响，提供了更加科学的验证途径。

（二）专利合作网络的影响因素

相关研究指出社会接近性、技术接近性和地理接近性都是影响专利合作网络构建的重要因素（Paier Manfred, et al., 2011）。Wilhelmsson（2009）的研究指出在大都市地区，发明人合作网络相对弱化，人口稠密区的研发人员不仅倾向于更多的合作，而且会和空间距离更远的合作者进行合作。He J. 等（2009）的研究指出地理区间的拓扑学特征直接决定了发明人合作网络的特征，发明人合作网络的结构特征也会随着区域经济和社会条件的改变而变化。然而 Agrawal 等（2008）对专利发明人当前所在地和原所在地的专利引用情况的研究结果表明地理上的接近性促进社会关系的形成，社会关系一经建立可以在地理空间距离变大时维系相互间的知识流动。Sternitzke 等（2007）的研究支持了与知识源社会距离的接近有利于获取创新所需的知识。向希尧、蔡虹、裴云龙（2010）的研究进一步证实了地理接近性对企业在专利合作网络中的距离和合作创新程度的影响并不显著，技术接近性对于缩短企业间在合作网络中的距离有显著的正向作用，对提高合作创新程度有明显的积极影响，社会接近性对于缩短企业之间在专利合作网络中的距离以及提高合作创新程度的正向作用最为显著。上述研究说明由人员的社会交流引致的社会接近性是影响专利合作网络越来越重要的因素，对于企业自我中心网络的建构显然还需要从合作主体行为变化及网络能力差异的角度进行重新界定及分类。

（三）专利合作网络的演化规律

现有的研究主要关注区域专利合作和跨国专利合作的整体网络的演化

规律。Barber 等（2013）研究了欧洲专利合作网络的空间交互特征，指出欧洲的专利合作网络具有明显的异质性和地区差异。Lei Xiao-ping 等（2013）分析了世界太阳能电池产业的区域合作、本土合作和国际合作三种专利合作网络类型，发现国际合作有逐渐增长的趋势。这些研究虽然有助于理解专利合作网络的演化趋势，但都是基于整体网络特性的研究，忽视了企业自我中心的专利合作网络的演化规律。虽然有一些从企业层面开展的专利合作网络研究，但这些研究显然没有对以企业为中心的不同特性及类型的专利合作网络进行区分，忽视了网络异质性及企业能动性对合作网络的影响。正如 Burk 等（2007）指出网络变化与网络主体行为变化是相互联系的，并受到共同的主体特征及网络内生因素（如中心性）影响。Fornahl 等（2011）对德国生物公司的调查显示公司合作的网络中企业的数量对专利产出没有影响，但是网络合作者的类型对专利产出有影响，合作者的认知距离对合作绩效有影响。张华、郎淳刚（2013）对美国生物高科技行业 11 年的专利合作数据的实证研究表明，网络中心性与知识创新正相关，但受到个体以往绩效的正向调节作用，而这种调节作用同时又受到网络异质性的负向调节。因此，对企业自我中心网络的演化，规律研究显然还需要从合作主体行为变化及网络能力差异的角度入手，深入研究不同类型专利合作网络的协同演化，以及与合作主体网络能力的交互作用等新领域。

四 专利合作网络对企业成长的影响

虽然学者们基于不同视角对企业成长机制进行了探索，在本质上影响企业成长的关键因素体现在企业自身资源优质度、企业与外部环境的互动性、客户市场的适应性和技术创新的先进性方面。专利合作网络的动态演化会导致嵌入网络中的企业成长也发生变化，因此如何动态有效地构建、优化、调整专利合作网络来实现企业持续成长逐渐成为近期研究热点。但是专利合作网络对企业创新绩效的影响一直存在争论，文献研究显示主要存在以下三种不同的观点（见表3）。

表3 专利合作网络对创新绩效影响关系的不同观点比较

观点分类	主要观点	支撑文献
资源观	认为专利合作有利于整合异质资源，提升合作者的能力禀赋，对创新绩效的增长具有正向作用	陈子凤、官建成（2009）；Ozbugday, et al.,（2012）等
演化观	专利合作对创新绩效的影响呈现倒"U"形，那些合作过密或缺乏合作的网络比具有平均合作强度的网络的创新绩效要低，重复合作会对创新绩效产生负面影响	Bertrand-cloodt, et al.（2011）；Tom Broekel, et al.（2012）；刘晓燕、阮平南、童彤（2013）等
能力观	认为只有将企业内部能力与外部网络资源互动整合，才能真正促进企业创新发展	Dovin, et al.（2008）；Holger Graf, et al.（2011）；张华、郎淳刚（2013）等

持有资源观（Resource Based View）的学者认为专利合作有利于整合异质资源，对创新绩效的增长具有正向作用。例如，陈子凤、官建成（2009）分析了9个创新型国家和地区的研发合作网络所具有的小世界特征，指出较短平均路径长度和较强的小世界性会促进更多的创新产出。Ozbugday 等（2012）对1993~2007年中荷的制造业影响产业创新的因素调查显示，公司之间专利合作申请的增加对产业创新绩效的增长有显著的作用。但是持资源观的学者较多关注静态专利合作网络对创新绩效的作用，忽视了专利合作网络动态演化特征对创新绩效带来的影响。

持有演化观（Evolutionary View）的学者指出专利合作对创新绩效的影响呈现倒"U"形，那些合作过密或缺乏合作的网络比具有平均合作强度的网络的创新绩效要低，甚至重复合作会对创新绩效产生负面影响。例如 Beaudry 等（2011）对加拿大纳米技术领域的发明合作进行研究表明，重复合作对专利产出有负面影响。Tom Broekel 等（2012）运用专利合作申请数据对德国电工电子产业的270个劳务区域的分析显示，区域合作强度对区域创新绩效的影响呈现倒"U"形，具有平均合作强度的区域比那些合作过密或缺乏合作的区域的创新绩效要高。刘晓燕、阮平南、童彤（2013）通过对集成电路产业专利合作网络知识扩散因素的影响因素研究表明，企业所在网络密度与知识扩散呈现负相关关系。虽然持演化观的学者关注了动态专利合作网络对创新绩效的影响，却没有揭示专利合作网络演化影响创新绩效的内在过程机制。

持有能力观（Ability View）的学者强调只有将企业能力与外部网络资源互动整合，才能真正促进企业创新发展。Dovin 等（2008）指出网络能力与企业绩效的提高是密不可分的。Holger Graf（2011）通过对德国和法国区域内组织创新网络的研究显示网络中的守门人角色受到组织吸收能力的影响。张华、郎淳刚（2013）针对发明者合作网络的理论研究指出，不同的自我监控水平在网络构建与网络机会利用方面的差异将导致其发展出不同的知识创新。持能力观的学者突出了专利合作网络对创新绩效的间接影响，指出只有动态考察嵌入网络多样性和企业行为的交互作用，才能较为全面地理解专利合作网络对企业创新发展的影响机制。

上述这些观点充分说明了专利合作网络这种直接影响企业成长的作用关系的局限性。持网络资源观的学者关注网络能力、内部资源要素整合对企业创新绩效的影响及在企业间持续互动的重要作用（张巍等，2011）。持网络演化观的学者认为网络选择机制、网络邻近性等都影响网络演化及对网络惯性的突破（向希尧等，2010）。持网络能力观的学者则认为专利合作网络对企业创新绩效的影响，受到企业网络能力、吸收能力等因素的作用及调节。有学者指出企业在吸收外部知识的能力上存在差异，正是能力的差异导致了企业成长及创新绩效的不同；还有学者指出如果企业有较强的网络能力，则可通过外部网络迅速提升技术能力（A. Lamin, et al., 2011）。但在现有研究中，企业行为这一重要的特征变量始终无法较好地融入网络研究模型中。一方面由于不同行业、规模、成长阶段的企业行为差异较大且受到较多因素影响，缺乏一致可行的分析框架；另一方面由于已有的基于个体选择的社会经济复杂网络模型是以 Watts 的 WS 模型和 Barabasi 的 BA 模型为主，未能很好地解释网络增长规则与个体行为选择的对应关系。然而，专利合作网络并不局限于在特定区域内互相联系、在地理位置上集中的公司和机构的集合，其更强调以企业为中心的向外拓展的多主体之间的受技术接近性、社会接近性影响的合作关系。因此，企业对于网络资源认知及选择在专利合作网络影响创新绩效关系中发挥了不容忽视的作用，尤其是针对企业成长性的研究，更需要探讨多样性专利合作网络协同演化影响创新绩效的间接作用机制，关注企业行为的差异性和能动性是研究专利合作网络与企业成长关系的下一步研究重点。

五 现有研究不足及未来研究展望

结合国内外文献总体分析发现，"专利合作网络"是国内近年逐渐凸显的新研究领域，运用专利文献计量或社会网络分析是主流研究趋势，现有研究针对跨国、区域及企业间的专利合作网络结构及对创新绩效的影响开展了有益的探索，但是与国外"专利合作网络"逐步向基于企业视角，探讨多维网络结构对创新绩效影响的内在机理和促进机制方向拓展的研究趋势还具有一定的差距，尤其是针对"专利合作网络情境下的企业成长机制"的研究还有待发掘丰富的理论源泉和开发巨大的实践空间。现有研究不足及未来研究趋势总结归纳为以下几个方面。

第一，现有研究大量关注地理邻近性形成的产业集群对企业成长的影响，对于受技术接近性、社会接近性影响的以企业为中心向外拓展的多主体之间的专利合作网络对企业成长性影响的研究还不够深入。专利合作网络的本质是基于社会网络嵌入的知识流转和资源整合的交互创新过程，尤其是合作网络中知识的增加又能引起管理提升并提供发现未利用资源的机会，因此对专利合作网络影响企业成长的研究，可以更加深入地理解网络情境下的企业的成长机制。

第二，现有对专利合作网络构成的分类都是基于整体网络研究视角，而基于自我中心网络视角，则需要更多地考察企业行为及能力差异导致的多重专利合作网络的形成，这对于分析网络异质性及企业能动性对专利合作网络动态演化的影响更具有针对性。相关研究显示社会接近性是影响专利合作网络越来越重要的因素，通过区分专利合作的不同目的（诸如合作申请、购买、转让、许可等）、专利合作的广度与深度，以及网络资源配置的差异可以更加深入地剖析专利合作子网的形成，研究多维度的专利合作网络特征，分析不同合作主体子网的耦合与运行机制，为探讨网络自相关、共同主体特征与网络内生因素对企业成长的影响，提供更加科学的验证途径。

第三，现有研究关于专利合作网络对创新绩效影响的不同结论，主要源于对专利合作网络影响创新绩效的静态机制或动态过程的视角差异，以及直接效应和间接效应的作用机制差异。只有动态考察嵌入网络多样性和企业能力的交互作用，才能较全面地理解专利合作网络对企业成长的影响机制。专利合作网络更强调以企业为中心的向外拓展的多主体之间的合作关系。因此，关注企业行为差异性和能动性是研究专利合作网络演化与企业成长间接作用机制的切入点。企业对于网络资源的认知及选择在专利合作网络影响创新绩效关系中发挥着不容忽视的作用，因此，探讨多样性专利合作网络影响创新绩效的间接作用机制是可行和必要的研究趋势。

第四，现有研究在揭示企业成长过程"黑箱"时都认同知识资本存量的变化是企业成长性的最主要体现，其中，吸收能力对企业知识创新成熟度的影响尤为重要。同时，网络能力的提出为创新网络发挥作用提供了微观研究基础。这些研究都为探讨多样性专利合作网络影响创新绩效的间接作用机制提供了重要启示。在基于企业行为与能力互动视角研究多重专利合作网络演化与企业成长的关系中，关注吸收能力、网络能力等企业内部能力与企业外部网络资源的互动与整合，研究这些能力可能带来的中介效应及调节效应，是探索多重专利合作网络演化影响企业成长内在作用机制的重要方向。

参考文献

[1] Agrawal A., Kapur D., Mc Hale J., "How Do Spatial and Social Proximity Influence Knowledge Flow? Evidence from Patent Data," *Journal of Urban Economics*, 2008, 64 (2): 258 – 269.

[2] Arza Valeria, Lopez Andres, "Firms' Linkages with Public Research Organisations in Argentina: Drivers, Perceptions and Behaviours," *Technovation*, 2011, 31: 384 – 400.

[3] Barber Michael J., Scherngell Thomas, "Is the European R&D Network Homogeneous? Distinguishing Relevant Network Communities Using graph Theoretic and Spatial Interaction," *Regional Studies*, 2013, 47 (8): 1283 – 1298.

[4] Beaudry Catherine, Schiffauerova Andrea, "Impacts of Collaboration and Network Indicators on Patent Quality: The Case of Canadian Nanotechnology Innovation,"

European Management Journal, 2011, 29 (5): 362-376.

[5] Bertrand-Cloodt Danielle, Hagedoorn John, Van Kranenburg Hans, "The Strength of R&D Network Ties in High-tech Sectorsa Multi-dimensional Analysis of the Effects of Tie Strength on Innovation Performance," *Technology Analysis & Strategic Management*, 2011, 21 (10): 1015-1030.

[6] Burk W. J., Steglich C. E. G., Snijders T. A. B., "Beyond Dyadic Interdependence: Actor-oriented Models for Coevolving Social Networks and Individual Behaviors," *International Journal of Behavioral Development*, 2007, 31 (4): 397-404.

[7] Corsaro D., "The Impact of Network Configurations on Value Constellations in Business Markets-The Case of an Innovation Network," *Industrial Marketing Management*, 2012, 41 (1): 54-67.

[8] Dovin E., Gooderham P. N., "Dynamic Capabilities as Antecedents of the Scope of Related Diversification: The Case of Small firm Accountancy Practices," *Strategic Management Journal*, 2008, 29 (8): 841-857.

[9] Eslami Hamidreza, Ebadi Ashkan, Schiffauerova Andrea, "Effect of Collaboration Network Structure on Knowledge Creation and Technological Performance: The Case of Biotechnology in Canada," *Scientometrics*, 2013, 97: 99-119.

[10] Fornahl Dirk, Broekel Tom, Boschma Ron, "What Drives patent Performance of German Biotech Firms? The Impact of R&D Subsidies, Knowledge Networks and Their location," *Papers in Regional Science*, 2011, 90 (2): 379-395.

[11] Franco Mario, Haase Heiko. The Role of Networks for Small Technology-Based Firms. Proceedings of the 6th European Conference on Innovation and Entrepreneurship, 2011 (1): 309-318.

[12] He J., Fallah M. H., "Is Inventor Network Structure a Predictor of Cluster Evolution?," *Technological Forecasting and Social Change*, 2009, 76 (1): 91-106.

[13] Holger Gra., "Gatekeepers in Regional Networks of Innovation," *Cambridge Journal of Economic*, 2011, 35 (1): 173-198.

[14] Lam A., "Organizational Learning in Multinationals: R&D Networks of Japanese and US MNEs in the UK," *Journal of Management Studies*, 2003, 40 (3): 673-703.

[15] Lamin A., Dunlap D., "Complex Technological Capabilities in Emerging Economy Firms: The Role of Organizational Relationships," *Journal of International Management*, 2011, 17 (3): 211-228.

[16] Lei Xiao-Ping, Zhao Zhi-Yun, Zhang Xu, "Technological Collaboration Patterns in Solar Cell Industry Based on Patent Inventors and Assignees Analysis," *Scientometrics*, 2013, 96: 427-441.

[17] Miguelez Ernest, Moreno Rosina, "Do Labour Mobility and Technological Collaborations Foster Geographical Knowledge Diffusion? The Case of European Regions," *Growth and Change*, 2013, 44 (2): 321-354.

[18] Ozbugday Fatih Cemil, Brouwer Erik, "Competition Law, Networks and Innovation," *Applied Economics Letters*, 2012, 19: 775-778.

[19] Paier Manfred, Scherngell Thomas, "Determinants of Collaboration in European R & D Networks: Empirical Evidence From a Discrete Choice Model," *Industry and Innovation*, 2011, 18 (1): 89-104.

[20] Peck-hool Soh, "Network Patterns and Competitive Advantage before the Emergence of a Domitant Sesign," *Strategic Management Journal*, 2010, 31: 438-461.

[21] Phelps C. C., "A Longitudinal Study of the Influence of Alliance Network Structure and Composition on Firm Exploratory Innovation", *Academy of Management Journal*, 2010, 53 (4): 890-913.

[22] Rothaermel F. T., Deeds D. I., "Exploration and Exploitation Alliances in Biotechnology: A System of New Product Development," *Strategic Management Journal*, 2004, 25 (3): 201-221.

[23] Stermitzke C., Bartkowski A., Schwanbeck H, Schramm R., "Patent and Literature Statistics—The Case of Optoelectmnics," *Work Patent Information* 2007, 29 (4): 327-338.

[24] Tom Broekel, Ron Boschma, "Knowledge Networks in the Dutch Aviation Industry: The Proximity Paradox," *Journal of Economic Geography*, 2012, 12 (2): 409-433.

[25] Wilhelmsson M., "The Spatial Distribution of Inventor Networks," *Annals of Regional Science*, 2009, 43 (3): 645-668.

[26] 陈劲、蒋子军、陈钰芬:《开放式创新视角下的企业知识吸收能力影响因素研究》,《浙江大学学报》(人文社会科学版) 2011 年第 41 卷第 5 期, 第 71~82 页。

[27] 陈子凤、官建成:《合作网络的小世界性对创新绩效的影响》,《中国管理科学》2009 年第 17 卷第 3 期, 第 115~120 页。

[28] 刘凤朝、刘靓、马荣康:《基于 973 计划项目资助的科研合作网络演变分析》,《科学学与科学技术管理》2013 年第 34 卷第 6 期, 第 14~21 页。

[29] 刘晓燕、阮平南、童彤:《专利合作网络知识扩散影响因素分析——以集成电路产业为例》,《中国科技论坛》2013 年第 5 期, 第 125~130 页。

[30] 栾春娟、王续琨、侯海燕:《发明者合作网络的演变及其对技术发明生产率的影响》,《科学学与科学技术管理》2008 年第 3 期, 第 28~30 页。

[31] 马艳艳、刘凤朝、孙玉涛:《大学-企业合作网络结构及对企业创新产出效应》,《研究与发展管理》2011 年第 23 卷第 6 期, 第 1~7 页。

[32] 司尚奇:《我国技术转移合作网络治理研究》,中国科学技术大学,2010。

[33] 向希尧、蔡虹、裴云龙:《跨国专利合作网络中三种接近性作用》,《管理科学》2010年第23卷第5期,第43~52页。

[34] 叶春霞、余翔、李卫:《企业间专利合作的多学科知识网络研究》,《情报杂志》2013年第32卷第4期,第113~120页。

[35] 张华、郎淳刚:《以往绩效与网络异质性对知识创新的影响研究——网络中心性位置是不够的》,《科学学研究》2013年第31卷第10期,第1582~1588页。

[36] 张巍、党兴华:《企业网络权力与网络能力关联性研究——基于技术创新网络的分析》,《科学学研究》2011年第29卷第7期,第1094~1101页。

基于水环境复杂系统理论的测度氮污染负荷来源的方法[*]

王喜峰[**]

一 引言

水是生命之源、生产之要、生态之基。然而,随着工业化和城镇化的不断发展,水资源使用量不断增加,甚至超过了区域水资源承载能力,造成了严重的水危机。同时,大量的污染物随着废水排入河道、湖泊以及地下含水层中,危害了人类健康,破坏了生活环境。此外,频繁的人类活动和气候变化也改变了水循环,这些都可能使水危机更加严重。

开采地下水是许多流域和地区最主要的应对水危机的方式之一。然而,由于农业和工业活动所造成的污染,许多地区的地下水环境不容乐观。氮是地下水中的常见污染物,主要来自农业的面源污染和工业等排放到河流形成的线源污染。因此,研究地下含水层氮污染负荷对地下水环境管理有重要意义。

为了应对愈加严重的水危机,大量的研究关注水循环和物质循环。

---

[*] 本文获得国家社科基金青年项目(编号:13CGL091)、中国社会科学院经济政策与模拟重点研究室项目、中国社会科学院数量经济与技术经济研究所重点(青年)项目和中国水利水电科学研究院流域水循环模拟与调控国家重点实验室开放基金项目(编号:IWHR-SKL-201301)的资助。

[**] 王喜峰,中国社会科学院数量经济与技术经济研究所。

牛存稳（2008）利用水质模型模拟了海河流域的水环境情况，认为只有21%的总氮污染物运移到河道，推断出有大量的氮污染通过河道淤泥沉积以及随着雨水和灌溉渗入了地下含水层中。Nyborg（1990）利用实地实验，认为许多地区40%~60%的化肥氮不能被农作物吸收利用，大量的氮污染物随着雨水和灌溉渗入地下含水层中。从上述的研究中可以看出，尽管其主要关注点不是地下含水层的氮污染，但是地下含水层中的污染状况不容忽视。对地下含水层氮污染物来源的辨识和测算对应对地下水环境管理有积极的意义，甚至对应对水危机也有重要的意义。

许多相关的研究表明地下水环境危机不容忽视。Zhang（1995）调查了14个城市的地下水氮污染情况，超过50%的试验点的氮污染浓度超过10毫克/升，已不适合作为饮用水。Bouwer（1987）认为氮肥在经过一系列复杂反应后，变成硝态氮并随着水流进入地下含水层，该形态的氮比其他形态的氮更容易进入地下含水层。根据研究，认为氮肥中有30%~50%的氮会进入含水层，大部分是以硝态氮的形式、小部分是以氨氮等其他形式进入。在许多农业地区，每年平均使用氮肥超过200千克/平方千米，这样的话，这些地区的地下含水层氮污染情况非常令人担心。华北平原就是这样的典型农业地区。

地下水是华北平原重要的用水来源，因此对其保护和可持续利用是保障区域用水安全的重要内容。华北平原的地下含水层属于第四纪地质时期，大约有131000立方千米。随着该地区的用水量不断增加，自1970年以来，地下水普遍超采。现在，整个华北平原超采大约90亿立方米，浅层地下水的超采大约有59600立方千米，有11个大型超采漏斗区。此外，根据检测资料，由于强烈的工业和农业活动，华北平原地下水氮污染现象普遍存在。

考虑到华北平原严峻的形势，对该地区的地下水氮污染进行研究是非常必要的。本文采用独特的方法计算地下含水层氮污染的来源，根据该研究，未来进一步采取相应的管理政策措施将会改善地下水的氮污染情况。总的来说，氮源可以分为三种类型，点源（垃圾填埋场）、线源（污染河流）以及面源（农业活动）。农业活动呈现面源特点；而工业污染呈现点源和线源的特征。

尽管对地下水氮污染的研究很多，如 Liu（2006）、Zheng（2010）等，但是对地下含水层氮污染负荷来源的研究还不是很多。许多农业研究只对不能被作物吸收的氮进行研究，以提高肥料的利用率（Liu，2004）。然而，由于化学作用，氮肥经过反应，会进入地下含水层，所以农业相关方面的研究不足以对地下水的水质做出判断。事实上，对进入地下含水层中的氮肥比例，研究领域没有给出一致的结论，现有：33%~45%（Liu，2003）、27%~68%（Shen，2002）、30%~50%（Goderya，1996）、2.75%~37%（Li，2000）。研究这个问题的主要困难是污染物运移和反应的机制。此外，土壤层和包气带的情况相对复杂，对于现有研究增加了许多困难。与面源污染的研究相似，由于类似研究困难的存在，对线源来源的污染物的研究也存在许多问题。

此外，研究工具也有局限性。由于尺度效应的存在，对相关区域的实验不能满足对污染物来源的研究。例如，在之前的研究中，由许多试验点得来的华北平原含水层氮污染负荷的参数不能用于整个大区域的研究。尽管污染物运移模型（例如 MT3DMS）对于地下水污染物研究非常有用，但是其不能很好地模拟地下水污染物负荷，即进入地下含水层中污染物的量。这些问题存在于很多方面，首先，地下水污染物运移模型和地下水数值模拟模型，在大流域（区域）的模拟中有一定的不足，之前的研究也多以小型区域为主；其次，影响地下水水质的因素非常多，对地下水的模拟存在一定的不确定性。

然而，影响地下水污染负荷的因素主要还是由水流和污染物的量决定的。在对地下含水层污染物来源的研究中，污染物的量由每个城市（区域）的污染物使用量获得；水流情况由水循环模拟出来。因此，水循环模型应该给出相对准确的水流数据，包括地表、土壤层和含水层的相互作用数据。因为污染物在土壤层有复杂反应，检测数据应该取代土壤层中污染物反应后的数据。因此，一个地下水环境综合模拟框架被开发形成，该框架包括地下水数值模拟、污染物运移模拟、分布式水文模型、水环境模拟以及检测数据，即可满足框架的开发，以及本研究的所需。

二　地下水综合模拟框架（IGESF）开发与验证

（一）地下水综合模拟框架简介

如图 1 所示，大尺度流域地下水环境综合模拟框架由四个模块综合模拟而成。在河道线源地下水污染负荷模拟中，第一模块"二元"水循环模型（WEP-L）为第二模块地表水系环境模型提供坡面汇流和河道汇流动力条件；第一模块 WEP-L 向第三模块 MODFLOW 提供河道水位模拟结果模拟河道进入地下水的水量；第二模块地表水系环境模型则模拟各河段的污染物浓度；根据模拟的浓度和河道补给地下水的水量计算污染物线源污染负荷。在计算地下水污染物面源负荷时，根据第一模块 WEP-L 模拟的面状地下水分布式补给量，及埋深处实测污染物浓度插值得到的浓度场得到地下水分布式面源污染负荷。将地下

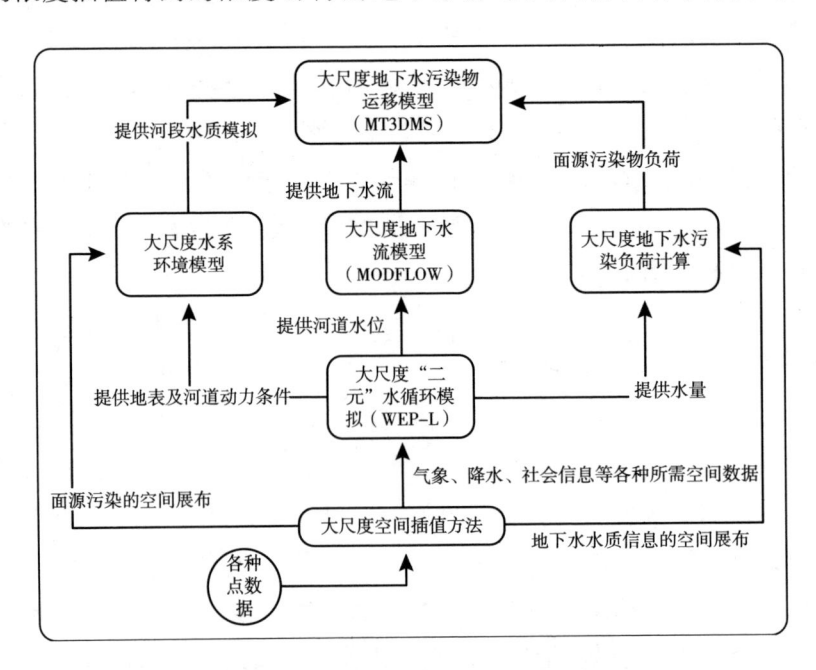

图 1　地下水环境综合模拟框架示意

水线源和面源负荷输入第四模块地下水污染物运移模型中模拟污染物在地下水含水层对流、弥散稀释、吸附和消去等作用后的污染物浓度情况。

（二）IGESF 各个模块介绍

（1）大尺度空间插值方法。大尺度空间插值方法是模型间数据交换的主要工具，本文应用王喜峰等（2010）开发的 RDS 方法。

（2）"二元"水循环模型是基于物理机制的分布式水文模型 WEP – L。WEP – L（Water and Energy Transfer Processes in Large River Basins）模型是建立在 WEP 模型基础上，以适应水循环模型在大尺度流域上的应用。

（3）地表水系环境模型（WEQ）是建立在分布式水文模型（WEP – L）的基础上，对流域面源和点源产生的氮的产生量和入河量进行模拟。该模型由牛存稳（2008）开发。

（4）MODFLOW 是 Modular Three-dimensional Finite-difference Groundwater Flow Model（三维有限差分地下水流数值模拟模型）的简称，由美国地质调查局（USGS）的 McDonald 和 Harbaugh 于 20 世纪 80 年代开发的。

（5）MT3DMS 是应用最广泛的地下水溶质运移模型，由郑春苗等于 1999 年开发，是基于 1990 年开发的地下水污染物运移模型 MT3D 的第二代地下含水层溶质运移模型。

（三）IGESF 的验证

首先，分布式水循环模型（WEP – L）被开发和验证。华北平原的分布式水循环模型是海河流域分布式水循环模型的一部分，由国家基础研究发展规划项目"海河流域水循环演变机理与水资源高效利用"项目组开发验证。根据模拟结果（见表 1、图 2），模型模拟较好，基本反映了华北平原水循环状况，为地下水水流模拟提供了合理的地下水水循环情况。

表 1　华北平原水循环模拟开发与验证

水文站	相对误差(%)	Nash 有效系数	相关系数
韩家寨	0.30	0.70	0.85
戴营	-4.00	0.65	0.81
观台	3.60	0.81	0.93
黄碧庄	-5.90	0.68	0.83

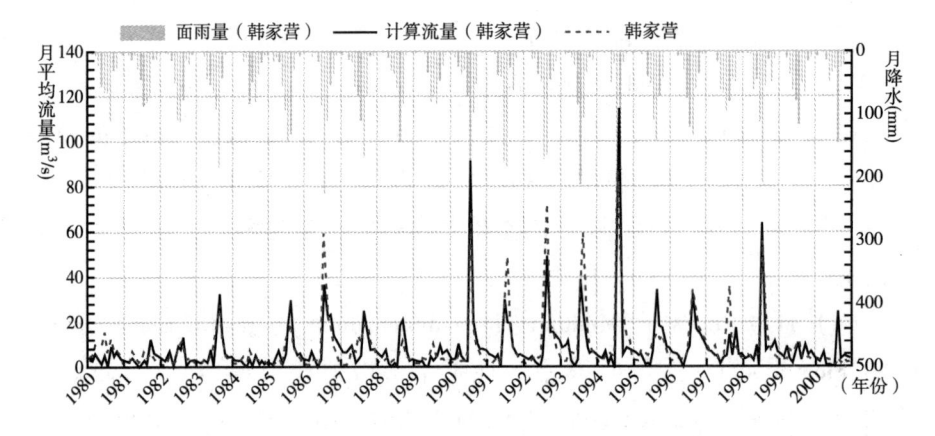

图 2　水循环模拟状况

其次，河道水环境模拟结果较为成功，在牛存稳（2008）的研究中很好地反映出来。河道水环境模拟对河道与地下含水层中的相互作用有很好的支持作用。

再次，在陆垂裕研究的基础上，华北平原地下水水流模型 MODFLOW 被建立出来，与之前的研究不同，本次研究将河道模拟以及河道与地下水的水流相互作用反映了出来。这个模拟活动主要包括：降雨、从河道以及地下水取用灌溉过程、渠道渗漏、蒸散发、地下水利用、河道渗漏等。考虑到华北平原面积大约 13 万平方千米，MODFLOW 模型采用了 4000 米 × 4000 米的格子进行模拟，设置了上下两层（浅层地下水、深层地下水）共有 16000 个格子。边界条件和初始条件见图 3 和图 4。

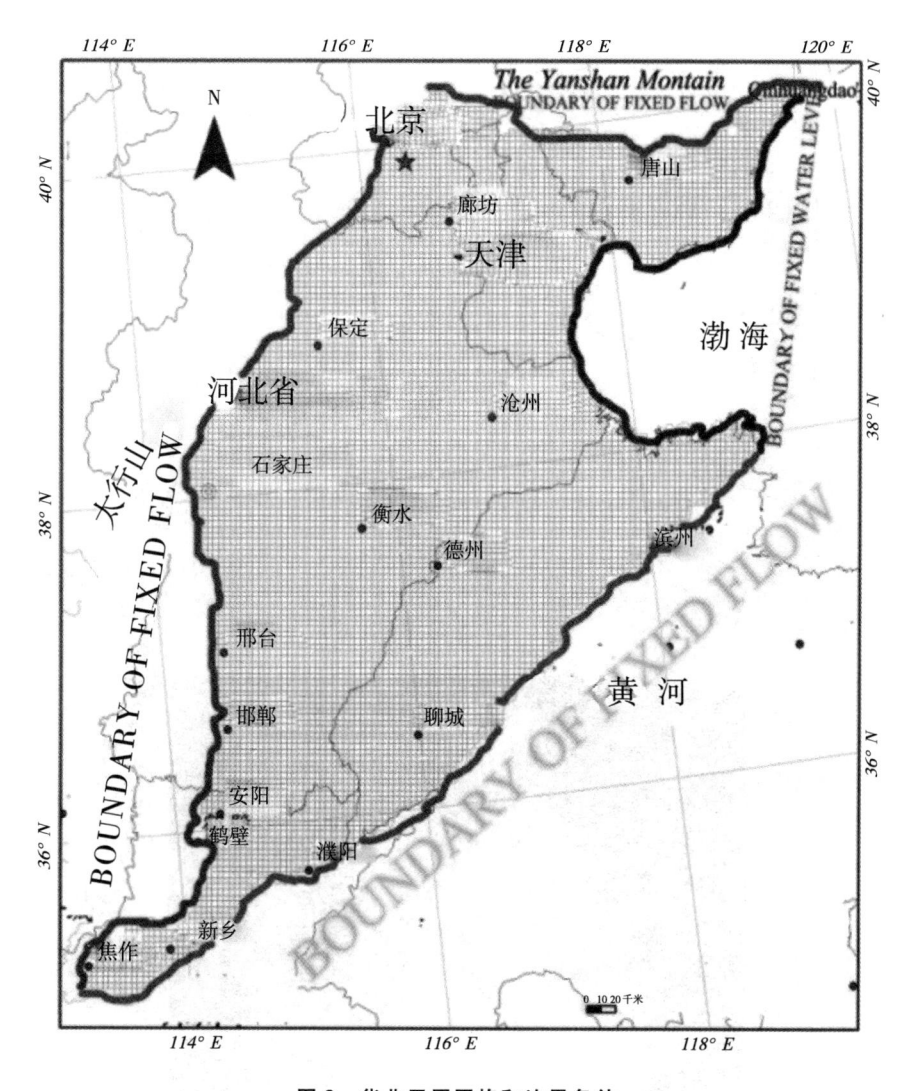

图3 华北平原网格和边界条件

模拟期为 1996～2000 年,共有 5 年。模拟为月度模拟,所以共有 60 个模拟时段,采用的步长为天。水流的初始条件为 1995 年 12 月 31 日的水流情况。由于模拟框架需要河道和地下含水层的相互作用情况,河道也设置在 MODFLOW 中,如果模拟网格有河道,将该网格设置为河道单元,并且计算河道与地下含水层的相互作用,河道的参数化情况见图 5。

（a）浅层地下水　　　　　　　　　　（b）深层地下水

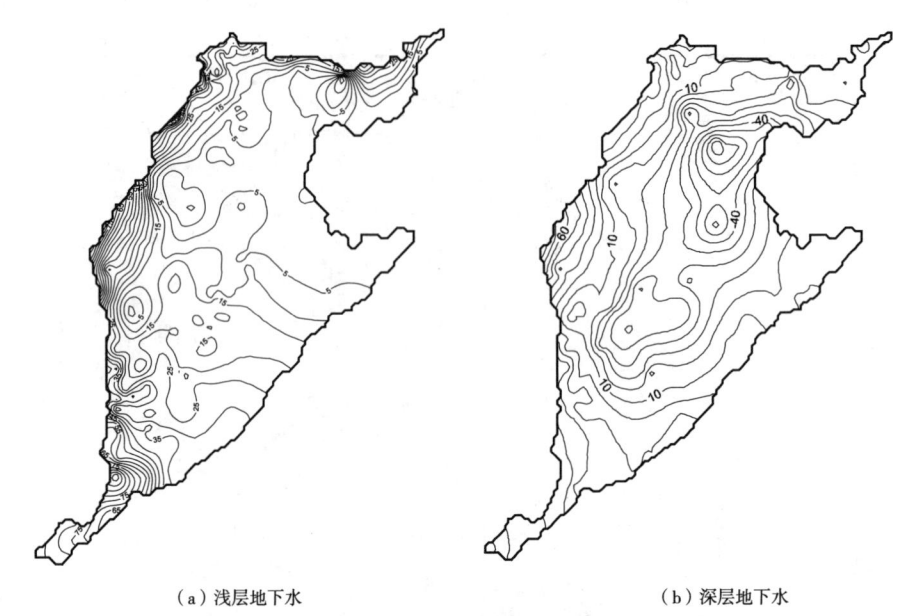

图4　华北平原初始条件

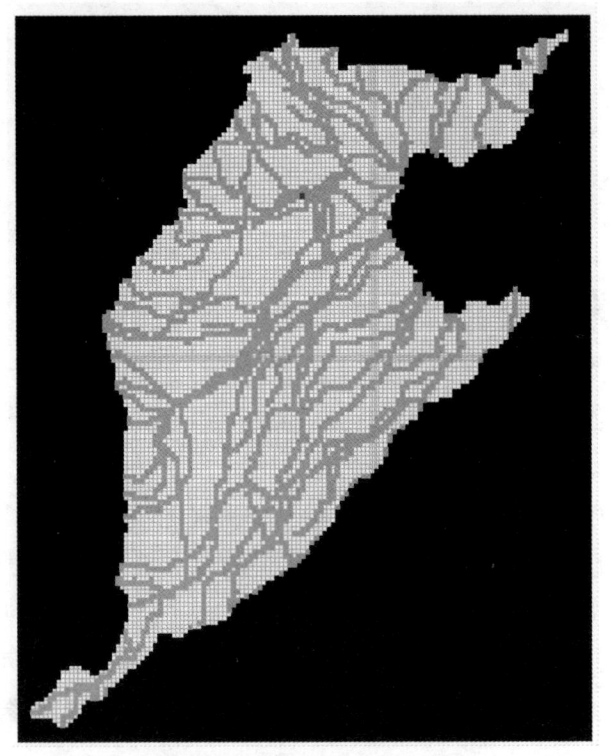

图5　华北平原河道参数化情况

根据图6和图7，华北平原MODFLOW的模拟结果显示，浅层地下水和深层地下水水场模拟与实测相似。

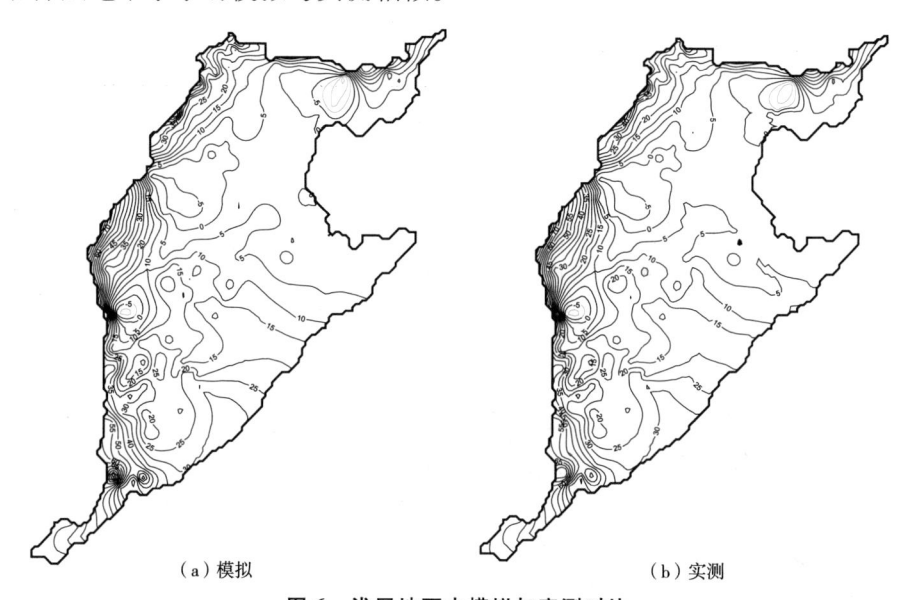

（a）模拟　　　　　　　　　　　　（b）实测

图6　浅层地下水模拟与实测对比

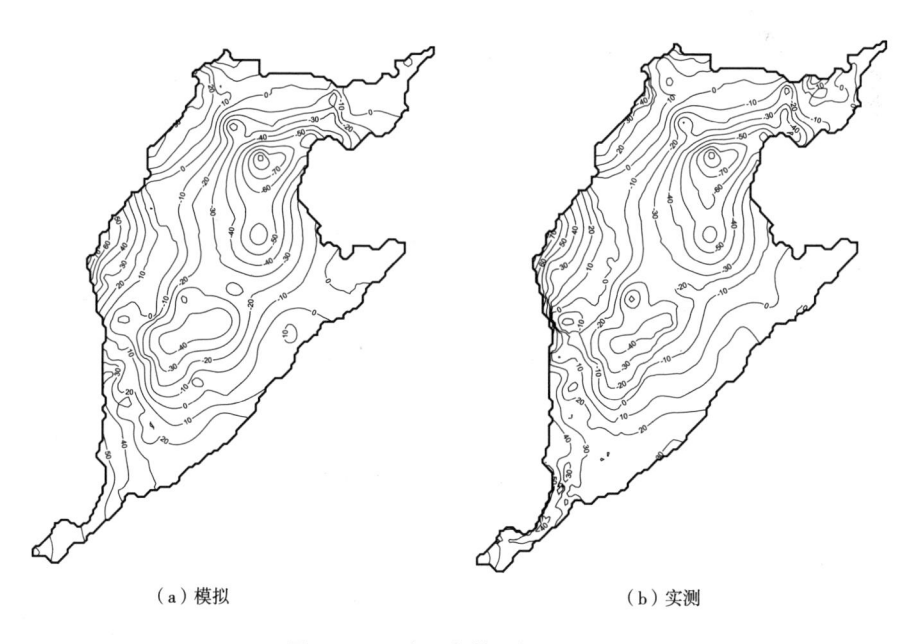

（a）模拟　　　　　　　　　　　　（b）实测

图7　深层地下水模拟与实测对比

最后，MT3DMS 被用来模拟氮在地下含水层的运移情况。地下水水流模拟由 MODFLOW 提供，污染物运移的主要参数主要参考 Zheng（2010）、Lu（1999）、Gelhar（1992）等，主要采用的反应模型是一阶不可逆反应形式，同时模型综合考虑了吸附项和弥散项。表 2 给出了主要的参数，图 8 给出了主要的氮污染物浓度的模拟和实测情况。

表 2　华北平原 MT3DMS 主要的参数情况

	扩散	吸附	反应
参数	1000	1.5×10^{-4}	3.1×10^{-3}

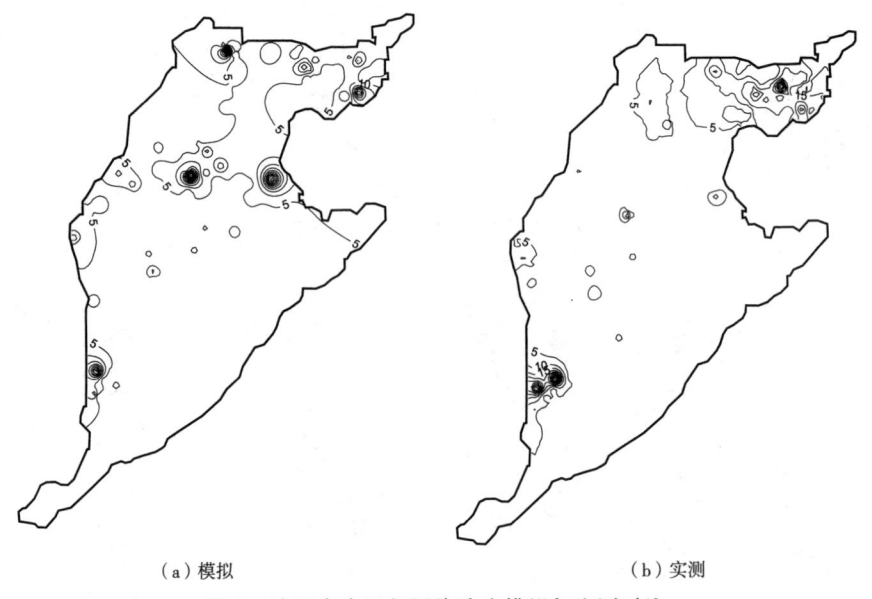

（a）模拟　　　　　　　　　　（b）实测

图 8　地下含水层氮污染浓度模拟与实测对比

三　结果分析

（一）地下含水层氮污染负荷的来源分析

根据 IGESF 和华北平原的实测数据，1995~2004 年，山前平原地区

35.31吨/平方千米和唐山海滨区域46.19吨/平方千米的地下含水层氮污染物负荷比平原中部地区大得多（见图9），这也与当地工业、农业的实际情况有很大的相关性。例如，图10所示，来自面源的地下含水层氮污染负荷大约是38400吨/年（1995~2004年）。特别是1996年，来自面源的地下水氮污染负荷达到98400吨，进入地下含水层中的来自面源污染的氮污染负荷大于面源进入河道的氮污染负荷（81200吨）。但是到了2002年，只有9900吨来自面源的氮污染负荷进入地下含水层中。

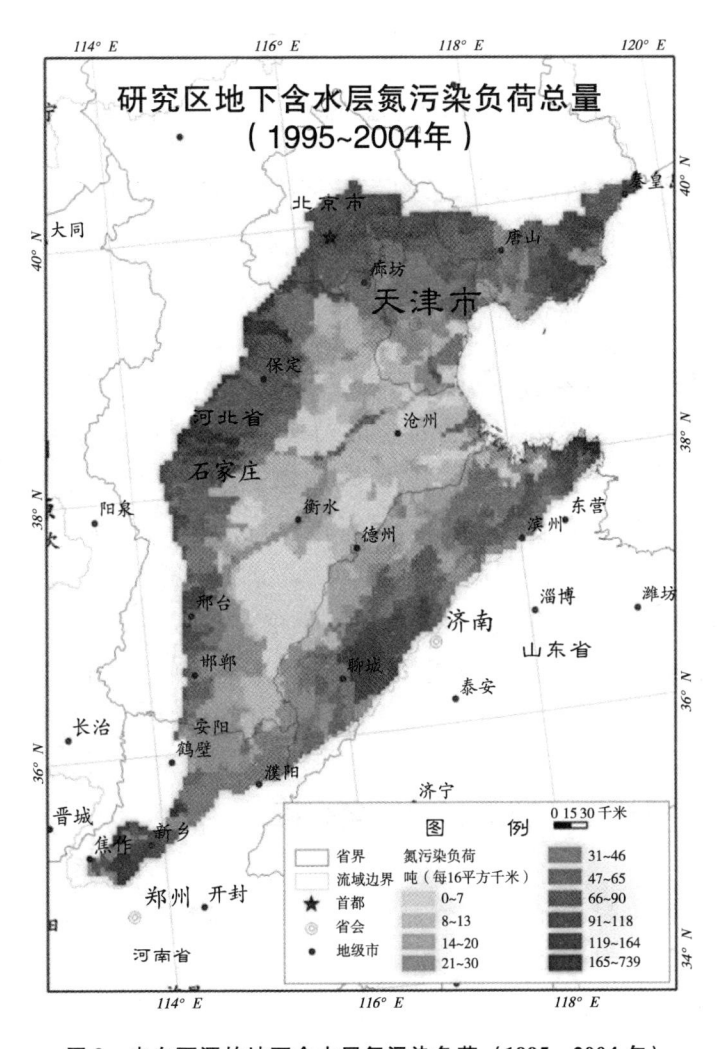

图9 来自面源的地下含水层氮污染负荷（1995~2004年）

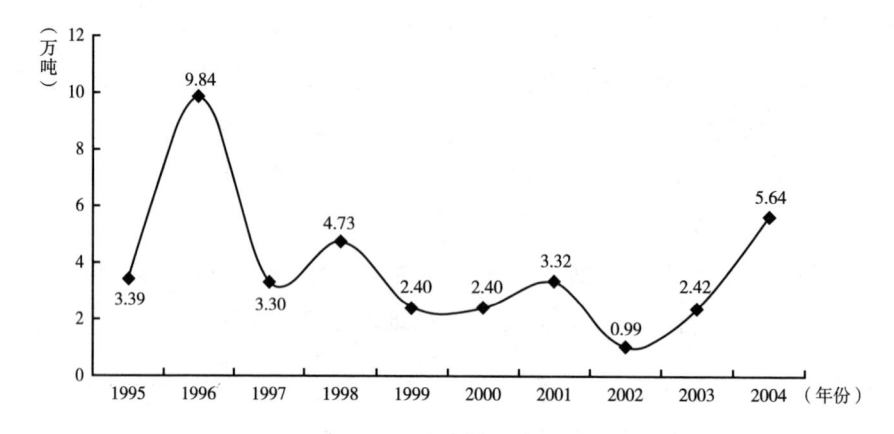

图10　1995～2004年来自面源的地下含水层氮污染负荷

总的来说，1995～2004年，每年大约有38400吨来自面源的氮污染负荷进入地下含水层中。在干旱年份，只有1%的氮肥施用量的氮随着较少的入渗水流入地下含水层中，在雨量充沛年份，大约有5%进入地下含水层中。

根据图11可以看出，每年由河道进入地下含水层的氮污染物大约为26000吨（1995～2004年），占每年进入河道中的氮污染物负荷的30%。根据模拟结果，城市的下游河道是氮污染物进入地下含水层的集中区域，特别是大城市的下游地区，如北京、天津的下游地区都有大量的氮污染负荷经河道进入地下含水层中，这与实际情况是相符的。根据图12，在2000年之后，经河道进入地下含水层中的氮污染负荷显著上升。因此，北京、天津和濮阳应该改善河道的氮污染情况，就现有情况来看，这些区域含水层氮污染情况不容乐观。

（二）氮污染负荷的影响因素分析

在研究了氮肥使用量与地下含水层氮污染负荷的关系后发现，尽管土壤结构、种植结构以及包气带情况差异巨大，但是，地下含水层氮污染负荷与氮肥使用量有很大的线性相关性（相关系数达到0.61），如图13所示。因此，氮肥的使用是地下含水层氮污染负荷的主要影响因素。

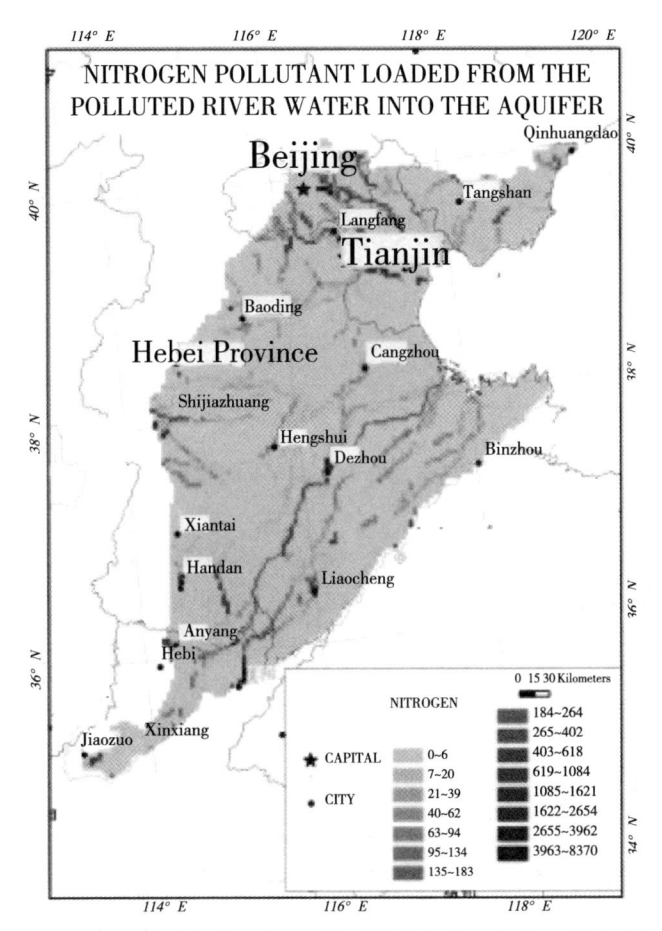

基于水环境复杂系统理论的测度 氮污染负荷来源的方法

图 11 经河道进入地下含水层的氮污染负荷（1995～2004 年）

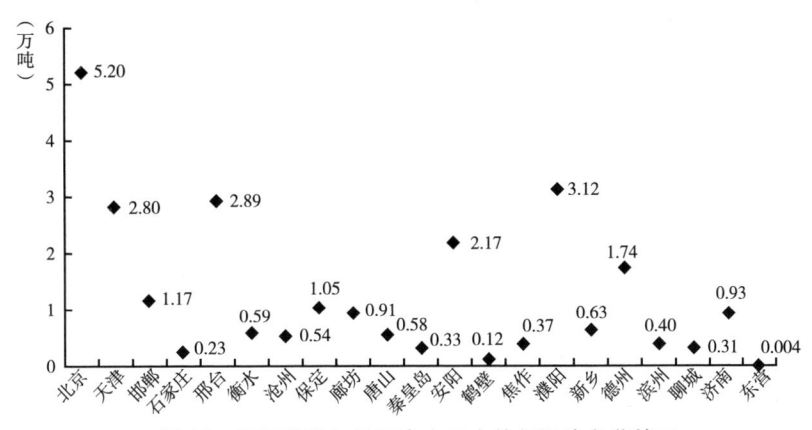

图 12 经河道进入地下含水层中的氮污染负荷情况

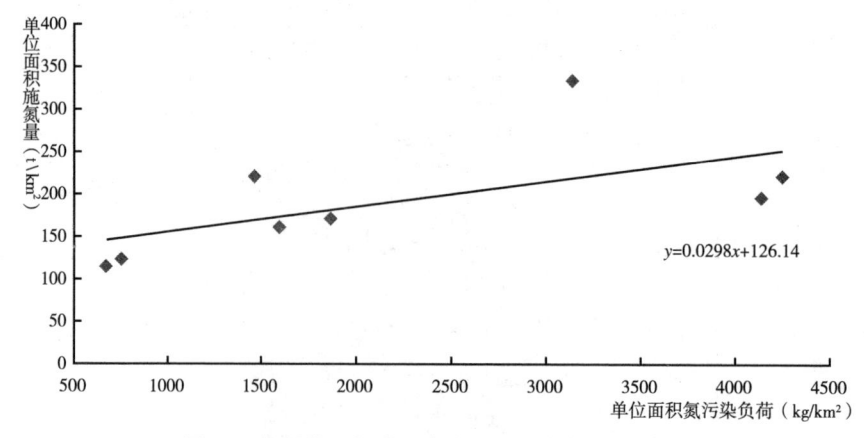

图13 氮肥使用与地下含水层氮污染负荷相关性

此外，本研究也测算了地下含水层氮污染负荷与降雨和灌溉用水之和的相关性。这主要考虑到降雨和灌溉是氮污染进入地下含水层中的主要且必要的动力条件。根据IGESF的模拟结果，本文发现降雨和灌溉用水之和与地下含水层氮污染负荷有很强的相关性，并且呈现指数曲线关系，如表3和图14所示。

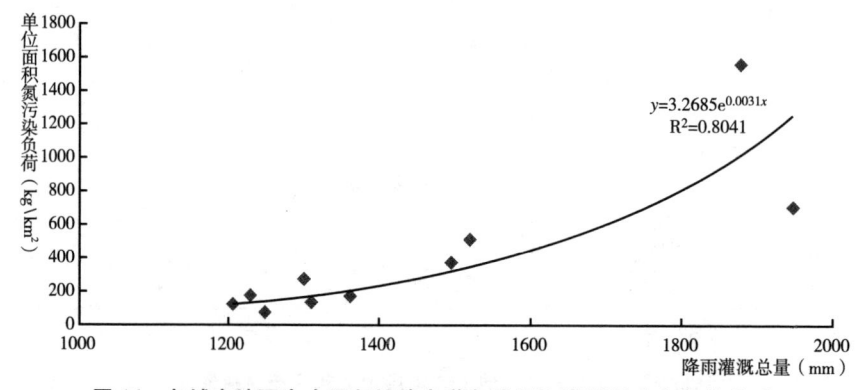

表3 各城市地下含水层氮污染负荷与降雨和灌溉用水之和的相关性

城市	石家庄	邯郸	邢台	保定	沧州
相关系数	0.89	0.67	0.72	0.8	0.72
城市	衡水	廊坊	唐山	秦皇岛	
相关系数	0.54	0.4	0.67	0.61	

图14 各城市地下含水层氮污染负荷与降雨和灌溉用水之和的关系

四 结论

考虑到现有研究的不足以及地下水环境管理的实际需要,本文以华北平原为例,提出了测度地下含水层氮污染负荷来源的方法。根据本文,一个地下水环境综合模拟框架(IGESF)被提出,该框架不仅可以模拟氮污染负荷,对测度其他污染负荷也有一定的借鉴作用。地下水环境综合模拟框架综合了分布式水文模型、水环境模型、地下水数值模拟、污染物运移模型以及实测数据。根据该方法可看出,1995~2004年,大约每年有38400吨的氮污染负荷经面源进入地下含水层中,大约每年也有26000吨的氮污染负荷经河道进入地下含水层中。从空间来看,唐山滨海地区和北京、石家庄等山前地区比中部地区的氮污染负荷大。从影响地下水氮污染负荷的因素来看,氮肥使用、降水和灌溉是影响氮污染负荷的主要因素。综合以上结论,应当加强节水和节肥等相关对策措施以降低地下含水层的氮污染负荷。

参考文献

[1] Bouwer H., "Effect of Irrigated Agriculture on Groundwate," *Journal of Irrigation and Drainage Engineering*, 1987, 113 (1): 4 – 15.

[2] Gelhar L W. Welty K. W. Rehfeldt, " A Critical Review of Data on Field-scale Dispersion in Aquifers," *Water Resources Research*, 1992, 28 (7): 1955 – 1974.

[3] Goderya D. J. , M F Dahab. , W. E. Woldt, "Incorporation of Spatial Variability in Modeling Non-point Source Groundwater Nitrate Pollution," *Water Science and Technology*, 1996, 4 (5): 233 – 240.

[4] Jia Yangwen, Ni Guangheng, Kawahara et al. , "Development of WEP Model and Its Application to an Urban Watershed," *Hydrology Process*, 2001, 15 (11): 2175 – 2194.

[5] Li Shiqing, Li Shengxiu, "Nitrate Leaching in Farmland Ecosystem of Semi-arid Areas," *Journal of Applied Ecology*, 2000, 11 (2): 240 – 243.

[6] Liu Hongbin, Li Zhihong, "Characteristics of Nitrate Distribution and Accumulation

in Soil Profiles under Main Agro-land Use Types in Beijing China," *Agricultural Sciences*, 2004, 5 (39): 1 – 6.

[7] Liu X. X., Ju F., Zhang J., "Nitrogen Dynamics and Bughets in a Winter Wheat-maize Cropping System in the North China Plain," *Field Crops Research*, 2003 (2): 111 – 124.

[8] Lu G., Clement, C. Zheng, "Natural Attenuation of BTEX Compounds, Model Development and Field-scale Application," *Groundwater*, 1999, 37 (5): 707 – 717.

[9] Niu Cunwen. 2008. Integrated Modeling and Application of Water Resources and Water Environmental in Basin Scale. *China Institute of Water Resources and Hydropower Research*, Beijing, China.

[10] Nyborg M. Malhi S. S. Solberg E. D., "Carbon Storage and Light Fraction C in a Grassland Dark Grray Chemical Soil as Influenced by N and S fertilization," *Can J Soil Svi*, 1990 (79): 317 – 320.

[11] Shen Shanmin, *The contribution of Nitrogenous fertilizer to China's Agricultural Development and Losses of Nitrogen in Agriculture*, SOIL, 2002 (39): 12 – 24.

[12] Wang X., Zhou Z., Jia Y., et al., "Amendatory Reversed Distance Square Method to Interpolate Precipitation of Long Series in Large-scale Basins," *Proceedings of the 9th International Conference on Hydroinformatics*, 2010: 322 – 330.

[13] Wang Xifeng, "Impacts of Climate Change on Groundwater and Groundwater Environment of Large-scale Region," *China Institute of Water Resources and Hydropower Research*, Beijing, China, 2011.

[14] Zhang Weiying, "Survey about Nitrate Pollution of Groundwater by Usage of Nitrogenous Fertilizer in North Area of China," *Plant Nutrition and Fertilizer Sciences*, 1995, 1 (2): 80 – 87.

[15] Zheng Chunmiao and Wang P. P. MT3DMS, "A Modular Three-dimensional Multi-species Transport Model for Simulation of Advection, Dispersion and Chemical Reactions of Contaminants in Groundwater Systems; Documentation and User's Guide," *U. S. Army Engineer Research and Development Center Contract Report SERDP*, 99 – 1, Vicksburg, MS, 1999.

[16] Zheng Chunmiao, Liu Jie, Cao Guoliang, "Research on the Groundwater Quality of North China Plain. A Special Research in National Key Basic Research Development Program (1973)," *Water Cycle Evolution Mechanism in Haihe River Basin and Efficient Use of Water Resources*, Peking University, 2010.

云南省产业承接中的"技术发展陷阱":基于空间经济学的解释

肖远飞[*]

摘 要:论文首先对云南产业承接的现状进行了总结,基于产业承接内生化的技术进步模型,重点对云南产业承接中的技术进步效应进行了实证分析。研究发现,云南省国内产业承接和国际产业承接具有一定的间接技术进步效应,但是直接技术进步效应和总体的技术进步效应都为负,本文认为在新一轮全球产业分工体系中,云南地区被锁定在价值链低端,出现了"技术发展陷阱"。然后,论文基于空间经济理论建立了两地区模型,从需求和供给两个视角对云南"技术发展陷阱"的根源进行了探索,认为缺乏技术密集型产品需求规模、远离先进技术中心是导致云南产业承接中出现负面技术进步效应的根源。

关键词:产业承接 技术进步 技术发展陷阱

一 引言

在经济全球化与区域经济一体化的背景下,后发地区承接发达地区的

---

[*] 肖远飞,云南大学发展研究院理论经济学博士后研究人员,昆明理工大学管理与经济学院。

产业转移可以成为推动后发地区技术进步与经济发展的引擎，产业承接中的技术进步效应和技术进步机制是后发地区通过产业承接获取经济发展动力的核心环节。后发地区的产业结构通常具有以下特征：自然资源与劳动要素密集、技术层次较低、规模报酬递减。而通过承接发达地区转移出的平均技术水平较高、具有技术与资本积累效应甚至具有规模报酬递增效应的产业环节，实现承接地的技术进步、产业升级与经济发展，是后发地区实施产业承接战略的根本目标。技术进步效应的存在与大小直接关系到承接地产业发展目标的实现程度。

当前，国际、国内产业分工调整，我国东部沿海地区产业正加快向中西部地区转移。云南省发挥资源丰富、要素成本低、市场潜力大的优势，积极承接国内外产业转移，有利于加速云南转变经济发展方式和构建现代产业体系。针对云南对国内外产业承接中相关问题，目前也达成了部分理论共识。比如祁苑玲（2011）总结了"十一五"以来云南承接产业转移的特征，对云南承接产业转移进行SWOT分析，总结优劣势，存在机会与对策。李美娟（2013）对云南承接产业转移的能力与条件进行系统考察，从吸引力、选择力、支撑力和发展力四个方面对云南的产业承接能力进行判断。倪晓庆（2009）分析了云南承接产业转移的可能性、承接产业的原则以及承接产业转移的具体措施等相关问题。

实际上基于产业转移与经济发展理论，在云南承接产业的必要性、可能性、承接的资源优势、承接的目的等基础性问题上，现有研究已经达成一致。不过，针对近几年云南在承接产业转移中的效果如何、是否达到了促进本土技术进步与产业升级的目标等这些根本性的问题上，现有研究涉及的还不够系统深入，即使一般意义上的研究，针对产业承接地的经济效应，也尚未形成共识。本文就是基于产业转移理论与技术经济理论，利用最新的数据对云南省的产业承接情况进行总结，对其中的技术进步效应进行实证分析，以期分解出直接效应、间接效用和总效应的方向和大小，构建理论模型解释其中技术进步效应的内在机理，为云南产业承接战略调整与现代产业体系的构建提供有意义的参考。

二 云南省产业承接现状

《国务院关于中西部地区承接产业转移的指导意见》中明确提出，中西部地区要着力在产业承接中发展，提高自主创新能力，促进产业优化升级；推动重点产业承接发展，逐步形成分工合理、特色鲜明、优势互补的现代产业体系。近年来，云南省积极利用全球产业调整与国内产业转移的机会，在招商引资与产业承接建设方面成效显著。

云南省的国内产业承接规模快速增长，近年来引入的省外投资规模快速扩大，从2007年的553亿元增加到2012年的2560亿元，2013年突破了3000亿元，年均增长率高达36.8%。据统计，2013年前7个月，云南共签订、实施国内合作项目7398个，引进省外到位资金2109.84亿元。其中，泛珠三角内地8省（自治区、直辖市）、长三角地区、西南地区在云南投资实际到位资金分别为752.61亿元、367.15亿元、444.06亿元，分别占到位资金总额的35.67%、17.40%、21.05%。

云南省承接的国内产业转移主要集中在第二产业，占2013年国内产业转移投资的57%，第三产业占比为39.8%。从具体项目行业来看，电力热力生产供应业、房地产业和住宿餐饮业分别以390.77亿元、362.37亿元、114.18亿元居云南省内产业承接规模的前三强。从地区的产业承接情况来看，各个地区都积极主动搭建平台，但产业承接的投资区域主要集中在昆明、玉溪等地，其中昆明的省外到位资金为438.25亿元，占全省引进省外到位资金额的20.77%。

国际产业承接方面，云南实际利用的外商直接投资规模从2007年的3.9亿美元增长到2012年的21.89亿美元，年均增长率达到40%。近年来云南省国际产业承接的领域比较广泛，但是主要集中在制造业、房地产业和建筑业、批发零售、餐饮以及社会服务业，2010年这5个行业占云南省实际利用外资的63%，2011年的占比更是高达73.8%。云南省国际产业承接的空间布局上相对比较集中，2011年，昆明实际利用外资占云南省总规模的63%，而前三大地州昆明、迪庆、德宏的占比高达80%。云南所承接的产业来源主要集中于亚洲，尤其是中国香港地区、新加坡和菲律宾等地区，2011年和2010年，这三个地区在云南的总占比分别高达63%和64%，其中来自中国香港地区的投资比例超过50%。其他地区比如欧洲、非洲地区对云南的产业投资活动相对较少。

可见，在产业类型与投资规模上，云南省都取得显著成就，已成为新一轮产业转移的重要承接地。而通过产业承接地建设实现本土产业升级，构建现代产业体系是根本目的，作为后发地区，云南省是否在承接产业的过程中提升了自身的发展能力，实现了承接地的产业升级？能否借助产业承接机遇构建特色鲜明的现代产业体系呢？这两个问题的答案取决于云南产业承接中是否存在技术进步效应及其存在的方向和大小。接下来，本文基于技术内生化的增长模型，利用最新数据对云南产业承接中的技术进步效应进行实证检验。

三　云南省产业承接中技术进步效应的理论分析

产业承接实际上就是一种产业转移活动，是要素和经济活动在空间上的重新布局。由于要素的流动以及区域间经济活动的互动，产业转移会对产业承接地产生一系列社会经济效应，表现形式包括产业结构升级效应、技术溢出效应、就业增加效应、城市化效应、经济增长效应等（韩艳红，2013），其作用效果上可以分为优化效应、扩大效应和发展效应（罗若愚、申琴，2013），也有的研究把其中积极的社会经济效应总结为要素注入效应、产业集群发展效应、技术溢出与产业关联带动效应、社会和谐效应与财税扩大效应（贺映辉，2012）。本文主要关注其中的技术进步效应，所谓技术进步效应是伴随产业转移而发生的技术转移，产业承接地的技术水平和生产力得以提升，产业结构得以升级。总的技术进步效应包括直接技术进步效应和间接技术进步效应。直接技术进步效应是指产业转出方有意识（自愿）的技术投入带来的承接企业和承接区域直接的技术要素存量增加效应和技术进步效应；间接技术进步效应是指在直接技术进步效应基础上发生的产业转出方无意识（非意愿）的对承接地的技术溢出效应。直接技术进步效应和间接技术进步效应的方向、大小可能不一致，二者的共同作用构成了产业转移中技术进步总效应。作为后发地区，云南省需要把握两种技术进步效应的情况，充分挖掘和利用产业转移中技术进步总效应，实现自身的产业升级，促进现代产业体系的构建。

另外，根据云南省所承接的产业来源，产业承接类型可以分为两大类：国际产业承接和国内产业承接。所谓国际产业承接是指通过外商直接投资形式实现的云南与国外产业的对接，通过承接国际产业转移，云南可以借助其中的直接和间接技术进步效应，接近和获取国际前沿技术。国内产业承接是指通过引入国内其他地区的直接投资，借助其中的直接和间接技术进步效应，云南省可以获取国内产业的前沿技术，缩小与沿海发达地区的技术差距。

可见，通过产业承接来源不同和技术进步的渠道不同，云南产业承接中的技术进步效应具有不同的表现形式。概括起来包括六个方面的技术进步效应：①国际产业承接中的直接技术进步效应；②国际产业承接中的间接技术进步效应；③国际产业承接中的技术进步总效应；④国内产业承接中的直接技术进步效应；⑤国内产业承接中的间接技术进步效应；⑥国内产业承接的技术进步总效应（见图1）。

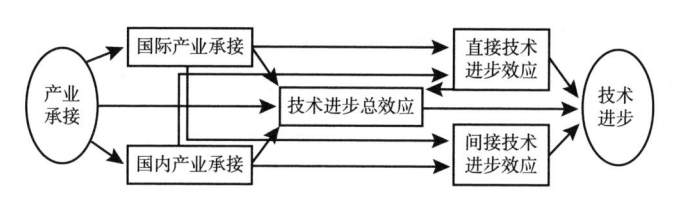

图1 产业承接与技术进步概念模型

四 云南省产业承接中技术进步效应实证分析

（一）实证模型的建立

关于经济发展中的技术进步分析，通常都是基于简单的C－D生产函数进行扩展，引入各种经济变量来解释技术进步率的变化。本文遵循这种传统路径，并借鉴 Levin 和 Raut（1997）的建模思路，试图把产业承接要素内生化到技术进步模型中去，为实证分析提供理论基础。

C – D 函数的一般形式如下：

$$Y_t = A_t L_t^\alpha K_t^\beta \tag{1}$$

其中 Y_t、L_t、K_t 分别表示特定区域在 t 年度的经济产值、劳动力投入、资本投入与技术进步要素，α 和 β 分别表示劳动力与资本要素的产出弹性。在新古典理论中，系数 A_t 表示劳动与资本以外的因素对经济产值的解释，并且其取值是外生的，用全要素生产率（TFP）概念表示该系数的经济含义。内生增长理论的贡献在于对表示技术进步的这个系数进行了内生化，本文基于内生增长理论，假设产业承接是影响云南省技术进步与全要素生产率的重要因素，并借鉴 Levin 和 Raut（1997）的处理方法把产业承接要素纳入技术进步模型，把模型式（1）中的 A_t 修正为：

$$A_t = C_t(1 + \lambda IB_t) I_t^\mu \tag{2}$$

模型式（2）就是内生化产业承接变量后的技术进步模型，其中 I_t、IB_t 分别表示产业承接的投资规模和该投资占承接地总投资的比例，参数 λ 表示所承接的产业投资占承接地投资规模比例的系数，该系数进入全要素生产率模型，这意味着产业承接对承接地相关企业的技术溢出效应，度量的是产业承接中的间接技术进步效应。参数 μ 表示所承接的产业相对于承接地本土产业的相对生产率系数，该参数进入全要素生产率模型，度量的是产业承接的投资对技术进步的放大效应，度量的是产业承接中的直接技术进步效应。显然，如果 $\lambda = 0$，则 $A_t = C_t I_t^\mu$，即产业承接中不存在技术溢出效应时，其间接技术进步效应为 0，则只存在直接的技术进步效应；如果 $\lambda > 0$ 或者 $\lambda < 0$，则表示产业承接中存在正面的或者负面的间接技术进步效应，表明通过产业转移可以促进或者阻止技术的转移。模型式（2）中参数 C_t 表示影响技术进步与全要素生产率的其他因素。

把修正过的式（2）代入原 C – D 函数式（1）中，可以得到：

$$Y_t = C_t(1 + \lambda IB_t) I_t^\mu L_t^\alpha K_t^\beta \tag{3}$$

对式（3）两边取自然对数，可以得到：

$$\ln Y_t = \ln C_t + \ln(1 + \lambda IB_t) + \mu \ln I_t + \alpha \ln L_t + \beta \ln K_t \quad (4)$$

因为 λ 和 IB 都是小于1的比较小的系数，所以 $\lambda \times IB$ 的数值很小，根据泰勒公式，当 x 无限小的时候，$\ln(1+x) \approx x$，同时假设存在规模经济不变，即 $\alpha + \beta = 1$，从而，模型式（4）可以简化如下：

$$\mathrm{Ln}(Y_t/L_t) = \mathrm{Ln}C_t + \lambda IB_t + \mu \mathrm{Ln}I_t + \beta \mathrm{Ln}(K_t/I_t) \quad (5)$$

据此，可以设定本文的计量模型如下：

$$\mathrm{Ln}(Y/L) = C + \lambda IB + \mu \mathrm{Ln}I + \beta \mathrm{Ln}(K/L) + \xi \quad (6)$$

（二）指标选取与数据说明

本文选取云南省国内生产总值（GDP）代表模型中的经济产值 Y，选择三次产业年底就业总人数代表模型中劳动力要素投入 L，全社会固定资产投资代表模型中的资本投入 K，选取云南省引入的国内外资金和实际利用的外商直接投资两个指标表示模型中的产业承接投资规模 I，用于刻画云南省国内产业承接和国际产业承接这两个本文重点考察的自变量。

根据相关年度《云南统计年鉴》《云南省国民经济与社会发展统计公报》、云南省商务厅以及云南省招商合作局公布的数据，结合数据可得性，本文选取2002～2012年的数据作为实证分析的基础（见表1）。其中外省投资是云南省历年招商引资引入的省外到位资金，国际投资FDI是云南省历年实际利用的外商直接投资规模。

表1 主要经济指标

年份	生产总值 Y（亿元）	劳动投入 L（万人）	资本投入 K（亿元）	外省投资 WSK（亿元）	国际投资FDI（亿美元）	外省投资占资本投入比 $WSKBL$	国际投资占资本投入比 $FDIBL$
2002	2312.82	2341.3	828.65	45	1.1166	0.0543	0.0013
2003	2556.02	2353.3	1021.18	91	1.6752	0.0891	0.0016
2004	3081.91	2401.4	1330.60	152	1.4152	0.1142	0.0011
2005	3462.73	2461.3	1755.30	261.8	1.7352	0.1491	0.0010

续表

年份	生产总值 Y(亿元)	劳动投入 L(万人)	资本投入 K(亿元)	外省投资 WSK(亿元)	国际投资 FDI (亿美元)	外省投资占资本投入比 WSKBL	国际投资占资本投入比 FDIBL
2006	3988.14	2517.60	2220.45	375	3.0234	0.1689	0.0014
2007	4772.52	2573.80	2798.89	533	3.9453	0.1904	0.0014
2008	5692.12	2638.37	3526.60	772	7.7688	0.2189	0.0022
2009	6169.75	2684.80	4527.02	1019	9.101	0.2251	0.0020
2010	7224.18	2765.90	5528.71	1300	13.29	0.2351	0.0024
2011	8893.12	2857.24	6185.30	1790	17.38	0.2894	0.0028
2012	10309.81	2917.16	7553.51	2560.1	21.8896	0.3389	0.0029

资料来源：作者根据相关数据整理得出。

（三）计量分析

下面基于上文得到的实证模型式（6），以及整理出的各个指标和数据，分别对云南省国内产业承接和国际产业承接中的技术进步效应进行实证分析。

1. 国内产业承接技术进步效应

首先，在模型中输入外省投资这个指标数据，表示国内产业承接投资的规模，运用 EVIEWS 7.0 软件，对云南省国内产业承接技术进步效应模型进行最小二乘回归，得到的结果如表2所示。

表2　云南省国内产业承接技术进步效用模型回归结果

Variable	Coefficient	Std. Error	t-statistic	Prob.
C	1.223064	0.427810	2.858895	0.0244
WSKBL	2.872202	0.559205	5.136220	0.0013
LNWSK	-0.192775	0.076461	-2.521218	0.0397
LNK	0.629222	0.130544	4.819998	0.0019
R-squared	0.996643	Mean dependent var		0.608883
Adjusted R.-squared	0.995204	S. D. dependent var		0.422951
S. E. of regression	0.029291	Akaike info criterion		-3.947802
Sum squared resid	0.006006	Schwarz criterion		-3.803113
log likelihood	25.71291	Hannan-Quinn criter.		-4.039008
F-statistic	692.6872	Durbin-Watson stat		2.465255
Prob(F-statistic)	0.000000			

根据表 2 中的回归结果,可以写出回归方程如下:

$$\ln(Y/L) = 1.223 + 2.872 WSKBL - 0.193\ln WSK + 0.629\ln(K/L) \quad (7)$$

$$(5.136) \quad (-2.521) \quad (4.820)$$
$$R^2 = 0.9966 \quad F = 692.6872 \quad DW = 2.4653$$

根据实证检验的结果,模型总体上通过了 F 检验,各个自变量的系数也通过 t 检验,R^2 的值也比较高,接近 1,DW 接近 2,可以考虑回归方程不存在自相关问题,回归方程在统计学意义上的拟合优度良好。

2. 国际产业承接技术进步效应

用同样的方法,用实际利用外商直接投资(FDI)这个指标值代替模型式(6)中的产业承接投资指标 I,回归结果如表 3 所示。

表 3 云南省国际产业承接技术进步效用模型回归结果

Variable	Coefficient	Std. Error	t-statistic	Prob.
C	0.664730	0.103263	6.437253	0.0004
FDIBL	470.2273	140.7438	3.341016	0.0124
LNFDI	-0.628224	0.229417	-2.738355	0.0290
LNK	1.207728	0.244422	4.941150	0.0017
R-squared	0.995549	Mean dependent var		0.608883
Adjusted R.-squared	0.993642	S. D. dependent var		0.422951
S. E. of regression	0.033725	Akaike info criterion		-3.665853
Sum squared resid	0.007962	Schwarz criterion		-3.521163
log likelihood	24.16219	Hannan-Quinn criter.		-3.757059
F-statistic	521.9289	Durbin-Watson stat		1.944181
Prob(F-statistic)	0.000000			

根据表 3 中的回归结果得到回归方程如下:

$$\ln(Y/L) = 0.665 + 470.227 FDIBL - 0.628\ln FDI + 1.208\ln(K/L) \quad (8)$$

$$(3.341) \quad (2.738) \quad (4.941)$$
$$R^2 = 0.9955 \quad F = 521.9289 \quad DW = 1.9442$$

云南省国际产业对接技术进步模型的回归结果显示，模型和各个参数的拟合度都很好，回归方程（8）在统计学意义上是有效的。

（四）实证结果分析

根据回归方程（7）和方程（8），对云南省产业承接中的六种类型的技术进步效应进行总结分析。两个回归方程中的参数 μ 都显示为显著大于 0，说明云南省的国内产业承接和国际产业承接中都存在明显的积极的间接技术进步效应。而两个回归方程中的参数都显著小于 0，实证表明云南省国内产业承接和国际产业承接中都存在显著的负面的直接技术进步效应，说明省外投资和外商直接投资对云南省的技术进步具有直接的阻碍作用，这可能与云南省的外来投资大多集中于资源开发型投资领域而非技术提升型投资有关，也就是说，外来投资并没有提升在云南省所投资企业的技术水平，反而是在与外来投资企业接触过程中，云南省本土企业通过技术溢出效应获取了间接的技术进步收益。

设定产业承接中技术进步总效应为 U，显然 U 的方向和大小取决于 λ 和 μ 这两个变量。采用通常的设定，令 $U=(\lambda+\mu)/(1-\lambda-\mu)$，则云南国内产业承接和国际产业承接的技术进步总体效应都小于 0。这说明，云南省虽然顺应产业转移趋势、响应国家产业政策号召，主动实施产业对接发展战略，积极融入全球产业分工体系，但尚未从中获得应有的技术进步收益，云南省的产业承接现状尚未实现其中的促进产业承接地技术进步的机制，并且实证结果显示，反而通过产业承接对云南省的技术进步总体上具有负面的阻碍作用。

对云南省产业承接中技术进步效应的实证结论总结如表 4 所示。

表 4　云南省产业承接中的技术进步效用实证结果

	直接技术进步效应	间接技术进步效应	技术进步总效应
国内产业承接	显著为负	显著为正	为负
国际产业承接	显著为负	显著为正	为负

五　实证结论总结与理论解释

（一）实证结论总结

产业转移理论与内生增长理论认为，后发地区通过承接产业转移可以利用其中的技术进步机制实现其产业升级与经济发展。然而，对云南的实证分析发现，产业承接中的这种技术进步机制并不会自动发挥作用，云南省的产业承接中显示出积极的技术溢出效应，但是，由于云南省引入资金的特征决定其所引入的产业投资本身的技术含量不高，因而不存在明显的直接技术进步效应，并且不论是国内产业承接还是国际产业承接，对云南省承接地区技术进步的总体效应都显示为负，也就是说，不存在总体上的技术进步效应，反而可能导致云南地区在产业承接中被锁定在价值链的低端，本文称之为"技术发展陷阱"。

云南省承接的产业技术含量低，产业承接中不存在对云南区域技术要素存量的累加效果和直接的技术进步效应，即使部分的技术溢出效应，但不足以弥补负面的直接技术进步效应，总体上不利于云南省的技术进步与经济增长。那么，为什么省外区域包括国外资本投入没有往云南省移入先进技术呢？接下来本文试图基于空间经济模型对云南省"技术发展陷阱"的形成机理进行解释。

（二）实证结论的理论解释

1. 理论模型的假设

产业转移伴随着技术要素的转移，本部分要解释的是为什么先进技术要素没有从发达地区转入欠发达地区，欠发达地区应该通过什么途径激励伴随产业转移发生的先进技术要素的流入，以促进当地产业升级和经济增长。可见，这是一个要素的空间转移，或者说是企业的空间布局决策问题，本部分以 D-S 模型为基础，利用空间经济理论构建理论模型对上述问题加以解释。

模型假设如下，经济世界由两个区域构成，分别为北方区域和南方区域，并且北方区域和南方区域是对称的，消费者具有相同偏好，相同行业的生产技术相同。经济世界由两个部门构成，分别为劳动力密集型部门 A 和技术密集型部门 B，A 部门属于完全竞争市场，满足瓦尔拉斯均衡条件，生产同质产品，B 部门是垄断竞争市场，满足 D-S 垄断竞争条件，生产 n 中差异化产品，企业的成本函数为 $r + a_m \times x$，r 为固定成本（技术成本），$a_m \times x$ 为变动成本（劳动力成本）。此外，经济世界使用两种投入要素生产产品，先进技术要素 T 和普通劳动力要素 L，整个经济世界的要素禀赋为 T^w 和 L^w。此外，用 τ 表示区域间的交易成本，采取"冰山运输成本"的方法进行处理，用 s_E、s_L、s_T 表示北方地区的市场规模比例、普通劳动力比例和使用的先进技术比例，并且假设普通劳动力不跨区域流动，只有先进技术要素在区域之间转移，其转移的条件是区域之间先进技术要素的回报率存在差异，先进技术从回报率低的区域流入回报率高的区域，流动方程表示如下：

$$v_T = (r - r^*) S_T (1 - S_T)$$

2. 理论模型的均衡解

南北两个区域消费者的效用函数为：

$$U = C_A^{1-\mu} C_B^{\mu} = C_A^{1-\mu} \left[\left(\int_0^n c(i)^{\frac{\sigma-1}{\sigma}} di \right)^{\frac{\sigma}{\sigma-1}} \right]^{\mu}$$

消费者的约束条件为：$P_A C_A + \int_0^n p(i) c(i) di = E$。

通过消费者最优行为的求解，并结合区域之间的交易成本 τ，可以得出北方地区 B 部门企业的最优产量为：$x_i = c_i + \tau c_i^*$，其中 $c_i = \mu E P_i^{-\sigma} / P_B^{-\sigma}$，带星号的表示南方地区的相关市场指标，$P_B$ 代表技术密集型的 B 部门的价格指数。

对企业决策的优化行为分析可以得到 B 部门企业的价格策略为边际成本加成策略：$P = W_L a_m / (1 - 1/\sigma)$，技术要素的价格为：$r = bB \times E^w / T^w$，

其中 $b = \mu/\sigma$，E^w 和 T^w 分别表示经济世界的总支出（总需求、总收入）和总的先进技术禀赋，$B = s_E n/P_B + \varphi (1 - s_E) n/P_B^*$，其中 $\varphi = \tau^{1-\sigma}$，表示区域经济开放程度。

基于以上假设和有关消费者和企业最优行为的结论，计算 B 部门的北方市场规模为：$s_E = E/E^* = (1 - b) s_L + b s_t$，其中 s_t 表示北方区域先进技术的禀赋比例。根据先进技术要素的流动方程和前述所得结论，分析在区域均衡时，亦即两个区域市场上先进技术要素的回报率相等时，不再出现先进技术的转移，从而可以得到方程式：$s_T = 1/2 + (1 + \varphi)/(1 - \varphi) \times (s_E - 1/2)$。

通过把北方市场的市场规模和实际使用的先进技术要素作为两个变量，可以把上述得到的北方市场规模方程和实际使用先进技术方程这两个结论做成几何图形模型，两个方程对应的两条曲线分别称为 EE 曲线和 TT 曲线，如图 2 所示。该图就是本文用来解释实证结论所提问题的理论模型。

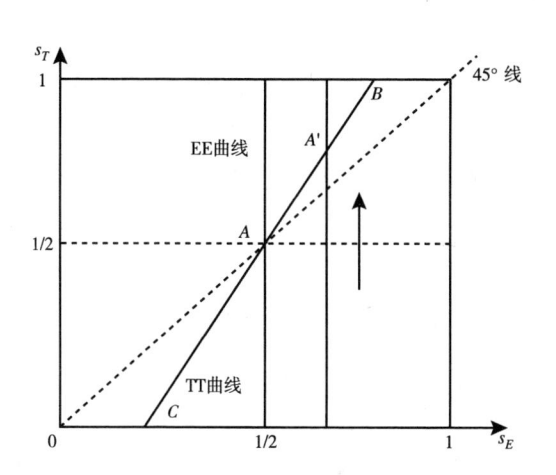

图 2　技术要素空间转移均衡图解

图 2 中向右上方倾斜的实线为 TT 曲线，表示先进技术要素跨区域转移的约束条件，只要 s_E、s_T 落在这条斜线上，则表示两个区域市场的先进技术要素回报率相等，不再有技术要素的转移，已经达到了长期均衡。根据市场规模方程，EE 曲线是一条垂直线，表示市场规模，或者说北方市

场的需求支出的比例与北方市场所使用的先进技术要素不相关。稳定的长期均衡处于两条曲线的交点处，比如图 2 中的 A 点和 A' 点。其中 A 点表示长期均衡时，北方市场实际使用的先进技术要素占整个经济系统的一半，市场需求规模也占整个经济系统的一半，称为对称均衡，现实中几乎不存在这种情况，对应的 A' 点，是非对称长期稳定均衡，这是常态。另外，图 2 中的 B 点和 C 点处，分别表示 $s_T = 1$ 和 $s_T = 0$，根据先进技术流动方程，此时先进技术流动速度为 0，也意味着不再发生先进技术的跨区域转移，也是一种均衡状态，但是意味着所有先进技术都在北方区域使用或者在南方区域使用，这是一种极端的集聚式均衡。

3. 对云南省"技术发展陷阱"形成机理的解释

第一，缺乏市场需求基础。显然，云南在产业承接过程中没有实现获取先进技术要素和直接技术进步效应，属于先进技术跨区域转移中的非对称均衡状态，即图 2 中的 A' 点和 B 点，绝大多数的先进技术要素使用在省外发达区域（北方地区）。先来看 A' 点，其形成的条件是发达地区的市场规模效应，可见对技术密集型产品的规模化市场需求是聚集先进技术的基础。如果用科研投入绝对值和相对值表示区域市场需求规模的话，云南省长期处于全国倒数，即云南缺乏承载先进技术要素的市场需求基础。根据先进技术使用方程的表达式 $s_T = 1/2 + (1+\varphi)/(1-\varphi) \times (s_E - 1/2)$，经济开放程度还具有"本地市场放大效应"，即技术密集型产品的市场需求扩大后，经济开放度的提升可以进一步强化市场对先进技术要素的聚集力量，显然，云南的经济开放程度相对还比较低，这增加了先进技术转入云南区域的难度。

第二，远离技术要素中心。前文是从需求角度解释云南陷入"技术发展陷阱"的根源，而图 2 中的 B 点从供给角度解释云南陷入"技术发展陷阱"另一主要原因。如上所述，B 点是先进技术聚集北方区域的长期均衡点。假如经济系统存在某种外生冲击，比如中央政府的行政强制措施，导致先进技术从绝对集中的北方地区转入南方地区，亦即 s_T 下降，那么组合点将会往下移动，从而低于 TT 曲线，处于 TT 曲线的右下方。根据 TT 曲线的含义，此时北方地区对技术密集型产品的市场需求规模要大于先进技术流动的均衡点,由于北方地区有超过均衡点的大规模市场需求,对于技术要素而言,北方市场的回报率会高于南方市场,亦即 $r > r^*$,此时,经济系统内生地产生对先进技术要素往南方区域转移的纠正力量,从而出现先进技术要素往北方市场集聚的趋势,如图 2 中的向量 D 所示。可见,经济系统具有内生的稳定力量,来维持图 2 中 B 点技术要素集聚均衡的稳定性。改革开放以来,云南地区在高等院校、科研院所、科技人才和高新产业等有关先进技术创造的环节都处于边缘地位,长期处于远离先进技术要素中心的边缘带,再加上市场经济中内生的集聚均衡稳定机制,先进技术要素缺乏汇集云南区域的动力机制,从供给方面可以清楚看出即使实施开放经济政策,积极承接产业转移,云南地区也难免陷入"技术发展陷阱",并且开放度越高,云南这种后发地区对"技术发展陷阱"陷入得越深。

六 政策启示与不足之处

云南在融入全球产业分工体系中需要找准自己的位置,创新经济开放模式,优化招商引资方案,提升引入资本的质量,挖掘出产业承接中的直接技术进步效用,这样才能进一步发挥已有的技术溢出效应,放大产业承接中技术进步的总体效应,从而才能真正实现产业承接的目的,实现本土的产业升级。显然,如果云南地区只是简单照搬沿海地区过去的开放模式,仅仅从数量上提高开放程度,降低制度上的要素和商品跨区域流动成本,则可能被定格在全球产业空间布局中的边缘位置,难以实现云南经济跨越式发展目标。

本文虽然尝试性地对云南产业承接中的技术进步效应进行了分解和实证检验,并从一般理论层面对其形成机理进行了解释,但还存在一些需要继续探索的问题。首先,是对数据的处理,本文尚未考虑时间序列数据的平稳性,也没有对有关指标的单位进行统一处理,比如外商投资用的是美元单位,产值指标尚未消除价格影响因素。虽然回归模型看上去具有统计学意义,如果对数据做进一步优化处理,得到的结果会更合理。其次,对其中的间接技术进步效应需要进一步探索,可以挖掘出云南产业承接中的间接技术进步效应的具体实现途径和影响因素，比如是通过人员流动、示范效应还是竞争机制实现的，或者是通过其他途径实现的。最后，基于理论模式对云南"技术发展陷阱"的解释，需要搜集更多数据，作为理论解释的论据基础，因时间仓促，需要加以完善和补充。总之，虽然本文通过理论与实证分析，得到了较为明确的结果，但是本文对"技术发展陷阱"的原因分析得不够系统深入，后续研究需要继续探索。

参考文献

[1] Andrew Levin, Lakshmi K Raut, "Complementarities between Exports and Human Capital in Economic Growth: Evidence from the Semi-industrialized Countries," *Economic Development and Cultural Change*, 1997: 155 – 1741.

[2] Dixit, A. K. and Stiglitz, J. E., "Monoplistic Competition and Optimum Product Diversity," *American Economic Review*, 1977 (67): 297 – 308.

[3] Martin P. and C. A. Rogers, "Industrial Location and Pubilc Infrastructure," *Journal of International Economics*, 1995 (39): 335 – 351.

[4] 安琥森：《新经济地理学原理》，经济科学出版社，2009。

[5] 韩艳红：《我国欠发达地区承接发达地区产业转移问题研究》，吉林大学博士学位论文，2013。

[6] 雷新华：《云南承接东部产业转移竞争力研究——以昆明市为例》，《云南民族大学学报》（哲学社会科学版）2009 年第 5 期。

[7] 李美娟：《云南承接东部产业转移的条件和能力研究》，《资源开发与市场》，2013 年第 29 卷第 1 期。

[8] 李宁：《安徽省 FDI 技术外溢效应的实证分析》，《科技和产业》2010 年第 10 期。

[9] 罗若愚、申琴：《区域产业转移的效应分析及政府引导作用模型》，《区域经济评论》2013 年第 3 期。

[10] 魏博通：《江西承接沿海产业转移的现状与经济效应分析》，《改革与战略》2012 年第 10 期。

技术中的信息及技术分析框架

谢友才　江丽娜[*]

摘　要：技术的定义随着历史演进，逐步从强调技术的个别要素而至强调三要素（劳动者技能、劳动工具和劳动对象）。但是，技术三要素之间的信息交流并未受到足够注意。它们之间存在不同程度的信息交流，它们的信息形式、信息载体也不同，这些共性决定了技术水平。基于信息交流，可以构建技术分析的理论框架。新的理论框架，有助于建立技术经济评价的新概念，有利于指导技术创新。

关键词：技术定义　信息交流　分析框架

一　引言

技术在现代已经渗入社会的各个方面，直接或间接地影响着我们的生产、生活，技术的进步对经济的增长起到关键的推动作用。技术在人类生活的方方面面都打下了坚实的印记，人类的每一次进步都以技术为载体外

---

[*] 谢友才，男，宁波大学商学院管理科学与工程系，教授，技术经济及管理硕士点负责人；江丽娜，女，宁波大学商学院技术经济及管理专业硕士研究生。

显出来（樊勇等，2009）。当今世界，大到一个国家，小到一家企业，都非常重视技术的研发和使用，技术的先进水平是一个国家或企业综合实力的体现。

技术是技术经济学中最基本的概念。然而，国内经典的技术经济学著作，如徐寿波的《技术经济学》（2011），傅家骥的《工业技术经济学》（2004），陈立文、陈敬武的《技术经济学概论》（2014）等，对此讨论都不够详细或深入。只有徐寿波先生在其著作《技术经济学》一书中对技术的概念从要素角度给予适当的解释，其他著作对技术的概念都未加详述。从技术经济学的角度对技术概论进行深入探讨，是发展技术经济学理论分析框架、拓展技术经济评价理论、指导技术创新管理的需要。

相反，对技术讨论得较为深入的是技术哲学领域。在此领域，对技术的内涵和本质从不同角度进行了大量的理论研究。应当发展其中的某些理论和外延，用于技术经济学以期能够准确界定"技术"一词，把握技术的本质，使之更好地服务于技术经济分析。此外，笔者注意到，徐寿波先生在论述技术经济实体时强调了它的信息形态，这也启发我们从信息视角思考技术的本质。

二 技术概述

技术，普遍地被认为是劳动者技能、劳动工具、劳动对象的总体（徐寿波，2011），但是长期以来人们只注意到其中的部分特征。作为推动人类社会发展的主要力量，其产生的时间和人类历史一样长久，但是对于技术究竟是什么，如何对技术进行准确定义却不那么容易，客观存在的技术是随着时间的变化而不断发展变化，在不同的历史时期，技术所表现出来的本质属性不同。因而，人们很自然地只注意到其中一部分。

其一，技术被视作劳动者技能，不关其他。从语源学上来看，在西方，技术一词来源于古希腊语，最初是指技能、技巧的意思，即人在制作过程中学习和积累的经验（陈士骏，1989）。古希腊著名的哲学家亚里士多德也运用了这一思想，认为技术就是和人们的实际活动相联系并在活动中体现出来的技能（阎康年，1984）。

在我国古代，对于技术一词的理解同西方的最初理解有相似之处。中国古典的技术思想中，技术不仅是手工行为和技能，也是精湛技艺和各种美的艺术的总称，因此在中国古代有"技术""技艺"之说。古典技术的思想在《庄子》中得到充分阐述，如"庖丁之解牛""轮扁之斫轮""佝偻之承蜩""津人之操舟""丈夫之游水""梓庆之为镰""臧丈人之钓""工佳之旋矩"等，都是古人出神入化的技艺展示（陈徽，2013）。此时的技术就是劳动者所拥有的技能或者在劳动过程中逐渐积累的经验知识，技术的表现形式是物化的形式，比如体力劳动的技能表现在操作技巧方面，脑力劳动的技能表现在工作、计划、设计和管理等方面。

其二，技术被视作劳动工具或手段（陈士骏，1989；中村静树，1985；C. B. 舒哈里京，1980；赵磊，2013），将劳动者技能、劳动对象独立在外。赵磊（2013）更是从人与自然的关系出发，对科学技术的本质进行了研究，研究指出：科学技术在人与自然的联系中起了中介与桥梁的作用，也就是说，人与自然通过技术的使用发生联系，此时人就是劳动者，技术被认为是劳动工具，劳动对象是大自然。这是因为随着人类社会的发展，劳动工具和手段也一直处于不断地发展和更新中，新的劳动工具和手段（如新的机器设备、新的工艺流程）的创造和使用，在一定程度上代表了技术的进步。将技术看作工具或手段是人们在从事生产实践活动中对技术直观的认识（杨开城等，2007），但是这忽略了人在技术的发明与创造中的重要作用，技术的产出离不开人的参与，而工具只是技术的功能角色之一，因此工具论无法触及技术的本质，技术在人类实践中的角色和内涵要比工具广泛和深刻得多。

其三，技术被视作知识，实际上仍然被视作工具。知识是在人类活动领域中通过理性得到的各种方法的总和，即关于"怎么做"的知识体系（张弘政，2005；陈文化等，2001；卡尔·米切姆，1999）。作为技术的知识，指的是为实现技术目的、变革自然的规则、工艺、方法、操作规程以及工程技术理论，技术知识是技术的系统化、理论化形态。将技术等同于知识也是片面的，因为归根结底知识也是一种工具，只不过不是实体的工具而已。随着社会的发展，技术活动不断增多，技术的内涵不断向外延伸,越来越多的学者认识到将技术单一地看作劳动者的技能或者劳动工具的理解是比较片面的,不能将社会上存在的技术都包括进去,因此大多数学者对技术持一种综合性的理解,将技术看作技能、工具、手段、方法和知识中某几种或全部的组合,在这个组合中各要素之间相互作用、相互依存、相互转化(丁俊丽等,2002;闫宏秀,2003;陈昌曙,2002)。这种定义方法看似比较全面,但究竟要素之间是如何组合的,该种定义并没有进行详细的说明与深入的研究,因此这种定义只是一种概念的罗列与外延,并没有清楚地表达出技术的本质内涵。

其四,技术虽然作用于劳动对象,但基本上被忽视。从理论上讲,将劳动对象独立于技术概念之外是可以理解的,毕竟劳动对象不是技术本身。但是,技术的劳动对象是相对确定的,劳动对象的专门化是技术进步,劳动对象的扩大化也是技术进步,而且,劳动对象并不一定是被动的、毫无信息回馈。现代劳动的劳动对象本身可能也是智能的。

因此,可以以徐寿波先生把技术定义为出发点,将讨论焦点集中于劳动者、工具、劳动对象的联系上。他在其所著的《技术经济学》一书中将技术定义为生产力,将生产力的三要素理解为技术的三要素[①](徐寿波,2011)。这个定义既是对技术一词的高度概括(上述定义所涉及的要素都可以归结于生产力的三要素中去,比如,技能、知识和方法可以由劳动者掌握,工具即为劳动工具),也符合我们技术经济学学科的研究视角,是比较系统和科学的。但是徐寿波在其著作中对技术定义为包括劳动者技能、劳动工具与劳动对象三个要素的总体,但究竟各要素之间是通过怎样的途径进行相互协调与相互作用的,并没有继续进行深入的分析与探讨。

技术概念中的劳动者、劳动对象和劳动工具三个要素的联系,在相关文献中常有论述,但仅限于哲学层面。比如,任玉凤指出技术得以存在与发展的关键在于与外界不断进行物质、能量和信息的交换,技术系统过程就是信息的获取、传递、加工和利用的过程,信息交流的通畅保证了技术

---

① 生产力三要素,即劳动者、劳动工具、劳动对象,而技术是劳动者技能、劳动工具、劳动对象的总称。本文在论述技术三要素时,将劳动者作为其一,而视技能为劳动者把握劳动工具、劳动对象的能力。

系统的稳定发展（任玉凤等，2004）。那么技术中具体包括哪些信息？这些信息通过各要素是如何发挥作用的？这就需要对技术的信息进行一番研究与探讨。

三 技术中的信息

在信息时代，信息、信息技术已经离不开人们的生产活动和生活活动，已经被人们熟悉并被独立出来进行了广泛的思考（刘永贵，2011）。然而，信息却没有被纳入技术分析的过程中。

事实上，技术的各要素之间（劳动者与劳动对象之间、劳动者与劳动工具之间、劳动对象与劳动工具之间）时时刻刻存在信息的交流与转换。因此，从信息视角对技术进行分析，不仅在理论上有助于发展技术经济学分析框架，拓展技术经济评价理论，并对技术创新管理的完善有很强的指导性意义，而且通过信息在技术三要素之间的交流与反馈可以帮助我们在实践中改进现有技术，加强技术的创新，促进技术的发展进步，使得技术更好地服务于实践活动。

作为技术之一的劳动者技能，体现在劳动者对劳动工具、劳动对象的熟练把握。这两类把握，在本质上是劳动者与劳动工具之间的信息交流、劳动者与劳动对象之间的信息交流。最简单的工作，比如挖地，劳动者对锄头的使用状况的感知，以及如何使用锄头，便是一种信息的交流。在著名的"庖丁解牛"一例中，庖丁对于劳动对象（牛）的感知，已经达到了"神"的地步，便是对劳动对象的感知，而他在游刃其中时对刀刃运走状况的感知，令人神往。这种信息交流完全凭借劳动者个人的"技能"，而与工具和劳动对象无关。所以，这种情况下人们定义技术时，只注意到技能，而未能注意到工具、劳动对象。

作为技术之一的工具，常常被独立出来作为技术的代名词，也是由信息交流不明显所致。比如，与以上同样的例子，锄头，就是一个几乎与劳动者、劳动对象很少信息交流的技术。然而，以汽车为例分析，结果便大为不同。司机驾驶汽车时，汽车的状况必须及时反馈给司机，而公路的状况也必须及时反馈给司机和汽车。越是自动化的汽车，汽车与公路状况的信息感知和交流越多,而人与司机的信息交流就可以减少。可见,工具被当作技术,只是没有注意到彼此之间的信息交流。

作为技术之一的劳动对象,通常情况下,是劳动者亲自感知并判断的,这时的劳动工具在信息交流中被当作无关紧要的,但是,现代的大量技术,关于劳动对象的信息感知通过工具本身来发现并加以判断,或者通过劳动者与工具共同感知和判断。比如,现代许多外科医生并不直接接触患者,而是借助探头、传感器获知的信息,面对屏幕进行操作。这其中的信息交流,已完全不同于传统的技术了。另外,劳动对象本身也可能是信息的主动发出者,所以也可以主动地作用于劳动者和工具。

显然,技术三要素之间的信息活动,是分析技术的一个重要视角,必须加以重视。综合以上论述,可以将技术三要素之间信息流动与反馈图示如下(见图1)。

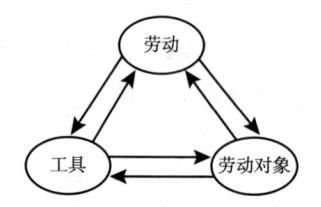

图1　信息在技术各要素之间的流动

可见,技术的三个要素之间存在信息的流动,即信息的获取、传递、加工、利用和反馈。例如,在劳动者与劳动工具之间,劳动者通过对劳动工具的使用,劳动工具的各种信息传递到劳动者的大脑,劳动者凭借自己的经验知识或体验对获取的信息进行加工处理,得到该工具或机器是否好用,是否需要改进以提高效率;同样的,在劳动者与劳动对象之间也存在信息的流动,劳动者通过劳动工具与劳动对象接触,可以获取劳动对象的相关信息,以便劳动者根据信息采取相应的行动。随着技术的发展,劳动工具越来越自动化和智能化,逐步弱化了人的作用,此时劳动工具与劳动对象之间的信息传输便显得尤为重要。完全智能化的一个例子就是机器人的出现,机器人大大减弱了人的信息处理工作,几乎脱离了劳动者(人)与劳动对象进行信息的交流与反馈,同时当劳动对象是人本身时,劳动者与劳动对象成了同一主体。

因此,重视技术中的三个要素之间信息交流,才能抓住技术的重要本质。

三要素之间交流信息的形式,在很大程度上决定了技术水平。通常的形式可以是信息的各种形式,即视觉信息、听觉信息、嗅觉信息、味觉信息、触觉信息、意觉信息(徐寿波,2011)。这些信息都具有自然属性,而在技术经济的分析中,还应当反映经济属性和社会属性,即经济信息和社会信息。表1是技术中的信息形式及举例。

表1 技术中的信息形式

序号	信息形式	举例
1	视觉信息	实物、文字、数字、图片、代码、密码、手势等
2	听觉信息	语言、声音等
3	嗅觉信息	气味等
4	味觉信息	酸、甜、苦、辣、咸等
5	触觉信息	与物体接触产生的冷、热、软、硬等
6	意觉信息	精神、灵感、思想、记忆、理解等
7	经济信息	原料、半成品、产成品、价格、成本等
8	社会属性	所有权、安全性等

在技术的三要素之间,信息以上述八种中的某一种或某几种形式流动与传递。例如,在"庖丁解牛"这一经典例子中,庖丁(劳动者)在长期解剖牛的过程中会观察牛的体态身形,以及与牛(劳动对象)发生接触,这些信息会通过视觉与触觉等形式传递给庖丁,庖丁根据接收到的信息采取适当的行动,信息流动与反馈越充分,庖丁解剖牛的技术就越高超;再比如,在海底资源勘探中,利用水下勘探技术,将水下资源(劳动对象)情况通过仪器设备(劳动工具)以图像、文字或代码的形式显示出来,工作人员(劳动者)通过分析仪器设备上的相关信息,得到水下的资源情况(陈鹰,2014)。

目前能有效传递的信息是视觉信息、听觉信息、经济信息,有朝一日如果其他信息也能有效传递和交流,那么将意味着技术水平大大地进步。

技术中的信息载体也体现了技术水平。信息载体通常分为三类:第一类是发送和接收技术信息的物质实体；第二类是传递技术信息的物质实体；第三类是存储技术信息的物质实体。例如，信息传递的载体从电磁波信号向电子数字信号、光子数字信号的发展，就是技术的进步（见表2）。

表2 技术中的信息载体

序号	信息载体	举例
1	发送和接收技术信息的物质实体	生产者、服务者、消费者、电视台、广播台、卫星、电脑、收发报机、传真机、电话机、收音机等
2	传递技术信息的物质实体	人力输送、铁路、公路、电话线路、有线电视线路、光纤线路、光波、声波、无线电波、互联网等
3	存储技术信息的物质实体	人脑、电脑硬盘、软盘、光盘、书信、报刊、图片、相片、电影胶片、录像带、录音带等

通过对信息载体的分析，发送、接收、传递与存储信息的物质实体可以归纳为技术活动中的劳动者、劳动对象或劳动工具，也就是说，从技术的三要素来分析，信息其实就是在三要素之间流动，三要素之间不断互相发送、传递、接收、存储和反馈各种信息，使得技术作为一个整体发挥作用，推动技术本身和社会经济的发展。一旦载体改进，技术就得到改进。

四 基于信息的技术分析框架

基于上述分析，可以根据技术三要素之间的信息交流程度、交流的信息形式、信息传递存储发送的载体等形成技术分析的框架，本文仅讨论基于信息联系程度的技术分析框架。

技术三要素之间时刻存在信息的交流与反馈，但是不同的技术各要素之间信息交流与反馈的程度是不一样的，有些技术劳动者与劳动工具之间信息交流与反馈的程度比较强，有些技术是劳动者与劳动对象之间信息交流与反馈的程度比较强，而有些技术则是劳动工具与劳动对象之间信息的交流与反馈程度比较强，这就启发我们从三要素两两之间信息交流与反馈的强弱程度来对技术进行分析，以便对各种技术从不同角度有针对性地提出改进与创新策略。技术的三要素的联系程度分为三个维度八种情况，如表 3 所示。

表 3　技术三要素之间信息交流与反馈强弱程度的分析

序号	A 劳动者与劳动工具	B 劳动者与劳动对象	C 劳动工具与劳动对象	典型技术举例
1	弱	弱	弱	传统农具，如锄头
2	弱	强	弱	手工艺品的制作技术
3	强	弱	弱	简单工具或机器的操作技术，如标准产品的机器化生产
4	弱	弱	强	智能化技术，如机器人的使用
5	强	强	弱	古典技术，如"庖丁解牛"，"轮扁斫轮"；医疗手术
6	弱	强	强	海洋远程养殖
7	强	弱	强	海洋探测技术、远洋捕捞技术、卫星探测技术
8	强	强	强	研发技术，如疫苗或药品研发技术

由表 3 可知，基于信息交流与反馈视角进行技术分析的三个维度分别为：A 劳动者与劳动工具之间，B 劳动者与劳动对象之间，C 劳动工具与劳动对象之间。我们假设信息交流与反馈的程度有强和弱两种，那么根据三个维度（A，B，C）分出的八种情况分别为：（弱，弱，弱）、（弱，强，弱）、（强，弱，弱）、（弱，弱，强）、（强，强，弱）、（弱，强，强）、（强，弱，强）、（强，强，强）。农民常用的传统农具，如锄头，就属于（弱，弱，弱）的情况，这种工具由于制作和使用都比较简单，因此三要素之间的信息交流与反馈也相应都比较弱，从而它们之间的信息交流可以全然不计。（弱，强，弱）表明劳动者与劳动对象之间信息交流与反馈程度比较强，而劳动者与劳动工具，劳动工具与劳动对象之间信息交流与反馈比较弱，典型的技术如手工艺品的制作技术，因其制作过程主要靠劳动者掌握的制作技能，劳动者不通过劳动工具而是直接作用于劳动对象，在这种情况下，劳动者与劳动对象之间的信息交流与反馈就显得非常重要，直接影响着技术产出水平的高低，应重点关注劳动者本身制作技能

的培训与知识的积累。对于（强，弱，弱）的情况，表明劳动者与劳动工具之间信息交流与反馈程度相对较强，而劳动者与劳动对象，劳动工具与劳动对象之间则较弱，例如，使用简单工具或机器制作或生产标准化产品。生产线上的工人（劳动者）通过培训等手段掌握如何操作机器的方法，通过机器设备间接作用于原材料（劳动对象），工人与机器设备之间便产生了信息的交流与反馈，反馈的最终结果体现在产品的质量上，因此提高产品质量的有效途径就是及时分析从设备反馈回来的信息，做好应对策略，以便生产出符合要求的产品。符合（弱，弱，强）的一个典型的技术是智能化技术，如机器人的使用弱化了人的作用，其内部信息的自我交流与处理代替了人与机器之间的信息交流与反馈，此时机器人（劳动工具）与所要完成的任务（劳动对象）之间的信息传输便显得尤为重要。古典技术，如"庖丁解牛"，"轮扁斫轮"则属于（强，强，弱）的典型实例；海洋远程养殖则是（弱，强，强）的典型技术；海洋探测技术、远洋捕捞技术、卫星探测技术则属于（强，弱，强）的技术；而技术三要素中两两之间都有很强的信息交流与反馈的技术则是现代比较先进的研发技术，如疫苗或药品研发技术都属于（强，强，强）的情况。

五 结论与讨论

技术分析时不能仅仅注意到劳动者技能、劳动工具、劳动对象本身，还应当注意到彼此之间的信息交流与联系。根据彼此之间信息交流与联系的程度、形式、载体等，可以形成技术分析的理论框架。根据这样的分析框架，有针对性地研究信息在技术中的交流与反馈，从而根据反馈的信息改进现有的技术，提高技术利用的效率，并能够为技术的创新提供新的思路。因此，从信息的视角对技术进行分析，不仅扩展了技术的研究视角，有助于发展技术经济学分析框架，而且通过信息的交流与反馈能够及时发现技术使用过程中存在的问题和缺陷，从而根据反馈的结果采取相应的措施，使得技术更好地服务于生产实践活动。

从信息的角度来分析技术，仅仅是个开始，文中尚未能做深入应用性思考，比如对技术类型的如何划分，具体的每一种技术类型信息的交流与反馈是如何进行，如何在技术审计中应用等，有待于进一步研究。

参考文献

[1] C. B. 舒哈里京：《技术与技术史》，《科学与哲学研究》1980 年第 51 期，第 161～169 页。

[2] 《简明不列颠百科全书》（第 4 卷），中国大百科全书出版社，1985，第 233 页。

[3] 陈昌曙：《陈昌曙技术哲学文集》，东北大学出版社，2002，第 10 页。

[4] 陈徽：《从古典"技术"的本质看现代技术的无根性》，《江淮论坛》2013 年第 4 期，第 101～106 页。

[5] 陈立文、陈敬武：《技术经济学概论》，机械工业出版社，2014，第 1 页。

[6] 陈士骏：《广义技术的定义、本质及表现形态》，《科学技术与辩证法》1989 年第 2 期，第 51～55 页。

[7] 陈文化、沈健、胡桂香：《关于技术哲学研究的再思考——从美国哲学界围绕技术问题的一场争论谈起》，《哲学研究》2001 年第 8 期，第 60～66 页。

[8] 陈鹰：《海洋技术定义及其发展研究》，《机械工程学报》2014 年第 2 期，第 1～7 页。

[9] 丁俊丽、赵国杰、李光泉：《对技术本质认识的历史考察与新界定》，《天津大学学报》（社会科学版）2002 年第 1 期，第 88～92 页。

[10] 樊勇、李薇：《现代技术的本质问题——由海德格尔对技术本质的追问所想到的》，《思想战线》2009 年第 5 期，第 47～49 页。

[11] 傅家骥、仝允桓：《工业技术经济学》（第三版），清华大学出版社，2004，第 8 页。

[12] 卡尔·米切姆：《技术哲学概论》，天津科学技术出版社，1999，第 35 页。

[13] 刘永贵：《基于信息视角的高等教育信息化内涵探析》，《现代教育技术》2011 年第 4 期，第 26～28 页。

[14] 任玉凤、王金柱：《技术本质的批判与批判的技术本质——以系统论的观点看技术本质》，《自然辩证法研究》2004 年第 4 期，第 34～38 页。

[15] 徐寿波：《技术经济学》，经济科学出版社，2011，第 8 页。

[16] 闫宏秀：《技术进步与价值选择》，复旦大学，2003，第 10、31、21 页。

[17] 阎康年：《技术定义、技术史和产业史分期问题探讨》，《科学学研究》1984 年第 3 期，第 20～29 页。

[18] 杨开城、王斌：《从技术的本质看教育技术的本质》，《中国电化教育》2007 年第 9 期，第 1～4 页。

[19] 远德玉、陈昌曙:《论技术》,辽宁科学技术出版社,1986,第65页。
[20] 张弘政:《从技术的二重性看技术异化的必然性与可控性》,《科学技术与辩证法》2005年第5期,第63~65页。
[21] 赵磊:《科学技术本质的形上解读及责任认定——以人与自然的关系为语境》,《科技进步与对策》2013年第17期,第6~9页。
[22] 中村静树:《技术论论争史》(上),《科学与哲学研究》1985年第2期,第63~80页。

中国资本存量测量综述[*]

徐 杰　王宏伟[**]

一　引言

资本存量作为宏观经济分析中最重要的变量，当代中国经济的很多实证研究都牵涉到这个指标，特别在经济增长率、资本报酬率和全要素生产率等方面的研究中，资本存量的准确度量显得尤为重要。由于我国没有大规模的资产普查，目前还没有可用的官方资本存量数据，在此背景下，一些学者尝试在永续盘存法（PIM）的框架下对资本存量进行估计。然而，一方面我国相关统计数据缺乏，另一方面学者对指标的选择和处理不同，导致资本存量的估计结果差距很大，而资本存量测量的不准确必然会影响后续研究的可靠性和准确性。因此，对我国资本存量的准确估算至今仍是

---

[*] 基金项目：国家社科基金项目"资源环境约束下我国少数民族地区经济增长效率研究"（编号：14BTJ013）；云南省哲学社会科学规划项目"我国创新性国家建设面临的挑战——基于东中西部地区科技进步的差异研究"（编号：QN2013014）；昆明理工大学人才培养项目"基于投入产出法对全要素生产率的估算——以云南省为例"（编号：KKSY201208071）；云南省教育厅科学研究基金重点项目（编号：KKJD201308021）。

[**] 徐杰，男，黑龙江人，管理学博士，中国社会科学院数量经济与技术经济研究所博士后，昆明理工大学管理与经济学院副教授，硕士生导师，主要从事技术经济学研究；王宏伟，女，黑龙江人，中国社会科学院数量经济与技术经济研究所研究员，经济学博士，博士生导师，主要从事技术经济学研究。

一个研究难题。有鉴于此,有必要对我国资本存量的相关研究文献进行系统的述评,吸取相关研究的有益内容,同时抛弃不合理的估算假定和前后不一致的推算方法,为后续的相关研究提供借鉴。

测算资本存量的基本方法是 Goldsmith 在 1951 年开创的永续盘存法。该方法对资本存量进行测算的基本公式为:

$$K_t = I_t/P_t + (1 - \delta_t)K_{t-1} \tag{1}$$

其中 K_t 表示第 t 年的实际资本存量,P_t 表示固定资本投资价格指数,I_t 表示第 t 年的名义资本投资,δ_t 表示第 t 年的固定资产折旧率(Goldsmith,1951)。

由式(1)可知,在相对效率几何递减模式下,采用 PIM 对资本存量进行估计,主要涉及四个变量的选择:①每年投资额 I 的确定;②投资价格指数 P 的确定;③经济折旧率 δ 的确定;④基期资本存量 K 的确定。本文其余部分将分别对以上四个变量进行讨论,并对相关研究文献的估算结果进行比较,在此基础上给出结论。

二 投资指标的选择

在选取合理的投资数据之前,有必要回顾一下相关的投资概念,以便通过比较分析找出合适的投资序列。具体而言,投资数据主要包括积累数据、固定资产投资数据、资本形成总额数据、固定资产形成数据以及新增固定资产数据。表 1 列出了各个概念在统计年鉴中的基本定义。

表 1　各投资指标定义及包含范围

指标	定义	包含范围
积累额	在一年之内,国民收入使用额中用于社会扩大再生产和非生产性建设以及增加社会生产性和非生产性储备的总额。其物质形态为一年内物质生产部门和非物质生产部门新增加的固定资产(扣除固定资产磨损价值)与流动资产	积累按照用途可以分为生产性积累和非生产性积累;按照性能可分为固定资产积累和流动资产积累。其中,生产性积累是指由社会产品中的生产资料组成,包括物质生产部门新增加的生产用固定资产(扣除固定资产磨损)以及各生产企业的原材料、燃料、半成品和属于生产资料的产成品库存、商品库存、物资储备库存等流动资产的增加额

续表

指标	定义	包含范围
固定资产投资	以货币形式表现的在一定时期内全社会建造和购置固定资产活动的工作量以及与此有关费用的总称	按照投资建设的性质一般可分为新建、扩建、改建和技术改造、迁建、恢复。按其工作内容和实现方式分为建筑安装工程,设备、工具、器具购置,其他费用三个部分
资本形成总额	资本形成总额是指常住单位在一定时期内获得的资产减去处置的固定资产和存货之后的净额,包括固定资本形成总额和存货增加两个部分	存货增加是指常住单位在一定时期内存货实物量变动的市场价值,即期末价值减期初价值的差额,再扣除当期由于价格变动而产生的持有收益,存货包括生产单位购进的原材料、燃料和储备物资等存货,以及生产单位生产的产成品、在制品和半成品等存货
固定资本形成总额	固定资本形成总额是指生产者在一定时期内所获得的固定资产减处置的固定资产价值总额。固定资产是通过生产活动生产出来的,并且其使用年限在一年以上、单位价值在规定标准以上的资产,不包括自然资产,可分为有形固定资本形成总额和无形固定资本形成总额	有形固定资产形成总额包括一定时期内完成的建筑工程、安装工程和设备工器具购置(减处置)价值,以及土地改良、新增役、种、奶、毛、娱乐用牲畜和新增经济林木价值;无形固定资产形成总额包括矿藏的勘探、计算机软件等获得减处置
新增固定资产	新增固定资产是指报告期内已经完成建造和购置的过程,并已交付生产或使用单位的固定资产价值	该指标是表示固定资产投资成果的价值指标,也是反映建设进度、计算固定资产投资效果的价值指标

资料来源:《中国统计年鉴》。

(一) 积累额

根据投资指标的定义,可以发现,运用积累额的一大优点是无须考虑折旧问题,这是一些学者运用该指标的主要原因。但是1993年后,新的SNA统计体系不再公布积累数据,也没有相应的价格指数,所以我们无法沿用此法,而且该指标还存在一个重要的问题,即生产性积累中包括土地和存货投资。Holz(2006)认为只有能形成生产能力的投资才应计入资本存量而存货增加是未在当年形成生产能力的产品,不能被计入资本存量,而且在永续盘存法下选用的应该是不考虑退役和折旧等问题的资本投资数据。因此,在基于永续盘存法估算资本存量的情况下,积累额已不再是合适的投资指标数据。

贺菊煌（1992）、Chow（1993）使用积累总额数据，张军和章元（2003）使用了生产性积累数据，后者在估算1993年以后的序列中，假设1993年以后生产性积累增速和固定资产投资增速相同，并估计出了相应的生产性积累数据。然而通过对固定资产投资的分析表明，1993年之后我国的固定资产投资高速增长，因此，模拟出来的生产性积累的结果偏高，资本存量的估计结果也偏高。

（二）固定资产投资

一般来说，全社会固定资产投资额是一直沿用的官方统计指标，它不但时间序列长，而且提供了其构成部分的投资数据，在大量的研究中，基本上都运用这个序列数据进行资本存量的估算。

黄勇峰和任若恩（2002）、王益煊和吴优（2003）、孙琳琳和任若恩（2008）使用了分行业、分资产类型的固定资产投资数据，其中不包括土地投资和存货投资。单豪杰（2008）认为，虽然这个数据序列具有很大的优点，但它却不能很好地测算中国资本存量的变动，这是因为这一指标包括购买土地、旧机器和房屋的支出，但这些支出并不能增加中国的可再生资本。另外这个指标低估了总投资，如在1997年前，固定资产报表制度的统计范围为5万元以上的项目，从1997年开始，统计范围从5万元以上调到50万元以上。

孙琳琳和任若恩（2005）认为，从PIM的方法论上，估计固定资产存量时的合适数据应该是不考虑退役，不考虑资本品效率下降或折旧的固定资产投资数据，而且我国统计年鉴中固定资产投资数据是按资产分类和按行业分类的，比较容易满足PIM对投资数据的要求。然而，张军（2004）认为全社会固定资产投资额存在的主要问题是与SNA的统计体系不相容，是中国投资统计特有的指标。

还有一些研究文献对固定资产投资进行了一定的调整和剔除，王小鲁和樊纲（2000）认为我国固定资产投资中有大量浪费，所以，对1980年以前的情况他们使用全社会固定资产投资乘以投资交付使用率来计算当年的固定资本形成，对1980年以后的市场直接使用固定资本形成数据。李宾（2009）把全社会固定资产投资分成两个部分，一个是新增固定资产，另一个是未能在当年形成生产能力的部分。假设这第二部分将在下一年形成生产能力，但并未计入下一年的新增固定资产，从而某年的投资额为当年新增固定资产与上一年未交付使用的投资支出之和。陈宽等（Chen, et al., 1988a；1988b）从总的固定资产中完全扣除了职工住房投资。大琢启二郎等（2000）在估计中国国有企业的资本时，也完全剔除了固定资产投资中的住宅投资这一项。当然，对于这种扣除，也有反对意见。胡永泰等（Woo, et al., 1994）通过回归分析发现，剔除问题是十分敏感的，即使要做剔除，也只能小心翼翼地做部分的剔除。

（三）固定资产形成额

由于固定资产投资包括购买土地、旧机器和房屋的支出，但这些支出并不能增加中国的可再生资本，为了解决这一问题，国家统计局就从固定资产投资数据中减去土地使用权费，旧机器和房屋的购置费，然后加上未统计进去的一些投资项目，进而形成固定资本形成总额。确切地说，固定资本形成总额是通过以下方式计算得到：固定资本形成总额 = 固定资本投资完成额 − 土地购置费 − 旧建筑物和旧设备购置费 + 50 万元以下零星固定资产投资完成额 + 商品房销售增值 + 商品房所有权转移费用 + 生产性无形固定资产增加 + 土地改良支出（许宪春，2002）。因此，固定资本形成总额数据是以全社会固定资产投资额为基础，并通过一定的调整计算得到的。从概念上分析可以看出，固定资本形成数据中含土地投资数据，但不包括存货投资数据。何枫等（2003）使用了固定资本形成数据，张军（2004）认为固定资本形成净额是与固定资产积累等价的概念，而1993年以后统计年鉴上公布的固定资本形成总额可以被视作未扣除折旧的投资指标。因此，认为固定资本形成总额是衡量当年投资的合理指标。单豪杰（2008）认为，由于研究目的的不同，往往需要对投资进行必要的扣除，如非生产性的住宅投资等。如果在总量的生产函数中考虑资本的投入，即进入总量生产函数的资本投入应为直接或间接构成生产能力的资本存量，它既包括直接生产和提供各种物质产品和劳务的各种有形资产和无形资产,也包括为生活过程提供的各种服务及福利设施的资产,那么在这种情况下,就可以不考虑扣除住房投资或非生产性投资。因此,可以说固定资本形成额是当年投资指标一个较好的选择。孙琳琳和任若恩(2014)认为在 PIM 框架下,SNA 的固定资本形成概念是更恰当的投资数据,并采用国家统计局的方法,将行业层面的固定资产投资调整为固定资本形成数据,即固定资本形成=固定资产投资数据-土地购置费-二手投资品投资+50 万元以下投资额(1997 年以前是 5 万元)+商品房升值。

从国际上同类研究来看,《OECD 资本度量手册》(2001,2009)也建议使用固定资本形成总额作为投资流量。近年来,特别是国家统计局对国内生产总值核算进行两次历史数据的重大补充和一次重大调整之后,更多学者倾向于使用固定资本形成数据。然而,固定资本形成额也存在一个问题,即从 PIM 的方法论上,估计固定资产存量时选用的合适数据应当是不考虑退役,不考虑资本品效率下降或折旧的投资数据,而固定资本形成额中剔除了退役资本品的价值,低估了当年的投资流量。

(四)新增固定资产

新增固定资产是指报告期内已经完成建造和购置的过程,并已交付生产或使用单位的固定资产价值。谢千里等(1995)使用新增固定资产扣除住房投资和非生产性资产作为投资数据,投资数据中扣除了住宅,也不包括土地和存货投资;陈诗一(2011)在估计工业分行业资本存量时,利用基本建设、更新改造投资的新增固定资产之和构造当年投资额;Wang 和 Szirmai(2012)认为新增固定资产是估计中国资本存量更适当的指标,并利用统计年鉴中的新增固定资产投资数据和行业固定资产原值数据,推导出 1953~2007 年的新增固定资产投资序列;Holz(2006)认为,当年投资额不一定能在当年全部形成生产能力,只有能形成生产能力的投资才应计入资本存量,才与总量生产函数中所隐含的假设相一致,Holz 认为,在官方所公布的几个投资流量指标中,只有新增固定资产与上述判断原则相符。

由于在永续盘存法下选用的资本投资数据应该是不考虑退役,不考虑资本品效率下降或折旧等问题的投资数据，因此新增固定资产是在一个比较好的条件下的选择，但新增固定资产是在一个较长周期内形成的，而该指标只有 1995 年以前的数据，现有研究均是利用已有数据采用一定的方法推导出的新增固定资产序列，因而使用新增固定资产投资存在核算和价格指数有一定误差等很多问题（见表 2）。

由于使用投资数据的资本品范围不同，所以这些研究最终的资本存量范围也不同，何菊煌（1992）、张军和章元（2003）、邹至庄（1993）的总量资本存量估计中应该包括固定资产、土地和存货；谢千里等（1995）的存量估计应该不包括住宅的固定资本存量；王小鲁和樊纲（2000）、何枫等（2003）存量估计中包括土地和固定资本存量；王益煊和吴优（2003）、孙琳琳和任若恩（2003）、黄勇峰和任若恩（2002）存量估计只含固定资产。但是很多研究在进行基期资本存量估计时并没考虑这一点，如张军和章元（2003）强调自己的基期资本存量估计中不含土地，但却使用了包含土地改良投资的生产性积累作为投资数据。因此很多研究中基期资本存量和投资数据中包含的资本品类型范围并不一致。

表 2　投资指标比较

投资指标	优点	缺点
积累额	不需要考虑折旧问题	包含存货投资；目前只有 1993 年之前的数据
固定资产投资	时间序列长，有按资产分类和按行业分类的数据，不考虑退役，不考虑资本品效率下降或折旧等问题的投资数据，比较容易满足 PIM 对投资数据的要求	包括购买土地和购买旧机器、房屋的支出，这些支出并不能增加中国的可再生资本；这个指标低估了总投资；固定资产投资中有大量浪费；与 SNA 的统计体系不相容，是中国投资统计特有的指标
固定资本形成额	以固定资产投资为基础，通过一定的调整计算而得到的；国家统计局对国内生产总值核算进行两次历史数据的重大补充和一次重大调整；OECD 资本度量手册(2001)推荐	没有分类统计的数据；剔除了退役的资本品价值，与 PIM 方法论要求的投资指标不符
新增固定资产	不考虑退役，不考虑资本品效率下降或折旧等问题的投资数据，与 PIM 方法论对投资指标的要求一致；与总量生产函数中所隐含的假设相一致	新增固定资产是在一个较长周期内形成的，存在和核算价格指数平减的问题；只有 1995 年之前的数据

三 投资价格指数的构造

综合来看，已有研究主要是利用固定资产投资价格指数，而我国从1992年才开始公布官方的固定资产投资价格指数，而且只有1991年之后的时间序列数据。此前的数据在《中国统计年鉴》上不可得，其他如《中国物价年鉴》《中国固定资产投资年鉴》中也都没有这一信息。因此，对于早期的投资价格指数，学者主要采用以下两种方式构造相应的价格指数。

（一）根据实际需要进行替代和推算

Jefferson（1995）选择工业品出厂价格指数对集体企业的现价总投资进行平减；Hu 和 Khan（1997）以及宋海岩等（2003）用全国建筑材料价格指数来代替1978年以后的投资价格指数；在对美国生产率的研究中，乔根森（2001）则认为可以用耐用消费品价格指数或批发价格指数来代替，并认为后者比较合适。

吴方卫（1999）、李治国和唐国兴（2003）用1992年以后的全国固定资产投资价格指数分别对生产资料出厂价格指数和上海市固定资产投资价格指数进行线性回归，从而拟合出全国的投资价格指数序列。张军和章元（2003）认为上海市的固定资产投资价格指数和全国固定资产投资价格指数之间不存在解释和被解释的关系，并通过分析发现上海市和全国固定资产投资价格指数的波动相一致，认为直接采用上海市的固定资产投资价格指数来代替全国固定资产投资价格指数是可行的。然而波动一致并不能代表价格指数的数值一致，实证研究表明三大直辖市的价格指数恰是全国各省份中最低的[①]，因此，采用上海市的固定资产投资价格指数会高估

[①] 张军等（2004）利用《中国国内生产总值核算历史资料（1952~1995）》提供的固定资本形成额及其指数计算出了投资隐含平减指数，并与"林毅夫发展论坛"提供的《1952~1999年中国经济增长数据》中的投资平减指数进行了对比，发现不同省份固定资产投资价格上涨的幅度和趋势有较大差异，特别突出的是三大直辖市，尤其是北京市的价格上涨幅度在改革前后都比较小。

相应的投资流量指标。

黄勇峰和任若恩（2002）、孙琳琳和任若恩（2003）使用了相同的建筑投资价格指数和设备投资价格指数序列，1992年以后的数据使用官方投资价格指数，1992年之前的数据用零售价格指数、工业价格指数、建筑价格指数来代替。孙琳琳和任若恩（2005）认为用回归方法估计投资价格指数，由于数据量比较少，因此估计结果并不可信，所以建议选择合适的价格指数代替，而不是估计投资价格指数。

（二）测算和合成投资价格指数

Chow（1993）利用统计年鉴公布的积累指数计算出了积累隐含平减指数，用它来对各期的积累额进行平减，对于1952～1977年的指数，大部分研究都借用Chow（1993）估计的积累隐含平减指数；Jefferson等（1992，1995）使用了建筑安装指数和机器设备指数的加权平均构造固定资产价格指数。

王益煊和吴优（2003）使用了分行业、分资产类型的价格指数，1985～1998年的数据由国家统计局城调队提供，然后假设1981～1985年价格以平均速度增长，倒推出1981～1984年资产种类的价格指数；白重恩等（2006）利用固定资产中的建筑安装工程和机器设备购置投资价格指数进行加权计算固定资产投资价格指数，他们同时假定在固定资本形成中，两类投资比例与它们在全社会固定资产投资中的比例完全相同，对于1990年以后的价格指数采用官方公布的数据，而1978～1989年的价格指数则采用替代的方式进行，其中建筑安装工程投资价格指数用建筑业增加值的价格指数，机器设备购置投资价格指数则用机械制造业的出厂价格指数进行替代。

Young（2003）在估算非农部门固定资本存量时没有区分投资的构成，但他构造了一个的固定资本形成指数，即非农部门产出价格指数扣除消费和出口品价格指数后的一个残差。Young（2003）研究发现，大部分省份的固定资产投资价格指数仅在1978年以后才出现明显的变动，并认为忽略1952～1977年投资品价格变动因素是一个可以接受的假设，此后张军等（2004）根据《中国国内生产总值核算历史资料（1952～1995）》以及 Hsueh 等（1999）提供的数据，计算了1995年以前的固定资产投资价格指数，结果也证实了这个假设。

应当说在没有官方公布的固定资本形成指数之前，这些探索是很有意义的，并且根据自己的投资流设定价格指数也是合理的。不过随着两次历史数据的重大补充和一次历史数据的重大调整，中国的统计体系正在不断完善，《中国国内生产总值核算历史资料（1952～1995）》《中国国内生产总值核算历史资料（1995～2004）》以及许等（Hsueh，et al.，1999）都提供了1952～2004年全国和分省份的固定资本形成总额及其指数。何枫等（2003）、龚六堂和谢丹阳（2004）以及王和姚（2001）、张军等（2004）、单豪杰（2008）以及李宾（2009）均利用上述数据计算了投资隐含的平减指数。张军等（2004）将该方法计算出来的各省份，与1991～1995年的这一指数与《中国统计年鉴》上公布的这一时期的各省份固定资本投资价格指数对比，发现它们基本一致，李宾（2009）采用同样的计算方法发现，这两个价格指数重叠的1991～2004年，两者基本相同。

四　对于相对效率或折旧的处理

统计年鉴中固定资产折旧的定义是："一定时期内为弥补固定资产损耗，按照核定的固定资产折旧率提取的固定资产折旧，或按国民经济核算统一规定的折旧率虚拟计算的固定资产折旧。它反映了固定资产在当期生产中转移的价值。各类企业和企业化管理的事业单位的固定资产折旧是指实际计提并计入成本中的折旧费；不计提折旧的政府机关、非企业化管理的事业单位和居民住房的固定资产折旧是按照统一规定的折旧率和固定资产原值计算的虚拟折旧。原则上，固定资产折旧应按固定资产的重置价值计算，但是目前我国尚不具备对全社会固定资产进行重估价的基础，所以暂时只能采用上述办法。"[1]

早期折旧率的设定基本是根据会计方法进行的，没有与资本品的相

---

[1] 《中国统计年鉴2012》。

对效率相联系，这种设定在折旧模式上是不符合 PIM 要求的，在永续盘存法下估计资本存量应该是重置率而不是折旧率。这是因为折旧反映的是资本品未来效率递减的当前估值（贴现值），而重置是过去购买的资本品相对效率在当期的递减，是指生产能力的维持或恢复。一般来说，利用 PIM 估计资本存量需要确定资本品的相对效率，由于直接测量难以完成，所以一般需要假设资本品服从一定的相对效率模式，目前研究中常使用的模型有三种：①"单驾马车式"，假设资本品相对效率在寿命期内不变；②相对效率直线下降模式，假设资本品的相对效率在寿命期内直线下降；③相对效率几何下降模式，假设资本品的相对效率在寿命期内几何下降（乔根森，2001）。折旧和资本品的效率下降是相互联系的，所以当选定某种资本品相对效率模式时，其对应的是一定的折旧模式，只有在相对效率几何下降的模式中，折旧率和重置率才是相同的，资本存量财富等于生产性资本存量，而在其他相对效率模式中，折旧率和重置率都是不同的，其证明过程可以参见孙琳琳和任若恩（2005）的文献综述。

由于资本存量估计结果对折旧率的变化很敏感[①]，因此，折旧率的精确估计就显得特别重要，已有研究采取的处理方法主要有以下几类。

（一）绕开折旧，利用 MPS 体系下的"积累"作为投资指标

由于 1993 年之后不再公布积累数据，因此采用该方法的研究较少。已有的代表性研究中贺菊煌（1992）和 Chow（1993）运用了剔除折旧的积累指数，因而回避了折旧问题。张军、章元（2003）利用固定资产投资数据模拟了 1993 年之后的生产性积累数据，但是 1993 年之后我国固定资产投资的快速增长以及使用"上海市固定资产投资价格指数代替全国的固定资产投资价格指数"，这导致估计的生产性积累数据偏高。然而，主要的问题在于"积累"对折旧的扣除是以历史价格为基础的，而不是

[①] 黄宗远、宫汝凯（2008），李宾（2009）通过对不同时期资本折旧率的假定，对折旧率进行敏感性分析，结果表明：折旧率对估计结果存在较强烈的敏感度，其变动会引起资本存量的估计结果较大差异。

基于资本品效率的递减模式,因而,积累数据对折旧的剔除不符合PIM下估计资本存量的要求。

(二) 利用官方公布的折旧或推算数据

邹至庄 (1993) 利用国民收入恒等式 (折旧额 = GDP - 国民收入 + 补贴 - 间接税) 推算出折旧额;徐现祥等 (2007) 参照此思路,依照GDP收入核算公式 (国内生产总值 = 劳动者报酬 + 固定资产折旧 + 生产税净额 + 营业盈余) 推算得到折旧额;李治国和唐国兴 (2003) 沿用邹至庄 (1993) 的方式,测算出 1978~1993 年的折旧额,1994 年之后的全国折旧额则是通过把各省份统计年鉴公布的折旧额加总求和得到;而宋海岩等 (2003) 则是在官方公布的名义折旧率为 3.6% 的基础上加上经济增长率作为实际折旧率,他们认为各省份资本实际使用情况不同,那些经济增长较快的省份必然会比增长较慢的省份更快地使用资本,从而更多的折旧;李宾 (2009) 在 1994 年之前采用 Holz (2006) 推算出的国有企业折旧率,1994 年以后用官方公布的各省份的固定资产折旧额;薛俊波和王铮 (2007)、徐杰等 (2010) 利用投入产出表提供的固定资产折旧数据推算出折旧率。

以上研究的优势是充分利用了官方的统计数据,而且薛俊波和王铮 (2007)、徐杰等 (2010) 还利用投入产出表估计了各行业的折旧率,然而,由前文对折旧的定义可知,我国的折旧额是基于会计核算进行的扣除,没有与资本品的相对效率相联系,这种扣除在折旧模式上不符合的 PIM 要求。

(三) 自行设定折旧率或忽略折旧

比较有代表性的是胡永泰 (1998)、王小鲁和樊纲 (2000)、Wang 和 Yao (2001) 均假定折旧率为 5%;Young (2003) 在研究中国非农资本存量时也假定折旧率为 6%,Hall 和 Jones (1999) 在研究 127 个国家资本存量时采用的折旧率也为 6%;Hu 和 Khan (1997) 假定折旧率为 3.6%;

刘明兴（2002）、龚六堂和谢丹阳（2004）则假定折旧率为10%；何枫等（2003）没有考虑折旧，实际上估计的是总资本存量。

以上折旧率的设定差别很大，而资本存量对折旧率的取值又相当敏感，李宾（2009）通过稳健性检验得出，若一个研究基于5%的折旧率，另一个研究基于10%，那么在其他条件相同的情况下，资本存量估算结果将相差大约50%。因此，折旧率的取值对资本存量的估计至关重要，自行设定折旧率过于主观，其估计结果当然也不具有说服力。

（四）按照 PIM 的要求，采用效率几何递减模式推算折旧率

Hulten 和 Wykoff（1981）利用二手资本品的价格对美国资本品的效率递减和退役模式进行经验研究，研究结果支持了相对效率几何递减模式的假设，目前这种模式被美国经济分析局（BEA）采纳。王益煊和吴优（2003）依据财政部1994年制定的财务制度对住宅、机器设备等固定资产使用年限的规定（城镇住宅为40年，农村住宅和其他投资为20年，非住宅建筑为30~50年，机器设备购置为8~20年，市政建设为25年，役畜产品畜为10年，其他20年），参考美国经济分析局（BEA）的数据，采用几何折旧法测算了我国16个主要行业和7个固定资产分类的折旧率：城镇住宅折旧率为8%，非住宅建筑折旧率为9%左右，机器设备折旧率为3.6%~13.8%，市政建设为3.6%，役畜产品畜为11%，农村住宅和其他折旧率为1.5%；黄勇峰和任若恩（2002）、孙琳琳和任若恩（2005）都采用了几何相对效率下降的模式，并借鉴了 Maddison（1993）的建议，假定在建筑安装投资寿命为40年、机器设备寿命为16年的基础上，估计了建筑安装折旧率为8%，机器设备折旧率为17%；张军等（2004）参考了黄勇峰和任若恩（2002）的方法，假定建筑和设备的平均寿命期分别是45年和20年，其他类型的投资假定为25年，从而得出折旧率分别为6.9%、14.9%和12.1%，并计算了1952~2000年三类资本品在总固定资产中的平均比重，在此基础上计算出经济折旧率为9.6%；白重恩等（2006）假定在建筑安装投资寿命为38年、机器设备寿命为12年的基础上，估计了建筑安装折旧率为8%，机器设备折旧率为24%，而年度折

率则根据每年的建筑和机器设备的比重变化进行了调整，其中 1978～2005 年折旧率为 10.47%～12.06%；单豪杰（2008）通过比较研究，并参考财政部《国有企业固定资产分类折旧年限表》，认为建筑年限确定为 38 年、机器设备年限确定为 16 年是一个比较合理的选择，在此基础上，分别估算出建筑的折旧率为 8.12%，设备的折旧率为 17.08%，同时认为其他费用是依附在建筑和机器设备上的，因此在确定建筑和设备折旧率后，根据统计年鉴提供的二者之间的结构比重得出折旧率为 10.96%。

上述折旧率是依据资本品的平均使用寿命和财政部建议的 3%～5% 残值率计算出来的，如黄勇峰和任若恩（2002）根据工业协会和 1985 年政府税收规定；王益煊和吴优（2003）依据财政部于 1994 年制定的财务制度；单豪杰（2008）参考财政部《国有企业固定资产分类折旧年限表》等确定相应资本品的使用寿命。由于参考和依据的标准不一致，使折旧率的估计结果偏差较大。究竟哪个标准合适？是否有其他更合理的参考标准？无疑，这是我们今后需要进一步研究的问题。

五　基期资本存量的确定

基期资本存量的估算在已有研究文献中基本定为 1952 年和 1978 年。由于运用永续盘存法估算资本存量，一般来说基年选择越早，基年资本存量的取值对后续年份的影响就会越小[①]。李宾（2009）按照初始资本产出比 0.6、1.0、1.4、1.8、2.2、2.6、3.0、3.4 来选择 1952 年年底的资本存量，分别使用固定资本形成额、新增固定资产、全社会固定资产投资以及调整的全社会固定资产投资四个投资流量序列，结合 Holz（2006）提供的国有企业折旧序列，计算出资本存量。虽然对 1952 年年底资本存量的估计最大相差 5 倍多，但到 1978 年，四种投资流量下的资本存量差距均已缩小到百分之十几，到了 1993 年，差距更是缩小到 2%。这不仅验证了

---

① Young（2000）认为，如果我们重点关注的是 1978 年以后的各省份资本存量，而基年是 1952 年，那么 26 年的时间跨度使得初始年份的资本存量的数据都显得不太重要了，任何一种假设的方法都是可取的。

前期的研究结论，而且也表明 K_0 的取值对资本存量的估计来说的确不是一个重要因素，尤其是对 1993 年以后的宏观经济分析而言更是如此。

当然，由于学者对估算的理解和方法不同，得出的基年资本存量也存在较大差异。有鉴于此，我们对基期资本存量的研究方法进行了梳理和总结，并指出已有研究文献存在的一些问题，为后续相关研究提供参考。

（一）资本产出比法

张军扩（1991）采用帕金斯的方法，假设中国 1953 年资本国民收入比为 3，利用 1953 年的国民收入推算出 1952 年的资本存量为 2000 亿元（1952 年价格）。何枫等（2003）沿用张军扩（1991）的观点，即假设中国 1953 年资本国民收入比为 3，并由此套算出 1953 年资本与 GDP 的比例为 3.487，由此得出 1953 年我国年均资本存量为 5611.29 亿元（1990 年价格），采用单豪杰（2008）推断的隐含投资平减指数进行平减，发现何枫等（2003）估计的 1952 年资本存量为 3017 亿元。

李宾（2009）首先利用资本产出比对基期资本存量做敏感性分析，然后排除掉那些在直觉上不合理的 K_0 选择，认为 1952 年的资本产出比应在 1.4~2.0，并分别在 5%、10% 的折旧率下做了对比观察，最终假设 1952 年年底的资本产出比为 1.6，与之对应的资本存量数值为 4429.28 亿元（2000 年价格），采用单豪杰（2008）推断的隐含投资平减指数进行平减，那么李宾（2009）估计的 1952 年资本存量为 1244 亿元（1952 年价格）。

（二）利用固定资产原值（净值）或 PIM 方法推算

Chow（1993）利用历史的固定资产净值数据，推算出 1952 年中国非农业部门的资本存量为 582.67 亿元，并估计农业资本存量为 450 亿元，土地的价值为 720 亿元，合计的资本存量为 1750 亿元（1952 年价格），如果除以中国 1952 年的 GDP 679 亿元，那么 Chow（1993）估计的资本产出比为 2.58。许多后续研究都采用了 Chow（1993）的这一数值，如王和姚（Wang and Yao，2001）、李治国和唐国兴（2004）。张军和章元

(2003) 利用上海固定资产原值、工业固定资产净值和农业资本存量三个方面的数据，估计出我国的1952年资本存量分别为673亿元、572亿元和800亿元（1952年价格），并最终确定1952年资本存量为800亿元。

黄勇峰和任若恩（2002）、孙琳琳和任若恩（2005）从 Yeh（1972）、Maddison（1995）、AlbertFeuerwerker（1977）、Kuung-chia（1972）对中国的早期投资和 GDP 估计的研究中推算中国的早期投资流，并使用 PIM 推导出基期资本存量。黄勇峰和任若恩（2002）的基期1978年建筑存量为4714.05亿元，设备为1107.61亿元，合计5821.66亿元（1978年价格）；孙琳琳和任若恩（2003）的基期1980年建筑存量为5132.1亿元，设备存量为1827.251亿元，合计6959.35亿元（1980年价格）。从理论上讲，黄勇峰和任若恩（2002）、孙琳琳和任若恩（2005）使用 PIM 估计的基期资本存量数据，应该比较准确。

（三）经验研究法

该方法的原理是假定在经济稳态的情况下，存量资本的增长率与投资增长率是相等的（$\Delta K/K = \Delta I/I$），这样基期资本存量就可以表示为基期的投资额比上投资的平均增长率与折旧率之和。例如 Hall 和 Jones（1999）在估计各国1960年的资本存量时，就采用1960年的投资比上1960~1970年各国投资的平均增长率与折旧率之和。Young（2003）采用同样的方法估算了1952年中国固定资本存量约为815亿元（1952年价格），因为统计年鉴公布了1952年的固定资本形成额为80.7亿元，所以 Young（2003）所用的折旧率和平均投资增长率之和应该为10%，但我们发现 Young（2003）所用的折旧率是6%，那么按照这样的方法推测，投资平均增长率应为4%。单豪杰（2008）通过计算我国1952~1957年的投资增长率，发现平均投资增长率大约是23%，因此 Young（2003）的数据是值得怀疑的。张军（2004）也采用了 Young（2003）的方法，利用10%的比例作为分母去除初始年份的投资数据，然而张军（2004）采用的折旧率是9.6%，由此可见，张军（2004）在估计基期资本存量时的数据处理同样也存在问题。

白重恩等（2006）利用1953年的投资数据比上1953~1958年的平均增长率与折旧率之和估算基期资本存量。虽然没有公布正式数据，但单豪杰（2008）通过文中介绍的方法，推算出该文1952年的资本存量在230亿元左右（1952年价格）。由于白重恩等（2006）采用1953年的固定投资数据作为分子进行估算，但他在后续推算中所用的是固定资本形成的数据，显然存在估算不一致的问题。单豪杰（2008）运用同样的方法，利用1953年的资本形成总额比上折旧率（10.96%）与1953~1957年固定资本形成平均增长率之和（23.1%）来估算1952年的资本存量，这样估算出来的资本存量大约是342亿元。单豪杰（2008）强调在这个估算中不包括土地和存货投资。然而，利用资本形成总额作为分子，其中是包括土地和存货投资的，而且该研究后续的投资指标也选择了固定资本形成额，其中也包括土地改良投资，因此，单豪杰（2008）的研究也存在前后不一致的问题。

（四）其他推算方法

贺菊煌（1992）在估算时假设生产性资本在1964~1971年的平均增长率与1971~1978年相等，理由是这两段时期内经济体制和国家政策比较稳定，用迭代法推导1964年的资本存量，再假定非生产性资本是生产性资本的一个比例，从而计算出1952年的资本存量为946亿元（1990年价格），如果换算成1952年的价格大约是516亿元。

唐志红（1999）通过不断优化生产函数在20世纪50年代区间的拟合度，采用逐步逼近的方法测算出中国1953年的资本存量为1800亿元（1980年不变价，其中是否包括土地没有交代）；王小鲁和樊纲（2000）根据反复推算将1952年的资本存量确定为1600亿元（1952年价格），但没有介绍具体的方法。

王益煊和吴优（2003）似乎没有准确理解基期资本存量含义，基期资本存量是估计资本存量序列的起点，他们估计的资本存量序列为1981~1998年，但文章中选的基年为1997年，1997年资本存量为70377.7亿元（1990年价格），文中介绍该数据是根据国家财政部提供的近几年国有单位分行业、分资产种类的固定资本存量调查、汇总数据，经过比较选择和加工整理得到。

郝枫（2006）基于Albala的最优一致方法估算基期资本存量，全国1952年的资本存量为1607.21亿元，与王小鲁和樊纲（2000）的估算结果比较接近。该方法假定产出与投资的增长率在稳态下是一致的，但现实情况是1952年前后的投资增长率与产出增长率往往差距很大，因此这种方法的估算结果值得商榷。

可以看到，这些研究的基期资本存量差别很大，有些研究没有明确自己基期资本存量的范围，可能有些含有土地，有些含有存货，如李治国和唐国兴（2003）在引用Chow（1993）的基期资本存量时没有说明是否包括土地；王小鲁和樊纲（2000）将测算的基年资本存量与Chow（1993）进行对比时也没有交代是否包括土地投资；张军和章元（2003）在基期资本存量中没有包括土地，但是他们应用的生产性积累额中包含土地投资，因此，出现前后不一致的情况。由于缺乏基础数据，研究方法比较粗糙，所以也很难判断哪个数值更准确。

六　估算结果的比较

为方便进行比较，我们将相关研究的估计结果均调整为1952年价格。由图1可知，贺菊煌（1991）与张军扩（1991）同样运用积累总额作为投资指标，但张军扩的估计结果较高，主要是张军扩（1991）估计的基期资本存量（2000亿元，1952年价格）高于贺菊煌（1991）估计的基期资本存量（516亿元，1952年价格）。张军和章元（2003）采用生产性积累作为投资指标，他们的估计结果高于贺菊煌（1991）的估计结果，主要原因有两点：一是张军和章元（2003）估计的基期资本存量（800亿元，1952年价格）高于贺菊煌（1991）估计的基期资本存量（516亿元，1952年价格）；二是张军和章元（2003）利用上海市的固定资产投资价格指数代替全国的价格指数对生产性积累进行平减，高估了投资流量。

张军等（2004）与单豪杰（2008）选择的指标和估算方法基本一致，只是单豪杰（2008）估计的折旧率（10.96%）高于张军等（2004）的折旧率（9.6%），因此，张军等（2004）估计的结果略高。

王益煊和吴优（2003）、孙琳琳和任若恩（2005）首先对资产进行了分类，分别计算了每种资产的折旧率，之后估计了每种资产的资本存量。由于对资产进行了分类，他们的估算方法更适合 PIM 方法论的要求，估计结果相对来说也更加精确。

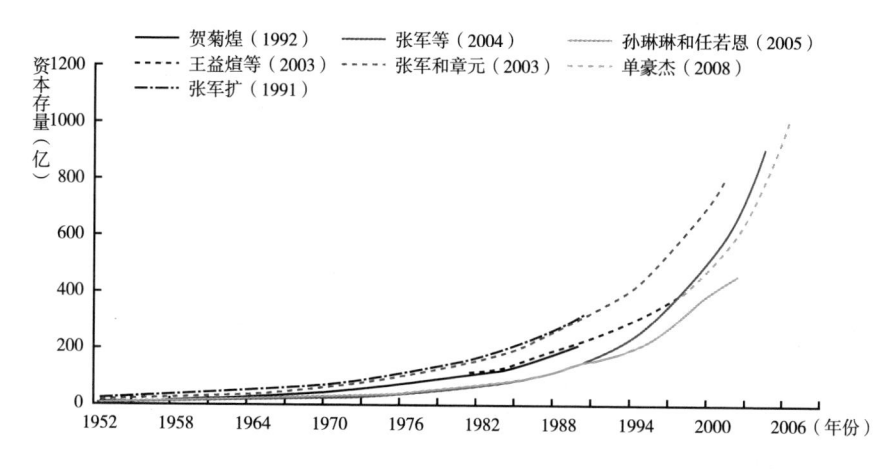

图1　相关研究文献对资本存量的估算结果的比较

七　结论

运用永续盘存法估算资本存量，主要涉及四个变量的确定。对于投资流量指标，《OECD 资本度量手册（2001）》建议使用固定资本形成额，特别是在我国两次历史数据的重大补充和一次重大调整之后，更多学者倾向于使用固定资本形成数据。对于投资价格指数，既有文献一般选择其他的价格指数进行替代，在各种替代方案中，隐含的固定资本形成价格平减指数被认为最佳，通过对比 1991 年之后官方公布的固定资产投资价格指数，发现二者基本一致。

由于数据缺乏，研究方法各异，基期资本存量的估计结果差别很大。然而，实证研究表明，1952 年资本存量的选择对 1978 年及之后的估算结果影响甚微。折旧率的选择对资本存量的估计结果至关重要，折旧率相差

1个百分点,可导致1978年的资本存量相差大约10%,若折旧率相差5个百分点,那么资本存量的差异之大势必无法忽略(李宾,2009)。因此,如何更加准确地测算资本折旧率,是需要我们进一步研究的重要课题。

总之,由于数据的原因,我们的研究还需要进一步改进。我们对资本的分类还很粗糙,对资本品寿命的确定还缺乏更加权威和客观的依据。因此,对资本存量的估算,仍是一个长期探索和不断发展的过程。

参考文献

［1］Chow, Gregory C. , "Capital Formation and Economic Growth in China," *Quarterly Journal of Economics*, 1993, 108 (3): 809 – 842.

［2］Bai Chong-En, Hsieh Chang-Tai, Qian Yingyi, *The Return to Capital in China*, NBER working Paper No. 12755, 2006.

［3］G. Jefferson, T. Rawski and Y. Zheng. , "Growth, Efficiency, and Convergence in China's State and Collective Industry," *Economic Development and Cultural Change*, 1992 (40): 239 – 266.

［4］Goldsmith, Raymond W. , "A Perpetual Inventory of National Wealth," *NBER Studies in Income and Wealth*, New York: National Bureau of Economic, 1951.

［5］Hall, R. & C. Jones. , "Why do Some Countries Produce so Much More Output per Worker than Others," *The Quarterly Journal of Economics*, 1999 (114): 83 – 116.

［6］Holz, Carsten A. , "New Capital Estimates for China ," *China Economic Review*, 2006, 17 (2): 142 – 185.

［7］Hsueh Tien-tung, Qiang Li. *China's National Income: 1952 – 1995*, Boulder: Westview Press, 1999.

［8］Hu, Zuliu and Mohsin S. Khan, "Why is China Growing So Fast?," IMF Staff Papers, *The International Monetary Fund*, Washington, D. C. , 1997.

［9］Jorgenson, Dale W. , "Information Technology and the U. S. Economy," *American Economic Review*, 2001 (91) : 1 – 32.

［10］OECD. Productivity Manual, "Guide to the Measurement of Industry-Level and Aggregate Productivity Growth," *Paris*, 2001.

［11］OECD. "Measuring Capital-OECD Manual," (second edition) *Paris*, 2009.

［12］Wang Lili, Adam Szirmai. , "Capital Inputs in the Chinese Economy: Estimates for the Total Economy, Industry and Manufacturing," *China Economic Review*, 2012, 23: 81 – 104.

[13] Wang, Yan and Yudong Yao, "Sources of China's Economic Growth," 1952 – 1999: "Incorporating Human Capital Accumulation", *World Bank Working Paper*, 2001.

[14] Young, Alwyn., "Gold into Base Metals: Productivity Growth in the People's Republic of China during the Reform Period," *Journal of Political Economy*, 2003 (111): 1220 – 1260.

[15] 陈诗一:《中国工业分行业统计数据估算: 1980~2008》,《经济学》(季刊) 2011 年第 10 卷第 3 期, 第 735~776 页。

[16] 单豪杰:《中国资本存量 K 的再估算: 1952~2006 年》,《数量经济技术经济研究》2008 年第 10 期, 第 17~31 页。

[17] 何枫、陈荣、何林:《我国资本存量的估算及其相关分析》,《经济学家》2003 年第 5 期, 第 29~35 页。

[18] 贺菊煌:《我国资产的估算》,《数量经济技术经济研究》1992 年第 8 期, 第 24~27 页。

[19] 黄勇峰、任若恩:《中国制造业永续盘存法估计》,《经济学》(季刊) 2002 年第 2 期, 第 377~396 页。

[20] 李治国、唐国兴:《资本形成路径与资本存量调整模型》,《经济研究》2003 年第 2 期, 第 34~42 页。

[21] 宋海岩、刘淄楠:《改革时期中国总投资决定因素的分析》,《世界经济文汇》2003 年第 1 期, 第 44~56 页。

[22] 孙琳琳、任若恩:《我国行业层次资本服务量的测算》(1981~2000),《山西财经大学学报》2008 年第 4 期, 第 96~101 页。

[23] 孙琳琳、任若恩:《中国资本投入和全要素生产率的估算》,《世界经济》2005 年第 12 期, 第 3~13 页。

[24] 孙琳琳、任若恩:《转轨时期我国行业层面资本积累的研究——资本存量和资本流量的测算》,《经济学》(季刊) 2014 年第 13 卷第 3 期, 第 837~862 页。

[25] 孙琳琳、任若恩:《资本投入测量综述》,《经济学》(季刊) 2005 年第 4 卷第 4 期, 第 823~842 页。

[26] 王小鲁、樊纲:《我国经济增长的可持续性——跨世纪的回顾与展望》, 经济科学出版社, 2000。

[27] 王益煊、吴优:《中国国有经济固定资本存量的初步测算》,《统计研究》2003 年第 5 期, 第 40~45 页。

[28] 谢千里、罗斯基、郑玉歆:《改革以来中国工业生产率变动趋势估计及可靠性分析》,《经济研究》1995 年第 12 期, 第 10~22 页。

[29] 徐现祥、周吉梅、舒元:《中国省区三次产业资本存量估计》,《统计研究》

2007年第5期,第6-13页。

[30] 薛俊波、王铮:《中国17部门资本存量的核算研究》,《统计研究》2007年第7期,第49~54页。

[31] 张军、吴桂英、张吉鹏:《中国省际物质资本存量估算:1952~2000》,《经济研究》2004年第10期,第35~44页。

[32] 张军、章元:《对中国资本存量K的再估计》,《经济研究》2003年第7期,第35~43页。

我国"十一五"期间区域技术创新效率的测度及影响因素研究[*]

许敏 张悦[**]

摘　要：借助 DEA 方法中的 BCC 模型以及 Malmquist 指数，从静态和动态两个角度测度了"十一五"期间中国 30 个省份的技术创新效率，发现在此期间，我国各省份之间技术创新综合效率不平衡，北京、广东两个省市在这期间每年都实现了 DEA 有效，但宁夏、甘肃等省份的技术创新效率却比较低，同时我国的区域技术创新效率也存在东高西低的现象。同时，我国整体的技术创新综合效率上升了 4%，中部地区的技术创新综合效率的增长速度超过东部地区。在此基础上，运用 STATA 软件，对影响区域技术创新综合效率的因素进行回归分析，发现，政府科技财政支出有利于技术进步，却不利于技术效率的提高，整体上不利于技术创新综合效率的提高，而 R&D 资金投入对技术创新综合效率的提高有促进作用。

关键词：技术创新　效率　BCC 模型　Malmquist 指数　影响因素分析

---

[*] 国家社会科学基金项目（编号：11BJY023）及国家软科学基金计划项目（编号：2010GXS3K082）。
[**] 许敏，男，博士，北京大学工商管理博士后，南京工业大学教授，硕士生导师；张悦，女，南京工业大学硕士研究生。

一　引言及文献

国内外学者围绕技术创新进行了大量的研究，不仅丰富了技术创新的理论成果，也不断地拓展着技术创新的研究领域。现阶段，企业与企业之间，区域与区域之间，国家与国家之间的竞争已经上升到技术的层面，这使得世界各国都开始注重技术创新。不少学者的研究结论指出，我国的技术创新存在诸多问题，提到最多的问题之一就是技术创新投入不足。然而，一味地增加技术创新投入也不是明智的选择，技术创新具有高投入、高风险的特点，有必要关注技术创新的效率问题。对技术创新的效率进行测度，可以帮助认识创新投入与产出之间可能出现的失衡问题，或者找出技术创新效率较低的原因，从而寻找提高资源、资金的使用效率的途径。

国家科技部制定的《国家"十一五"科学技术发展规划》中指出，要注重技术创新在推进产业结构转型，提高生产力发展水平方面的重要作用，要促进区域内科技资源的合理配置和高效利用，建设各具特色和优势的区域创新体系，全面提高区域科技创新能力。尽管政府为了鼓励中、西部地区的经济发展做出了很多努力，区域之间发展依然不平衡，东部的省份在技术创新的投入方面有很大的优势，但技术创新效率是否高于中部和西部地区，这就不得而知了。"十一五"已经过去，我国各省份的技术创新能力、效率状况值得探讨。区域的技术创新能力和效率是我国整体技术创新能力和效率的有机构成部分，决定了国家整体的技术创新能力。区域的技术创新效率反映了该地区把创新资源和资金转化为科技产出的能力，是地区科技发展的一个重要影响因素。

国内现有的关于技术创新效率的测度研究大多是基于某一地区或者某一类型的企业（大中型工业企业）或者产业（高新技术产业），关于我国各省份整体的技术创新效率测度研究还不是很多，主要的研究成果如下：刘和东（2010）研究发现1997～2007年我国大中型工业且技术创新的地区差异显著；侯玉君（2009）也得出了相同的结论，并认为大多数省份的技术创新投入都合理地发挥了作用；白雪、张明斗（2012）借助BCC

模型，测算了全国31个省份的纯技术效率、规模效率和综合效率，建议各区域减免区域要素的单边效应，明确资源的投入方向；邵松华（2010）以2004～2008年我国中部六省高技术产业的面板数据为研究对象，采用DEA-Tobit两步法测算了高技术产业的全要素生产率及分解，同时测算了中部六省技术效率、规模效率、投入与产出的冗余与松弛状况，得出了有意义的研究结论；王建品（2011）通过研究也发现，我国高技术产业不论是从区域还是行业来说，自主创新效率多参差不齐，认为政府应努力完善高技术产业科技管理制度。

目前学术界使用的测度技术创新效率的方法主要有算数比例法、数据包络分析法（DEA）、自由处置包方法（FDH）、随机前沿方法（SFA）、厚前沿方法（TFA）等。DEA方法由于其在处理多投入、多产出的问题方面具有绝对优势，从众多方法中脱颖而出，成为近年来使用最多的方法。但是，目前国内关于技术创新效率的研究还主要集中于某一个特定的产业（如高新技术产业）或者某一个特定的行业（如工业）或者只是针对某一特定的省份的研究，关于全国范围的区域技术创新效率的研究尚不多见。本文借助DEA方法，测度"十一五"规划期间，我国30个省份的技术创新效率状况（西藏自治区因为数据缺失，而不做研究）。

二　DEA方法中的BCC模型与Malmquist指数

1978年，Charnes等以单输入、单输出的工程效率概念为基础提出了第一个DEA模型——CCR模型。CCR模型将工程效率的概念推广到多输入、多产出系统的相对效率评价中，为决策单元之间的相对效率评价提出了一个可行的方法和有效的工具。CCR模型从公理化的模式出发，刻画了生产的规模与技术有效性。CCR模型的规模报酬不变假设不仅非常严苛，而且与现实情况不符。作为对CCR模型的扩展，1984年，Banker等提出了不考虑生产可能集满足锥性的DEA模型，即BCC模型，应用该模型可以评价部门间的相对技术有效性。BCC模型把技术创新综合效率

(TE)分解为纯技术效率（PTE）和规模效率（SE）：TE = PTE × SE。但不论是 CCR 模型还是 BCC 模型都只能横向评价各个决策单元在同一时点的技术创新效率，不能进行纵向评价，于是 Malmquist 指数法的出现，弥补了这一缺憾。

Malmquist 指数法不仅可以从动态角度分析不同时期决策单元的效率变化，而且可以将 Malmquist 指数进行分解，来确定技术效率变化和技术进步对技术创新综合效率的贡献程度。当 Malmquist 指数大于 1 时，表示技术创新综合效率提高；当其小于 1 时，则代表技术创新综合效率呈现衰退趋势。构成 Malmquist 指数的某一变化率大于 1 时，表明其是技术创新综合效率提高的源泉；反之则是导致其降低的根源。技术创新综合效率的提高主要来自技术效率的提升和技术进步。其中，技术效率变动影响技术效率与技术前沿面的距离，距离越小，表明效率越高；而技术进步指数反映了技术进步的程度，表明技术前沿面或生产可能性边界的整体移动。本研究采用这一更加科学的模型及检验方法。

三 指标体系的建立与数据来源

（一）指标体系的建立

DEA 方法无须任何权重假设，而以决策单元输入、输出的实际数据求得最优权重，排除了很多主观干扰因素，具有很强的客观性。通常，学者认为技术创新的投入通常可以归纳为 R&D 资金投入和 R&D 人员投入，本文在选择投入指标时也选取了这两项。其中 R&D 资金投入是我国 30 个省份 2006~2010 年各年的"全社会研究与发展经费"；R&D 人员投入是各地 2006~2010 年的"R&D 人员全时当量"。

对于区域这个宏观样本来说，技术创新的产出可以从技术和经济两个方面来衡量。考虑到技术创新从投入到产出具有一定的滞后性，本文在选取产出指标时，选择了 2007~2011 年各地的申请并获得授权的专利数（包括发明专利、外观设计专利、实用新型专利）以及 2007~2011 年各地的技术市场成交额指标来衡量技术绩效，选取 2007~2011 年各地的地区 GDP 来衡量经济绩效。

本研究建立的评价指标体系如下。

表 1　本研究建立的技术创新评价效率指标体系

	一级指标	二级指标	指标代码
投入指标	人员投入	R&D 人员	X1
	资金投入	全社会研究与试验发展（R&D）经费	X2
产出指标	技术绩效	申请并获得授权的专利数	Y1
	经济绩效	技术市场成交额 地区 GDP	

（二）数据来源

本研究所用的数据均来自《中国统计年鉴》和中国科技统计数据库。由于西藏自治区的"技术市场成交额"这一指标数据的缺失，故本研究将其予以剔除，仅对其余 30 个省份的技术创新效率进行测度。采用《中国统计年鉴》公布的以 1978 年为基期的价格指数，对各年的全社会研究与试验发展（R&D）经费、技术市场成交额、地区 GDP 进行平减。

四　运用 BCC 模型进行技术创新效率的测度

（一）投入产出变量的相关性分析

根据 DEA 方法的正向性法则，应该满足技术创新投入要素的增加不可导致技术创新产出的减少，也就是要保证各项投入要素与产出要素之间要有显著的正相关性。为此，本文运用统计软件 STATA 12.0 对本文选取的投入与产出要素进行 SPEARMAN 相关性分析，结果如表 2 所示。

表 2　投入与产出相关性

	技术市场成交额	地区 GDP	申请并获得的专利数	R&D 资金投入	R&D 人员投入
技术市场成交额	1.0000				
地区 GDP	0.6851	1.0000			
申请并获得的专利数	0.0691	0.1969	1.0000		
R&D 资金投入	0.9123 (0.0000)***	0.5784 (0.0000)***	0.0559 (0.497)	1.0000	
R&D 人员投入	0.8538 (0.0000)***	0.9055 (0.0000)***	0.1665 (0.0417)**	0.8217	1.0000

注：表中的 *** 和 ** 分别表示在 1% 和 5% 下的显著性水平上显著。

由表 2 可知，本文选取的投入指标与产出指标之间均呈正相关关系，并且这种相关性有显著性。

（二）技术创新效率的静态评价

在确认数据符合 DEA 方法的条件后，本文采用基于投入角度的 BCC 模型，对 30 个省份 2007～2010 年总体的技术创新效率进行测算，得出的结果见表 3。

表 3　各省份历年技术创新综合效率

地区	2006 年	2007 年	2008 年	2009 年	2010 年	均值	排名
北　京	1	1	1	1	1	1	1
广　东	1	1	1	1	1	1	1
河　南	0.97	1	1	1	0.93	0.98	3
内蒙古	1	0.97	1	1	0.82	0.958	4
山　东	0.92	0.94	0.93	0.98	0.98	0.95	5
河　北	0.87	0.91	0.96	0.99	1	0.946	6
海　南	1	1	1	1	0.51	0.902	7
江　苏	0.83	0.88	0.91	0.92	0.96	0.9	8
广　西	0.88	1	0.75	0.83	0.56	0.804	9
上　海	0.97	0.85	0.79	0.74	0.63	0.796	10

续表

地区	2006年	2007年	2008年	2009年	2010年	均值	排名
新疆	0.88	0.75	0.59	0.79	0.55	0.712	11
浙江	0.63	0.64	0.66	0.73	0.73	0.678	12
湖南	0.82	0.65	0.55	0.71	0.63	0.672	13
云南	0.63	0.55	0.59	0.75	0.51	0.606	14
辽宁	0.59	0.48	0.58	0.69	0.68	0.604	15
福建	0.56	0.53	0.57	0.71	0.58	0.59	16
山西	0.49	0.46	0.41	0.58	1	0.588	17
湖北	0.49	0.46	0.5	0.59	0.6	0.528	18
青海	0.53	0.51	0.38	0.83	0.34	0.518	19
四川	0.44	0.42	0.46	0.61	0.64	0.514	20
安徽	0.45	0.49	0.43	0.63	0.55	0.51	21
江西	0.46	0.45	0.41	0.69	0.53	0.508	22
重庆	0.55	0.45	0.36	0.67	0.48	0.502	23
贵州	0.46	0.6	0.46	0.5	0.46	0.496	24
黑龙江	0.54	0.45	0.45	0.5	0.49	0.486	25
天津	0.33	0.31	0.37	0.49	0.74	0.448	26
吉林	0.4	0.39	0.4	0.53	0.46	0.436	27
陕西	0.23	0.26	0.34	0.58	0.5	0.382	28
甘肃	0.41	0.27	0.32	0.49	0.39	0.376	29
宁夏	0.28	0.23	0.28	0.41	0.35	0.31	30
均值	0.65	0.63	0.61	0.73	0.65	0.654	—

技术创新综合效率是衡量我国30个省份技术创新投入转化为产出的效率状况，由表3可以看出，总体上，在2006～2010年，我国各省份技术创新综合效率的均值在65%左右，这意味着我国大约有35%的技术创新投入没能形成创新产出而出现了浪费。从各省份来看，北京和广东两个地区在2006～2010年均实现了技术创新DEA有效，既不存在技术创新投入冗余，也不存在技术创新产出不足。同时，我国省份之间的差距非常大，宁夏在此期间的技术创新效率最低，平均值仅为0.31，也就是说，宁夏回族自治区有69%的技术创新投入没能转化为创新产出，形成了资源和资金的浪费。

此外，就单个省份区来看，海南省在前4年都实现了DEA有效，但是在2010年的技术创新综合效率急剧下降，原因在于在2010年，海南省的创新规模效率为 0.51，拉低了技术创新的综合效率。海南省的创新规模收益处于递减阶段，因此，找到合适的技术创新的规模，或是进行结构调整才是当务之急。同时，天津市的技术创新综合效率值也一直走低，是因为在这 5 年间，天津市的纯技术效率和规模效率均比较低，而且没有增长的趋势，需要引起有关部门的注意。我国经济较为发达的上海、江苏、浙江三个省份的排名并不靠前，分别位列第 10、第 8 和第 12 位。上海、江苏、浙江这三个省份在技术创新投入方面具有很大的优势，但是高的技术创新投入不一定会带来相应的产出。技术创新投入如果不能转化为创新产出就是一种不经济的行为，这三个地区应加强重视，找出导致技术创新效率低下的原因。

（三）技术创新效率的动态评价

本研究采用基于投入角度的 Malmquist 指数，利用 DEAP 2.1 软件对所收集的数据进行分析，得出如下结果。

表 4　各省份 Malmquist 指数及分解

序号	地区	Effch 指数	Techch 指数	Pech 指数	Sech 指数	Tfpch 指数
1	北京	1.000	1.100	1.000	1.000	1.100
2	天津	1.063	1.000	1.062	1.001	1.063
3	河北	1.184	0.857	1.000	1.184	1.015
4	山西	1.110	0.933	1.061	1.046	1.036
5	内蒙古	1.078	0.887	1.000	1.078	0.956
6	辽宁	1.068	0.984	1.047	1.020	1.051
7	吉林	1.029	0.940	1.083	0.950	0.968
8	黑龙江	1.031	0.986	1.039	0.993	1.017
9	上海	0.957	1.045	0.957	1.000	1.000
10	江苏	1.138	1.090	1.069	1.065	1.241
11	浙江	1.000	1.080	1.000	1.000	1.080
12	安徽	1.218	1.014	1.095	1.113	1.235
13	福建	1.023	1.017	1.007	1.015	1.041
14	江西	1.207	0.877	1.088	1.109	1.059

续表

序号	地区	Effch 指数	Techch 指数	Pech 指数	Sech 指数	Tfpch 指数
15	山 东	1.045	1.001	1.000	1.045	1.046
16	河 南	1.061	0.963	0.999	1.062	1.023
17	湖 北	1.038	1.017	1.013	1.025	1.055
18	湖 南	0.969	0.957	0.926	1.047	0.927
19	广 东	0.925	1.058	1.000	0.925	0.978
20	广 西	1.017	0.907	0.981	1.037	0.923
21	海 南	1.000	0.884	1.000	1.000	0.884
22	重 庆	1.000	1.044	0.998	1.002	1.043
23	四 川	1.113	1.046	1.087	1.024	1.164
24	贵 州	1.079	0.971	1.103	0.978	1.048
25	云 南	1.084	0.947	1.077	1.007	1.027
26	陕 西	1.243	1.011	1.225	1.014	1.256
27	甘 肃	1.054	0.998	1.071	0.984	1.052
28	青 海	1.000	0.984	1.000	1.000	0.984
29	宁 夏	1.166	0.976	1.201	0.971	1.139
30	新 疆	0.994	0.912	1.000	0.994	0.907
均 值		1.060	0.981	1.038	1.022	1.040

（四）测度结果的分析

1. 从区域角度进行分析

从表4不难发现，2006~2010年，我国各省份的技术创新综合效率平均增长为4%，这主要得益于技术效率的提升；技术效率年均增长为6%，主要是由于纯技术效率和规模效率都呈现增长的趋势；而技术进步指数呈现衰退趋势。在全国30个省份中，陕西省在研究期间的技术创新总体效率值年均增长为25.6%，居第一位，这主要是由于在这5年里，陕西省的技术效率指数年均增长为24.3%，技术进步指数也增加了1.1%。江苏省以技术创新综合效率值年均增长为24.1%的成绩居第二位。海南省的技术创新综合效率值年均衰退为11.6%，居倒数第一位，这主要是被海南省的技术进步指数拖累。此外，海南省的技术效率在

2006~2010年期间止步不前,并没有取得进步。

此外,除了内蒙古、吉林等8个省份的Malmquist指数小于1之外,其他省份的M指数都大于1,这表明在2006~2010年期间,我国大多数省份的技术创新效率处于增长的态势,只有8个省份(市)的技术创新总体效率处于衰退状态。

表5 我国东、中、西部地区2006~2010年平均技术创新效率

地区	Effch	Techch	Pech	Sech	Tfpch
东部地区	1.0335	1.0132	1.0095	1.0235	1.0448
中部地区	1.1005	0.960167	1.030333	1.067	1.055833
西部地区	1.059469	0.973471	1.053854	1.006173	1.03155

根据表5可看出,中部地区的技术创新综合效率年均增长为5.5%,增长速度高于东部地区,西部地区虽然也处于增长态势,但增速最慢。尽管东部地区的技术创新的投入和产出在数量上超过中部地区和西部地区,东部地区的技术人才优势也是中、西部地区无法企及的,但是在2006~2010年,东部地区的技术创新综合效率增长的速度不及中部地区。这说明,东部地区的技术创新由于起步早,发展程度较高,其技术创新综合效率增长的速度已经放缓。中部地区紧抓机遇,不断提高技术创新的综合效率,形成良好的发展势头,对东部地区形成追赶趋势。

2. 从时间角度进行分析

表6 全国30个省份每年的技术创新效率(Malmquist指数)

Year	Effch	Techch	Pech	Sech	Tfpch
2006~2007	1.004	0.974	1.036	0.969	0.977
2007~2008	0.918	1.123	1.019	0.901	1.031
2008~2009	1.281	0.834	1.036	1.237	1.069
2009~2010	1.071	1.015	1.061	1.010	1.087
Mean	1.060	0.981	1.038	1.022	1.040

从表6可以看出，2008年，全国30个省份的技术效率比2007年低了8.2%，这主要是由于2008年的规模效率比2007年低9.1%。然而，由于2008年的技术进步指数比2007年增加了12.3%，所以，2008年全国的科技创新总体效率呈增长趋势，比2007年增长了3.1%。2009年，全国的技术进步指数比2008年衰退了16.6%。尽管技术效率指数在2008年呈衰退趋势，但该指标在2006~2010年平均增长了6%。纵观2006~2010年，我国的技术进步指数没有变化，所钻研的技术没有走向前沿，年均衰退1.9%，但在总体上，科技创新效率平均增长了4%。

五 各省份技术创新效率的影响因素分析

（一）变量的选择

在测算了各地技术创新的效率之后，我们有必要分析影响区域技术创新效率高低差异的因素有哪些。不少学者充分考虑各种影响地区技术创新效率的因素，得出了一些较有参考价值的研究结果。综合各学者的研究，本文认为影响区域技术创新效率的因素主要包括以下几个方面。①R&D资金投入强度。R&D资金投入强度一方面反映了地区对技术创新的重视程度；另一方面也反映了地区能否为技术创新提供充足的资金支持。②R&D人员投入。技术创新投入中最具影响力也是最不可替代的要素就是技术人员，R&D人员投入能够为技术创新提供智力支持。③地区的高等院校在校人数。这一指标能够很好地反映当地劳动者的素质和技能情况，对技术创新的效率有重要的影响。④政府对技术创新的支持力度。用地方科技财政拨款占地区筹集的R&D资金的比值来衡量。⑤地区国有及国有控股工业企业所占的比重。用地区国有及国有控股企业的生产总值与地区GDP的比值来表示，该指标能够反映区域的制度创新倾向性。通常学者们认为，国有及国有控股企业的技术创新积极性较其他产权性质的企业低。本文拟利用面板数据，建立多元线性回归模型来检验影响区域技术创新效率的因素。

(二) 模型的建立

为了全面客观地反映影响区域技术创新效率的各个因素，参考相关文献及模型，本研究拟采用多元线性回归模型分析出区域技术创新效率的影响因素。将技术创新综合效率指数（即 Malmquist 指数）、技术进步指数、技术效率变化指数分别作为因变量。此处假设从投入到产出的滞后期为 1 年，将前一年的 R&D 资金投入强度、R&D 人员投入强度、地区的教育水平、政府对技术创新的支持力度、国有控股工业所占的比重作为因变量。为了减少异方差，对为绝对数值的变量取自然对数。采用 STATA 12 对面板数据进行分析。

$$TFP_{i,t} = \beta_0 + \beta_1 R\&D_{i,t-1} + \beta_2 LNRY_{i,t-1} + \beta_3 LNJY_{i,t-1} + \beta_4 ZF_{i,t-1} + \beta_5 KG_{i,t-1} + \varepsilon \quad (1)$$

$$EEF_{i,t} = \alpha_0 + \alpha_1 R\&D_{i,t-1} + \alpha_2 LNRY_{i,t-1} + \alpha_3 LNJY_{i,t-1} + \alpha_4 ZF_{i,t-1} + \alpha_5 KG_{i,t-1} + \varepsilon \quad (2)$$

$$TECH_{i,t} + \gamma_0 + \gamma_1 R\&D_{i,t-1} + \gamma_2 LNRY_{i,t-1} + \gamma_3 LNJY_{i,t-1} + \gamma_4 ZF_{i,t-1} + \gamma_5 KG_{i,t-1} + \varepsilon \quad (3)$$

其中，$TFP_{i,t}$ 表示 i 省第 t 年的技术创新综合效率指数，即 Malmquist 指数，$EFF_{i,t}$ 表示 i 省第 t 年的技术效率指数，$TECH_{i,t}$ 表示 i 省第 t 年的技术进步指数。$R\&D_{i,t-1}$ 表示 i 省第 $t-1$ 年的 R&D 资金投入强度，$LNRY_{i,t-1}$ 表示 i 省第 $t-1$ 年的 R&D 人员投入，用当地 R&D 人员全时当量取自然对数表示。$LNJY_{i,t-1}$ 表示 i 省第 $t-1$ 年的教育状况，用各地高等学校普通本、专科学生数的自然对数来表示。$ZF_{i,t-1}$ 表示 i 省第 $t-1$ 年政府财政对技术创新的支持力度，用区域当年筹集的 R&D 资金中，政府科技财政支出占的比重来表示。$KG_{i,t-1}$ 表示 i 省第 $t-1$ 年，国有及国有控股工业企业在地区所占的比重。

(三) Spearman 相关性分析

由表 7 可以发现，技术效率指数 EFFCH 与地区的技术创新人员指标之间呈负向相关关系，这可能是由于地区的技术创新人员投入存在一定程度上的冗余。技术效率指数 EFFCH 与政府对技术创新的支持程度呈负向相关关系，表明政府通过财政支持的方式鼓励地区技术创新的做法有助于地区技术效率的提高，但这种相关关系并不显著。

表7 M 指数、EFFCH、TECHCH 与变量的相关性

M 指数	kg	ln*ry*	ln*jy*	zf	R&D
Spearman 系数	0.0462	0.2289	0.2054	0.0896	0.3358
P 值	0.6163	0.0119(**)	0.0244(**)	0.3303	0.0002(***)
样本数	120	120	120	120	120
EFFCH	kg	ln*ry*	ln*jy*	zf	R&D
Spearman 系数	0.23	−0.0278	0.0968	−0.1085	0.03344
P 值	0.8032	0.763	0.2929	0.2381	0.7169
样本数	120	120	120	120	120
TECHCH	kg	ln*ry*	ln*jy*	zf	R&D
Spearman 系数	0.0309	0.2491	0.1104	0.1905	0.2609
P 值	0.7377	0.0061(***)	0.2298	0.0372(**)	0.004(***)
样本数	120	120	120	120	120

注：**、*** 分别表示在5%、10%下的显著性水平上显著。

另外，技术进步指数 TECHCH 与地区的技术创新人员投入的相关系数为0.2491，TECHCH 与地区 R&D 资金投入的相关系数为0.2609，并且这种相关性在1%的显著性水平上显著，这表示技术创新人员投入的变化能够解释技术进步指数变化的24.91%，地区 R&D 资金投入的变化能够解释技术进步指数变化的26.09%。

总体来看，M 指数（即技术创新综合效率）与 R&D 资金投入的相关系数为0.3358，并且这种相关性在1%的显著性水平上显著。M 指数与地区的技术创新人员以及教育水平的相关系数分别为0.2289和0.2054，并且这种相关性在5%的显著性水平上显著，这意味着当地的技术创新人员投入以及发展教育事业有利于当地科技创新总体效率的提升。

（四）回归分析

通过回归分析，可以看出，技术创新综合效率指数与地区的 R&D 资金投入之间的系数为13.6035，表明地区的 R&D 资金投入每增加1%，会

促进下一年的技术创新综合效率的增长 13.6%，但是这种相关性并不显著。M 指数与当地的教育水平之间呈正相关关系，这说明，对教育事业的投入会毫无疑问促进当地技术创新效率的提高，并且这种相关关系在 1% 的显著性水平上显著。科技创新总体效率指数和技术进步指数均与技术创新人员之间显著负相关，这说明，相对 R&D 资金投入而言，技术人员投入可能存在冗余。技术效率指数与政府对技术创新的财政支持呈负向相关关系，并且这种相关性在 1% 的显著性水平上显著，但是，技术进步指数却与政府对技术创新的财政支持呈正向相关关系，并且这种相关关系也在 1% 的显著性水平上显著。这说明，政府对地区技术创新进行财政支持能够促进当地积极开发先进的技术项目，促进技术的发展进步，却不利于技术创新效率的提高，最终不利于地区技术创新总体效率的提高。国有及国有控股工业企业在地区所占的比重与科技创新总体效率呈正向相关关系，但是不利于地区的技术进步。此外，技术进步指数与技术效率变动指数与 R&D 资金投入的相关系数均为正，并且分别在 1% 和 5% 的显著性水平上显著，这说明，增加对技术创新的投入无疑会促进技术的进步和技术创新效率的提高。

表 8　影响地区技术创新效率的因素分析

变量	技术创新综合效率(M 指数) 估计系数	p > |t|	技术效率指数(EFFCH) 估计系数	p > |t|	技术进步指数(TECHCH) 估计系数	p > |t|
kg	0.19953	0.667	-1.7775	0.009 ***	1.58931	0.002 ***
lnry	-0.2388	0.047 **	-0.1706	0.318	-0.1029	0.417
lnjy	0.80721	0.004 ***	0.4769	0.226	0.35213	0.229
zf	-12.038	0.63	-32.812	0.36	18.6953	0.482
R&D	13.6035	0.322	51.2165	0.01 ***	-29.971	0.042 **
cons	-8.9284	0.009 ***	-4.2468	0.376	-3.72	0.297

注：** 、*** 分别表示在 5%、10% 下的显著性水平上显著。

（五）各地区因素均值比较分析

由表 9 可以看出，东部地区的国有企业所占的比重小于中部地区，更小于西部地区，从而使得东部地区的企业的制度创新倾向高于中部地区，更高于西部地区,有利于企业进行技术创新。对技术创新有重要影响的技术创新人员投入和资金投入也明显地呈现出东高西低的特点。东部地区受到的政府财政支持高于西部省份,高于中部省份。就地区的高等院校在校人数而言,中部地区的高于东部地区,这在一定程度上能够说明中部地区对教育的重视使得其技术创新效率的增长超过东部地区成为可能。

表9 决定东、中、西部省份技术创新效率差异的因素均值比较

指标	东部省份	中部省份	西部省份
国有及国有控股工业企业所占比重	0.379023	0.474556	0.573399
技术创新人员投入	4.325251	3.93587	3.124073
技术创新资金投入	0.018513	0.010094	0.0092
政府对技术创新的财政支持	0.003996	0.001992	0.002571
地区的教育水平	13.407118	13.678897	12.736614

六 结论及建议

本文的主要结论有以下几个方面。

(1)通过静态分析,发现在"十一五"期间,我国各省份的技术创新综合效率仅为65%,即全社会有35%的技术创新投入没能成功地转化为创新产出,而出现了浪费资金、资源的现象。但是,动态分析的结果表明,2006~2010年,我国整体的科技创新总体效率提高了4%,这说明在"十一五"期间,国家科技发展规划中提出的"促进区域内科技资源的合理配置和高校利用,建设各具特色和优势的区域创新体系,全面提高区域科技创新能力"的战略方针基本得到了贯彻实施,并且中部地区的科技创新总体效率的增长速度超过了东部地区,对东部地区形成了追赶的态势。

(2)我国各省份的技术创新综合效率存在较大的差距,北京市和广东省两个省份在2006~2010年技术创新均达到了DEA有效,而宁夏5年的技术创新综合效率平均值仅为0.31,位列倒数第一位。此外,同属于东部经济发达省份的天津市、上海市、浙江省以及江苏省的技术创新效率

不是很高，这几个省份与中西部的大多数省份相比在技术创新投入方面占据绝对的优势，技术创新产出在很大程度上依靠投入来拉动，这种略显粗放式的技术创新模式会形成资源的高消耗，无法实现持续发展。

（3）我国东、中、西部地区的技术创新综合效率差异比较大，东、中部地区的平均技术创新效率高于全国的平均水平，而西部地区则较为落后，区域发展不平衡的问题比较明显。

（4）对于政府在技术创新中应该扮演什么样的角色，本文通过对影响区域技术创新效率的因素进行回归分析，发现政府对地区技术创新进行财政拨款这种做法不利于地区技术创新效率的提高，却有利于地区的技术发展进步。我国的技术创新人员投入相对于技术创新资金投入而言，存在一定的冗余，具体表现为其与技术创新综合效率指数和技术效率指数均呈负向相关关系。

（5）技术创新资金投入对于地区的技术效率变动指数和技术进步指数都有促进作用，能够促进技术创新综合效率的提高，所以，之前许多学者研究指出要加大对技术创新的投入是有依据的。有鉴于此，我国技术创新资金投入不足的省份应该继续加大对技术创新的资金投入。事实上，2011年3月，温家宝总理在第十一届全国人民代表大会第四次会议上指出，在"十一五"期间，我国研究与试验发展经费占国内生产总值的比重并没能达到"十一五"规划的目标。

根据以上的研究结论，本文提出如下政策建议。

（1）创新主体在进行技术创新时，要协调好创新各项投入要素的比例，同时要优化创新机制，促进技术创新产出的提高，提高资源的利用效率，东部地区的部分省份尤其要注意这个问题。

（2）地方政府和国家政府在评价创新主体的创新能力时，不能只将技术创新投入作为一个考察的指标，还要同时考虑技术创新的产出。否则，不少创新的主体为了迎合政府政策，获取税收、财政支持等优惠而盲目增加技术创新投入。

（3）政府有关方面要建立专利转化为生产工艺或者技术的孵化机制，促进研究成果的产业化，为社会和经济的发展发挥应有的作用，否则浪费的不仅是技术创新资源投入还包括技术创新人员的智力成本和时间成本。

参考文献

[1] 白雪、张明斗：《基于 BCC 模型的区域经济发展绩效评价研究》，《商业研究》2012 年第 2 期，第 50~54 页。
[2] 池仁勇、虞晓芬、李正卫：《我国东西部地区技术创新效率差异及其原因分析》，《中国软科学》2004 年第 8 期，第 128~131 页。
[3] 侯玉君：《我国区域技术创新效率测度研究》，《未来与发展》2009 年第 12 期，第 43~46 页。
[4] 李莉、毛加强：《基于 BCC 模型的中国西部地区科技创新绩效分析》，《统计与信息论坛》2011 年第 26 卷第 5 期，第 97~101 页。
[5] 刘和东：《中国工业企业的创新绩效及影响因素研究》，《山西财经大学学报》2010 年第 32 卷第 2 期，第 68~74 页。
[6] 马占新：《广义数据包络分析方法》，科学出版社，2012。
[7] 倪东生：《数据包络分析方法在我国区域技术创新能力研究中的应用》，《技术经济》2008 年第 27 卷第 8 期，第 22~28 页。
[8] 邵松华：《中部地区高技术产业创新绩效及影响因素研究》，华中科技大学，2010。
[9] 王家庭、单晓燕：《我国区域技术创新的效率测度及动态比较》，《中国科技论坛》2010 年第 11 期，第 73~78 页。
[10] 王建品：《基于 DEA 的中国高技术产业自主创新效率评价研究》，兰州理工大学，2011。
[11] 颜鹏飞、王兵：《技术效率、技术进步与生产率增长：基于 DEA 的实证分析》，《经济研究》2004 年第 12 期，第 55~65 页。
[12] 杨志江、罗掌华：《我国各省市技术创新效率差异的比较研究》，《中国科技论坛》2012 年第 1 期，第 18~22 页。
[13] 虞晓芬、李正卫、池仁勇、施鸣炜：《我国区域技术创新效率：现状与原因》，《科研管理》2005 年第 2 期，第 258~264 页。
[14] 赵莉：《基于 DEA 分析法的高新技术产业 R&D 创新效率研究》，《华北水利水电学院学报》（社科版）2012 年第 4 期，第 76~78 页。

RJVs驱动下中小企业集群网络形成机理研究

闫帅 武博[*]

摘 要：借助DEA方法中的BCC模型以及Malmquist指数，从静态和动态两个角度测度了"十一五"期间中国30个省份的技术创新效率，发现在此期间，我国各省份之间技术创新综合效率不平衡，北京、广东两个省市在这期间每年都实现了DEA有效，但宁夏、甘肃等省份的技术创新效率却比较低，我国的区域技术创新效率存在东高西低的现象。同时，我国整体的技术创新综合效率上升了4%，中部地区的技术创新综合效率的增长速度超过东部地区。在此基础上，运用STATA软件，对影响区域技术创新综合效率的因素进行回归分析，发现政府科技财政支出有利于技术进步，但不利于技术效率的提高，因此整体上不利于技术创新综合效率的提高，而R&D资金投入对技术创新综合效率的提高有促进作用。

关键词：技术创新 效率 BCC模型 Malmquist指数 影响因素分析

---

[*] 闫帅，杭州电子科技大学管理学院；武博，河海大学商学院。

全球已经步入知识经济时代，在网络经济形势、企业间信任合作需求、资源优势互补、创新竞争压力等因素的共同影响下，越来越多的中小企业逐渐采用集群网络的合作方式进行自主创新。然而，随着科学技术的迅速发展和创新成果的层出不穷，中小企业在创新过程中仍不同程度地面临着研发成本高、投资风险大和外部竞争激烈等问题。所以，打破中小企业研发体系原有的单一线性模式，适时运用一种企业与非企业交互的创新模式，通过依托一种新型高效的合作创新组织来整合和提高中小企业自主创新能力就显得尤为重要。

一 文献回顾

研究联合体（Research Joint Ventures，简称 RJVs，也称为研究合资企业或研究联合组织）最早出现在美国、日本等大型企业间的研发合作组织。RJVs 由不同研发主体（包括企业、大学以及政府实验室等）联合组建，以企业为主导、以市场需求为导向，通过整合企业研发资源而进行合作研发的企业组织模式。组织中的成员企业在 R&D 阶段联合研究、共同控制，在产出和市场阶段相互竞争，是一种创新型合作研发组织模式（武博等，2009）。最早研究 RJVs 理论的是 D. Aspremont（1988）他通过博弈理论的应用对 RJVs 成员合作创新进行了均衡分析，得出因合作研究产生的技术溢出促使技术取得更大进步的结论。欧盟委员会曾经对 RJVs 的形成动机、战略目标和应用成果做过一次广泛调查（2007）调查结果表明，企业加入 RJVs 的主要动机有建立各企业之间的新联系、获得互补资源和技术成果、与主要的技术发展步调保持一致、R&D 阶段的成本分摊等（齐欣等，2007）。国内学者武博（2008）则将 RJVs 界定为一种特殊的技术创新联盟，主要由多家企业在 R&D 阶段组建合作研发组织，并且进行共同管控，在完成研发创新后在产出阶段相互竞争。此外，武博（2007）还在分析强稳定合作态和弱稳定合作态下合作伙伴关系的基础上，进一步探索了 RJVs 网络节点的合作运行机理。孙利辉（2007）等剖析了 RJVs 形成的博弈过程，并建立了 RJVs 博弈模型。

在 18 世纪后半叶，伴随着生产社会化和专业化萌芽的产生，中小企业的集群化发展开始缓慢形成。"聚集经济"这一概念最早由韦伯（1997）提出，他将集聚因素引入中小企业集群的内涵，强调集群是企业间相互存在的一种空间组织形式。Peter Knorring 和 Jorg Meyer Stamer（2006）通过研究发展中国家产业集群的形成，将产业集群按照产业不同区分为意大利式产业集群、压轴式产业集群和卫星式产业集群（赵嘉薇，2006）。在网络组织研究方面，Federico Butera（2000）认为网络组织是一个可识别的、具有多重联系和多重结构的体系。国内学者王缉慈（2001）依据经济地理学的不同视角，将中小企业集群界定为具有专业化特征的企业和有关机构在地理空间集结成群的一种状态或现象。魏守华（2002）等以一个主导产业为核心，把集群定义为在某一特定领域中的大量与企业紧密相关的企业和相关支撑机构在空间上发生的集聚现象。池仁勇提出网络的概念（2005）并将网络引入中小企业集群，认为区域中小企业集群网络是中小企业在创新活动中与外部机构、企业、组织等形成的以价值创造为导向的横向正式与非正式联络的开放的稳定结网关系。

综合以上文献，可以发现目前国内外学者对中小企业集群网络的研究主要集中在内涵界定、分类、竞争能力、RJVs 内涵、合作机理以及应用成果等方面，而用合作研发模式构建研发驱动型集群网络的研究却是空白，即使有些企业为了实现资源优势互补，在生产或者销售方面采用企业联盟方式进行创新，但这种创新方式仅仅停留在管理层面，并没有深入联盟内部的研发层面，也没有形成专业化分工与协作的联合生产、营销网络等，这在一定程度上给企业创新发展带来了一些消极影响。因此，为了避免不必要的市场竞争，基于中小企业自身共同利益的驱使，本文引入研究联合组织（RJVs）这一新型的合作创新组织模式，构建 RJVs 驱动下中小企业集群网络解决目前中小企业自身资源禀赋、技术、人力和财力等创新难题，通过集群网络内企业和非企业之间的互帮互助，实现正确、合理、有效的研发合作。

二 RJVs驱动下中小企业集群网络节点关系研究

基于学术界对企业形成集群网络形式的研究，本文构建了RJVs驱动下中小企业集群网络，该集群网络主要由核心价值网络和支撑价值网络两个部分组成。其中，核心价值网络是以相互作用的竞争性和互补性中小企业为主体，具体又分为水平网络和垂直网络；政府和研究机构则纳入支撑价值网络中的网络行动者范畴。例如，图1所示，水平网络中的中小企业A、B和D之间是一种既相互竞争，又相互合作的水平关系。它们处于价值链上的同一环节，在市场竞争中，为了追求自身利益最大化，体现出明显的竞争关系；然而，为了合理分配稀缺资源，获得集体利益，它们又不得不协同战略目标，相互合作。在垂直网络中，中小企业A、B、D是一种相互协调、分工协作的垂直关系。它们处于价值链上的不同环节，位于最上端的企业A是垂直网络中的网络主体，企业B和企业D则是企业A的两个协作商，按照这种层次关系依次往下循环。垂直网络中的生产厂商，也是水平网络中的竞争企业，即生产厂商是核心价值网络中的核心关系节点，而其他中小企业、高校、科研院所和政府机构等都为之提供支持和服务辅助关系节点。

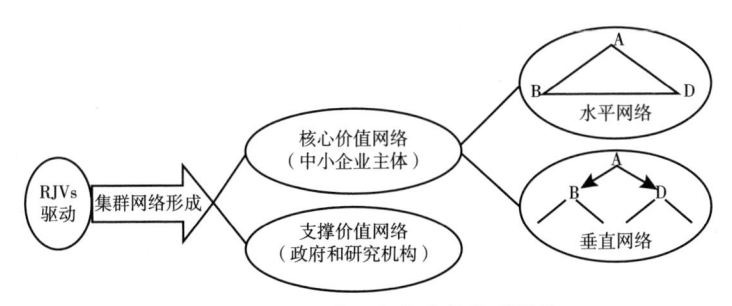

图1 RJVs驱动下中小企业集群网络

资料来源：笔者根据相关资料整理。

核心价值网络中的生产厂商为了追求更大的经济效益，其原有的内部资源远远不能满足自身发展需求，再加上内部成员本身注重自主创新能力的挖掘和开发，追求创新技术成果的应用，新型创新研发组织 RJVs 的研发成果（主要包括创新成果、科技成果和技术成果）势必会对众多中小企业产生巨大的吸引力。因此，一些寻求共同经济利益的生产厂商聚集在一起，形成以中小企业为主体的核心价值网络，并且在 RJVs 驱动下产生的产品物质信息和生产要素信息也贯穿其中。然而，在一些特殊情况下，RJVs 无法完全获取信息并及时进行信息的分享，同时核心价值网络本身对外界信息的获取和研发成果的管理也具有一定时间和空间上的局限性，这就需要政府和研究机构等非企业主体辅助核心价值网络，通过自身能力的发挥和高效运作，与中小企业主体及时进行信息沟通与交流，促进核心价值网络中水平关系网络和垂直关系网络的有效互动，为核心价值网络提供一定的外在服务与技术支持，从而营造一个良好的投资和创业氛围。

本文在构建集群网络时，之所以选择企业、政府和研究机构三个主体，是因为在集群创新过程中，产、学、研的整体竞争优势不容忽视，而且企业、政府和研究机构三者之间又存在一种创新战略上的协同性和资源优势上的互补性。总的来说，RJVs 驱动下中小企业集群网络是以核心价值网络为中心，政府和研究机构对其起支撑作用，并从不同角度对中小企业主体产生一定的积极影响。其中，核心价值网络和支撑价值网络是层次分明、环环相扣、互相影响的集群网络关系。构建 RJVs 驱动下中小企业集群网络的竞争优势主要体现在集群的内部集聚效应和积极的外部经济效应上，这样不仅能够促使集群网络中的中小企业享受一定外部经济效益，还能弥补中小企业自身创新的不足，提高其创新研发的成功率。

三　RJVs 驱动中小企业集群网络构建动态博弈分析

本文运用动态博弈理论构建相关模型，剖析 RJVs 驱动下中小企业集群网络构建的内在机理，论证该集群网络形成的可行性和实践性。为了计算求解方便，我们假设政府和研究机构是一个整体，合并成支撑价值网络的主体,即该模型中仅有一个核心价值网络主体 L(具有一定代表性的中小企业)和一个支撑价值网络主体 W(政府和研究机构)。在这一个假设的基础上,利用完全信息动态博弈理论进行求解,从而探索 RJVs 驱动下中小企业集群网络构建的形成过程,同时也在一定程度上验证该集群模式构建的有效性和可行性。

(一)模型假设

主体 L 自身对于技术创新的需要和主体 W 对主体 L 提供的外界帮助,二者之间存在一定的供给替代性,因此,它们的供给函数是线性的。这里,我们把它们对应的价格函数设为:

$P(x) = m - nx$ ($m > 0$, $n > 0$),其中 $x = x_l + x_w$(x_l 为主体 L 的产量,x_w 为主体 W 的产量),x 为主体 L 和主体 W 的总产量。

令主体 L 和主体 W 的平均成本均为 E,在创新研发过程中,可以最大限度地促使它们的成本节约:

$$\begin{cases} C_l = E - Y_l - t_w Y_w \\ C_w = E - Y_w - t_l Y_l \end{cases}$$

其中 Y_l 和 Y_w 分别代表主体 L 和主体 W 的成本节约额;t_l 和 t_w 分别表示主体 L 向主体 W 溢出信息的程度、主体 W 向主体 L 溢出信息的程度;$t_w Y_w$ 和 $t_l Y_l$ 分别指主体 W 溢出的信息为主体 L 带来的成本节约额、主体 L 溢出的信息为主体 W 带来的成本节约额。同时,各个主体本身的节约成本需要企业支付一定的投资成本。若设原始节约成本是二次的,那么对于 Y_l 和 Y_w 中直接减少的成本,主体 L 和主体 W 分别需要支付投资成本 ηY_l^2、ηY_w^2(η 为规模报酬递减系数)。此外,不论是否建立 RJVs 驱动下中小企业集群网络,主体 L 和主体 W 都需要在追求自身利益最大化的基础上去确保集群网络的整体利益,因此我们假设主体 L 和主体 W 在创新产出阶段的最大利润分别为:

$$\begin{cases} \pi_l = [m - n(x_l + x_w)] x_l - (E - Y_l - t_w Y_w) x_l - \eta Y_l^2 / 2 & (1) \\ \pi_w = [m - n(x_l + x_w)] x_w - (E - Y_w - t_l Y_l) x_w - \eta Y_w^2 / 2 & (2) \end{cases}$$

（二）模型构建

（1）不建立 RJVs 驱动下中小企业集群网络的利润分析

不建立 RJVs 驱动下的中小企业集群网络指政府和研究机构不参与中小企业的技术创新活动，仅是主体 L 和主体 W 各自为战，进行研发活动。分别对式（1）和式（2）进行求导，可得：

$$\begin{cases} \partial \pi_l / \partial x_l = 0 \\ \partial \pi_w / \partial x_w = 0 \end{cases} \rightarrow \begin{cases} m - 2nx_l - nx_w - (E - Y_l - t_w Y_w) = 0 \\ m - 2nx_l - nx_w - (E - Y_w - t_l Y_l) = 0 \end{cases} \quad (3)$$

由式（3）可得：

$$\begin{cases} x_l^* = [(m-E) + (2-t_l)Y_l + (2t_w - 1)Y_w]/3n & (4) \\ x_w^* = [(m-E) + (2-t_w)Y_w + (2t_l - 1)Y_l]/3n & (5) \end{cases}$$

x_l^* 和 x_w^* 是处于理想状态下主体 L 和主体 W 的最佳供给量。将式（4）和式（5）分别带入式（1）、式（2），可以得到主体 L 和主体 W 各自进行研发后得到的最大利润：

$$\begin{cases} \pi_l^* = \frac{1}{9n}[(m-E) + (2-t_l)Y_l + (2t_w - 1)Y_w]^2 - \eta Y_l^2/2 & (6) \\ \pi_w^* = \frac{1}{9n}[(m-E) + (2-t_w)Y_w + (2t_l - 1)Y_l]^2 - \eta Y_w^2/2 & (7) \end{cases}$$

为了达到利润最大化，现将式（6）和式（7）分别对 Y_l、Y_w 求偏导：

$$\begin{cases} \partial \pi_l^* / \partial Y_l = 0 \\ \partial \pi_w^* / \partial Y_w = 0 \end{cases}$$

令 $Y_l = Y_w$ 可以得到均衡成本节约额，可得：

$$Y_l^* = Y_w^* = \frac{2(m-E)(2-t_l)}{9n\eta - 2(2-t_l)(1 - t_l + 2t_w)} \quad (8)$$

再将式（8）带入式（6）、式（7）可以得到主体 L 和主体 W 各自的最终利润：

$$\begin{cases} \pi_l^* = \frac{1}{9}\eta \frac{\left[n\eta - \frac{2}{9}(2-t_l)^2\right](m-E)^2}{\left[n\eta - \frac{2}{9}(1-t_l+2t_w)(2-t_l)\right]^2} & (9) \\ \pi_w^* = \frac{1}{9}\eta \frac{\left[n\eta - \frac{2}{9}(2-t_w)^2\right](m-E)^2}{\left[n\eta - \frac{2}{9}(1-t_w+2t_l)(2-t_w)\right]^2} & (10) \end{cases}$$

$$\pi_1 + \pi_l^* + \pi_w^* \tag{11}$$

π_1 表示主体 L 和主体 W 没有构建 RJVs 驱动下的集群网络，而是各自进行创新研发后产出的最大利润总量。

（2）建立 RJVs 驱动下中小企业集群网络的利润分析

主体 L 和主体 W 在 RJVs 模式的驱动下构建中小企业集群网络，但在合作的过程中，它们仍然要使得自己的利益达到最大化。因此，由式（1）和式（2）可以得到：

$$\pi_2 = \pi_l + \pi_w = \frac{1}{9n}\sum_{l,w=1}^{2}\left[(m-E)+(2-t_l)Y_l+(2t_w-1)Y_w\right]^2 - \eta\frac{Y_l^2}{2}(l \neq w) \tag{12}$$

在这里我们考虑一种均衡的特殊情况，即令 $Y'_l = Y'_w$。将式（12）对 Y'_l 和 Y'_w 中任意一个求偏导，可得：

$$\frac{\partial \pi}{\partial Y_l} = \frac{2}{9n}\left[(m-E)+(2-t_l)Y_l+(2t_w-1)Y_w\right] \times (2-t_l) -$$

$$\eta Y_l + \frac{2}{9n}\left[(m-E)+(2-t_w)Y_w+(2t_l-1)Y_l\right] \times (2t_l-1) = 0$$

$$\rightarrow Y'_l = Y'_w = \frac{2(m-E)(1+t_l)}{9n\eta - (5t_l^2 - 3t_l + 5t_w - 4t_l t_w + 1)} \tag{13}$$

将式（13）带入式（12），得到：

$$\pi_2 = \sum_{l,w=1}^{2}\frac{\eta(m-E)^2}{9n\eta - 2(5t_l^2 - 3t_l + 5t_w - 4t_l t_w + 1)}(l \neq w) \tag{14}$$

π_2 表示主体 L 和主体 W 在构建 RJVs 驱动下中小企业集群网络后产出的最大总利润，根据其可得出它们各自的最大利润分别为：

$$\begin{cases} \pi'_l = \dfrac{\eta(m-E)^2}{9n\eta - 2(5t_l^2 - 3t_l + 5t_w - 4t_l t_w + 1)} & (15) \\ \pi'_w = \dfrac{\eta(m-E)^2}{9n\eta - 2(5t_w^2 - 3t_w + 5t_l - 4t_l t_w + 1)} & (16) \end{cases}$$

现将式（9）和式（15）、式（10）和式（16）进行比较，并假设主体 L 和主体 W 之间溢出信息的程度相同，即 $t_l = t_w$，可得：

$$\begin{cases} \pi'_l = \pi_l^* = (2t_l - 1)^2 \geq 0 & (17) \\ \pi'_w = \pi_w^* = (2t_w - 1)^2 \geq 0 & (18) \end{cases}$$

式（17）和式（18）的计算结果表明，在不建立 RJVs 驱动下中小企业集群网络和建立 RJVs 驱动下中小企业集群网络的两种情况下，主体 L 和主体 W 创新研发产出的最大利润有所不同，构建 RJVs 驱动下中小企业集群网络所获得的最大利润明显高于不建立 RJVs 驱动下中小企业集群网络的最大利润，因此假设成立，证明了构建 RJVs 驱动下中小企业集群网络有助于提升中小企业的技术创新能力和集群网络的整体竞争能力。

四　结论和建议

RJVs 作为一种以企业自主创新研发为主导的研发组织，其组织的研发效益已经得到一些西方发达国家的实践证明。基于此，本文分析了企业在独自创新发展的情况下，考虑构建在 RJVs 驱动下中小企业集群网络来达到自身利益的最大化。文章通过一系列条件假设和模型构建，计算得出结论：从利润最大化角度考虑，中小企业可以在 RJVs 模式的驱动下组建集群网络进行创新。

RJVs 驱动下中小企业集群网络中的每一个网络节点都是参与集群网络治理的主体，它们在集群网络中发挥着重要作用，推动着集群网络集聚效应和创新效应的扩散和提升。所以，本文提出以下几点建议，以充分调动企业集群网络各节点的积极性，更大化地发挥 RJVs 驱动下中小企业集群网络的创新优势。

（1）生产厂商可以根据需要将协同的知识和技术充分融入集群网络中进行重新组合和创新，并对集群网络中蕴藏的整体竞争优势进行选择性学习，为自身的科研创新获得持续发展的动力，从而形成自身的核心竞争力。

（2）积极培养企业家的胆识、智慧和能力。他们根据实际情况获得经济利益最大化，在创新研发过程中表现出持久的战斗力，从而形成集群网络积极有效的外部性。

（3）进一步完善政府在集群网络中"掌舵"者的角色。政府是创新资源整合的主导力量，在集群网络中起着引导、服务和监管的重要作用。一要通过机制创新，调动集群网络内中小企业等相关主体的创造性，使其研发系统不断地更新和完善；二要进一步规范集群网络运行规则，避免在特定空间里高密度聚集的中小企业出现各种行业规则间的矛盾，造成市场秩序的混乱。

（4）提高高等院校等研究机构与中小企业合作发展的契合度。属于高级生产要素的研究机构是集群网络中的"衍生企业"，与中小企业之间存在较强的互补性，尤其是在中小企业技术创新能力较低的情况下，能够将高新技术成果成功转化成中小企业创新的动力源，有助于直接提高中小企业的技术创新水平。

此外，大学等科研机构对基础技术的研发可以为中小企业应用型技术研发奠定基础。因此，可以设立专项科研资金激励高校等科研机构独立申请具有产业运用价值的技术专利，为中小企业创新研发提供一定的外界技术支持。

参考文献

[1] Aspremont & Jacquemin, "Cooperative and Noncooperative R&D in Duopoly with Spillovers," *AER*, 1988 (78): 1133 – 1137.

[2] Federico Butera, "Adapting the Pattern of University Organization to the Need of the Knowledge Economy," *European Journal of Education*, 2000 (35).

[3] 阿尔弗雷德·韦伯：《工业区位论》，李刚剑、陈志人等译，商务印书馆，1997。

[4] 池仁勇：《区域中小企业创新网络形成、结构属性与功能提升：浙江实证考察》，《管理世界》2005年第2期。

［5］齐欣、刘婷婷：《研究型合作企业（组织）发展综述》，《生产力研究》2007年第22期。

［6］孙利辉、徐寅、王军：《研究联合体形成博弈及均衡结构的存在性研究》，《系统工程理论与实践》2007年第3期。

［7］王缉慈：《创新的空间——企业集群与区域发展》，北京大学出版社，2001。

［8］王丽、武博：《研究联合体的形成机理》，《科学技术与工程》2008年第8卷第9期。

［9］魏守华、赵雅沁：《企业群的概念、意义与理论解释》，《中央财经大学学报》2002年第1期。

［10］武博、马宗国：《我国企业集团研发体系重构研究联合体探讨》，《现代经济探讨》2009年第4期。

［11］武博、马宗国：《中小企业自主创新研究联合体的合作机理研究》，《现代经济探讨》2007年第4期。

［12］赵嘉薇：《中小企业集群网络结构及企业竞争优势研究》，暨南大学博士生毕业论文，2006。

中国制造业融入全球生产网络创新模式研究[*]

——来自台湾计算机产业升级的经验

姚书杰　蒙　丹[**]

产品内分工带来了国际分工格局、经济组织方式、产业结构调整等领域的深刻变化。全球性的生产网络和以此为纽带的垂直一体化生产体系，加深了世界各国的经济联系与相互依存，使得发展中国家更深入地融入全球生产体系，推动了产业升级。本文以台湾计算机产业升级作为研究对象，原因在于台湾的计算机产业是在深度参与到产品内国际分工后发展起来的，它经历了从被动嵌入到自主构建全球生产网络（GPNs）的全过程。回顾台湾地区的计算机产业发展历程，分析其嵌入全球生产网络的过程中产业发展的经验教训，可以正确地认识和促进后发国家或地区的制造业和其他相关产业升级。

一　全球生产网络的被动嵌入与自主构建文献综述

后发国家或地区制造企业融入全球经济的方式有两种。一是作为单一

---

[*] 本文写作得到了 2013 年度国家社科基金青年项目"基于全球生产网络构建的我国先进制造企业成长模式研究"（编号：13CJY054）的资助。

[**] 姚书杰，男，河南洛阳人，云南大学经济学院，讲师，经济学博士，研究方向为组织理论；蒙丹，女，贵州贵阳人，贵州大学经济学院，教授，经济学博士，研究方向为产业经济学。

的价值节点,以被俘获的方式被动地嵌入发达国家企业主导的全球价值链或全球生产网络。Gereffi(1999,2005)、Humphrey 和 Schmitz(2000)等一批学者研究了在跨国公司重新布局全球价值链的条件下,发展中国家制造企业如何利用这一机会融入 GPNs。作为参与者(主要为制造环节的一员),在领导企业的知识转移、溢出和督促下实现升级,这也是国内学者探讨我国制造业升级的主要视角(宁越敏,2004;刘德学,2006;刘春生,2008;卜国琴,2009)。二是作为自主价值体系的构建主体,主动地构建 GPNs。针对嵌入式发展的"双面性"带来的我国制造业价值链"低端锁定",刘志彪和张杰(2007)、毛蕴诗(2011)、林汉川等(2011)一批学者提出培育中国跨国公司,实现由融入 GPNs 到构建自主全球生产体系的战略转换思想,但并未深入研究。

台湾计算机产业从最初的单一产品系统发展到包括产品系统与众多模块的庞大产业,行业生产组织模式也由最初单一企业的一体化生产发展为跨越企业和国家边界的全球生产网络体系,专用系统变为开放式标准,打破了电脑产业垂直式的组织结构,形成了电脑产业的横向结构。台商凭借其大规模制造能力和发达的本地产业协作网络,在代工、组装环节上突出的竞争力,成为计算机全球生产网络的重要部分。这一发展变化是台湾计算机企业从被动嵌入 GPNs 到主动构建 GPNs 转化的结果,本文第二、第三部分将对此进行详细分析。

二 产品内分工下台湾计算机产业嵌入全球生产网络

台湾从 20 世纪 60 年代开始为 IBM 提供电脑零部件和元器件加工,从而被动参与到计算机全球价值链中。经过几十年的发展,在一系列优惠政策和激励制度下,台湾电脑产业集群内形成了较完整的分工体系和产业结构。实现了垂直专业分工和上下游企业间的密切合作,构建了快速而富有弹性的制造体系。建立在劳动分工和专业化基础之上的低成本和灵活的地方生产网络,为台湾赢得了来自美国、日本和欧洲等品牌厂商的大量订单，促使台湾企业以 OEM① 的身份嵌入计算机产业全球生产网络之中。在其发展的初期阶段，台湾计算机产业向前、向后关联度较低，尚未形成完整的上、中、下游产业体系，关键技术部件如 CPU、高级材料和液晶显示器等均需进口。在产品内分工体系中，形成了美国引领技术整合与技术创新，建立产业标准，主导营销渠道与服务；日本和韩国提供关键技术和零组件；台湾制造和组装以满足周边市场需求的全球电脑产业分工格局。尽管只是作为代工厂商制造一些低端产品和部件，但台商在这一过程中培育了成本控制、实时供应的制造能力优势。经过前期的技术积累，不少台商逐渐成长为 ODM 或 EMS②。

这一阶段中国台湾计算机产业的发展一方面得益于作为发包方的发达国家跨国公司和大品牌商的知识转移和技术支持；另一方面归功于本地产业集群和地方生产网络的发展。

在为领导品牌厂商的代工过程中，台湾的企业学习到了领导厂商大量先进的生产技术和管理经验。为保证产品质量，领导品牌厂商对台湾代工厂商提出了各种技术要求，并时常给予现场指导，使得技术不断外溢到台湾电脑产业集群中。一大批企业受益，代工厂商及其配套厂商的技术创新能力得到提升。例如，IBM 公司对产品开发、生产和质量控制的严格要求，使台湾代工供应商快速提升了生产能力，并且促使生产和产品设计等多方面能力的形成。此外，IBM 还定期视察工厂，派出工程师帮助台湾企业改进技术。为 IBM 等巨头代工大大提高了台商的商誉和信誉，因为其他买方认为能够达到 IBM 严格采购要求的供应商是值得信任的。通过与 IBM 等大品牌购买商的合作，中国台湾企业扭转了从前不值得信任和低质量的坏印象，赢得了更多国外公司的订单，从而全面融入 GPNs。在台商内部组织体系下，领导企业与代工厂商之间的知识传递机制顺畅，有效地

---

① OEM 和 ODM 都属代工，OEM（Original Euipment Manufacturer）是原始设备生产商，即受托厂商按照委托厂商（品牌拥有者）的委托合同中制定的产品设计规格、品质标准和指定零组件来制造产品，产品贴上委托厂商的商标进行销售；委托厂商承揽产品设计与开发、品牌营销和售后服务。ODM（Original Dsign Manufacturer）指原始设计制造商，即代工厂商根据委托厂商的产品概念图设计出产品，或按品牌制造商的要求对某一产品进行技术改进并生产出产品，最后品牌制造商将该产品冠以自己的品牌进行销售。

② EMS（Electronics Manufacturing Service）提供经济规模及全球各地的电子专业代工制造服务。

推动了台湾计算机产业的升级。这种升级反过来强化了台商进一步嵌入 GPNs 和利用这种体系内技术扩散和升级动力的能力。不仅如此,台湾本地的计算机企业间还形成了多样化和非线性的联结关系,除了高级供应商、次级供应商和低级供应商之间具有垂直专业化分工特点的联结,具有竞争关系的同类生产厂商在产业集群里也进行着内部交流与合作。

在这一阶段,台湾计算机制造厂商积累了大量生产制造方面的技术资源和能力,为它们确立在全球计算机行业的代工地位奠定了坚实基础。台商企业突出的制造优势充分体现在其成熟的编程技术以及其在接单、生产、库存、运输和出货等方面无缝运作的供应链管理能力上。

三 台湾计算机产业自主构建次级全球生产网络

20世纪90年代后,台湾计算机产业逐渐进入产业升级的第二阶段,即由被动嵌入跨国公司主导的 GPNs 和组织本地产业网络,向积极拓展网络关系和自主构建自我主导的次级 GPNs 转变。

台湾电脑制造商开始进行价值链转移和跨界生产网络构建的动机主要有两个。一是成本压力。因为电脑产业逐渐步入成熟阶段,许多零部件都形成了标准化模块,使得行业进入成本竞争时代。二是领导厂商的驱使。一些台湾本土龙头企业和高级供应商通过跨国投资整合全球资源,带动台湾相关配套厂商跨越区域边界,组织跨界生产网络,并在这种生产体系的重构中巩固和提升了整个台湾计算机产业在 GPNs 中的地位。他们对外投资的第一站选择在东南亚,首选的投资地是马来西亚和泰国,然后是印度尼西亚和菲律宾,主要是因为地理接近、社会文化语言上的亲近、劳动力成本与供给、国际客户的要求和台湾当局推行"南向政策"等。台商对东南亚的投资被认为是为求生存而进行的"防御性"投资。事实证明,这轮投资为台商带来的不仅仅是生存空间,更是新的发展机会。对东南亚投资成为台湾电脑制造商国际化发展的第一步,为台商提高生产能力和国际竞争力都起了重要作用。对于一些较大的 OEM 制造商来说,东南亚生产基地的建立使其产能迅速扩大,为企业大型化、国际化发展打下了重要基础。在这一过程中，企业积累了大型化制造和国际化运营的经验，也培养了一批具有跨国网络发展经验的高层次人才，对之后在大陆的投资积累了大量经验。对于一些中小型台资企业来说，对东南亚投资不仅获得了大量的廉价生产资源，而且生产空间的转换改变了他们在 GPNs 中的位置，特别是与 GPNs 领导企业的关系由间接接触变为了直接联系。中小型台商进入泰国、马来西亚等东南亚国家后逐渐与先期进入的美国和日本等大购买商建立了合作关系。在与技术水平较高而生产流程更标准化大制造商和大购买商的互动过程中，这些中小型台商学到了许多不直接接触旗舰厂商就无从获取的生产经验。从地方生产网络走向 GPNs 的中小型台商，逐渐降低了对本地高级 OEM 厂商的依赖转而依靠日商和美商，在一个世界大厂聚集的商业环境中提升了生产能力和为旗舰厂商服务的能力（龚宜君，2005）。

20 世纪 90 年代后，台商投资开始大规模转移到中国大陆。原因大概有三个：一是随着东南亚生产成本逐渐提高，计算机产业领导厂商要求代工供应商在中国完成代工订单；二是中国大陆市场经济的发展和巨大的市场吸引了大量的外资；三是一些大型的台湾企业开始试图通过生产规模的扩张和全球生产布局，以及更富成长力的市场开拓来自主构建次级 GPNs，以提升自己在 GPNs 网络中的地位。而此时台商的对外投资也由防御型转向了扩张型（陈添枝、顾莹华，2001）。为了寻求更低的生产成本和接近高成长性的大陆市场，减少通关费用和时间，以及能在大陆直接出货，台湾的代工厂商开始将生产制造环节大批转移至大陆，利用大陆廉价劳动力和土地资源，降低成本，形成大规模生产优势，以适应竞争环境变化的需要。

台湾计算机厂商在大陆的生产网络构建具有一个显著特点：尽管是一种异地生产网络的重建，但新网络仍几乎复制了原来的所有网络关系。台湾的零配件供应商作为配套企业紧跟台湾电脑龙头企业进入大陆市场，在投资地形成由台商组成的一种封闭网络，很少有大陆本土企业可以加入这个网络中。这种台商生产网络的异地重建，是台商之间连接形成的协力生产网络，而不是与当地人经营企业的合作生产，它是一种台商生产网络在投资国的复制（龚宜君，2005）。例如，1993 年台湾明基电通在苏州设厂，为明基代工制造的 10 多家配套企业也随后来到了明基周围；2001 年明基显示器面板供货商友达光电进驻苏州，友达光电 40 多种上游产品供货商也大多数陆续在苏州设厂。Yungkai Yang（2006）的研究表明，台资笔记本电脑企业主要的零部件大多为台资企业或其他外来资本投资企业生产，而极少向大陆本土企业寻求资源。

  通过对外投资和构建跨界生产网络，台湾计算机产业巩固和提升了它在全球计算机生产网络中的地位。台商中的一级供应商强化了自身与国际大制造商和大购买商的合作关系，一些二级厂商则因更次级的供应商和配套企业的进入，由原来的网络边缘位置向中心靠近和升级。不少台湾代工厂商从 OEM 向 ODM，再到 OBM 或 EMS 延伸，通过价值链垂直和水平方向的整合，逐渐形成多价值环节或不同价值链的专有能力优势，实现了规模的扩张，也产生了一定的市场势力和网络权力，逐渐分散和减少了对品牌企业的市场依赖性。其中 EMS（Electronics Manufactures' Services）是一种专业为电子制造代工企业服务的组织，它们虽然只是代工厂商，但因其强大的制造能力，作为代工领域的巨头同样享有可观的利润和 GPNs 中不可替代的地位。例如，被称为电子制造业代工航母的台湾鸿海，通过垂直整合，采用关键零组件到成品组装的相互支援模式，从关键零组件到系统组装，再从系统组装反过来做更多的零组件。由于鸿海自己能够生产许多关键零组件，因此产品成本比别人低，组装利润比别人高。同时，它还通过跨产业、跨产品的价值链扩张，将业务范围扩展至通信、电子游戏、视听等数码产品以及汽车电子和医疗等产业。2013 年营业收入荣登 2013 年度《财富》世界 500 强的第 30 位。对 EMS 厂商来说，他们不仅能够提供生产各种类型电子产品的全套服务，拥有先进的技术水平，还具有良好的全球化制造能力和良好的供应链运作能力，能为客户提供终端到终端的制造解决方案。EMS 公司擅长将位于特定国家和区域的产品生产链条的不同环节整合在一起，建立自己的 GPNs 和物流体系，为全球领导品牌厂商提供生产、设计一体化的全球供应链服务。它实际上就是一种 GPNs 的运作能力，鸿海通过"一地设计、两地制造、三区交货"模式，即在台湾设计，在台湾和大陆制造，在欧洲、美洲和亚洲同时交货来实现它的全球代工服务。显然这种制造能力是基于跨国生产网络的自主构建。EMS 厂商向全球主要制造商购买生产能力，将这些能力加以扩散，或构建新的能力，然后在全球扩张。它们作为跨国网络的构造者，将位于特定国家和区域的产品生产链条的不同环节整合在一起，为全球品牌领导厂商提供全面服务。

从台湾计算机产业在 GPNs 中的发展历程来看，经历了最初作为一个低级制造环节代工生产基地，通过网络学习机制和战略性的网络扩充，形成了具有一定主导力的全球生产体系，成为镶嵌在整个计算机产业 GPNs 中的重要节点。

四 台湾计算机产业发展对我国产业升级的经验借鉴

在产品内分工下考察台湾计算机产业升级的过程，对于我国制造企业和产业升级具有重要借鉴意义，这里笔者提出几点思考。

首先，从被动嵌入 GPNs 到自主构建 GPNs 是产业升级的发展过程。台湾的计算机产业在产品内国际分工的推动下，经历了被动嵌入网络分工到积极主动地发展网络关系，最终使得计算机产业取得了长足发展。从台湾计算机产业发展经验看，通过嵌入发达国家跨国公司主导的 GPNs，为品牌领导厂商代工，利用网络内的知识转移和传递机制可以学习领导厂商大量的生产技术和管理经验。同时本地产业集群内企业间高效的专业分工形成的地方性生产网络，使得领导企业与代工厂商之间的知识传递机制在台商内部良好的组织体系下得到很好发挥，有效地推动了产业升级。而这种升级反过来可以强化制造企业进一步嵌入 GPNs 和利用这种体系内技术扩散和升级的能力。台湾的计算机产业在经历了向东南亚和中国大陆两次大规模的转移后，不仅没有丧失其在 GPNs 中的代工地位，还在两地比较资源优势的支持下维持了自身在生产制造环节的专有优势。同时通过跨界网络构建的实践培育了在产品内国际分工条件下非常重要的全球供应链运作能力。巩固和发展了与 GPNs 领导企业的合作关系，提升了自己在整个行业中的地位。

对于我国大部分正处于结构转型和产业升级中的制造企业来说，被动地嵌入发达国家跨国公司 GPNs 中的企业只能作为一个网络中的单一节点存在。由于缺乏能力主动性和足够的驱动力，这类企业难以摆脱对网络领导者的依赖，这也将最终导致升级失败。同时，在产品内分工下，企业可以有很多发展网络关系和利用网络合作者的机会，充分利用网络合作者的互补能力将有助于企业的快速发展。发展到一定阶段后，可以通过跨国投资整合全球资源，自主构建自己的次级全球生产网络，巩固和提升我国制造业在 GPNs 中的地位。

其次，知识的获取与吸收是决定企业最终知识存量不可或缺的两个方面。如果说领导企业的知识转移是台商获取知识的源泉，台商自身的学习能力则成为实际获得知识多少的决定因素。代工企业本身是否积极的学习、吸收和不断主动地采取各种行动来消化、内化所获取的知识，创造出新的知识，在很大程度上影响全球生产网络内的知识能否扩散，从而导致企业不同的升级潜力。可以说学习能力的强弱直接决定了企业的可持续发展能力和创新能力，反映了企业适应外部社会生态环境变化的能力（阎大颖，2006）。一些实证研究也说明了这一点，Sher、Wong 和 Shaw（1996）在对台湾信息厂商技术移转问题的研究中发现，企业吸收能力的强弱是影响技术转移绩效的首要因素，企业学习能力的高低决定了企业在合作中能力的提升程度。

一般来说，影响技术消化吸收的主要因素是资金和人才，即企业在获取外部知识后需要投入研发设备和人员进行知识的整合、消化和再创新。而我国目前整体的消化吸收水平还很弱，我国重引进而轻消化吸收的现象还很严重。为此，一方面要继续鼓励企业进行创新投入；另一方面也要进一步优化技术消化吸收的资金投入方式，通过财政贴息、投资补贴、项目补助、前期共性开发投入等方式，引导社会资金，逐步形成多元化、多渠道的投入体系。此外，人才是知识的载体，对知识的消化吸收需要打造引进技术消化吸收再创新人才的培养体系。要推动企业与科研院所加强合作，联合培养和建立一批具有高水平研发、高技能生产、高层次管理以及复合型的人才队伍。政府要支持企业建立、健全不同形式的技术开发机构，加速形成有利于技术创新和科技成果转化的有效运行机制。

再次，产业升级需要政府适时的政策支持。台湾计算机产业能够取得快速成长除了行业内企业自身的努力外，也与台湾当局的密切支持相关。台湾当局在其中起到的作用主要有两个方面。一是增强本土龙头企业与旗舰企业间的联系，在推动本地计算机产业网络形成上发挥了重要作用，也可以说在促成地方生产网络形成及其与全球生产网络对接上起了积极作用。二是在帮助台湾计算机产业提升创新能力上做出了积极的贡献。为了使台商获得更多国际大购买商的订单，中国台湾当局发起了旨在加强台湾电脑及外设产业客户关系管理的电子交换系统。其中计划 A 将 IBM 公司、原康柏公司、惠普公司等国际系统制造商作为核心企业，与台湾第一层级的供应商，如宏碁公司、神达电脑公司、伦飞公司、大众电脑公司进行电子化联系，协调订货、生产、仓储、运输、配送和销售；计划 B 则将第一层级的台湾供应商作为核心企业，与供应零部件和元器件的小型当地企业联系起来。

我国政府应在推动区域内与区域外网络节点间的连接上起到桥梁的作用，通过一些信息平台的建立帮助本地龙头企业与全球企业对接以进入全球生产体系，协助当地中小企业围绕龙头企业形成区域内的配套网络，产生 GPNs 对地区产业升级的整体推动效果，使区域产业作为全球产业网络一部分而获得更大的发展空间，从而正确制定我国地方政府的产业与区域发展政策。

最后，生产网络具有社会性和稳定性，可以降低交易成本。台商在大陆形成的封闭网络主要有两个方面的原因：一是投资国本土企业能力较弱；二是原有网络的关系锁定效应。台湾计算机厂商在对外投资前在当地形成了较为完整和紧密的合作网络，这种网络在进行跨区域投资时仍具有较强复制力，这主要源于网络的社会性。经济社会学家认为经济行为嵌入社会结构，社会的关系型结构嵌入经济行为之中会影响经济行为主体的选择（Granovetter，1985）。企业之间的商业关系与社会关系密不可分，边界明确的自治企业从效用最大化目标出发开展经营活动的传统市场，现在已经被基于信任的交易网络所覆盖（Kilduff and Tsai，2003）。Butler 和 Hansen（1991）、Hite 和 Herstley（2001）的研究结果显示了企业关系网络会从早期的社会性逐渐向商业性过渡。Gulati（1999）认为企业的关系被嵌入一个网络当中，是社会网络的重要组成部分。这些研究充分说明，企业间的网络合作关系是建立在一定的社会文化之中。良好的社会关系可以使企业间的合作产生认同、信任和互惠。信任是网络合作的企业之间长期互动、不断重复交易的结果，具有信任的关系网络是企业间长期合作的结果，同时，一旦企业间产生了信任，又会强化企业间的合作关系。建立在信任基础上的生产网络，最明显的好处是可以降低交易成本和减少交易风险，这一点在企业进行跨国投资时尤为重要。由于市场技能不完全和信息不足，以及对当地法律制度与社会文化不了解，与可以信任的交易对象进行合作就可以有效降低风险和交易成本。

从台湾计算机企业的关系网络来看，长期以来，为了保证产品质量和性能，台湾代工厂商与配套企业长期紧密合作，形成了业界共同的商业道德和商业惯例，降低了配套企业因机会主义行为带来的风险。同时，他们彼此互相信任，经常采用非正式协议，不用谈合同或条款，用口头承诺代替法律文件，从而减少了企业间的交易成本，这些都是台商用以形成富有竞争优势的弹性生产力的保障。对于已在成熟的产业集群中形成了稳定社会关系网络的台资企业来说，当他们来到大陆，面临商业惯例和道德方面的差异，更换合作对象意味着企业之间需要更多的正式协议来保障交易的顺利进行，这必然增加交易成本，而且没有长期合作所形成的默契也难以保证双方的合作效率，这些都促使台商采取复制生产网络的方式，在大陆形成一种具有"飞地"特征的台商跨界生产网络。

我国制造业可以依据不同国家和地区资源比较优势进行价值链布局，形成价值链垂直角度的全球范围空间分散布局和某一专业环节的特定区域集中，使各环节的专业化厂商在制造业 GPNs 中居于不同位置，并获取差异化的利润。分布于全球不同国家和地区的研发、制造与销售企业彼此联系，在价值链各环节形成互补合作，充分利用所处区域比较优势完成特定价值链环节的增值活动，在价值链网络领导企业的调控下形成协同效应，共同创造了比单家企业更大价值增值能力的网络价值创造力，以更有效的全球生产网络组织模式推动制造业产业升级。

参考文献

[1] Gereffi G., Humphrey J. and Sturgeon T., "The Governance of Global Value Chains," *Review of International Political Economy*, 2003, 12 (1).

[2] Gereffi, G., "International Trade and Industrial Upgrading in the Apparel Commodity Chains," *Journal of International Economics*, 1999, (48): 37 – 70.

[3] Humphrey J., Schmitz H. Governance and Upgrading: Linking Industrial Cluster and Global Value Chain Research（IDS Working Paper 120, Institute of Development Studied: University of Sussex and Institute for Development and Peace, University of Duisburg, 2000）.

[4] Yuankai Yang. *The Taiwanese Notebook Computer Production Network in China: Implication for Upgrading of the Chinese Electronics Industry*, http://www.pcic.merage.uci, edu., February 2006.

[5] 曹琼:《台湾笔记本电脑产业核心竞争力研究》,博士学位论文,厦门大学,2008。

[6] 李健:《从全球生产网络到大都市区生产空间组织》,博士学位论文,华东师范大学,2008,第83页。

[7] 毛蕴诗、林晓如、李玉惠:《劳动密集型产业升级研究——以台湾自行车产业整体升级及其竞合机制为例》,《学术研究》2011年第6期,第63~71页。

[8] 蒙丹:《产品内分工下我国企业全球生产网络构建与升级》,《中国经济问题》2012年第4期,第87~93页。

[9] 阎大颖:《企业能力视角下跨国并购动因的前沿理论述评》,《南开学报》2006年第4期,第106~112页。

长三角城市群经济力量的空间演化[*]

——基于经济重心迁移的贡献度分解法

叶明确 于 瑶[**]

一 引言

城市群是特定地域范围内不同性质类型和等级规模的城市,通过密切的社会经济联系所构成的功能性城市集合体。区域内城市群空间结构的变化,会对区域的经济体系乃至整个区域的发展产生重大影响。长江三角洲被誉为世界第六大城市群,是我国经济最为发达的产业和城市密集区,包括两省一市的16个城市,各个城市地域相近、文化相融、经济相连,但推动经济的能力有较大差别,除了用概括性的指标对长三角经济空间变动做整体把握外,还有必要了解其内部的不同城市和城市群的力量对比及其演化情况。

在经济研究中,经济重心是指在区域经济空间里的某一点,在该点各个方向上的经济力量能够维持均衡。观察不同年份经济重心的时空演变轨迹,可了解该经济变量在一个国家或经济地区的发展方向和平衡问题(冯

---

[*] 本文获得教育部人文社会科学青年基金项目——空间视角下的中国地区经济均衡的演化、关联机制和政策评价研究(编号:12YJC79023)资助。

[**] 叶明确,女,汉族,安徽滁州人,上海大学经济学院副教授,博士,主要研究方向为区域经济和城市经济的空间分析和定量研究;于瑶,上海大学经济学院研究生。

宗宪等，2006）。经济重心法被广泛应用于宏观经济和区域经济研究中，例如对中国经济重心和产业重心的演变研究（冯宗宪等，2006；黄建山等，2005；王欣等，2006）；对长江三角洲地区的人口重心和经济重心的研究（王磊，2009）；对消费重心的演变特征及与经济、人口重心相互作用关系的演变成因机制的研究（李在军等，2014）。其他研究还包括对耕地（李景刚等，2004）、能源（彭远新等，2009）、环境（周亮等，2014）、人才分布（姜怀宇等，2005）、旅游效率（曹芳东等，2014）等各类研究。

当我们发现经济重心沿某一方向转移后，由于它类似一个综合指数，是其各个子部分共同作用的结果，我们很难准确判断其变化的背后原因和推动力。现有研究一般采用比对的方法，讨论变化时期内的经济政策和经济事件，或者其他经济变量在这段时期内的变化，以推测可能的原因，这些方法有可能出现经济政策与演化轨迹不一致的情况（王欣等，2006）。由于长三角地区的发展主要依靠自下而上的市场推动力，20世纪90年代前期主要是地方政府自由竞争，20世纪90年代末起以1997年长三角地区16个城市建立的联席会议制度为标志，有了一定的区域协调机制，但总的来说城市群空间格局演变的政策作用较小，主要是由市场力决定的。

本文第二部分介绍重心法并给出1994~2011年长三角经济重心的变迁轨迹；第三部基于夏普里值（Shapley Value）贡献度分解方法，较为系统地进行城市、各省份城市群在各个年份和不同阶段的贡献度分解，分析经济重心变迁的主导力量，给出了各种情况下的重心推动"引擎"城市或城市群；第四部分进行长三角城市群内部的经济力量对比和演化分析；第五部分为结论。

二 经济重心法和长三角经济重心演变轨迹

（一）经济重心法计算公式

假设一个大区域由若干个小区域构成，第 i 个小区域的中心坐标为 (X_i, Y_i)，M_i 为该小区域的某种属性值，则该属性意义下的区域重心坐标为：

$$\bar{x} = \sum_{i=1}^{n} M_i X_i / \sum_{i=1}^{n} M_i = \sum_{i=1}^{n} m_i X_i$$
$$\bar{y} = \sum_{i=1}^{n} M_i Y_i / \sum_{i=1}^{n} M_i = \sum_{i=1}^{n} m_i Y_i$$

(1)

其中 $m_i = M_i / \sum_{k=1}^{n} M_k$ 是 i 地区的经济变量 M 占总量的份额，作为重心计算的权重。在实际应用中，计算区域重心时，可将 (X_i, Y_i) 取为各行政区域单元的首府坐标，M_i 可以是不同意义的区域属性值（如地区 GDP、人口、耕地、能源等）。

（二）长三角经济重心的演变轨迹

本文提到的长江三角洲地区包括上海、南京、扬州、镇江、泰州、南通、苏州、无锡、常州、杭州、绍兴、湖州、嘉兴、宁波、舟山和台州 16 个市。1994～2011 年的地区 GDP 的数据来自《中国城市统计年鉴》，泰州和扬州的数据由于行政区划的调整，两市 1996 年以前的数据用《扬州统计年鉴》进行分割调整。城市地理坐标从国家基础地理信息中心网站下载的电子地图中获得，是城市的行政中心坐标，泰州和台州的坐标来自谷歌地球（Google Earth）。

按照重心公式（1）计算出的经济重心的演变轨迹如图 1 所示。

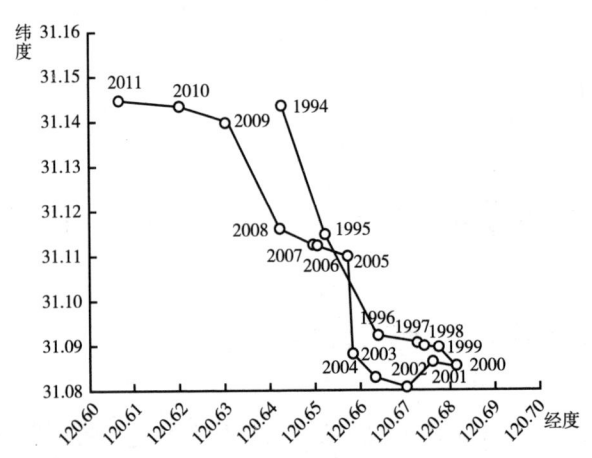

图 1　1994～2011 年长三角经济重心动态变化轨迹

图1可以看出，经济重心的迁移明显分为两个时段：第一个时段是1994~2000年，经济重心总体向东南方向移动；第二个时段2000~2011年，经济重心初期向西南方向有一定的移动，但是总体来看是向西北方向移动。

三 长三角经济重心迁移的贡献度分解

通过观察经济重心的空间移动，我们可以判断经济重心的发展方向，却不能以此判断经济重心迁移的原因。例如当经济重心持续向南移动时，不能简单认为就是南部省份的经济增长较快造成的，而是要判断：究竟是南部地区的经济增长速度加快，还是北部地区的增长速度放缓所致，抑或是和南部、北部发展都无关，只是中部地区出现了经济增长不均衡现象引起的？回答这些问题，不仅可以更全面地评价区域发展政策，更有助于对其进行有的放矢地制定和调整。

为考察经济重心迁移的主导因素，我们运用一种基于夏普里值（Shapley Value）的重心迁移贡献度分解方法（叶明确，2012），该方法相比简单分解、方差分解和微分分解等常用的贡献度分解方法，在重心法研究中更加适用。我们对1994~2011年长三角经济重心迁移的推动力量进行了分析。首先，我们给出每一年各个城市在重心迁移中贡献度的排名；其次，给出各城市在两个阶段的累积贡献度；最后，我们根据两省一市的经济地区划分，给出各地区在这两个阶段中的贡献度。

（一）经济重心迁移的"引擎"城市

"引擎"城市是为贡献率为正的城市，是推动重心迁移的力量。表1给出了1995~2011年推动经济重心沿东西方向移动和南北方向移动的前四位引擎城市。从表1可以看出，推动经济重心东移的不一定是东部城市，推动经济重心南移的也不一定是南部城市。

表1 1995~2011年推动重心移动的引擎城市

年份	移动方向	引擎城市 第1	第2	第3	第4	年份	移动方向	引擎城市 第1	第2	第3	第4
1995	↘	台州	宁波	泰州	常州	2004	↖	台州	无锡	镇江	上海
1996	↘	扬州	宁波	泰州	绍兴	2005	↑	台州	南京	绍兴	宁波
1997	↘	上海	扬州	镇江	宁波	2006	↖	上海	泰州	常州	扬州
1998	↘	扬州	上海	常州	泰州	2007	↖	上海	台州	常州	泰州
1999	↘	上海	扬州	台州	镇江	2008	↖	上海	扬州	台州	绍兴
2000	↘	无锡	镇江	宁波	泰州	2009	↖	台州	扬州	泰州	镇江
2001	↖	上海	南京	绍兴	无锡	2010	↖	上海	南京	泰州	扬州
2002	↙	上海	南通	台州	杭州	2011	↖	上海	南京	台州	扬州
2003	↖	上海	南京	台州	绍兴						

为了更加清晰地了解在经济重心迁移过程中各城市的贡献率，我们将经济重心移动分为两个阶段。第一阶段1994~2000年，经济重心向东南移动的引擎城市按照大小排列为台州、宁波、泰州、扬州、绍兴、常州、镇江、无锡、湖州、杭州、南通、嘉兴、南京、舟山、苏州、上海；第二阶段2000~2011年，经济重心向西北移动的引擎城市是台州、南京、上海、绍兴、泰州、常州、扬州、无锡、嘉兴、南通、宁波、湖州、镇江、杭州、苏州、舟山（见图2）。

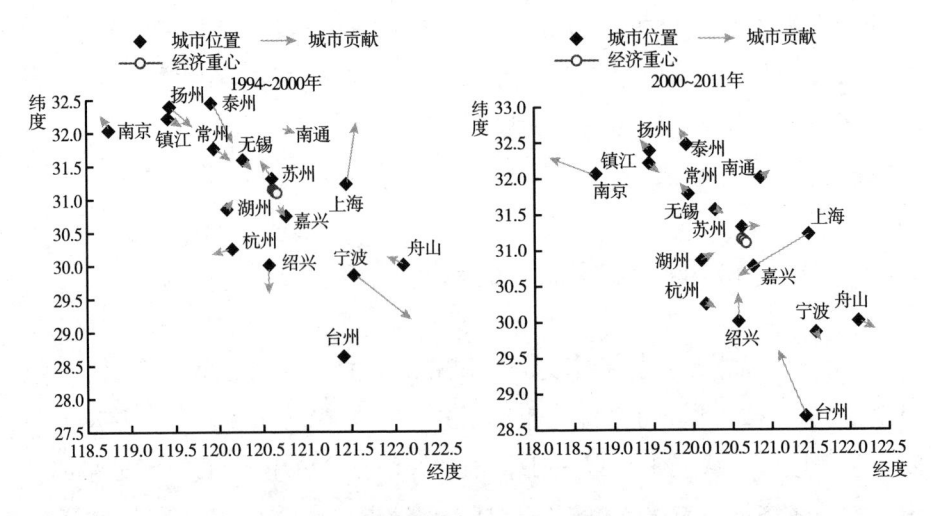

图2 长三角16城市对经济重心迁移的贡献

（二）经济重心迁移的"引擎"省份

按照两省一市的划分，图3画出了各个省份城市群对经济重心移动的贡献度。可以看出第一阶段1994~2000年经济重心向东南方向移动，首先是浙江城市快速发展拉动（沿轨线贡献率为87%），其次是江苏城市相对发展滞后推动引起的（沿轨线贡献率为43%），上海的快速发展阻止重心移动（沿轨线贡献率为-30%）。第二阶段2000~2011年，主要是江苏城市发展滞后推动（沿轨线贡献率为47%）和浙江城市快速发展拉动（沿轨线贡献率为34%），以及上海相对发展滞后（沿轨线贡献率为19%）推动引起的。

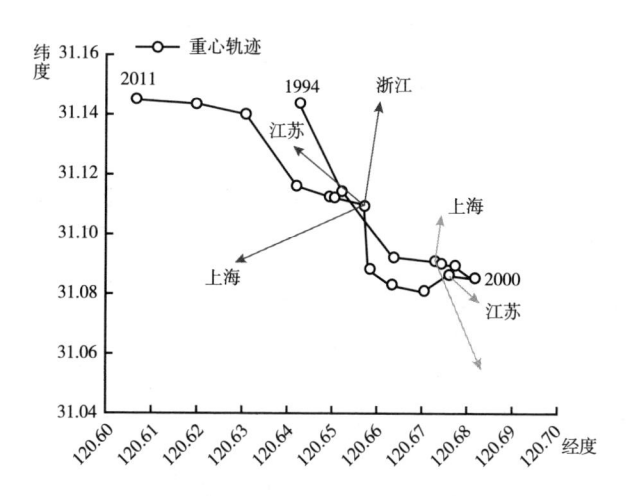

图3 长三角两省一市对经济重心迁移的贡献（1994~2011年两阶段）

四 经济重心迁移中的经济力量对比与空间演化

（一）两省一市的力量对比与演化

各个城市以及各个城市群每一年的相对力量都在发生变化，当某个城市的经济发展相对快速时,将拉动经济重心向该城市位置方向移动;而当某个城市的经济发展相对滞后时,则推动经济重心远离该城市位置。

根据重心移动的趋势,可以把轨线分为力量分布变化比较大的四个阶段,各个阶段的主要趋势是 1994～1996 年,经济重心南移;1996～2000 年,经济重心东移;2000～2004 年经济重心西移;2004～2011 年经济重心北移。

对于两省一市的划分,因为只有三个经济区域,所以根据重心轨线的移动就可以大致推测出各地区经济力量的对比。例如,图 4 第一阶段南移的主导力量是浙江城市群拉动,江苏和上海发展相对滞后;第二阶段东移的主导力量是上海城市群拉动,其他两个省份发展相对滞后;第三阶段西移的主导力量是上海城市群推动,这表示上海发展滞后于其他两个省份;第四阶段南移的主导力量是浙江城市群发展滞后推动和江苏城市群发展快速的拉动。

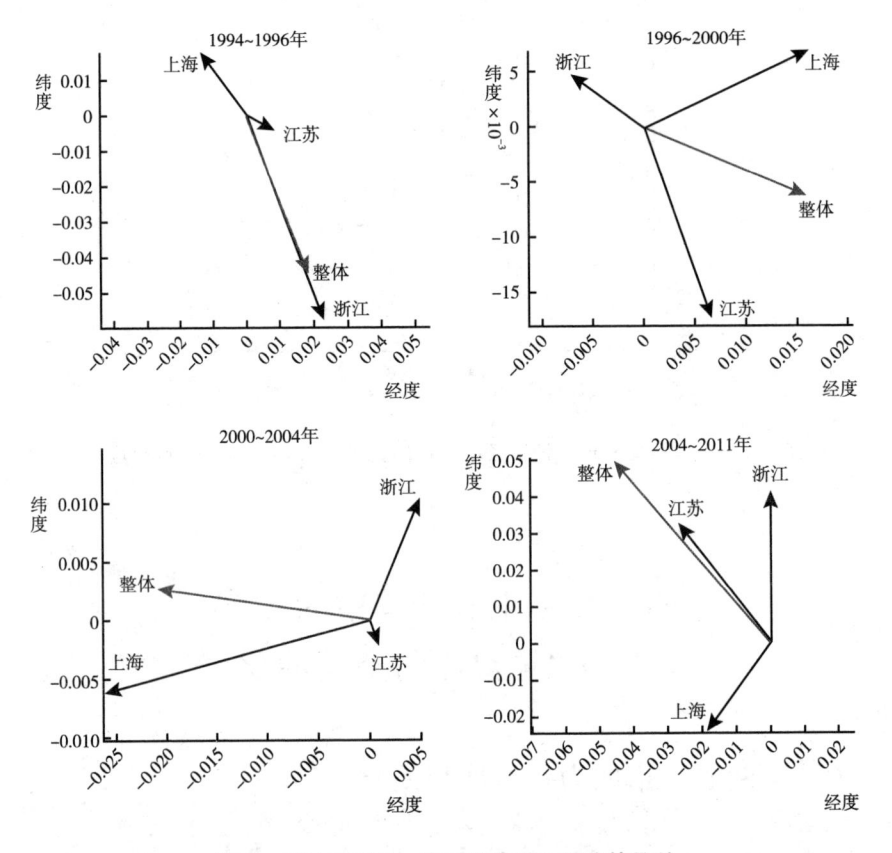

图 4　长三角两省一市对经济重心迁移的贡献

(二) 16个城市的力量对比与演化

长三角16个城市的相对经济力量演化如图5所示。根据三大城市群空间布局新构想（郁鸿胜，2010），长三角两省一市总体上可以由上海城市群、南京城市群和杭甬城市群所组成，形成以上海为核心的"一核九带"空间格局。表2给了四个阶段下各个城市在空间中的相对力量，加号（+）表示其经济发展在长三角地区相对快速，拉动经济重心移动；减号（-）则表示其经济发展相对滞后，推动经济重心移动。

表2 四阶段各个城市发展的空间力量演化

城市群	城市	1994~1996年	1996~2000年	2000~2004年	2004~2011年
上海	上海	-	+	+	-
	苏州	-	-	-	-
	无锡	-	+	+	-
	南通	-	-	+	+
	嘉兴	-	-	-	+
	湖州	-	+	-	-
南京	南京	+	-	+	+
	扬州	+	+	-	+
	泰州	+	+	+	+
	镇江	-	+	+	+
	常州	+	+	+	+
杭甬	杭州	-	-	+	-
	宁波	+	+	-	+
	绍兴	+	+	+	+
	舟山	-	-	-	-
	台州	+	-	+	+

上海城市群以上海为核心，包括上海、江苏的苏州、无锡、南通和浙江的嘉兴、湖州等区域。从图5、表2中可以看出：①上海在第二阶段拉动了经济重心东移，第三阶段是经济重心西移的引擎城市，而在第

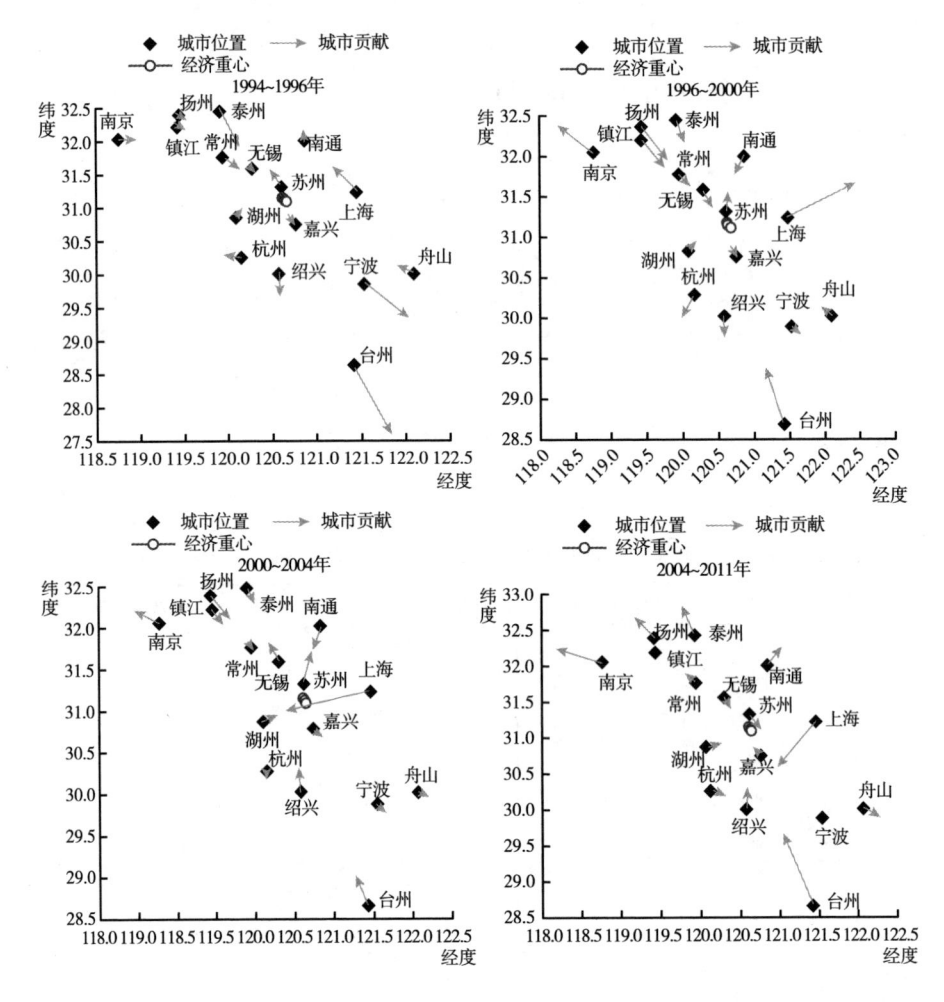

图 5　长三角 16 个城市对经济重心迁移的贡献与演化

四阶段变为推动重心北移的引擎城市，说明其相对经济力量有很大的下降；②初期上海城市群的内部比较统一，后期其内部差异逐渐变大；③上海城市群在 2000～2004 年的空间拉动力量比较大，但在近几年发展相对滞后。

南京城市群以南京为核心，主要包括南京、扬州、镇江、常州、泰州、马鞍山、芜湖、滁州，其中安徽城市不在原长三角 16 城市中。从图 5、表 2 中可以看出：①南京是拉动经济重心向西北移的引擎城市，在第二阶段南京推动经济重心向东移动，与南京城市群其他城市形成了相异的两个群体；②南京城市群的两个相异群体的差距逐渐消除，可能原因是南京对周边城市的拉动作用比较大；③南京城市群近几年的发展相对领先于其他城市群。

杭甬城市群以杭州、宁波为核心，主要包括杭州、宁波、绍兴、舟山和台州等城市。从图5、表2中可以看出：①杭州在重心移动中发挥的空间力量很微弱，并且与宁波形成完全相反的状态；②杭甬城市群一直是内部差异较大的群体；③整体而言，杭甬城市群空间拉动力量逐渐减弱，近几年的发展相对滞后于其他城市群。

五 结论

本文通过对重心的贡献度分解的方法研究经济重心，并以此对长三角经济重心最近10多年的迁移过程做了分析，本文的主要结论如下。

（1）本文对长三角经济重心最近10多年的迁移过程进行了划城市、划省份、划阶段的较为系统的贡献度分解，给出了各种情况下的重心推动"引擎"城市。

（2）长三角1994～2000年经济重心向东南方向移动，首先是浙江城市快速发展拉动（沿轨线贡献率为87%），其次是江苏城市相对发展滞后推动引起的（沿轨线贡献率为43%），上海的快速发展阻止重心移动（沿轨线贡献率为-30%）。2000～2011年，主要是江苏城市发展滞后推动（沿轨线贡献率为47%）和浙江城市快速发展拉动（沿轨线贡献率为34%），以及上海相对发展滞后（沿轨线贡献率为19%）推动引起的。

（3）本文发现：①上海的相对经济力量有很大的下降。上海城市群从初期差异性较小演变为后期内部差异较大，其近年的发展速度相对滞后。②南京是拉动经济重心向西北移动的引擎城市，南京与南京城市群内的其他城市的差异一直较大，但近年来内部差距逐渐消除，成为发展领先的城市群。③杭州和宁波的相对经济力量下降。杭甬城市群内部差异性一直较大，空间拉动力量逐渐减弱，近几年的发展相对滞后于其他城市群。

参考文献

[1] 曹芳东、黄震方等：《国家级风景名胜区旅游效率空间格局动态演化及其驱动机制》，《地理研究》2014年第33卷第6期，第1151~1166页。

[2] 冯宗宪、黄建山：《1978~2003年中国经济重心与产业重心的动态轨迹及其对比研究》，《经济地理》2006年第3期，第249~253、269页。

[3] 黄建山、冯宗宪：《我国产业经济重心演变路径及其影响因素分析》，《地理与地理信息科学》2005年第5期，第49~54页。

[4] 姜怀宇、徐效坡、李铁立：《1990年以来中国人才分布的空间变动分析》，《经济地理》2005年第5期，第702~706页。

[5] 李景刚、何春阳等：《近20年中国北方13省的耕地变化与驱动力》，《地理学报》2004年第2期，第274~282页。

[6] 李在军等：《中国区域消费与经济、人口重心演变的时间多尺度研究》，《经济地理》2014年第34卷第1期，第7~14页。

[7] 彭远新、林振山：《中国能源消费与经济重心偏移分析》，《统计与决策》2009年第13期，第97~98页。

[8] 王磊、段学军等：《长江三角洲人口与经济的空间分布关系研究》，《经济地理》2009年第10期，第1619~1623页。

[9] 王欣、吴殿庭、肖敏：《产业发展与中国经济重心迁移》，《经济地理》2006年第6期，第978~981页。

[10] 叶明确：《系统重心迁移的贡献度分解方法》，《系统管理学报》2012年第4期，第559~563、570页。

[11] 郁鸿胜：《长江三角洲城市群一体化发展的新视野与践行路径》，《上海城市管理》2010年第4期，第49~52页。

[12] 周亮、徐建刚等：《淮河流域粮食生产与化肥消费时空变化及对水环境影响》，《自然资源学报》2014年第29卷第6期，第1053~1064页。

基于 CGE 模型水资源政策对地区经济影响的模拟分析

——以浙江省为例

张宁 时宁宁 卢靖[*]

一 引言

全球气候变暖，区域水环境被破坏，气温升高加剧了地表水分蒸发，低降水量、高蒸发量打破了地表水资源自身的补充平衡，供求失调。因此采取有效的水资源供给管理手段，合理地调整用水结构，提高水资源利用率成为我国未来发展必须考虑的前提。2014年《水利部关于深化水利改革的指导意见》指出："推进水资源管理体制改革，必须优化资源配置，合理开发，高效利用，全面节约和有效保护。"优化市场经济体制下水资源配置，建立运转协调的资源管理体制，这不仅关系到生态效益、社会效益、经济效益，还潜在性地推动了高耗水产业的技术创新，在一定的水资源输入量的情况下，实现产出最大化，效率最优化，带动各部门经济增长。

浙江省长期以来水资源管理粗放，水资源消耗量不断增加，已成为制约经济发展的瓶颈。为解决浙江省用水问题，保障供水安全，省政府启动"五水共治"行动，打响了全面治水攻坚战，落实最严格水资源管理制

---

[*] 张宁、时宁宁、卢靖，杭州电子科技大学管理学院。

度，进行供水总量控制，用水效率提高，用水结构调整，努力使浙江经济行稳致远。为保证政策制定的有效性和可行性，需要预测水资源政策对该地区宏观层面的影响。如何综合定量评价所产生的影响，这就需要采用能多元性、非线性、动态性、多重反馈性反映水资源变化的政策模拟模型（邓群等，2008）。近年来国内、外学术界研究发现，可计算一般均衡（CGE）模型的应用可以将整个经济系统作为研究的对象，是模拟市场经济体制下的水资源经济政策效应的理想工具。

二 水资源 CGE 模型的理论构建

现实经济系统中各组成部分之间存在普遍的关联性，CGE 模型则可通过生产部门与经济主体的交易信息对要素间的依赖性和传导性进行捕捉，任一部分发生变化，都会使其他组成部分产生联动反应（见图 1）。由劳动、资本要素和商品市场的复合产品共同投入生产得到总产出，随后总产品进入商品市场，一方面用于国内政府、居民、企业（生产者）消费以及用于投资；另一方面出口国外，最后获得的要素和中间投入再一次合成总产出，如此循环反复，其中在经济运行过程中政府通过适当的宏观政策对整个系统进行调控。因此通过 CGE 模型可以模拟和预测政策和经济活动的某一方面变动对国民经济的各个部门的影响。

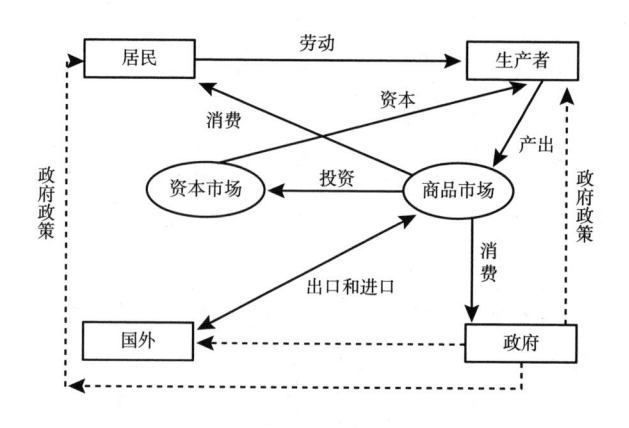

图 1 CGE 模型各要素内在联系

从 20 世纪 70 年代开始，CGE 模型在国外不断发展，研究方向从税收领域、贸易领域、环境领域逐渐扩展到汇率、社会保障、碳循环等方面，如 Hallaert，et al. （2010）、Baylor，et al. （1959）、Allan，et al. （2003）。随着资源环境问题的突出，特别是水问题日益严重，国内外学者通过将 CGE 模型引入水资源领域，研究主要涉及水市场与水权交易、水价、水资源配置、供水控制等子方面，解决了不少实际问题。例如 Gomez C. M. 等（2004）用动态的 CGE 模型研究了巴利阿里群岛中农业用水和城市居民用水的水交易问题以及对其部门产出效益的影响。严冬等（2007）以北京市为例通过改进 CGE 模型的收入方程，评价水价改革对价格水平、生产、用水量和水费收入的影响。Blignaut et al. （2009）利用宏观的比较静态的 CGE 模型，通过预测未来对水需求量的增长趋势来解决部门水资源分配问题，从而提出 ASGISA 方案。王勇等（2010）在 CGE 模型的基础上，通过对张掖市种植业产出规模进行模拟控制，得出水量的节约情况，从而合理调控配置水资源。Llop，et al. （2012）将生态部门引入 CGE 模型中研究了加泰罗尼亚水供求政策变化对经济、环境的影响情况。Hassan，R. et al. （2011）采用可计算一般均衡的方法研究供水、水资源分配、农村生计与水相关的政策的改革对整个经济的影响，并且通过模拟得到农作物用水定额，供水控制，减少灌溉土地分配给高价值的园艺作物的数量，可扩大农业生产和出口，实现农民就业。目前国内学术界对各项水资源政策问题大多数采用描述性研究，缺乏较为系统的各项水政策变化对经济影响的定量研究，因此定量估算各项水资源政策与经济变化的关系，探求之间的波动数值，这对建立合理的政策组合机制具有理论和实践意义。

（一）CGE 模型的理论假设

模型具体包括农业、工业、其他服务业（包括生活用水和生态环境用水）、建筑业四大产业部门，劳动和资本两大生产要素以及生产、投资、居民、企业、政府、国外和库存等八个主体要素。设置多情景模拟，分析了水资源政策变化对地区经济和水资源使用量的影响。本文以一般均衡理论为指导，模型设定一下基本假设。①生产假设：每一个活动部门只生产一种商品，并且规模报酬不变，优化条件是成本最小化和利润最大化。②消费假设：采用嵌套的 CES/Leontief 函数实现效用最大化。③贸易假设：小国假设，在给定价格条件下，国家的进、出口量不受限制，即国际价格不会因本国价格的变动而变动；阿明顿假设，国内生产的供应与国外进口同种产品之间是不完全替代的关系。优化条件是成本最小化和利润最大化。④市场假设：保证商品市场和要素市场出清。⑤闭合方式假设：设定充分就业，市场完全竞争，采用新古典主义闭合方式。

（二）浙江省水资源政策的 CGE 模型构建

假定所有生产部门的集合为 S，所有商品部门的集合为 C，所有部门的生产具有规模报酬不变的技术特性（赵永等，2008），按照投入—产出—主体—系统约束—水资源政策顺序构建五大模块。其中产出和投入两大模块组成了系统的生产活动。生产函数均用双层嵌套的 CES 函数表示，其生产结构如图 2 所示。

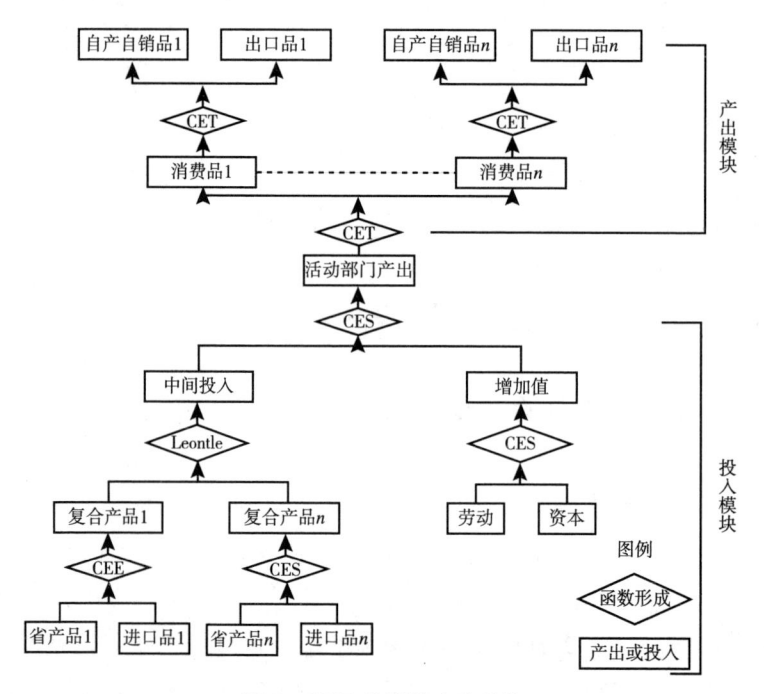

图 2 CGE 模型的生产结构

1. 生产投入模块

省内投入模块中顶层部门总产出是由增加值和中间投入合成的 CES 生产函数。中间层分别为中间投入和增加值两个部分，可以分开优化。就增加值而言，采用的是劳动、资本两要素的 CES 生产函数；中间投入是由各个复合产品的 Leontief 函数（列昂惕夫生产函数）；底层则是根据阿明顿假设，各种用于中间投入的复合产品供应是由省内品和进口品的 CES 函数。

$$QA_s = CES(QVA_s, QINTA_s) \quad (1)$$

$$QVA_s = CES(QLD_s, QKD_s) \quad (2)$$

$$PINTA_s \times QINTA_s = \sum PQ_c \times QINT_{cs}, s \in S, c \in C \quad (3)$$

$$QQ_c = CES(QDC_c, QM_c) \quad (4)$$

$$PM_c = pwm(1 + tm_c)EXR, c \in C \quad (5)$$

其中，QA_s 为省内生产活动的产出产品量；QVA_s 为各部门增值部分汇总量；QLD_s、QKD_s 分别为劳动资本要素的需求量；$QINTA_s$、$PINTA_s$、$QINT_{cs}$ 表示为中间投入总量、总价格和个量；QQ_c、PQ_c 分别为省内市场商品 c 的数量和价格；QDC_c 为省内生产省内使用商品 c 的数量；QM_c、PM_c 分别为进口商品 c 的数量和价格；pwm 为进口商品 c 的国际价格；tm_c、EXR 分别为进口税率和汇率。

2. 生产产出模块

对于各个活动部门的制成品，除了省内自产自销外，还需要考虑出口销售份额，分配额度受到国内外相对价格的影响，而出口价格又随着国际市场价格和汇率改变而变化。为实现收入最大化，以生产可能性边界来表示省内自销和出口之间的分配，由 CET 函数表示它们之间的转换关系。

$$Max \, PDA_s \times QDA_s + PE_s \times QE_s \quad (6)$$

$$s.t. \, QA_s = CET(PDA_s, PE_s) \quad (7)$$

$$PE_s = pwe_s(1 - te_s) \times EXR, s \in S \quad (8)$$

其中，QDA_s、PDA_s 分别为省内生产省内销售商品 s 的数量和价格；QE_s、PE_s 为省内生产商品 s 出口的数量和价格；pwe_s 为出口生产活动 s 商品的国际价格；te_s 为出口税率。

3. 主体机构模块

主体机构模块主要包括两部分：收入和支出，即居民、企业以及政府三方主体对商品要素供求的行为情况。从居民的角度分析，居民收入包括劳动力报酬、资本要素收入以及政府相应的转移支付；而居民支出包括商品消费、税费缴纳。从企业角度分析，企业收入来源由资本投入、政府对企业的转移支付构成；企业支出包括商品消费、要素消费、税费缴纳。从政府角度分析，政府收入来源于生产税以及企业、个人所得税；政府支出包括商品消费，对企业、个人的转移支付。各个主体机构的收入减去支出为各自的储蓄。

4. 系统约束模块

基于 CGE 经济系统中的前提条件，必须保证商品市场供求平衡，要素市场出清，国际收支平衡（张欣，2010），各条件均衡及其相关的闭合方程如下：

$$QQ_c = \sum QINT_{cs} + \sum QH_{ch} + \overline{QINV_c} + \overline{QG_c}, c \in C \qquad (9)$$

$$\sum QLD_s = QLS \qquad (10)$$

$$\sum QKD_s = QKS \qquad (11)$$

$$\sum pwm_c \times QM_c = \sum pwe_c \times QE_c + FSAV \qquad (12)$$

$$EXR = \overline{EXR} \qquad (13)$$

$$QLS = \overline{QLS} \qquad (14)$$

$$QKS = \overline{QKS} \qquad (15)$$

其中，QH_{ch} 为居民对商品 c 的需求；$QINV_c$ 为对商品 c 的投资的最终需求；QG_c 为政府对商品 c 的需求；QLS QKS 分别为劳动和资本的总供给量；$FSAV$ 为国外储蓄。其中，式（9）表示商品市场均衡，即省内自产自销的商品等于所有省内需求的；式（10）、式（11）表示为要素市场出清，即要求劳动力和资本的总需求等于总供给；式（12）、式（13）表示国际市场收支平衡，即贸易进出口平衡；式（14）、式（15）表示为新古典主义的宏观闭合条件。带横线的变量表示外生变量（李昌彦等，2014）。

5. 用水量及用水效率模块

为便于研究供水量、用水效率变化对地区经济的影响，引入水资源外置法，供水量研究方面采用以水定产法，而对于用水效率的研究采用的是投入法。在不改变原有模型的基础上将水资源约束"外挂"于 CGE 模型中，通过设定水政策变动方案，实现对地区经济效益的模拟，从而将水问题间接考虑在内。

$$DW_s = wc_s \times QA_s \tag{16}$$

$$DW_s \leq SW_{s0} \tag{17}$$

$$\rho_s = VADW_{s优}/VADW_{s实} \tag{18}$$

其中，DW_s 为部门用水量；wc_s 为用水强度系数；QA_s 为部门产出；SW_{s0} 为部门初始供水量；ρ_s 为部门用水效率；$VADW_{s优}$ 为部门目标单位增加值用水量；$VADW_{s实}$ 为部门实际单位增加值用水量。

三 水资源 CGE 模型的实证分析

（一）浙江省社会核算矩阵的编制

省级 CGE 模型是投入产出模型的改进，改进后以社会核算矩阵为主要数据基础。因此以浙江省最新的 2010 年投入产出表，2011 年浙江省统计年鉴以及浙江省水资源公报作为浙江省社会核算矩阵（PSAM）编制的数据来源。为使计算更加简便，该研究中 PSAM 仅包含劳动和资本两大生产要素，将 42 个国民经济生产部门合并为农业、工业、建筑业、服务业四大产业部门，机构主体也归并为居民、企业、政府以及省外其他地区（段志刚，2004），如表 1 所示。

表1 2010年浙江省宏观社会核算矩阵

单位：亿元

	商品	活动	劳动力	资本	居民	企业	政府	国际	省际	固定资本	存货增加	合计
商品		67715			10728		4119	12720	5628	17579	1032	119521
活动	90707											90707
劳动力				11068								11068
资本			9179									9179
居民			11068	107								11175
企业				9072								9072
政府	851	2746			132	688						4417
国际	16511											16511
省际	11452											11452
固定资本					314	384	298	3791	5824			10611
存货增加										1032		1032
合计	119521	70461	20247	11068	20353	1072	4417	16511	11452	18611	1032	

（二）参数标定

对于编制好的 PSAM 主要用于份额参数的计算，PSAM 中的数据与模型中构建的方程组结合来计算未知参数（如中间投入的投入产出消耗系数、税率、要素收入、分配份额等），在正常运行的情况下，标定参数后的模型经过再次调试生成的数据与初始均衡数据一致。然而对于模型中另一种弹性参数，一般情况下，通过贝叶斯参数估计方法依据其他信息和数据估计所得（如生产函数、增值函数、阿明顿函数、出口转换函数的弹性参数）（徐卓顺，2009），由于数据获取的有限性，在本文研究中该类弹性参数的标定参考了王敬峰、陈波以及周焯华等（赵永等，2008；周焯华等，2002）研究的弹性参数值，并对相关部门进行加权平均处理。

四 水资源政策情景模拟和仿真分析

（一）情景模拟设计

本文使用 GAMS 软件对省级 CGE 模型进行求解，通过供水量、用水效率以及用水结构的变化来评估经济系统一般均衡的影响，从而对浙江省水资源政策所带来的经济效果进行分析。为更加直观地反映水资源政策与经济系统的关联情况，本文以工农业水政策变化为例，研究工农业供水量，工农业用水效率以及农业供水资源转移量平均变化在5%的时候，分别对地区GDP、水资源使用量、劳动力需求以及居民收入的影响情况。

（二）三种水资源政策的模拟分析

1. 供水量变化模拟结果分析

表2列1、列2分别为农业、工业供水量减少了5%的模拟结果。结果显示，供水量减少会使区域水资源使用量减少（-0.02197），从而引起整个地区经济出现短期萎缩现象。由于水资源在生产中存在不可替代性，致使与水资源密切相关部门的产出呈现不同程度的减少。在农业供水减少了5%的情况下，农业产出减少，随即对农村劳动力进行适当削减，同时由于需求减少（-0.01818），其劳动报酬也会出现小幅下降；工业供水量减少模拟结果与之相反。在国内商品需求不变的情况下，由于部门产出减少，供给减少致使商品价格上升，这样一来地区农村居民实际收入和城镇居民实际收入均呈现下降趋势（-0.00098和-0.00104）。综合所有可考虑因素，较基期相比，地区GDP减少（-0.00094），从而导致整体的社会福利也有所减少。

总之，该项政策模拟虽然水资源使用量减少，但各部门总产出出现下降，从而导致了居民收入水平的下降。

2. 用水效率变化模拟结果分析

表2列3、列4分别为农业、工业用水效率增加了5%的模拟结果。结果显示，当农业用水效率提升了5%时，农业水资源浪费减少，水资源得到大量节约，使得区域水资源使用量降幅明显（-0.03482），除建筑业（-0.00019）以外的其他产业部门产值均上升，由于用水效率的提升，这导致农业水资源的边际贡献率提高，刺激了农业生产，农业部门产

出的大幅增加。由此，对农村劳动力的需求增加（0.04614），劳动报酬相应提高，致使报酬相对较少的进城务工人员返乡工作，城镇劳动力出现小幅下降（-0.00320）。在国内商品需求不变的情况下，各部门产出增加，供应增多，致使各部门产品价格降低，地区农村居民实际收入和城镇居民实际收入均呈现上升趋势（0.00268 和 0.00260）；与农业用水效率所引起的经济效果相比，工业用水效率的提升所造成的经济系统变化幅度更加明显，对地区 GDP、工业各部门产出、城镇劳动力需求以及居民收入都产生了积极的正面促进作用。

该项政策在充分考虑其他因素的情况下，模拟效果是良好的，除了在劳动力需求方面工农业存在差异，出现消极的负面阻碍情况，就其他经济变量考虑，其积极作用是明显的。

3. 用水结构变化模拟结果分析

表 2 列 5 是将 5% 的农业供水转移到工业的模拟结果。结果显示，将农业 5% 的供水向工业转移，短期内会导致水资源使用量出现微增长

表 2　各项政策模拟结果

变量	基期数值（亿元）	农业供水量 -5%　列 1	工业供水量 -5%　列 2	农业用水效率 5%　列 3	工业用水效率 5%　列 4	水资源农转工量 -5%　列 5
1 地区 GDP	44882.167	-0.00094	-0.00357	0.00242	0.00831	0.00512
2 农业产出	2228.754	-0.01955	-0.00140	0.04987	0.00386	-0.01687
3 工业产出	60266.180	-0.00005	-0.02320	0.00019	0.04974	0.03675
4 建筑业产出	7712.111	0.00009	-0.00087	-0.00019	0.00277	0.00204
5 服务业产出	21436.942	-0.00006	-0.00119	0.00021	0.00343	0.00237
6 农村劳动力需求	1206.999	-0.01818	0.00196	0.04614	-0.00309	-0.02058
7 城镇劳动力需求	3982.537	0.00129	-0.01341	-0.00320	0.02851	0.02243
8 居民收入	10871.941	-0.00098	-0.00302	0.00254	0.00719	0.00426
9 农村居民收入	3178.458	-0.00098	-0.00302	0.00268	0.00709	0.00426
10 城镇居民收入	7693.000	-0.00104	-0.00296	0.00260	0.00725	0.00432
11 水资源使用量	220.080	-0.02197	-0.01455	-0.03482	-0.01329	0.00064

(0.00064),地区经济水平有所提高。由于水资源的特殊性,缩减农业供水量势必导致农业产出减少,而随着工业用水的增加,其他部门产出也相应增加(0.03675、0.00204和0.00237)。由于工农业产出的不同向变化,造成工农业对劳动力需求存在差异,城镇劳动力需求增加,农村剩余劳动力向城镇转移,促进就业。在国内需求不变的情况下,由于除农业部门以外其他部门产出增加,供大于求,价格下降,地区农村居民实际收入和城镇居民实际收入均呈现上升趋势。

(三) 不同水资源政策的冲击强度敏感性分析

政策敏感性分析的目的是考察不同政策冲击强度正向(-15%~0)或负向变化(0~15%)对经济系统的影响。这里主要考虑了工农业供水量、用水效率以及水资源农转工三种政策在(-15%~0)或(0~15%)变动范围内对地区 GDP、水资源使用量的敏感性大小。

1. 三项政策对地区 GDP 的敏感性分析

如图 3 所示从整体趋势看,各项政策变动与 GDP 变动不同步,随着政策变动强度的增大,GDP 变化速度减缓。分区域进行考虑,水资源农

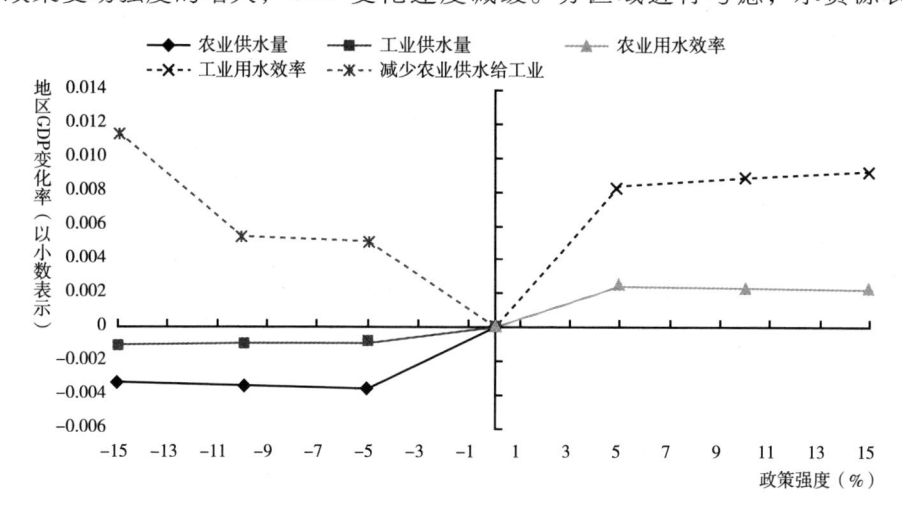

图 3 同强度下各项政策冲击对地区 GDP 的影响程度

转工、农业用水效率、工业用水效率的变动对GDP增长产生正向促进作用，其中提高工业用水效率对地区GDP冲击最大，水资源农转工政策次之；减少工农业供水量都会对地区GDP增长产生短期的负向阻碍作用，其中减少工业供水量的阻碍作用最强。

2. 三项政策对地区水资源使用量的敏感性分析

在 -15%~0%或0%~15%范围内，各项政策调整对水资源使用量影响程度模拟结果如图3所示。可以看出，在水资源节约方面，各项政策均达到了期望的结果。较基期相比，除水资源由农业转工业政策调整对水资源使用量出现轻度增长外，其他政策的水资源使用量均有所下降，最终水资源使用量变化幅度趋于平缓；从影响强度层面看，提高农业用水效率对减少水资源使用量的作用最强，减少农业供水量次之，提高工业用水效率的影响作用相对最弱，而水资源农转工政策对水资源使用量存在负面阻碍作用。

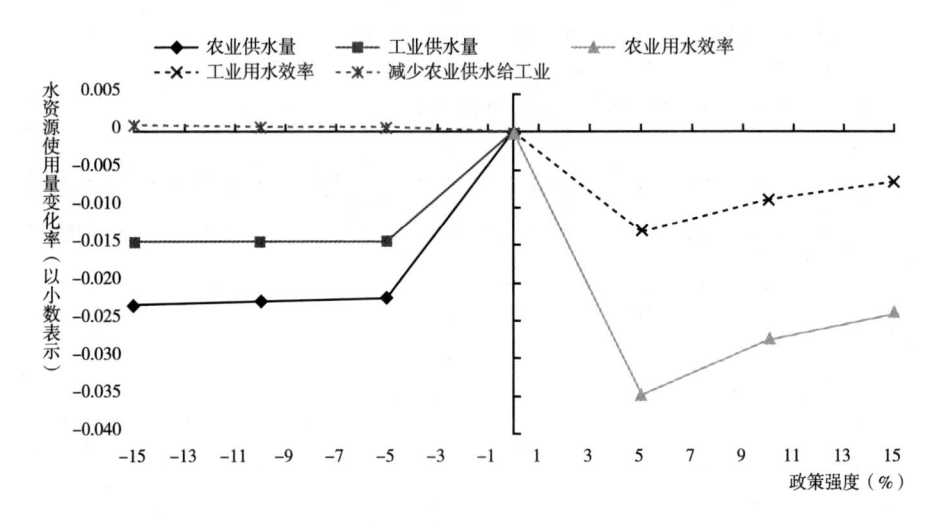

图4 不同强度下各项政策冲击对水资源使用量的影响程度

五 结论与展望

浙江省水资源丰富但水体污染严重，属于水质型缺水省份，再加上全球气候变暖，各地干旱程度加重，水资源短缺严重影响了浙江省经济的发展。据统计，2013 年浙江省农业用水占总用水量 41%，高出工业用水量的两倍，产值却是工业产值的 5%。这说明，工农业水资源贡献率存在较大差异，因此要达到节约用水资源的目的，缓解水资源供求压力，需从控制供水量、提高用水效率、调整用水结构三个方面着手。文章结合浙江省实际水资源的使用情况，通过外置法，将水资源外挂于 PCGE 模型，以工农业水资源政策变化作为切入点，对不同政策下浙江省的生产潜力以及水资源使用量情况进行评估和比较，从而确定各项政策选择的优先度，主要结论为以下几个方面。

（1）提高工农业水资源利用率是提高经济水平，缓解水资源短缺压力的最优策略。基于 2010 年浙江省经济水平以及水环境政策的条件下，在水资源利用率以 5% 的幅度增加时，区域水资源使用量降幅明显，节水效果相对较好；区域经济水平增幅显著，社会整体福利提高；劳动力需求增加，刺激就业；居民真实收入增多，生活水平上升。因此农业方面要在节水灌溉和雨养农业两个部分进行技术提升（X. Deng，2006），大力推广智能节水灌溉和雨水采集技术，减少水资源在运输和储存过程中的泄漏与蒸发，积极发展集约化、精细化的现代智能节水农业。工业方面应加大工业技术创新力度，工业废水净化处理，提高水资源循环利用次数（S. P. Bindra，2003）。

（2）合理调整用水结构，实现水资源行业外分配是提高经济水平的次优策略。基于地区经济发展的实际情况，工业用水边际贡献率远高于农业，也就是说，工业单位水资源为地区所创造的价值量要多于农业，将农业供水资源以 5% 的幅度转移至工业时，短期内为地区带来了较高的价值量，城镇劳动力需求增加，农村剩余劳动力向城镇转移，在一定程度上促进就业，但区域水资源使用量出现小幅增长，未达到节水目的。因此对于供水资源向高贡献率的工业转移时，要注意转移额度的控制，并且在为地区创收时，对农业做出适当比例的用水补偿。

（3）控制工农业供水量是缓解供水压力的可行策略。供水量与部门产出同向变化，由于水资源在生产过程中的不可替代性，供水量减少将引起整个地区经济出现短期萎缩，劳动力需求减少，就业情况下降，居民收入减少，整体社会福利下降，但在节约水资源方面却有明显的效果。因此控制供水量方面要注意适度性，在保证地区经济不变的情况下，减少供水量。农业方面进行有限灌溉，工业方面加快高耗水产业改革。

参考文献

［1］Bindra S. P., Muntasser M., El Khweldi M., et al., "Water Use Efficiency for Industrial Development in Libya," *Desalination*, 2003, 158 (1-3): 167-178.

［2］Blignaut J., van Heerden J., "The Impact of Water Scarcity on Economic Development Initiatives," *Water SA*, 2009, 35 (4): 415-420.

［3］Deng X., Shan L., Zhang H., et al., "Improving Agricultural Water Use Efficiency in Arid and Semiarid Areas of China," *Agricultural Water Management*, 2006, 80 (1-3): 23-40.

［4］Gomez C., Tirado D., Rey Maquieira J., "Water Exchanges Versus Water Works: Insights from a Computable General Equilibrium Model for the Balearic Islands," *Water Resources Research*, 2004, 40 (W1050210).

［5］Hassan R., Thurlow J., "Macro-micro Feedback Links of Water Management in South Africa: CGE Analyses of Selected Policy Regimes," *Agricultural Economecs*, 2011, 42 (2): 235-247.

［6］Llop M., Ponce Alifonso X., "A Never-Ending Debate: Demand Versus Supply Water Policies. A CGE Analysis for Catalonia," *Water Policy*, 2012, 14 (4): 694-708.

［7］"Management of Agricultural drought Risk Analysis in Jiangsu Province," *2011 2nd IEEE International Conference on Emergency Management and Management Sciences* (*ICEMMS*), 2011: 617-620.

［8］邓群、夏军、杨军等：《水资源经济政策 CGE 模型及在北京市的应用》，《地理科学进展》2008 年第 3 期，第 141~151 页。

［9］段志刚：《中国省级区域可计算一般均衡建模与应用研究》，华中科技大学博士毕业论文，2004。

［10］李昌彦、王慧敏、佟金萍等：《基于 CGE 模型的水资源政策模拟分析——以江西省为例》，《资源科学》2014 年第 1 期，第 84~93 页。

［11］王克强、李国军、刘红梅：《中国农业水资源政策一般均衡模拟分析》，《管理世界》2011 年第 9 期，第 81~92 页。

［12］王勇、肖洪浪、邹松兵等：《基于可计算一般均衡模型的张掖市水资源调控模拟研究》，《自然资源学报》2010 年第 6 期，第 959~966 页。

[13] 徐卓顺:《可计算一般均衡（CGE）模型：建模原理、参数估计方法与应用研究》,吉林大学,2009。
[14] 严冬、周建中、王修贵:《利用 CGE 模型评价水价改革的影响力——以北京市为例》, http://www.cnki.net/KCMS/detail/detail.aspx? FileName = ZGRZ200705015&DbName = CJFQ2007,2007 年 10 月 15 日。
[15] 张欣:《可计算一般均衡模型的基本原理与编程》,2010,第 272 页。
[16] 赵永、王劲峰:《经济分析 CGE 模型与应用》,2008。
[17] 周焯华、杨俊、张林华等:《CGE 模型的求解方法、原理和存在问题》,《重庆大学学报》(自然科学版) 2002 年第 3 期,第 142~145 页。

国际天然气市场一体化新进展及其对中国的启示[*]

张希栋　张晓[**]

一　引言

随着世界经济的发展，化石能源消费的不断增长，随之而来的环境问题愈发引起世界各国重视。当前国际社会普遍关注的气候变化问题，以及国内社会普遍关注的"雾霾"问题，都与化石能源的使用有密切的联系。目前，由于技术性和经济性限制，可再生能源尚未达到大规模利用的程度。在所有的化石能源中，天然气是含碳量最低的能源资源，由于其燃烧时对环境污染较小，对其的需求在迅速增长，这种趋势预计将持续到2035年（EIA，2010）。作为相对清洁的能源，天然气的发展和消费受到了世界各国的普遍关注。一体化的天然气市场能够在一定范围内更有效地配置天然气资源，充分发挥其环境经济价值，这对于目前饱受"雾霾"困扰的中国，意义尤其重大。因此，讨论区域以及国际天然气市场一体化进展，对中国天然气发展和消费政策的制定具有一定启示

---

[*] 基金项目：本文为中国社会科学院哲学社会科学创新工程项目"促进生态文明建设的绿色发展战略与政策模拟研究"的部分研究成果。

[**] 张希栋，男，汉族，山东临沂人，中国社会科学院研究生院在读博士研究生，主要研究方向为能源经济与环境、可计算一般均衡模型的应用；张晓，女，汉族，北京人，中国社会科学院数量经济与技术经济研究所，研究员，博导，主要研究方向为环境经济学。

作用。

市场一体化是指不同地域或不同国家对同种商品的交易价格没有系统性影响（P. K. Goldberg，et al.，2010）。就本文所讨论的天然气而言，其市场一体化是指在一定的区域范围内，不同的天然气市场中消费者与生产者受到同一供求关系的调节，而不受任何自然地理、体制机制等非市场因素的影响。本文总结概括了当前国际天然气市场的特点以及面临的机遇与挑战，据此，可以探寻未来国际天然气市场的发展方向，也可以为我国天然气产业的发展提供政策借鉴和决策依据。

二 国际天然气市场特点

就天然气而言，典型特点是在常温下以气态的形式存在且资源分布地点与消费地点相距甚远，也就决定了天然气商品运输方式的特殊性：主要是通过管道运输，而以液化天然气的运输方式比较少。管道的建设需要大规模的投资，因而管道运输服务业的发展往往伴随自然垄断的形成，这在很大程度上决定了天然气市场首先是地区性的。目前，国际天然气市场主要分为北美、欧盟以及亚太三个区域市场（B. Siliverstovs，et al.，2005）。

（一）北美天然气市场特点

北美天然气市场主要由美国天然气市场和加拿大天然气市场组成。而以美国为首的北美国家对天然气行业进行的市场化改革成为北美天然气市场自由化的重要转折。其中比较重要的改革措施有：规定管道公司提供公开准入服务，将天然气的生产、输送与销售服务进行拆分等。

从天然气的供给来说，在经过市场化改革之后，北美天然气价格基本上形成了由市场竞争决定的状态。在天然气的生产领域，众多生产商相互竞争勘探开发业务；在管道运输领域，由于公开准入的实施，打破了管道公司单一垄断的运营模式，不同的管道公司竞争日趋激烈。此外，随着天然气市场的发展，逐渐形成了亨利港天然气交易中心，天然气市场价格不再跟可替代能源（国际原油）的价格挂钩，从而实现了不同气源之间相互竞争的定价模式。因此，北美天然气市场已经形成了基本由市场竞争决定的一体化市场。

不过，从天然气的需求来说，北美天然气市场也并非是完全一体化的，主要是因为天然气最终用户对天然气的使用行为不同。商业和居民消费者从地方配气公司（以下简称"LDC"）购买天然气，LDC凭借长期契约来购买天然气，而以管制价格卖给商业和居民消费者，并且商业和居民用户不容易在其他可替代能源上进行转换；而大用户使用天然气的方式更加灵活，不仅可以绕过LDC而选择竞争性的期货市场，而且易于在天然气与其他石油产品之间进行转换（S. Brown, et al., 2009）。因此，这就决定了天然气市场在短期内由供求决定，但是仍然受非市场因素（如体制机制）的影响（H. Mohammadi，2011）。尽管如此，这并不妨碍北美国家在天然气行业改革中所取得的巨大成功，其市场化程度在全球范围内是最为领先的。

（二）欧盟天然气市场特点

欧盟天然气市场以欧盟成员国天然气市场为主要组成部分。该地区天然气市场近期也在推行天然气产业的市场化改革，主要目标是形成欧盟内部一体化的天然气市场。从1998年至今，欧盟先后出台了三项重要的改革指令，包括实施第三方准入，解除输气管网以及大中型配送管网的绑定，明确国家监管机构的作用和责任等一系列重要举措。

经过欧盟对天然气市场的改革，天然气市场一体化开始显现。有学者运用时变卡尔曼滤波对在贸易中心NBP（英国天然气期货贸易中心）、泽布吕赫（比利时天然气期货贸易中心）以及邦德（德国-荷兰边界天然气期货贸易中心）每天的日前股市收购价数据进行分析，发现其价格呈现一定程度的趋同现象（B. Siliverstovs, et al., 2006）；此外，还有学者在对芬兰、法国、爱尔兰、荷兰、西班牙、英国年度天然气价格进行分析后，也得出类似结论（T. Robinson，2007）。

然而，欧盟要实现欧盟内部的天然气市场一体化，除了像北美国家一样需要对天然气产业实行一系列改革之外，还面临以下几个重要问题。第一，欧盟内部国家众多。尽管在欧盟层面有欧盟委员会对天然气行业进行统一监管，但是，各国均设有独立的监管机构，不同国家的体制机制存在差异，这导致欧盟内部统一的天然气政策执行缓慢。第二，各国天然气产业发展水平不一致。英国天然气产业市场化程度较高，而法国、意大利等国天然气产业垄断较强，这就决定了建立一个统一的天然气市场还需要长时间的过渡。第三，俄罗斯作为欧盟的重要天然气供应商，对供给欧盟的天然气定价一直坚持签订与油价挂钩的"照付不议"合约，在一定程度上降低了欧盟天然气市场价格的灵活性，不利于形成一体化的天然气市场。

（三）亚太天然气市场特点

日本、韩国、中国目前为全球液化天然气进口前三名。而日本与韩国由于自身天然气赋存不足，基本上依赖于从世界其他国家进口；此外，由于地理位置的特殊性，天然气的进口方式基本上依赖于海运液化天然气形式。亚太地区尤其是日本、韩国、中国大陆、中国台湾的液化天然气贸易定价源自日本。这是由于日本当年引进液化天然气主要是为了替代原油发电，因此在长期合同中采取了与日本进口原油加权平均价格挂钩的定价方式。因其定价方式主要参照国际原油价格，在当前世界油价相对较高的情况下，亚太地区进口的 LNG 价格明显偏高。但是仅就该区域的市场化程度而言，中国市场化程度不足，而日本与韩国则处于较高水平（刘满平，2008）。

与欧洲采取的与石油挂钩的长期协议价格以及"交易中心定价"两种定价机制不同，在亚太市场，与石油挂钩的长期协议价格占据了主导地位。因此，未来建立亚洲天然气市场新的定价机制，在大量天然气购买中为中国及亚洲其他国家争取利益，应该成为中国天然气发展战略的重要目标。

三 国际天然气市场一体化面临的机遇与挑战

由于气候变化问题在全球范围内日益受到重视，天然气已成为世界各国优化能源结构、降低温室气体排放的一致选择。正是基于此，逐步建立能够反映供求关系，保证适度竞争，从而形成一体化的天然气市场成为未来国际天然气市场的发展方向，国际天然气市场的一体化进程正面临前所未有的机遇。

当前新兴的天然气市场基本上内部产量不足，如中国、印度（Franziska Holz, et al., 2013）。因而天然气的需求缺口巨大，能够接受的价格水平也较高。而美国由于对天然气行业成功改革以及技术上的突破，页岩气行业迅速发展，国内天然气的产量远高于消费量。在此背景下，美国正在从天然气净进口国向天然气净出口国转变。而这对于世界天然气市场的影响将是巨大的，如果美国完全放松对天然气的出口限制，将会极大地缩减天然气的地区价差，从而促进国际天然气市场的一体化。

目前天然气主要通过管道以及液化天然气（LNG）方式进行运输。地理位置毗邻的国家之间往往通过管道进行运输，主要是因为以 LNG 方式进行运输成本较高。而全球 LNG 贸易主要是出现于管道运输不便的区域与区域之间。LNG 灵活的运输方式，不但为天然气厂商提供了套利机会，也有利于促进区域之间的市场一体化。当前，国际上主要的 LNG 生产国集中在中东以及非洲，而消费地主要是欧洲以及日韩等国家和地区，地理位置上的不便也决定了从中东以及非洲向欧亚出口天然气的贸易主要是以液化天然气的形式。与此同时，俄罗斯也开始扩大其 LNG 出口，并且主要面向亚洲的日韩两国。而美国也正在加强同非自由贸易协定国的 LNG 贸易合作（白桦，2014）。因此，全球 LNG 贸易的稳步增长将会推动国际天然气市场的一体化。

从欧盟的角度出发，其内部天然气产量不断下降，而需求则不断上升，因此进口量将持续增长（Stefan Lochner, et al., 2009）。欧盟供给主要依赖于俄罗斯、挪威以及阿尔及利亚，其中对俄罗斯的天然气依存度约为19%，又以东欧国家对俄罗斯的天然气依赖尤甚。2009年1月俄罗斯与乌克兰的天然气之争以及2011年的利比亚危机都给欧盟成员国尤其是东欧国家造成了短期的供给中断，欧盟日益意识到天然气能源供给安全的重要性，因而在努力完善天然气市场机制的同时采取多元化进口的策略。而这一方面会促进天然气市场的国际一体化，加强欧盟与其他供气区域的市场联系；另一方面也给未来俄罗斯对欧盟的天然气出口带来竞争压力。此外，对俄罗斯而言，上半年爆发的乌克兰危机，使得俄罗斯面临美国与欧盟的双重压力。在此背景下，俄罗斯急需拓宽天然气出口渠道，以亚洲峰会为契机，俄罗斯与中国签订了30年总价值约4000亿美元的天然气购销合同。这项谈判也很可能为俄罗斯与韩国、俄罗斯与日本提供谈判基础。因此，仅就俄乌冲突而言，对国际天然气市场的一体化或许是利好的。

最后，天然气市场定价方式的转变。北美国家由于天然气市场化进行得最为深入，其天然气定价机制已摆脱了与国际原油价格挂钩的方式，实现了按照市场供需来决定的气与气之间的竞争定价模式；欧盟国家则正处于向天然气市场化过渡的转型阶段，其天然气定价机制虽仍然受国际原油价格影响，但是正在转向基于枢纽定价并且天然气价格也逐渐显现出脱油化的趋势（徐斌，2014）。此外，美国正在积极拓展与非自由贸易协定国的LNG贸易合作，并且购销协议不再采用与国际原油价格挂钩的方式，而是采用与亨利中心气价挂钩的模式。尽管目前世界上绝大多数地区之间的天然气贸易仍然摆脱不了对国际原油价格以及长期合约的依赖，但是在国际原油价格相对较高的情况下，以气价为基准的定价方式的转变必然会对以原油价格为基准的定价方式造成冲击，有利于推动国际天然气市场一体化的发展。

从地区的角度而言，目前国际天然气市场主要包括北美、欧盟以及亚太三大区域市场。其中欧盟与亚太天然气市场价格呈现一定的联动性，国际天然气市场一体化开始显现。然而，由于资源禀赋、政治体制以及市场机制等因素的制约，世界上绝大多数国家的天然气市场竞争程度不足，地区之间的天然气贸易往往是基于双边垄断（买方和卖方）而非竞争的形式，国际天然气市场一体化进程困难重重。

最明显的一个例子是俄罗斯,其不仅将天然气作为一种贸易品,更是将其作为外交的一种手段。欧盟的天然气供给主要依赖于俄罗斯、挪威以及阿尔及利亚等,而俄罗斯作为欧盟等国的传统供给商,其在欧盟销售的天然气价格比挪威以及阿尔及利亚对欧盟的天然气销售价格要低(Frank Aschea,2002)。这其中固然有俄罗斯天然气资源丰富并且对欧盟的出口已经形成规模经济性等原因,然而也有其借助较低的天然气价格提高在欧盟天然气市场的占有率,借此增强自身对欧盟的政治影响力,从而加强在国际重大事务上的话语权以及斡旋能力。因此,俄罗斯的天然气贸易并不仅仅反映市场供需,还被赋予了政治动机。

此外,美国 LNG 出口能力低于期望值。美国作为超级大国,为了削弱俄罗斯在国际上的能源影响力,也为了自身的经济利益和战略利益,已经启动了向欧亚出口液化天然气的项目。然而,如果美国大量出口天然气,尽管对世界天然气市场一体化是利好的,但这必然抬高其国内能源价格水平,从而使得各行业生产成本高企。此外,天然气的大量出口,将会促进美国国内其他污染较高的能源消费,也正是基于此,美国的环保组织一直对其持反对态度。因而,虽然美国取得了页岩气革命的胜利,改变了天然气净进口国的地位,然而其对世界出口天然气的潜在能力尚取决于美国国内各种势力的角逐。

四 国际天然气市场一体化对中国的启示

为了改变高污染、高排放的能源消费结构,我国正大力提高天然气在能源消费结构中的比例,然而随着市场的逐步扩大,天然气市场机制弊病凸显,如何提高天然气作为清洁能源的配置效率,建立一体化的天然气市场,欧美等国家和地区为此提供了经验借鉴。不过就目前市场状况而言,国际天然气市场一体化程度不足,区域天然气市场也分割严重。一方面是由于世界各国的政治体制、市场组织形式千差万别;另一方面则是由于自然地理、运输方式等限制了天然气的自由流动;当然,也有天然气作为能源商品的特殊因素。但是,天然气市场的国际一体化特征正日趋明显,或许在不远的将来,天然气可以像石油产品一样,真正形成一体化的国际市场。在此背景下，对我国天然气产业的发展，又有何启示呢？

第一，理顺天然气价格形成机制。我国国内天然气价格明显偏低，不仅低于柴油、汽油的价格，在考虑到环境成本条件下，也低于煤炭价格。价格偏低一方面会造成不合理消费，另一方面则不利于天然气工业的良性发展。此外，进口气价高于国内天然气出厂价格甚至是门站价格，而销售时，按照国内天然气价格定价，这也不利于企业的进口积极性。天然气作为我国未来能源发展的主要方向，形成完善的市场化定价机制势在必行。但是就目前我国现实国情而言，应该以放松天然气价格管制，逐步调整天然气价格作为主要目标。

第二，实行多元化的进口战略。进口来源国单一容易造成能源供给中断的风险，也不利于形成竞争性的天然气进口格局。比如东欧国家的天然气供应严重依赖于俄罗斯，不仅在天然气定价的谈判上处于被动地位，能源供给安全也面临严峻挑战。而随着未来我国天然气需求的大幅增加，也需要从多个国家进口天然气以保障我国能源安全。不仅要重视与俄罗斯、土库曼斯坦、哈萨克斯坦等中亚国家以及缅甸在陆上管道天然气进口的合作，同时也要加强与卡塔尔、澳大利亚、印度尼西亚和马来西亚在海上引进 LNG 的合作，形成全方位、多渠道的天然气进口格局。

第三，加强天然气基础设施建设。天然气产业作为一种资本密集型行业，增加基础设施投资对于行业的良性发展有重要意义。美国的管输网络包括至少 305000 英里的洲际和洲内输送管道，1300 余家地方配气公司以及 120 余家地下储气库运营商（EIA，et al.，2009）。我国天然气能源储存基本分布于经济欠发达地区，而消费需求旺盛的东部沿海地区，资源分布较少。相对于美国，我国目前天然气管道不足 10 万千米，地下储气库储气能力有限，基础设施尚不健全，而完善的基础设施建设是确保天然气自由流动的必要条件。对此，应合理规划、大力发展天然气输送管网，建立足够的地下储气库，形成一体化的管道运输、储藏、分配体系。

第四，增加页岩气勘探开采技术投资。美国的页岩气革命使得美国国内天然气产量大幅度提高。我国国内也蕴含丰富的页岩气资源，然而传统的天然气开采技术并不能有效地开发页岩气。因此，一方面要积极拓展与北美拥有页岩气开发技术的公司进行合作，引进核心技术；而另一方面则需要我国加大自主研发投入力度。也只有技术的提高，才能加快天然气的开采步伐，逐步实现以国内天然气为主，进口气为辅的天然气使用格局。

第五，参与天然气定价机制设计。目前，国际天然气市场尚没有定价的统一标准。而我国天然气的进口正在呈现多元化发展趋势，价格本身成为国际天然气贸易关注的重要环节，而建立什么样的定价机制对天然气的贸易国更是影响深远。北美国家逐渐形成了亨利港天然气交易中心，真正实现了气与气之间相互竞争的定价模式。而欧盟天然气市场也在转向基于枢纽的定价模式。国际发达经济体天然气的定价模式为我们提供了可供借鉴的发展方向。此外，定价机制的设立尚需时日。短期来看，应该加强亚太之间（主要是日本和韩国）的区域合作，利用世界LNG进口最大区域的地位，形成买方市场的优势，争取定价话语权。

参考文献

[1] Brown S., Yücel M. K., "Market Arbitrage: European and North American Natural Gas Prices," *Energy Journal*, 2009 30, : 167–186.

[2] Dieckhöner C., Lochner S., Lindenberger D., "European Natural Gas Infrastructure: The Impact of Market Developments on Gas Flows and Physical Market Integration," *Applied Energy*, 2013 102, : 994–1003.

[3] EIA, "Natural Gas," http://www.eia.doe.gov/oil_gas/natural_gas/info_glance/natural_gas.html, 2009.

[4] EIA, "International Energy Outlook," http://large.stanford.edu/courses/2010/ph240/riley2/docs/EIA-0484-2010.pdf, 2010.

[5] Frank Aschea, Petter Osmundsen, Ragnar Tveteråsa, "European Market Integration for Gas? Volume Flexibility and Political Risk," *Energy Economics*, 2002, 24 (3): 249–265.

[6] Franziska Holz, Philipp M. Richter, Christian von Hirschhausen, "Structural Shift in Global Natural Gas Markets—Demand Boom in Asia, Supply Shock in the US," *DIW Economic Bulletin*, 2013 (3): 13–20.

[7] Goldberg P. K., Knetter M. M. *Goods Prices and Exchange Rates: What Have We Learned?*, National Bureau of Economic Research, 1996.

[8] Mohammadi H., "Market Integration and Price Transmission in the US Natural Gas

Market: From the Wellhead to End Use Markets," *Energy Economics*, 2011, 33 (2): 227 - 235.

[9] Neumann A., Siliverstovs B., Hirschhausen C., "Convergence of European Spot Market Prices for Natural Gas? A Real-time Analysis of Market Integration Using the Kalman Filter," *Applied Economics Letters*, 2006, 13 (11): 727 - 732.

[10] Robinson T., "Have European Gas Prices Converged?," *Energy Policy*, 2007, 35 (4): 2347 - 2351.

[11] Siliverstovs B., L'Hégaret G., Neumann A., et al., "International Market Integration for Natural Gas? A Cointegration Analysis of Prices in Europe, North America and Japan," *Energy Economics*, 2005, 27 (4): 603 - 615.

[12] Stefan Lochner, David Bothe, "The Development of Natural Gas Supply Costs to Europe, the United States and Japan in a Globalizing Gas Market—Model-based Analysis Until 2030," *Energy Policy*, 2009 (37): 1518 - 1528.

[13] 白桦:《美国能源部加快批准 LNG 出口项目 全球天然气贸易格局可望改变》,《国际石油经济》2014 年第 1 期, 第 1 ~ 2、13 ~ 14 页。

[14] 刘满平:《借鉴国际经验 推进天然气价格改革》,《中国能源》2012 年第 2 期, 第 34 ~ 36 页。

[15] 徐斌:《中国如何面对全球天然气市场》,《能源》2014 年第 1 期, 第 94 ~ 97 页。

青岛蓝色经济区产业配套率提升对策研究

张志耀　李立[*]

2011年年初国务院正式批复《山东半岛蓝色经济区发展规划》，这标志着山东半岛蓝色经济区建设正式上升为国家战略，成为国家海洋发展战略和区域协调发展战略的重要组成部分。青岛作为山东半岛经济的龙头城市，在半岛蓝色经济发展中具有举足轻重的作用，这对青岛的产业发展和结构调整提出了更高的要求。随着全国全方位的开放，外资企业的国民化待遇落实，全国范围内公平竞争市场准入制度不断完善，过去以垄断性的特区型优惠和让利返税为重点的政策型优惠即将终结，投资者对投资环境的关注正在从政策、税收优惠转向产业配套能力，以增强企业的综合竞争实力。

国内外区域经济和产业发展实践证明，任何一个富有活力和竞争力的区域性产业都不可能孤立发展；相反，在某一地域发达的优势产业背后，必定有发达的配套体系存在。产业配套水平的提高会产生强烈溢出效应，并将对产业结构的转型升级、对主导企业竞争能力的提升产生重要的推动作用。长三角、珠三角区域经济快速发展的根本动力是其优良的产业配套能力，对投资形成强大的吸引力，并形成了"产业配套提

---

[*] 张志耀，男，山西人，青岛科技大学经济与管理学院教授，研究方向为技术经济和数量经济；李立，任教于青岛科技大学经济与管理学院。

升—吸引投资—产业聚集—产业配套优化"的良性循环。本文以青岛蓝色经济区为对象，分析讨论青岛蓝色经济产业配套体系和提升配套能力的发展对策。

一 产业配套和蓝色经济的内涵

（一）产业配套内涵

产业配套实际上是随着生产经营不断分工而引起的专业化和社会化不断加深的产物，是经济发展的必然结果。产业配套一般呈现为产业内配套和产业间的配套。狭义的产业配套是指在整个生产链条中以一个主要生产环节为核心，其他生产环节跟进配合而形成的生产技术联系；广义的产业配套不仅包括产业领域内生产技术环节的联系，还包括为本产业发展提供服务和支撑要素的各个社会服务环节。区域内产业配套是指围绕主导产业和龙头企业，所形成的与企业生产、经营、销售过程具有内在联系的上游和下游相关产业，以及与之相关的产品推介、资源整合、消费市场开发等支撑要素。产业配套的类型根据实现方式的差异可分为：市场交易配套型，即配套的对象、数量、规格等要求均来自市场供求信息，配套各方之间的生产技术联系的实现主要通过市场交易；订单合同配套型，即配套产品的数量、规格和要求等内容均以订单合同的形式给定；战略联盟配套型，即配套企业之间基于长期发展战略方面的利益，通过长期的盟约而实现的企业配套联系；股权结盟配套型，即关联企业以参股入股的方式增强双方的内在联系；企业内部配套型，即不需要经过市场交易，通过企业自制实现产业协调，具有交易成本低、信息反馈快等优势，等等。

产业配套能力是指投资后在企业成长过程中，与企业的生产、经营、销售过程具有内在经济联系的上游和下游的相关产业、产品、人力资源、技术资源、消费市场主体等支撑条件。配套能力的强弱在一定条件下对企业的成长，投资的吸引力起决定性作用。

(二）蓝色经济区的内涵

"蓝色经济"简单地说就是海洋经济的升级和延伸，融入最新的科学发展观、自然和谐观和创新理念。综合相关文献可归纳为：蓝色经济是直接开发、利用和保护海洋以及依托海洋进行经济活动的总和，其外延涵盖海洋经济、临海经济、涉海经济和海外经济。是在科学可持续发展理念下，对以往海洋经济和绿色经济发展思想集成的一种海洋经济发展新思维。海陆统筹发展和经济、社会、生态协调发展是蓝色经济区别于传统海洋经济的最大特点。

蓝色经济区是涉海空间概念，更是一个基于经济、科技、社会和开放的陆海一体区域及系统创新体系，它对区域经济社会发展及新兴产业形成有广泛的影响。因此，建设半岛蓝色经济区，就是以海洋生态文明建设为首要原则，以海陆统筹为根本途径，合理配置海洋优势产业、临海产业、涉海产业，协调发展经济、生态、社会的现代海洋特色经济区。首先，要将海洋资源的有效利用开发、陆地科技创新支撑、产业结构布局和生态环境建设有机地结合起来，形成陆海一体的创新域。要着重发展先进制造业和现代服务业，对陆海产业结构进行转型和结构升级。其次，建设蓝色经济区，要将着力点放在研发、设计、服务等方面，为地区提供技术、智力、人才、资金等支撑服务，使其成为一个地区的服务中心、研发中心和配套中心。最后，应积极推动涉海制造业、专业知识服务、零部件配置等向内陆地区转移和发展，构建布局合理、结构优化、产业集聚的大蓝色经济区。

蓝色经济区产业体系是以"临海、涉海、用海"为特征的整个区域经济产业体系。不仅包括海洋产业，而且包含区内整个产业体系，蓝色产业是其主要的标志。根据青岛蓝色经济发展的思路"海陆统筹、科技带动、集聚发展、重点突破"，重点发展海洋船舶产业、海工装备制造业、海洋生物医药产业、现代海洋渔业、滨海旅游四大蓝色产业，规划建设六大特色园区，其中包括海西湾船舶和海洋工程产业园、崂山海洋生物产业园、黄岛海洋生物产业园、胶北现代海洋装备制造产业园、青岛市南滨海文化旅游产业园。

二 蓝色经济区产业配套支撑体系

青岛蓝色经济区要引领半岛蓝色经济区的发展，没有不断完善的产业配套体系是难以实现的。在全球化浪潮中如何利用内外资本，促进蓝色经济区发展，光靠吸引外部资本入驻的优惠政策和内部资本扶植还远远不够，必须解决包括产业本地配套等在内的深层次问题。良好的产业配套企业能够有效降低企业经营的风险和有效控制的综合成本。产业配套体系下的企业生存环境不确定性风险控制和综合成本因素等都是企业生存和发展的核心问题。

（一）蓝色经济区产业配套支撑结构

蓝色海洋产业发展需要配套产业体系的支撑。这一支撑体系不仅包括相关零部件和服务的采购，还包括相关基础设施和对社会服务系统的支持（见图1）。例如，海洋装备工程制造业的发展，涉及机械制造、电器制造、橡胶塑料等数十个相关门类的产业，并与科技支持、人才培训、金融服务等相关业务密切关联；滨海旅游业的发展，不仅需要餐饮、住宿、商业、金融等多个服务部门的配合，还需要市政建设、交通运输等各个行业的支持。

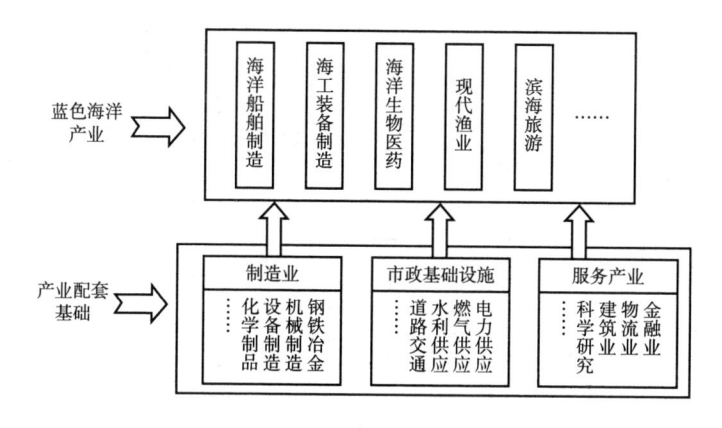

图1 蓝色经济产业配套支撑结构

蓝色经济区要实现产业、经济、社会的良性发展，必须有较为扎实的产业配套和社会服务配套体系，产业配套是以较完备的产业基础和产业规模为前提的。没有较为完整的产业经济体系和一定的产业规模，就不可能实现产业较好的配套。在市场经济环境下，企业采购零部件和服务是依据市场经济规则来实现的，只有当本地的相关产业拥有在产品质量上和价格、服务上的竞争优势，企业的本地采购行为才能实现，进而完成本地产业链的配套体系。一旦本地企业的零部件或服务达不到相应的要求，例如本地生产企业产品质量达标，但价格超过了企业在外地采购同类产品的货款和运输等成本时，本着节约成本的原则企业必然会采取外地采购，这样产业配套链就发生断裂。

（二）蓝色经济区产业配套动态变迁

产业配套是一个动态过程，企业间形成的本地配套合作关系伴随着技术发展而发生变化，随着本地相关产业技术的提高，原来外购配套的零部件或服务可以实现本地配套；可是，如果主导企业的产品出现更新换代，而配套相关产业的企业技术没有实现同步的提升，原有的配套关系就将断裂，主导企业必然选择外部配套（见图2）。

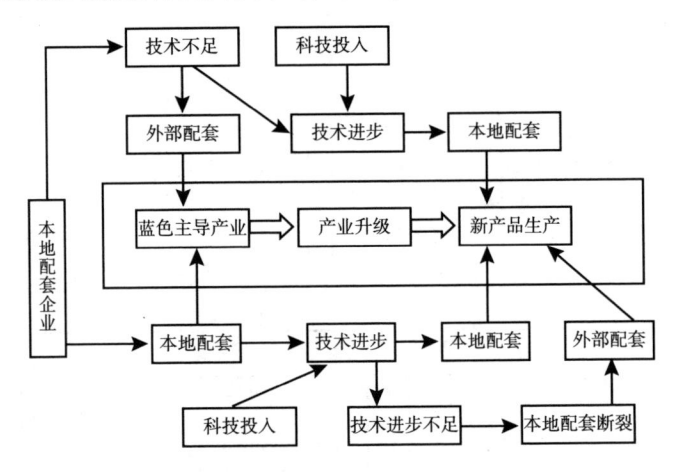

图2　蓝色经济区产业配套动态变迁

（三）蓝色经济区产业配套度量指标

蓝色经济区产业发展本地配套能力取决于三个因素：一是要有一定规模的产业基础支撑；二是配套产业要具备竞争实力，只有具有竞争力的零部件或服务才能成功实现本地配套；三是配套产业要具备技术进步潜力（见图3）。

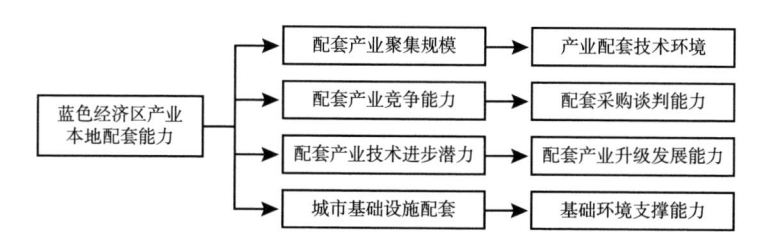

图3 蓝色经济产业区产业配套能力指标

三 青岛蓝色经济区产业配套现状

青岛蓝色经济重点产业配套既涉及产业链内部的配套，又有社会环境层面的人才规模和质量、政策环境、资金供应、公共基础服务等方面的综合配套。本文将重点从产业链角度对蓝色经济区优势产业内部的配套状况进行分析。

（一）海洋渔业的现状及配套分析

海洋渔业是青岛的传统优势产业，无论海洋捕捞、海水养殖还是海产品加工都曾有过辉煌发展。目前，海洋渔业仍是青岛海洋经济的支柱产业之一。2013年，青岛市完成渔业总产值达到450亿元，比2012年增长了8%，其中，实现水产品总产量145亿元，全市渔业总体状况继续保持良好增长势头（见图4）。

（1）海洋捕捞业。青岛远洋捕捞历经多年发展，综合基础良好，随

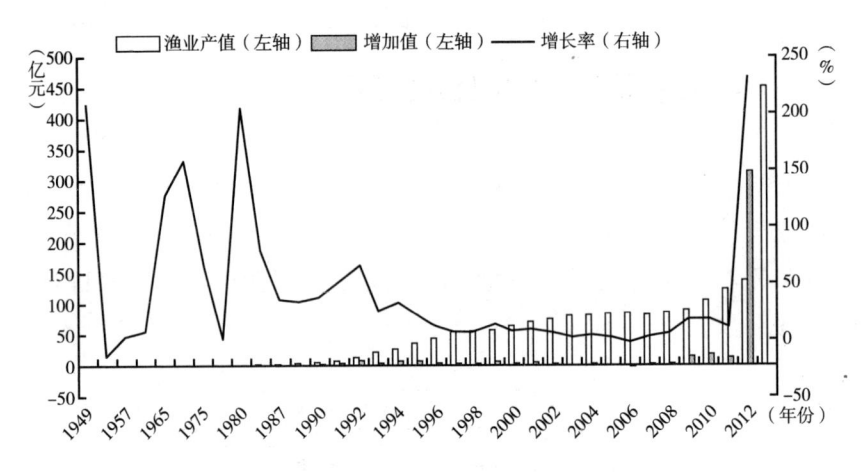

图 4　青岛海洋渔业产值、增加值和增长率变化

注：1949~1990 年为摘选年份，故横轴坐标间距代表时间长短。

渔业资源变化历经先扬后抑的发展过程，产业配套重点是远洋船舶设备硬件投入与人才、政策等软件支持。2013 年青岛共有渔船 8000 艘（包括养殖船、捕捞船和辅助船），其中，捕捞船约 5300 艘，总马力约 21 万，老旧小渔船占 80%，远洋捕捞能力受到严重限制。另外，青岛从事捕捞业的渔民约为 3 万人，其中熟悉且能够从事远洋捕捞业务的人员寥寥无几。截至 2013 年，青岛市共注册远洋渔业公司 19 家，远洋渔船 31 艘、已批准在建 20 艘、已批准待建 32 艘。对比全国拥有大马力船舶企业情况，青岛捕捞业整体发展状况令人担忧。

此外，青岛海洋捕捞业在自身发展规模和产业服务等方面还存在六个严重缺陷：一是从事海洋捕捞配套的大马力海洋船舶水平不高；二是从事海洋捕捞的船只补给配套能力不足、续航能力有限；三是海洋捕捞业与海外的合作机制匮乏，从事捕捞业的企业资质等级较低；四是支持青岛海洋捕捞尤其是远洋捕捞业发展的资金投入不足；五是集码头补给、渔船建造、维修保障、海产品冷冻储藏、精深加工的海洋捕捞综合配套体系缺乏；六是近海捕捞产业转型面临严峻考验。

（2）海水养殖业。青岛水产品养殖面积虽然一直在逐渐缩小，但就养殖面积而言，其总量规模还是相对稳定的，始终保持在 5 万公顷以上的水平，但是，观察其增长率就不容乐观了。青岛水产品养殖增长率曾在

2007年跌至一个谷底，此后逐渐回升，2010年增长率回升至一个高峰；2010年以后，青岛水产品养殖的增长率再度开始下降。到了2012年，其增长率已接近2007年谷底的水平。

分析青岛海水养殖业存在的问题主要有以下几个方面：一是水产品养殖业的生产空间受到挤压，陆源污染对水产品养殖构成重大威胁；二是水产品养殖的科技支撑能力不强，制约了海水养殖业的健康发展；三是海水养殖面临生产成本提高、养殖和水处理系统工艺有待完善、病害防控压力要求越来越高等严峻挑战；四是传统养殖模式面临质量、安全与市场监管等难题，企业独自克服上述困难的能力不足、政府投入的热情不够，整体的运行情况令人担忧。

（3）海产品加工业。海产品加工业（水产加工业）是青岛的优势渔业产业，也是渔业产品附加值最高的产业。青岛海产品加工业目前存在的问题主要有四个方面：一是出口水产品仍以低端进料加工为主，高附加值精深加工产品占比较小，出口日本市场的水产品主要以原料供应方式进行，制成品缺乏国际竞争的实力；二是海产品加工产业链孤立，上下游配套不足，原料成本受控于上游产业，单纯依靠无规模化养殖和海洋捕捞高产量支撑，产业链配套能力相对薄弱；三是政府对水产品加工企业缺乏有效管理，企业自律意识淡薄，行业协会的约束乏力；四是水产品加工企业规模小，缺乏规模性经济效益，每当国际市场风云变化时，松散的企业群又往往缺乏抱团发展、团结抵御国际市场风险的意识，产业发展的综合竞争力较弱。

海洋渔业产业配套关系。它既包括产业链内的配套，又包括综合配套。青岛渔业产业间总体配套情况是，下游需求旺盛，不管是国内还是国外市场均对水产品有较大需求；海产品加工能力较强，产业群已形成；作为源头的海洋捕捞面临资源枯竭产量下降的窘境，同时，水产品养殖也面临诸多发展"瓶颈"，这导致该产业源头供给明显不足。鉴于这一情况，产业间配套的重点应集中在扩大海产品供给方面，为产业规模扩大和质量提高奠定基础。

（二）海洋生物医药业的现状及配套分析

青岛的海洋生物医药业开发始于20世纪70年代，历经40余年的积淀，目前已经发展成为青岛重要的新兴产业之一。青岛海洋生物医药产业的发展状况表现为以下几个特征。

第一，产业发展已具备一定规模，但整体层次不高，主要由海洋创新药物、海洋生物医用材料、海洋功能食品、海洋生物农用制品等产业组成。2012年青岛海洋生物医药产业凭借技术优势，实现产值为69.3亿元，比2011年增长35.5%，约占全国产值总量15%，但是仍然存在制约其发展的问题，主要表现为：①青岛海洋医药与生物制品企业普遍规模较小，龙头带动作用不强，难以形成显著产业集聚效应和有竞争力的品牌。②海洋学术氛围浓厚，但科技成果转化率不高，青岛科研院所每年在海洋医药与生物制品领域都有大量课题立项、鉴定、获奖，但青岛海洋产业领域的科技成果转化率仅为8.6%，其中，本地海洋科技成果转化率仅为4.3%。

第二，发展优势良好，但产业配套水平不高，具体表现为：一是海洋医药与生物制品研发、中试及产业化等公共服务平台规模不足，功能不完善，药物药效学筛选、药物安全性评价、临床试验、动物实验等平台几乎处于空白。二是企业融资渠道不畅。医药产业属高风险行业，新药研发具有周期长、投入大、风险高等特点，而青岛市海洋医药与生物制品企业以中小企业为主，多处于初创期和成长期，实力较弱，普遍存在融资困难，研发投入严重不足。三是高端应用型人才缺乏。

（三）海水利用业的现状及配套分析

海水利用包括海水直接利用、海水淡化和其他海水利用三个分产业。其中，海水淡化后的浓盐水可称为海洋盐业资源。海洋盐业，指海水晒盐和海滨地下卤水晒盐等生产和以原盐为原料，经过化卤、蒸发、洗涤、粉碎、干燥、筛分等工序，或添加碘酸钾及调味品等加工制成盐产品的生产活动。

青岛海水直接利用正式启动于1998年，主要涉及海水直接冷凝降温、海水淡化等。截至2012年，青岛共有7家海水淡化装备制造企业，产值为5亿元，约占国内海水淡化装备市场份额的4.6%。此外，全市还有10

家专业化海水淡化研发和人才培养机构，在海水淡化利用关键技术——防腐与防生物附着领域，拥有雄厚研发实力和良好基础条件。目前海水淡化主要问题是：未形成海水淡化装备制造业基地和具有国际竞争能力的专业化龙头企业，不具备与国外公司抗衡能力；海水管网难以并入市政管网，海水淡化能力难以充分释放，造成装置停产或浅负荷运行，产能严重浪费。

（四）海洋装备制造业的现状及配套分析

海洋工程装备制造业包括海洋船舶以及渔业、石油、化工、电力等产业的设备及工程材料制造等。海洋工程装备产业规模大、产业链迂回长、产业配套层次多、涉及面广、产业连锁度高、波及效果强。另外，海洋工程装备还可以为很多涉海产业提供配套设备，为海洋经济发展提供硬件支撑。

青岛自2004年开始推动本土化海洋装备制造业发展。借助重点项目引进，在关键配套技术上起到了引领带动作用。目前，青岛正依托海西湾、即墨女岛、胶南董家口等集聚区，打造国家级船舶与海工装备产业示范基地，并重点引进一批高端配套项目。重点发展海洋工程装备、造修船及船舶配套装备、新能源设备、环保设备、港口机械、电力工程设备、石化装备等大型现代装备制造业及船舶零部件制造业。同时，集聚区还将以油气开发装备为突破口，大力发展海洋矿产资源开发装备，围绕勘探、开发、生产、加工、储运以及海上作业与辅助服务等环节的需求，重点发展大型海上浮式结构物、水下系统和作业装备等。青岛市已在船用曲轴、柴油机等核心关键零部件上实现"青岛制造"，初步形成了船用曲轴、船用柴油机、造修船、港口及船用机械、船用锅炉、海洋工程、船舶电力推进系统等高层次产业链条，并在核心关键零部件研发制造上连续实现多项突破，使青岛市成为中国国内配套功能最完善的高端船舶产业基地之一。

目前来看，青岛海工装备制造业产业链配套还面临以下问题。一是产业门类不齐。从海洋船舶工程装备制造产业链看，青岛整体覆盖率较低，从船舶种类到石油勘探开采运输装备以及其他，仍有很多方向可以拓展。

二是产业间关联度低，配套能力不强。限于目前产业数量，产业间关联水平较低，配套能力自然受到约束，虽然青岛在不断提升零部件配套本土化水平，但限于人力资源、科技水平等要素约束以及产业发展现状，无法形成产业间良好的配套能力。三是产业集聚效应有待加强。虽然青岛船舶制造、海工制造等企业汇集于一定区域，但产业集聚效应不仅仅是区位要素支撑，更多的是产业间关联度影响，限于产业门类与关联度约束，目前产业集聚效应虽有显现，但仍未发挥决定性推动作用。

四　提升产业配套能力的对策和建议

（一）加强优势产业链及其配套产业发展

（1）港航产业。把握山东半岛蓝色经济区建设和西海岸经济新区获得国家批准的战略机遇，全力建设东北亚国际航运枢纽港和国际物流中心，实现青岛港从世界大港向世界强港的转变；推动青岛港的发展模式由数量扩张向提高质量效益转型，港口产业由传统装卸业向现代物流业转型。

（2）海洋生物医药。青岛市具有发展海洋生物医药产业的优越区位条件、丰富海洋生物资源、雄厚海洋生物科研力量、悠久海洋生物资源开发历史。未来一段时期，青岛海洋生物医药业发展方向是：以自主创新为核心，从海洋医药、海洋功能食品、海水种苗繁育、海洋生物材料和海洋酶五大方向全面推进海洋生物医药产业发展；通过海洋生物技术创新平台建设，制定海洋生物医药研发科技专项，推进海洋生物医药产业化基地建设。

（3）海洋工程装备产业。海洋工程装备制造是山东半岛蓝色经济区重点扶持发展的战略性新兴产业。将重点发展通用型海工装备、新型海工装备、前瞻性海工装备、关键配套设备和系统。发挥优势，推动产业转型升级，通过推进海洋工程装备产业的升级，完善产业链条，逐步确立海洋工程装备制造产业的支柱地位，打造海洋工程装备产业集群，建设国内乃至国际重要的海洋工程装备制造基地。提升研发能力，创造产业一体化发展新格局。

（4）海水综合利用产业。紧紧围绕海水淡化装备产业的核心领域，以成套设备集成生产企业为龙头，发展海水淡化设备制造产业，实现低温多效海水淡化装置系列化，反渗透装置本地化，建设我国北方海水淡化设备生产基地；重点发展低温多效海水淡化装备制造、反渗透海水淡化装备制造、防腐装备制造；此外，还要积极推进以海水淡化为中心的海水综合利用，建设海水淡化、元素提取和海水直接利用的产业链体系。

（5）海洋新能源产业。青岛市具有雄厚科技基础，沿海具有丰富的海洋能源资源，发展海洋新能源产业具有很好的优势。参照国家及各省有关陆上风电和太阳能发电电价补贴政策，制定鼓励波浪能、潮流能等海洋新能源技术与产业化开发的重大科技项目扶持政策和财税鼓励政策；积极争取在山东省、青岛市两级蓝色经济区创建专项资金中，设立海洋新能源专项基金推动相关技术研究开放与产业化示范项目建设。

（二）提升本地产业配套能力的工作策略

（1）正确运用非均衡、非对称配套战略。非均衡、非对称配套战略的特征是，面向产业集群或产业链而不是单家企业采取产业配套措施。它专注于最有发展前景和最适合本地发展的产业领域，专注于重点产业领域的综合效能和竞争力，而不是"面面俱到、全面开花"。青岛蓝色经济区各级政府应积极发挥"裁判员"作用，而非扮演"运动员"角色；充分发挥"培育""扶持"配套产业发展的作用，而非亲自"操刀"直接介入除公共服务领域之外的任何营利性产业配套发展的具体事务。

（2）产业链配套与攀升并重，"两条腿"走路。重塑技术领先的产业链优势，青岛蓝色经济区应重点关注可改变企业在全球产业链中的分配地位和实现产业链升级的关键要素，努力向"专、精"方向发展，努力推动产业链条从一个环节向另一个环节转换的创新发展，而不是追求产业链的完整性。为实现这一目标，从事配套加工的本土企业应学会"两条腿"走路，将定牌配套加工与创造自有品牌结合起来，利用国际知名企业的品牌影响力、销售渠道及服务网络等资源，把自己的产品成功地打入国际市场。

（3）激活关键环节，创造全产业链增长效应。扶植蓝色经济重点发展领域产业配套的支撑产业发展，应避免出现关键性配套产业的缺失和不足，重视关键环节对于整个产业链的重要作用。以青岛蓝色经济区目前已经形成的两条较为完整的产业链（海洋渔业产业链和海水综合利用、海洋盐业及海洋化工产业链）情况为例，需激活的关键环节包括：激活远洋捕捞与海水养殖关键环节；激活海水化工产业联盟关键环节；激活研发导向和创新驱动关键环节。

（4）发展民营经济，提升配套产业发展活力。大力扶持民营经济不仅可以解决配套产业发展活力不足的问题，使国有企业在分工协作中尽可能地降低生产成本、实现效益的最大化，而且有利于使民营经济参与国有企业的战略性调整，通过为国有大企业提供各种形式的配套协作把自身的灵活性优势与国有大企业的管理、资金、技术等方面的优势结合起来，推动主导企业和中小配套企业建立分工协作、持久稳定的双赢关系，降低民营经济的发展风险，推动青岛蓝色经济区产业结构的转型升级。

（5）打造海洋特色的开放型经济"升级版"。青岛具有发展海洋经济的特殊区位优势、科教优势、产业优势和综合战略优势，充分利用这些优势，打造海洋特色的开放型经济"升级版"；增强海关特殊监管区活力，重构青岛开放型经济新空间；加强国际合作园区建设，积极发掘各种资源，吸引国内外科技资源、人才资源、金融资源和优质开发经营资源参与"蓝色硅谷"开发；提高外资利用层次和质量，打破政府主导的传统招商引资格局，有针对性引进产业链的核心企业，重点抓好产业链的延伸发展，积极培育增长潜力大、竞争力强的配套产业集群。

（6）建立"行业共享服务平台"，助推本地产业配套率提升。应借助一定空间或载体建立"行业共享服务平台"，有效地聚合人才、技术、市场、资源、信息、资本、物流等产业关联要素，形成行业内部各类关键要素共生共融的生态圈，保障"产学研资政"的有效结合，并确保行业发展的关键要素顺畅融合，为整个产业的总体发展水平奠定良好基础。

(三) 提升产业配套能力的保障措施

(1) 制定跨区域、大纵深的《蓝色经济区产业配套指导意见》。为充分发挥产业政策的引导功能，并间接影响产业配套发展，须在深入调查基础上，制定《蓝色经济区产业配套指导意见》，出台产业配套的目录、规划，指导产业配套的规模和格局的合理发展。同时，应明确提升产业配套能力的突破口和载体，积极引导本地企业为主导产业配套，打造从研发到核心配套件制造、整机组装、物流和售后服务的比较完整的产业链。

(2) 推动产学研相结合的创新联盟建设。支持涉海龙头骨干企业牵头，联合海内外具有行业优势的研发机构和高等学校，组建船舶制造、海洋新能源、港航物流、临港化工等涉海新兴产业创新战略联盟；围绕国家重点实验室、科技兴海产业基地和区域性水产试验中心，对海洋新兴产业关键核心、共性技术开展联合攻关；鼓励构建以企业为主体、市场为导向、政产学研紧密结合的开放型科技创新体系，并力争形成一批拥有自主知识产权、知名品牌和国际竞争力的优势企业，形成一批海洋高新技术产业创新集群。

(3) 培育具有蓝色经济区特色的金融服务体制和机制。为解决青岛蓝色经济区优势产业和配套产业面临的发展资金不足、融资渠道单一、金融产品欠缺等束缚，青岛市应当抓住国家赋予蓝色经济区在金融领域先行先试的创新机遇，借鉴上海自贸区和天津滨海新区金融体制改革的经验，进一步拓宽投融资渠道。鼓励银行业以项目贷款、银团贷款等模式，满足蓝色先进制造业资金需求。鼓励涉海企业利用企业债、公司债、可转换债、短期融资债等融资工具筹措发展资金。鼓励政府和企业建立重大投资项目科学评估和评价机制，完善投资决策和投资项目遴选机制，建立蓝色经济区优势产业和配套产业发展的重大项目储备库，发挥蓝色经济区产业基金的引导和促进作用。

(4) 完善财政税收等有利于配套产业发展的政策体系。针对青岛对蓝色经济区本地产业配套率提升的需求，制定和完善财政税收、土地利用、海域使用权审批等方面的相关政策，引导各类要素资源向产业发展规划重点引导的产业领域转移和集聚。

（5）优化提升本地产业配套率的软环境。根据青岛蓝色经济区本地产业配套率提升的需求，探索建立投入多元化、服务专业化、运行市场化、使用社会化的产业配套信息网络和综合服务平台，推动人才、资金、技术等创新资源的有效整合和优化配置；建立蓝色经济区重点产业配套工作联席会议制度和半岛地区各个城市之间的政府协作机制，形成跨越行政区域的统一协调决策机制，以便及时指导、协调、解决产业配套建设过程中遇到的各类重大问题，并监督有关规划和工作任务的实施。同时，依托青岛市已经粗具规模的蓝色经济区海洋优势产业和配套产业创新服务平台，全面改善有利于青岛蓝色经济区本地产业配套率提升的软环境。

（6）强化政府在产业配套中的服务功能。政府应主动将产业配套纳入地区经济发展战略中，采用土地批租、税收优惠、研发资助、设备折旧、专项发展资金设立等一系列奖励和补助政策，鼓励蓝色经济区配套产业的发展。应积极参与不同产业链内部配套企业间的协调工作。应改变片面宣传资源和政策优势的倾向，把推介产业配套能力、吸引产业配套项目作为招商引资的主攻方向和重要内容，精心筛选可信度较高、吸引力较强的产业配套项目，在增强优势产业引领和整合作用的同时，带动配套产业集群发展，提高配套产业竞争能力。

参考文献

[1] 高春亮：《国际制造业资本转移、最优产业配套与政策转变》，《中国工业经济》2005年第2期，第29~36页。

[2] 韩书成、李晶：《产业转移提升本土企业产业配套能力的机理研究》，《中国集体经济》2010年第11期，第33~34页。

[3] 青岛市发改委：《青岛市蓝色经济区发展规划》，2012。

[4] 王春莉、朱延雄、何欢：《海洋生物医药产业发展研究及对青岛市的发展建议》，http://www.chinainfo.gov.cn，2014年3月4日。

[5] 郑海平：《区域产业配套研究》，《生产力研究》2004年第10期，第126~128页。

[6] 钟若愚、袁易明：《深圳市产业发展的配套能力研究》，《深圳大学学报》（人文社会科学版）2004年第5期，第11~16页。

论能源法的创新驱动转型

——关于兼顾能源利用与环境保护的思考

赵建军[*]

一 能源法的创新驱动与转型

现代工业的发展极度依赖化石燃料如对煤炭、石油、天然气的消费,我国也不例外,目前我国 GDP 占全世界的比例不到 10%,却消耗着世界 30% 以上的钢铁与 47% 以上的水泥,并且呈现逐步增长趋势。能源消费在提高经济指标与居民生活水平的同时,也制造了大量污染物,造成了环境的持续恶化,不仅使经济运行成本增加,而且严重威胁着群众的身体健康。

概括来说,能源法是国家为调整人们在能源开发、加工转换、储运、供应、贸易、利用和管理过程中各种社会关系而制定的法律规范的总称。到目前为止,我国尚没有一部纲领性、综合性的能源法,相关的立法工作正在如火如荼地进行,已发布的主要能源法律有《节约能源法》《煤炭法》和《电力法》等。环境法则是调整因保护环境和自然资源、防治污染和其他公害而产生的各种社会关系的法律规范的总称,我国目前主要施

---

[*] 赵建军,中国社会科学院数量经济与技术经济研究所博士研究生,中国循环经济与环境评估预测研究中心理事,中国能源法研究会常务理事,北京市律师协会能源法律专业委员会主任,北京祥伦律师事务所主任律师。

行的是 1989 年颁布的《环境保护法》。《能源法》与《环境保护法》就像产生交集的两个圆,既有重叠的阴影部分,又有相互独立的空白部分。能源的开发造成输出式的生态破坏(一部分污染物来源于能源开发利用的过程),能源的转换与利用造成输入式的环境污染,能源法体系也设置了环境保护专章,规定了能源环保的基本原则、企业环保义务、能源开发利用中的主要污染物控制、生态保护与修复、财税激励与约束等内容。鉴于能源问题不仅涉及能源工业本身,而且对于经济安全、社会分配、环境保护乃至国际关系都有着牵一发而动全身的利害关系,因此亟须以跨学科的视角来研究。可以说,能源法的转型是能源法的应有之义,是能源环境问题发展到一定阶段的必然结果。

当今中国有必要通过环境法的嵌入来促进能源法的转型,把提高能源利用效率与管理其外部性作为重点,将基本的环境法原则应用于能源法,如能源的再利用、避免浪费、环境影响评估和公众参与等。

二 能源法创新驱动转型面临的挑战

诚然,能源法并非是环境法,除了承载生态保护的功能外,还应当促进能源的发展,为经济社会的发展提供动力。但法律应当尽力而为,以一种使我们得以延长资源期限、不因开发利用资源造成环境破坏的机制合理调节能源利用。

国内既有的能源法规定大多关注的是能源的高效获取与合法利用,未形成在制度设计初期将环境保护纳入考察的习惯,造成了环境法与能源法较大的衔接落差。由于能源法目前在我国的发展尚处于初级阶段,因此其转型面临诸多困难,例如立法粗糙、执行效果差等。我们既不能忽视这些困难,也不宜将其过分夸大,应在实践中不断予以解决。

(一)设计粗线条

目前我国能源法领域的理论与实践与发达国家相比存在很大差距。若要增加生态环境的考量,一方面,当然会扩充能源法的内容,但同时又限于薄弱的基础；另一方面，也免不了设计粗放的弊端和与环境法衔接的困难。这部分源自能源领域的高度专业性，法律的制定是必须实现的，但同时也必然具有局限性。

（二）法规级别低

能源法与环境法常被学者指责为"立法级别过低""行政法规与部门规章过多"。但实际上由于这两种法皆技术性极强，由法律规定各种事宜不大现实，西方国家也是通过多种政令、实施细则与判例来落实立法的。可以说，能源法领域离不开"部门立法"与"行业立法"，因此需要完善的是对部门立法与行业立法的监督，包括在某项能源法律出台后，如何对及时出台配套的"实施细则"进行控制，也包括通过监督以避免立法沦为部门利益、集团利益的争夺之战。

（三）执行难度大

我国的能源法设计原则性较强，法律责任不明确、可操作性不强，环境立法亦然。环境行政执法过程中也存在很多的问题，环境领域的行政不作为现象也大量存在。如果将显性的能源利益与隐性的环境利益放在一起考量，势必更增加执法的难度。

（四）转型缓慢

传统能源法的人本色彩浓厚，是以人的能源利益为主要立法标准的，短期内难以从根本上改变。能源法的转型将是一个缓慢、渐进的过程，不可能做出剧烈、根本性的变革。短期目标是减少能源活动的负外部性，降低能源活动造成的不利环境影响。

三 能源法创新驱动转型的关注点

尽管各国的经济利益仍然紧密依存于化石能源，但更有效率和更有利于气候的能源利用方式近年来也进入公众的视野。适当的环境法律制度的应用能够促进清洁能源的使用，比如控制空气污染的立法确定了排放标准，通过具体可行的步骤遏制废气排放，促进企业努力向使用清洁燃料和提高能源效率技术转型；环境影响评价作为一项重要的标准，被许多国家用来衡量应该以何种方式发展何种能源，对于促进能源的可持续发展意义重大。概括来看，以下几个因素可能是能源法转型的重要关注点。

（一）能源安全

相比传统能源法主要关注能源供应安全（因能源紧缺所产生的不安全状态），转型的能源法不仅关注能源本身的安全，还关注因能源不当开发利用而产生的环境安全与生态安全。2010年4月20日，英国石油公司位于墨西哥湾的"深水地平线"（Deepwater Horizon）钻探平台发生爆炸，导致油井破损而发生严重原油泄漏，不仅造成巨大的经济损失，也造成美国历史上最严重的环境灾难。2011年3月11日，日本强烈地震引发福岛核电站事故引起了人们对核安全的忧虑，进一步敲响了人类安全利用核能的警钟。全球变暖、酸雨、土地沙漠化、水资源的污染等一系列严重的生态问题，基本上都是由能源使用不当所引起的，能源的不当使用正严重威胁着全球生态环境安全，能源安全因此具有极其重要的研究意义。

（二）能源清洁

能源生命周期中的环境问题具有多样化、程度深、危害大等特点，成为环境恶化的最大根源。能源清洁思想就是重视这种现状，重视防治能源开发、转换、加工、运输、利用中对环境的消极影响，努力减少其外部性。《联合国气候变化框架公约》及《京都议定书》都明确要求能源、交通、制造等部门控制温室气体排放："缔约方应增强本国经济有关部门的能源效率，研究、促进、开发和增加使用新能源和可再生能源、二氧化碳固定技术，通过废弃物管理以及能源生产、运输和分配中的回收和使用以限制和减少甲烷排放。"

（三）能源节约

当代人对能源的利用不应危及后代人利用能源的能力，这对节约能源、提高能源利用效率和寻求新能源和可替代能源提出了要求。早在 20 世纪 70 年代石油危机期间，西方发达国家就大力采用节能与能效的法律措施，在消耗物品成为首要特征的当代消费社会，能源法从确保供应向调节需求和改良利用转型。学者指出，由于传统的能源定价没有需求方参与的激励，很难反映能源供应的真正成本，应当将需求侧管理（DSM）作为能源法变革的核心，采取有效法律措施与适宜方式，促使用户提高能源效率、优化用能方式，减少能耗需求。以美国为例，其通过《国家能源政策法》《公共事业管理政策法》等法律法规，以及大量的强制性能效标准，保障需求侧管理的开展，对电力公司与电力用户提出了很多明确、具体的法律要求，为需求侧管理的开展提供强有力的保障。

四　能源法创新驱动转型的体现

（一）发展可再生能源

可再生能源是指风能、太阳能、水能、生物质能、地热能、海洋能等非石化能源。与石化能源相比，可再生资源不仅具有可再生性，而且具有清洁性。从根本上讲，能源转型唯一可行的途径就是改变现有过度依赖化石能源的结构，大幅提高新能源特别是可再生能源的比例。2006 年 1 月 1 日施行的《可再生能源法》为我国可再生能源的生产使用提供了基本的法律依据，发改委、建设部、财政部等部委就可再生能源的产业发展、财政支持、建筑应用等做出了更细致的规定。

消除化石燃料补贴是促进能源可持续发展非常重要的方面，巴西、中国、捷克、印度、荷兰、英国以及俄罗斯都成功地消除或减少了化石燃料补贴，排污权交易、碳税等制度也推进着向降低化石燃料比例的能源结构转型,"可再生能源配额制""绿色电力营销""强制上网"等新的法律措施在不断推广,即便是拒绝签署《京都议定书》的美国也在新能源法案中专门列入"可再生能源"的章节,强化可再生能源生产激励措施的规定,加大对可再生能源设施发电费用的财政拨款,提高联邦政府耗电总量中的可再生能源比例。

(二)促进能源节约

日本是一个能源匮乏的国家,节能一直是日本下大力气解决的课题,并通过立法促使社会各界提高能源使用效率。日本早在 1972 年就设立了日本热能技术协会,并于 1978 年成立了"节能中心",全面协调和指导国民与企业的节能以及节能技术的研发,1979 年颁行《节约能源法》,并分别于 1998 年和 2002 年进行了修改。

节约能源是我国的基本国策,在国家能源战略中处于优先地位,修订后的《节约能源法》于 2007 年 10 月 28 日颁行,《节约能源法》的修订说明了我国为遏制气候变化所做的努力。该法对主要节能领域都做出规定,真正体现了生态化特性。国家还制定了若干为《节约能源法》配套的法规,在交通节能领域有《交通行业节能管理实施条例》《交通行业贯彻节约能源法实施细则》《汽车、船舶节能产品公布规则》及其实施细则;在建筑节能领域主要有《建筑节能管理条例》,明确要求新建住宅必须执行节能标准,并注重使用可再生能源,同时要求审计政府办公楼的耗能情况,并根据审计结果予以整改。

(三)促进清洁生产

清洁生产的本意是"更清洁的生产",其实质是贯彻预防污染的原则,从生产设计、能源与原材料选用、工艺技术与设备维护管理等生产和服务的各个环节实行全过程控制,从生产服务的源头减少资源浪费,促进资源的循环利用,控制污染产生。新近修正的《中华人民共和国清洁生产促进法》于 2012 年 7 月 1 日施行,为了强化和完善企业清洁生产审核制度，明确应当实施强制性清洁生产审核的企业，包括"污染物排放超过国家或者地方规定的排放标准；虽未超过国家或者地方规定的排放标准，但超过重点污染物排放总量控制指标的；或者超过单位产品能源消耗限额标准构成高耗能的……"

（四）完善生态补偿制度

生态补偿是对在发展中造成的生态功能和环境质量损害的一种补助，旨在提高受损地区的环境质量，或创建新的、具有相似生态功能和环境质量的区域。我国的《能源法》草案指出，我国要建立能源生态环境补偿机制，能源开发和加工转换项目所在地的政府应当制定污染治理和生态恢复规划，企业应当承担污染治理和生态保护的责任。这种补偿一方面是对受影响地生态系统的恢复，如通过植树造林恢复被破坏的森林植被，或治理对水、土壤的污染；另一方面是对因这种开发活动而利益受损或潜在发展机会降低的当地居民的补偿。但《能源法》草案对此的规定过于笼统，应当进一步细化，设计具有可操作性的规则。近期国家发改委正在起草《生态补偿条例》，拟建立"谁开发、谁保护，谁破坏、谁恢复，谁受益、谁补偿，谁污染、谁付费"的生态补偿制度。

（五）推行环境影响评价

2003年9月1日起施行《环境影响评价法》，使"环评"成为我国相对成熟的一项法律制度，对规划和建设项目实施中可能造成的环境影响进行分析、预测和评估，提出预防或减轻不良环境影响的对策和措施，进行跟踪监测，包括规划环评和建设项目环评两类。在能源法领域，各项能源规划和具体能源建设项目都要经过环境影响评价，减少能源规划和建设项目对环境的影响，从源头防治能源环境污染和生态破坏。遗憾的是，目前而言，环境影响评价往往流于形式，没有深入研究污染者与潜在受影响的利益相关者的关系，即便在较好地确立环评制度的地方，也未应用于能源开发利用体系，如石油或煤炭的开采、加工、输送与利用。

五 我国能源法创新驱动转型的"瓶颈"

（一）管理体制不顺

我国的能源管理机构虽历经数次改革，至今却仍未形成统一的能源管理部门。新成立的能源局主要负责拟定并组织实施能源行业规划、产业政策和标准，以及发展新能源、促进能源节约等。但是，与综合能源管理体制相比，在涉及温室气体减排、贫困地区能源获取等能源环境问题或能源社会问题时，依然有权限不足之虞。同时，资源与环境管理涉及的行政部门过多，如环保、水利、国土、海洋、农业、林业、工商、卫生等，每个部门都有权制定和实施与该部门相关的环境政策，管理上错综复杂，在执行政策的过程中由于缺乏统一的归口管理，容易带来管理上的混乱，产生许多现实和潜在的能源问题。

（二）能源技术落后

我国能源生产和利用技术的落后是解决能源环境问题的主要障碍。与发达国家相比，我国在能源开采、供应与转换、输配技术、工业生产技术和其他能源中使用的技术方面均有较大差距；另外，我国重点行业落后工艺所占的比重仍然较高，这些工艺以高能耗为特点。目前我国正在进行大规模的能源、交通、建筑等基础设施的建设，如果不能及时获得先进的技术，能源开发利用中造成的环境问题不容乐观。

（三）环保意识薄弱

目前来说，决策者仍把主要目光投向能源供应，对能源活动造成的污染和生态破坏缺乏应有的关注。实际上不论是国家的宏观发展战略决策还是立法，抑或是地方的区域发展规划，都应当认真考虑能源环境问题的影响和对策。

从社会整体的意识来看，能源法、环境法层面的公众意识同样薄弱，长期以来忽视能源环境问题的存在，只关心与个人经济相关的供应问题。现期亟须加强相应的宣传教育，唤醒公众能源环境保护的意识，将实现人与自然的和谐相处作为日常行为的准则。

（四）缺乏监控

在我国，能源隐性浪费的现象比较严重，由于长期以来在"地大物博"的心态下形成了"大手大脚"的习惯；更重要的是，各地违背国情一味追求GDP增长，对环境保护缺乏有效的监控手段。目前我国虽然有关于能源强度5年下降20%的指标要求，但是没有硬性的每年总能耗降低的指标和相应措施，事实上，在追求GDP增长的强力驱动下，允许总能耗快速增长的大门是敞开的，能源作为经济建设中不可或缺的支撑，终端需求的增长合乎情理，但不能一味靠抢占资源、采掘资源的"速成"式发展，这种发展思路必须尽快扭转。

六 如何兼顾能源利用与环境保护

转型后的能源法我们应该称为"绿色能源法"，既要实现能源开发的安全性与持续性供应，又要促进自然资源的合理开发，不仅调整开发、转换、加工、运输和利用能源的行为，也调整引起能源环境问题的行为。它以生态文明观为指导，试图有效控制因能源开发利用产生的污染物，旨在改善生态环境质量，实现经济、社会与环境的可持续发展。

（一）发展可再生能源发展基金

在能源领域更多地纳入生态考量，就必须要调整能源利用结构，逐步减少化石能源的比例，优先发展新能源与可再生能源。可再生能源的开发利用能否持续发展，很大程度上取决于有没有足够的资金支持，稳定的资金保障是可再生能源发展的必要条件。我国现行的可再生能源发展主要依赖专项资金制度，资金来源是国家的一般性税收收入，因其来自财政拨付，在管理、配置和使用方面囿于体制，不能实现资金的稳定性和使用的独立性，具有内在的缺陷。

建立可再生能源发展基金是各国通行的促进可再生能源商业化的制度，不少国家积极建立可再生能源发展基金，用于项目开发、产业开发、投资支持、研究开发、市场培育、公众教育，以及对低收入者的能源补贴。基金通过向所有电力终端消费者征收小额电力附加费来运作，同时考虑以火电厂污染税、费，政府的财政拨款作为部分来源。为了促进基金的发展，未来的法律应当明确规定电费加价的征收对象、期限与额度，平等地适用于所有终端电力消费者，选择相关政府职能部门作为基金主管机构，委托专业的社会中介机构完成具体管理和运作。

（二）建立环境责任保险

环境责任保险是随着环境污染事故的频繁发生和公众环境权利意识的不断增强，由公众责任保险发展而来的。在以美国为首的工业发达国家，环境责任保险制度已进入较为成熟的阶段，不仅在分散排污企业环境风险、保护第三人环境利益和减少政府环境压力等方面发挥着重要作用，还强化了保险公司对企业保护环境、预防环境损害的监督管理。

2007年我国环境保护部与保监会联合发布《关于环境污染责任保险工作的指导意见》，积极推动环境污染责任保险，在江苏、湖北、湖南等省份展开试点工作，初步确定以生产、经营、储存、运输、使用危险化学品企业，易发生污染事故的石油化工企业，危险废物处置企业，垃圾填埋场，污水处理厂和各类工业园区等作为主要对象开展试点。2008年7月，平安保险湖南分公司对昊化化工公司因事故引起的污染损害进行了赔付，引起社会的广泛关注。

我国现阶段尚未建立完善的环境责任保险制度，有必要借助政府强制力的介入，实行以强制保险为原则、自愿保险为例外的投保方式，对存在高度危险的突发性环境侵权行为采取强制投保方式，强制参保对象包括以下几个方面：①使用危险物质作为生产原料的企业；②排放有毒污染物或者其他危险废物的企业；③位于环境敏感区的排污企业；④危险废物集中处置场所的经营管理单位；⑤生产具有剧毒特性的危险化学品（如砒霜）的企业；⑥民用核设施的经营单位。

（三）建立并完善生态补偿

生态补偿是指通过对损害（保护）环境资源的行为进行收费（补偿），从而提高行为的成本（收益），刺激损害（保护）行为的主体减少（增加）因其行为带来的外部不经济性（外部经济性），达到保护资源的目的。生态利益具有正外部性，如果没有强制性的利益再分配机制，受益者无偿或低成本占有生态利益，而生态保护者付出却得不到回报的矛盾就会出现。

我国建立生态补偿机制是贯彻落实科学发展观的必要考虑，有利于推进资源的可持续利用。环境保护总局于2007年曾发布《关于开展生态补偿试点工作的指导意见》，提出将在"自然保护区、重要生态功能区、矿产资源开发区、流域水环境保护区"四个领域开展生态补偿试点。2010年4月26日，国家发改委牵头起草生态补偿条例，这意味着我国生态补偿制度在经历了漫长的讨论与摸索之后进入立法准备阶段。笔者认为可从以下几方面着手。

（1）目前我国亟须根据现实情况出台《生态补偿条例》（以下简称《条例》），在《条例》实施的基础上进一步完善形成《生态补偿法》。先选择条件允许的地方进行试点，探索有关生态补偿的方法、实施步骤，待取得经验后进行总结完善并逐步推广。

（2）建立与环境相关的税收制度。当今许多国家都开征了固体废弃物税、空气污染税、噪声污染税和水污染税等，确定税率的主要依据是污染物的治理成本再把这些收入投入生态环境保护中，使税收在生态环境保护的过程中最大限度地发挥作用。目前，我国环境税可征对象为排放各种废水、废气以及固体废弃物的行为，某些对环境污染度较高的产品，可以采取环境附加税的方式添加到消费税中。

（3）建立生态补偿保证金制度。正在开采或新建的矿山，应建立以土地复垦为重点的生态补偿保证金制度。所有计划开采矿山的企业都必须缴纳一定数量的保证金，经过审核后才能取得采矿的许可，保证金的数量根据当年治理生态破坏的成本加以确定。保证金既可以在银行开设生态修复账户进行上缴，也可以通过地方环境部门征收后上缴国家。若开采企业未按规定履行生态补偿义务，政府可动用保证金进行生态治理。

参考文献

［1］Adrian J. Bradbrook，Rosemary Lyster，Richard L. Ottinger，Wang Xi，*The Law of Energy for Sustainable Development*，Cambridge University Press，2005.
［2］蔡守秋、王欢欢：《论中国能源法的生态化》，《中国能源法研究报告》，2008。
［3］曹明德：《对建立生态补偿法律机制的再思考》，《中国地质大学学报》（社会科学版）2010年第5期。
［4］马俊驹、龚向前：《论能源法的变革》，《中国法学》2007年第3期。
［5］吴琪：《可再生能源发展基金制度的法理基础与立法模式探析》，清华大学，硕士学位论文，2007。
［6］杨燕、王云、连璞：《创新煤炭产业生态环境经济补偿机制》，《能源与环境》2007年第7期。

图书在版编目(CIP)数据

21世纪技术经济学.2015年卷/李平,齐建国主编.—北京:社会科学文献出版社,2015.9
 ISBN 978-7-5097-7976-7

Ⅰ.①2… Ⅱ.①李…②齐… Ⅲ.①技术经济学-学术会议-文集 Ⅳ.①F062.4-53

中国版本图书馆CIP数据核字(2015)第203029号

21世纪技术经济学(2015年卷)

主　　编/李　平　齐建国

出　版　人/谢寿光
项目统筹/恽　薇
责任编辑/于　飞

出　　版/社会科学文献出版社·经济与管理出版分社 (010) 59367226
　　　　　地址:北京市北三环中路甲29号院华龙大厦　邮编:100029
　　　　　网址:www.ssap.com.cn
发　　行/市场营销中心 (010) 59367081　59367090
　　　　　读者服务中心 (010) 59367028
印　　装/三河市东方印刷有限公司
规　　格/开　本:787mm×1092mm　1/16
　　　　　印　张:25　字　数:396千字
版　　次/2015年9月第1版　2015年9月第1次印刷
书　　号/ISBN 978-7-5097-7976-7
定　　价/128.00元

本书如有破损、缺页、装订错误,请与本社读者服务中心联系更换
▲ 版权所有 翻印必究